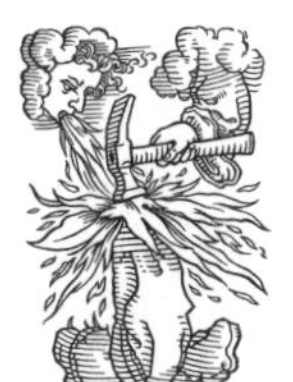

Alexander Honold

# Liebeslinien

## Ingeborg Bachmann in ihren Literaturbeziehungen mit Paul Celan und Max Frisch

Schwabe Verlag

Bibliografische Information der Deutschen Nationalbibliothek
Die Deutsche Nationalbibliothek verzeichnet diese Publikation in der Deutschen Nationalbibliografie; detaillierte bibliografische Daten sind im Internet über http://dnb.dnb.de abrufbar.


Korrektorat: Constanze Lehmann, Berlin
Cover: icona basel gmbh, Basel
Layout: icona basel gmbh, Basel
Satz: 3w+p, Rimpar
Druck: BALTO print, Vilnius
Printed in the EU
Herstellerinformation: Schwabe Verlag, Schwabe Verlagsgruppe AG, St. Alban-Vorstadt 76, CH-4052 Basel, info@schwabeverlag.ch
Verantwortliche Person gem. Art. 16 GPSR: Schwabe Verlag GmbH, Marienstraße 28, D-10117 Berlin, info@schwabeverlag.de
ISBN Printausgabe 978-3-7965-5493-3
ISBN eBook (PDF) 978-3-7965-5494-0
DOI 10.24894/978-3-7965-5494-0

rights@schwabe.ch
www.schwabe.ch

# Inhalt

# I. Annäherungen

# 1. Ingeborg Bachmann in ihren Literaturbeziehungen

As lines, so loves oblique may well
Themselves in every angle greet;
But ours so truly parallel,
Though infinite, can never meet.

Therefore the love which us doth bind,
But Fate so enviously debars,
Is the conjunction of the mind,
And opposition of the stars.
(Andrew Marvell, *The Definition of Love*)

## Lektüren von Liebe und Literatur

«Bücher? Ja, ich lese viel, ich habe immer schon viel gelesen.»[1] Dieses Buch über die *Liebeslinien*, die quer durch Ingeborg Bachmanns literarische Existenz verlaufen und sie mit ihren Geliebten und Literaturpartnern verbinden, mit Paul Celan, mit Max Frisch und mit anderen, «hat», um aus der Passage eines fiktiven Literatur-Interviews zu zitieren, das in dem Roman *Malina* gegeben wird, «vor allem mit dem Lesen zu tun». Es geht darin um die Entzifferung von Literaturbeziehungen, des in ihnen gelebten Lebens und der aus ihnen hervorgegangenen Schriftstücke, Texte und Werke. Folglich beschäftigt sich das vorliegende Buch nicht so sehr mit dem Leben selbst, son-

1 Ingeborg Bachmann: Malina. Werke [W]. Hg. von Christine Koschel, Inge von Weidenbaum, Clemens Münster. 4 Bde., München 1978. Bd. III, S. 93; die folgenden Zitate ebd.

dern mit dessen lesbaren Spuren; mit «Schwarz auf Weiß, mit den Buchstaben, den Silben, den Zeilen, diesen unmenschlichen Fixierungen», in deren Niederschrift so sehr viel Menschliches Einlass fand und beim Lesen wieder berührt wird. Das Geschriebene schafft «Festlegungen», heißt es in *Malina*, es gleicht mitunter sogar einem «zum Ausdruck erstarrten Wahn»; denn ebenso wie der Vorgang des Schreibens scheint auch jener der Lektüre zuweilen angetrieben von dem Begehren nach einer «Rückversicherung der Sätze im Leben». *Liebeslinien* sind Schriftspuren, welche die Liebe zog; energisch und pfeilgrad, wie auf dem Umschlag von Bachmanns erstem Brief an Max Frisch; oder formbewusst in poetische Notationssysteme gefügt, wie in den Gedicht-Dialogen mit Paul Celan.

Das Außergewöhnliche am Werk und im Leben der Schriftstellerin Ingeborg Bachmann zeigt vielerlei Aspekte: ihren Sonderstatus als «poeta assoluta»,[2] Frau und Dichterin im von Männern dominierten Club der Gruppe 47; ihre von Medien und Fotografen dankbar aufgegriffene Neigung zu radikaler Selbstexposition als öffentliche Person;[3] ihren folgenreichen Wechsel von der die Frühzeit bestimmenden Lyrik[4] in die vieles an sich ziehende Domäne erzählender Prosa und eines in weitverzweigten Textfassungen und Entwurfsschichten vorangetriebenen, mehrteiligen Romanprojekts;[5] die eindrückliche Verbindung von hoher, philosophisch geschulter Intellektualität mit der vitalen Ausdruckskraft einer hochsensiblen, unruhigen Sprachbildnerin,[6] in deren Gedichten «Schönheit» und «Geschichtlich-

2 Sigrid Weigel: Ingeborg Bachmann. Hinterlassenschaften unter Wahrung des Briefgeheimnisses. Wien 1999, S. 15.

3 Ina Hartwig: Wer war Ingeborg Bachmann? Eine Biographie in Bruchstücken. Frankfurt/Main 2017, S. 21–34. Vgl. auch Wilhelm Hemecker, Manfred Mittermayer (Hg.): Mythos Bachmann. Zwischen Inszenierung und Selbstinszenierung. (Profile 18.) Wien 2011.

4 Hans Höller: Ingeborg Bachmann. Das Werk. Von den frühesten Gedichten bis zum «Todesarten»-Zyklus. Frankfurt/Main 1993, S. 14.

5 Monika Albrecht, Dirk Göttsche: Das *Todesarten*-Projekt im Überblick. In: Monika Albrecht, Dirk Göttsche (Hg.): Bachmann-Handbuch. Leben – Werk – Wirkung. 2., erweiterte Aufl., Berlin 2020, S. 126–129.

6 Dieter Burdorf: Dieses unruhige Ich. Ingeborg Bachmann. Biographie. München 2026.

keit» einander bedingen;[7] die aufmerksame Zugewandtheit zu vielen angrenzenden Sprachen und zu der Andersheit von Sprache überhaupt, wie sie sich im Zusammenspiel mit anderen Medien,[8] etwa der Sphäre des Akustischen oder den Gattungen des Musiktheaters, erweist.[9]

Und bei dieser Reihe ist «der roman Deines lebens», wie Bachmanns enger Freund Hans Werner Henze ihre private biographische Situation einmal brieflich umschreibt, noch gar nicht mit benannt. Ihre Lebenskurve zeigt weit in die Extreme ausschwingende Amplituden, deren Schilderung ihn «zwar etwas amüsiert», habe, «aber schliesslich nicht nur», wie Henze einfühlsam mitteilt: «dass Du eine seltsame pflanze bist, ist Dir hoffentlich klar».[10] Als Mensch, als Frau und als Autorin führte Bachmann, so fasst es ihre Biographin Andrea Stoll bündig zusammen, ein «leidenschaftliches, in ihrem literarischen Anspruch kompromissloses und in ihren Beziehungen Unbedingtheit einforderndes Künstlerleben».[11] Die vielleicht etwas hochtönenden Vokabeln der Leidenschaft und Unbedingtheit sind hierbei durchaus angebracht. Sie gelten vor allem für jene schwierigen Lebensexperimente der Verschränkung von Liebessehnsucht und Schaffensenergie, die in diesem Buch unter dem Begriff der *Literaturbeziehungen* erfasst und demzufolge nun nicht mehr primär im Hinblick auf private Geschehnisse diskutiert werden, weil es diese Liebesbeziehungen Ingeborg Bachmanns eben auch in ihrer genuin literarischen Bedeutung zu würdigen und nachzuzeichnen gilt.

Mit der Wortprägung der *Literaturbeziehung* ist im Grunde ein Zusammenspiel dreier Ebenen gemeint; zunächst der Umstand, dass die Beziehungsdynamik der hier in Rede stehenden Personen durch ihre jeweilige

---

7 Höller: Ingeborg Bachmann. Das Werk, S. 13.

8 Oliver Simons, Elisabeth Wagner (Hg.): Bachmanns Medien. Berlin 2008.

9 Corina Caduff: «dadim dadam» – Figuren der Musik in der Literatur Ingeborg Bachmanns. Köln, Weimar, Wien 1998; Christian Bielefeldt: Hans Werner Henze und Ingeborg Bachmann: Die gemeinsamen Werke. Bielefeld 2015.

10 Hans Werner Henze an Ingeborg Bachmann, 6. Februar 1958; Ingeborg Bachmann – Hans Werner Henze: Briefe einer Freundschaft [BW IB/HWH]. Hg. von Hans Höller. München 2004, S. 180.

11 Andrea Stoll: Ingeborg Bachmann. Der dunkle Glanz der Freiheit. Biografie. München 2013, S. 28. Vgl. auch Joachim Hoell: Ingeborg Bachmann. Ein Portrait. München 2001, 2. Aufl. 2004.

literarische Sozialisation, durch die Kenntnisse unzähliger literarischer Figurenkonstellationen, Gefühlstönungen und Handlungsmuster mitbestimmt ist; sodann der Aspekt, dass für die Akteure die eigene literarische Arbeit eine wichtige, sogar prioritäre Rolle im Lebensalltag und Selbstverständnis spielt; und schließlich der in diesem Buch am ausführlichsten entfaltete Befund, dass die aus dem Zusammenleben heraus entstandenen Schriftstücke, Textentwürfe und literarischen Arbeiten vielfach auf diese Beziehungen zurückverweisen und insofern ihre Lektüre sich fast unwillkürlich in eine Art von nachträglichem Dialog mit dem gelebten Leben verwickelt sieht, das für die Lesenden dabei aber immer ‹Literatur› bleiben wird.

In dem erwähnten Brief Hans Werner Henzes aus Neapel vom Februar 1958 sind diese Ebenen noch simultan ineinander verflochten; er spricht die «seltsame Pflanze» in einer Phase ihres Lebens an, in der sie schon auf ein knappes Jahrzehnt an akademischer, kultureller und publizistischer Arbeit zurückblicken kann. 1949 war Bachmann mit Erzählungen in der *Wiener Tageszeitung* «als Autorin in Erscheinung getreten»,[12] und seit gut fünf Jahren, d. h. nach der ersten Teilnahme an einem Treffen der Gruppe 47 (1952) und dem Gedichtband *Gestundete Zeit* (1953), erfreute sie sich eines wachsenden literarischen Erfolges. Bachmann schien in jenem Frühjahr 1958 eine in alle Richtungen hin offene, große Zukunft vor sich zu haben; viel mehr an Möglichkeiten, als dann, trotz ihres intensiven Lebens, faktisch noch Raum zur Verwirklichung fand in der Zeitspanne jener lediglich fünfzehn Jahre bis zum Oktober 1973 und ihrem schrecklichen, tragisch verfrühten Tod in Rom infolge eines Brandunfalls. Im September 1957 war Ingeborg Bachmann, nachdem sie mehrere gemeinsame Sommer mit Henze in Italien verbracht hatte, für eine Stelle als Dramaturgin beim Bayerischen Rundfunk nach München gezogen. Für den März 1958 stand die Produktion des Hörspiels *Der gute Gott von Manhattan* an, das vom BR und vom NDR am 29. Mai ausgestrahlt wurde und kurz darauf die Aufmerksamkeit des Schweizer Schriftstellers Max Frisch auf sich zog.

Das Hörspiel war Bestandteil einer künstlerischen Neuorientierung,[13] die Bachmann nach ihrem zweiten, viel gerühmten Lyrikband *Anrufung des*

12 Weigel: Hinterlassenschaften, S. 50.

13 Vgl. Stoll: Der dunkle Glanz der Freiheit, S. 188–190.

*Großen Bären*,[14] ihrem ersten Buch im Münchner Piper Verlag und zugleich einem «Prüfstein für ihre Existenz als freie Schriftstellerin», vorzunehmen begann.[15] Schon im März 1955 hatte die Ausstrahlung von Bachmanns Hörspiel *Die Zikaden*, zu dem Henze die Musik beigesteuert hatte, ihr Streben nach einer Erweiterung des formalen, medialen und gattungspoetischen Spektrums angezeigt. Mit Henze hatte Bachmann schon für die Ballettpantomime *Der Idiot* (1952/53) zusammengearbeitet, wo sie zu seiner Musik einen Sprechtext verfasste, auch gemeinsame Pläne für das Musiktheater waren in Arbeit. Außerdem waren in den Jahren 1956 und 1957 die Entwürfe einiger Erzählungen entstanden, die kompositorisch aufeinander bezogen waren und den Grundbestand für Ingeborg Bachmanns ersten Prosaband bildeten, der dann 1961 unter dem Titel *Das dreißigste Jahr* erschien.

Die Publikation dieser Erzählungen stellt im Hinblick auf die weitere Entwicklung von Bachmanns formästhetischen Verfahren in den sechziger Jahren insofern eine «Zäsur» dar, wie u. a. Sigrid Weigel argumentiert hat, als sich ab diesem Zeitpunkt das «Nebeneinander» von «sehr unterschiedlichen Genres» tendenziell wieder verliert und die Autorin, «mit wenigen Ausnahmen», «nur noch Prosa» schreibt.[16] Das ist eine Beschreibung, die den vielbeschworenen Topos vom emphatischen Gattungswechsel zu gewissem Grade relativiert, weil dieser weder vollständig war noch apodiktisch erfolgte. Zugleich war bei Ingeborg Bachmann ab Mitte der fünfziger Jahre unter dem Eindruck der politischen Entwicklungen, die u. a. im Zeichen der westdeutschen Wiederbewaffnung und atomarer Militärstrategien standen, die «Entscheidung» herangereift, «eine Schriftstellerexistenz jenseits Österreichs und des deutschsprachigen Raums zu suchen.»[17] Bachmann forcierte hinfort ihre Bestrebungen einer die nationalen und institutionellen Grenzen bewusst überschreitenden kulturellen Vernetzung, und sie erprobte zunehmend auch Gesten einer sprachlichen Veränderung, mit denen eine wach-

---

14 Ingeborg Bachmann: Anrufung des Großen Bären [AGB]. Gedichte. Hg. von Luigi Reitani. Salzburger Bachmann Edition. München, Berlin, Zürich 2022.

15 Luigi Reitani: Kommentar. In: Ingeborg Bachmann: Anrufung des Großen Bären. Gedichte. Hg. von Luigi Reitani. Salzburger Bachmann Edition. München, Berlin, Zürich 2022, S. 93–290, hier S. 101.

16 Weigel: Hinterlassenschaften, S. 48.

17 Hg.-Kommentar zu Bachmann: AGB, S. 98.

sende Dissidenz gegenüber den deutschen und ‹deutschländischen› Bindungen zum Ausdruck kam. Ihre wiederholten Wechsel nach Italien und vor allem der Briefverkehr mit Hans Werner Henze belegen diesen Aufbruch in die Exophonie[18] eindrucksvoll, wird doch die Korrespondenz mit dem Komponisten keineswegs nur in deutscher Sprache, sondern über lange Passagen vorwiegend auf Italienisch, streckenweise auch auf Englisch und Französisch geführt.[19] Somit begann in der zweiten Hälfte der fünfziger Jahre für Ingeborg Bachmann etwas, was vor dem Hintergrund eines späten Gedichts, wie sich am Ende dieses Buches zeigt, als Übung in kakanischer oder böhmischer Vielstimmigkeit gelten kann.

Mit gutem Grund empfahl der Freund aus Neapel seiner bewunderten Dichterin bei all ihren kulturellen, biographischen und produktionsästhetischen Umbauarbeiten «vor allem eines zu tun: dem instinkt folgen, und dem prinzip der grösstmöglichen schwere- und sorgenlosigkeit».[20] Freilich war der erste Teil des Ratschlages für die Adressatin leichter zu befolgen als die zweite Hälfte mit der Schwere- und Sorglosigkeit. Als eine Zeit des Übergangs, der Verwirrungen und der Exaltation stellte sich das Jahr 1958 auch im Hinblick auf lebensweltliche und persönliche Bindungen dar. Zehn Jahre lag damals der Anfang ihrer noch in Wien geknüpften Freundschaft und zeitweiligen Liebesbeziehung zu dem aus der Bukowina stammenden, emigrierten Dichter Paul Celan zurück; eine Verbindung, die 1952 auch unter dem Eindruck der höchst unterschiedlichen Resonanz ihrer beider Auftritte vor der Gruppe 47 auseinandergebrochen war, sich dann im Herbst 1957 jedoch mit noch tieferer Leidenschaft erneuerte und im folgenden Jahr zu schwierigen, ambivalenten Paris-Besuchen Bachmanns führte.

Die Liebesverbindung zwischen Bachmann und Celan war selbst in den Freundeskreisen beider kaum bekannt, weil sie niemals offiziell als Paar auftraten und viel Fragiles dabei im Spiele war. Zu manchen Zeiten schien in der engen, sowohl emotionalen wie poetischen Verflechtung ihrer Wege, wie Celan es formulierte, ein besonderes «Geheimnis der Begegnung» am

18 Der Begriff «Exophonie» hier nach Robert Stockhammer; vgl. Susan Arndt, Dirk Naguschewski, Robert Stockhammer (Hg.): Exophonie. Anderssprachigkeit (in) der Literatur. Berlin 2007.

19 Hg.-Kommentar, BW IB/HWH, S. 429.

20 HWH an IB, Februar 1958; BW IB/HWH, S. 181.

Werk.[21] Der mittlerweile publizierte Briefwechsel dokumentiert eindringlich ein intensives Verhältnis empathischer Nähe und fortdauernder Fremdheit; überdies unterstreicht der epistolare Kontakt auch die enge poetische Verbundenheit der beiden, die in ihren Gedichten, für das öffentliche Publikum erst im Nachhinein entzifferbar, einen Schatz zahlreicher gemeinsamer Motive und Chiffren hüteten und diese in immer neuen Variationen und Verknüpfungen miteinander austauschten.

Gedichtverse und Briefzeilen laufen permanent zwischen den beiden Schreibenden hin und her, werden notiert und gelesen, empfangen und versandt; in der literarischen Verbindung entsteht eine Graphie von *Liebeslinien*, die Celan im Spätherbst 1957, im schwierigen Monat November, in einem poetischen Kassiber an die Geliebte eigens zum Thema macht. Er schickt an Ingeborg Bachmann einige Zeilen aus dem Gedicht *The Definition of Love* des englischen Barockdichters Andrew Marvell, in dem die *lines of love* als Neigungslinien der Anziehung lesbar werden, die aber im Falle dieser Liebenden und ihrer Paarbeziehung so parallel verlaufen, dass sie sich nicht einmal im Unendlichen dereinst berühren würden. «As Lines so Loves oblique may well / Themselves in every Angle greet: / But ours so truly Paralel, / Though infinite can never meet.»[22] Eine Magie, ein Zauber ruht für ihn in den parallelen Linien ihrer beider Schrift, doch eben auch ein unaufhebbares Getrenntsein, das nur in einem idealen synoptischen Schriftbild oder einer Partitur sich vereinigen ließe.

Und nun ansatzweise vielleicht eben auch in der Synopse einer parallelen Werkbetrachtung. Denn es sind die «Konstellationen» ihrer poetischen Verbindungen, die «Spuren einer literarischen Beziehung zwischen beiden Autoren» auch in den Werken Celans und Bachmanns bei aufmerksamer Relektüre vielerorts aufzufinden, wie neuere Forschungsarbeiten in exemplarischen Kommentierungen sichtbar machen konnten.[23] Diese textuellen

21 Weigel: Hinterlassenschaften, S. 411.

22 PC an IB, 5.11.1957. Ingeborg Bachmann, Paul Celan: Herzzeit. Der Briefwechsel [BW IB/PC]. Hg. und kommentiert von Bertrand Badiou, Hans Höller, Andrea Stoll und Barbara Wiedemann. Frankfurt/Main 2008, S. 66 [sic].

23 Sigrid Weigel, Bernhard Böschenstein: Paul Celan – Ingeborg Bachmann. Zur Rekonstruktion einer Konstellation. In: Dies. (Hg.): Ingeborg Bachmann – Paul Celan. Poetische Korrespondenzen. Frankfurt/Main 1997, S. 7–16, hier S. 7.

Verbindungen umfassen «gegenseitige Zitate und Umschriften, poetische und chiffrierte Antworten auf die Texte des anderen», sie kondensieren sich mittels bestimmter «Codeworte» und «Leitmotive» zu einer fortlaufenden Verständigung über «gemeinsame Bezugspunkte» in der Literatur- und Geistesgeschichte,[24] sparen aber auch die persönliche Beziehungsebene nicht aus. Die briefliche Korrespondenz wie auch der literarische Dialog zwischen Celan und Frisch umkreisen gemeinsam eine schwierige geschichtliche Ausgangssituation. Im langen Hin- und Widerspiel von Celans *Todesfuge* und seinem *Sprachgitter*-Band, Bachmanns Frankfurter Poetikvorlesungen, Celans *Meridian*-Rede zum Büchnerpreis, Bachmanns *Undine*-Erzählung, dann ihrer eigenen Büchnerpreis-Rede und Celans späterem Berliner Tiergarten-Gedicht zeigen sich reflektierte «Verdichtungsmomente» einer literarischen Nahbeziehung, die ihre einzigartige Bedeutung für die Literaturgeschichte auch darin erlangt, dass sie konsequent auf die Möglichkeiten einer «‹Literatur nach Auschwitz›»[25] bezogen ist – wenngleich diese Frage sich für die beiden Beteiligten unter ganz unterschiedlichen Voraussetzungen stellt.

So lässt sich die leidenschaftliche und verzweifelte Verbindung mit Celan auch als paradigmatischer Fall einer Literaturbeziehung begreifen; einer kollegialen, durch Liebesgefühle intensivierten Lebens- und Arbeitspartnerschaft, in der die drei Elemente der rückhaltlosen Zugewandtheit, des miteinander geteilten dichterischen Existenzgefühls und das Momentum des zärtlichen Wettstreits zusammenfanden. Eros und Ethos gerade dieser Beziehung standen insofern unter nochmals besonderen Vorzeichen, als hierbei die jüngere, aus den bürgerlichen Verhältnissen eines Tätervolks herausgewachsene Lyrikerin von dem verschatteten Dichter aus der Bukowina und dessen traumatischer Familiengeschichte in eine Sprachwelt der enigmatischen Wortbilder eingeführt worden war,[26] sie dann aber dem Geliebten bald schon in eigenständiger dichterischer Weise zu antworten verstand und ihn später mittels ihres viel gewandteren Umgangs mit dem Literatur-

24 Weigel, Böschenstein: Zur Rekonstruktion einer Konstellation, S. 8.

25 Weigel, Böschenstein: Zur Rekonstruktion einer Konstellation, S. 8; vgl. Weigel: Ingeborg Bachmann, S. 15.

26 Vgl. Hartwig: Wer war Ingeborg Bachmann?, S. 40–51.

betrieb wiederholt auch in krisenhaften Situationen zu unterstützen versuchte.

## Kooperationen und Korrespondenzen

Mit ihrem italienischen Künstlerfreund Henze hatte Ingeborg Bachmann eine Zeit lang, und wohl nur zur Hälfte spielerisch, sogar wildentschlossene Heiratspläne gehegt, für die sie im Frühjahr 1954 schon standesamtliche Unterlagen von der Botschaft in Rom hatte besorgen lassen, bevor Henze die Sache dann wieder abblies. Besser gedieh diesen beiden ihre künstlerische Zusammenarbeit. Der Gedichtzyklus *Lieder von einer Insel* war von der Zeit bei Henze auf Ischia inspiriert und «für dich geschrieben»,[27] wie Bachmann in einem an den Komponisten gerichteten Brief betont; er eignete ihr seinerseits ebenfalls mehrere Werke zu. Geraume Zeit waren Komponist und Dichterin auf der Suche nach einem gemeinsamen Opernstoff, bei dem Bachmann das Libretto einrichten würde. Wiederholt nimmt ihr Briefwechsel Bezug auf die fulminante Kooperation zwischen Hugo von Hofmannsthal und Richard Strauss, gewissermaßen die schlechthinnige ‹Künstlerehe› von Wort und Ton. Und auch aus Ingeborg Bachmanns Perspektive wird die «Vereinigung der Künste», die sie mit niemandem so inniglich erprobte wie mit ihrem italienischen Freund, «als Liebesverhältnis entworfen».[28] Nachdem Henze von Visconti auf Kleists *Prinz von Homburg* gebracht worden war, nahm die Arbeit denn auch konkretere Formen an. Während Bachmann an die Einrichtung der Textfassung ging, machte sich Henze Gedanken über die Frage, auf welcher Silbe Kleists Figurenname Nathalie zu betonen war und wie dies sich dann wieder rhythmisch umsetzen ließe. Nur bei der geplanten Vertonung von Bachmanns *Liedern auf der Flucht* kam Henze die von Aribert Reimann geschaffene Fassung für Alt, Tenor, gemischten Chor und Orchester von 1957 zuvor, wie beide mit Missbehagen feststellen.[29] Ein spätes Gedicht, *Enigma*, welches in seinen zwölf Verszeilen das Zeitschema des Jahreskalenders aufnimmt und dessen Gang zugleich

27 IB an HWH, 1. 5. 1954 (nicht abgeschickt); BW IB/HWH, S. 34.

28 Weigel: Hinterlassenschaften, S. 175.

29 Vgl. BW IB/HWH, S. 487.

durch die Prophezeiung «es wird nichts mehr kommen» dementiert,[30] versieht Bachmann mit der Zueignung: «Für Hans Werner Henze aus der Zeit der Ariosi». Darin verstummt die Wortstimme vor dem unparaphrasierbaren Trost der Klangkunst.[31]

Du sollst ja nicht weinen,
sagt eine Musik.

Sonst
sagt
niemand
etwas.[32]

Im Sommer 1958 kreuzte, mit nicht abzusehenden Folgen für die weitere Lebens- und Schaffensgeschichte beider, Max Frisch Ingeborg Bachmanns Weg. Es mutet vor dem Hintergrund von Bachmanns zahlreichen Formexperimenten und medialen Grenzgängen als eine auch poetisch bedeutungsvolle Richtungsverschiebung an, dass sich bald nach dem Schwellenzeitraum des erwähnten Frühjahrs 1958 im Spätsommer und Herbst eine dann etwa fünf Jahre währende Liebesbeziehung zu Max Frisch ergab. Der Schweizer Schriftsteller hatte bis dahin besonders durch die zwei Romane *Stiller* und *Homo faber* Bekanntheit erlangt und soeben mit seinem im März 1958 am Zürcher Schauspielhaus uraufgeführten politischen Parabelstück *Biedermann und die Brandstifter* für Furore gesorgt.[33] Das Handlungsmodell des *Biedermann* ging, wie jenes des später auch mit Ingeborg Bachmanns Beratung ausgearbeiteten *Andorra*-Stücks, in seinem Grundeinfall bereits auf Frischs Tagebuchaufzeichnungen in der ersten Nachkriegszeit zurück. Frisch nahm sich darin dezidiert die Aufarbeitung jener kulturellen und ideologischen Mechanismen vor, welche anfangs der dreißiger Jahre die deutsche NS-Diktatur ermöglicht und begünstigt hatten und deren kli-

30 Ingeborg Bachmann: Enigma, v. 6. W I, S. 171.

31 Vgl. zu diesem Gedicht und seinem musikalischen Resonanzraum Caduff: Figuren der Musik, S. 134 ff.

32 Bachmann: Enigma, v. 7–12; W I, S. 171.

33 Vgl. Julian Schütt: Max Frisch. Biographie eines Aufstiegs. 1911–1954. Berlin 2011, S. 478.

scheebeladene Denkmuster, Sprachfloskeln und Verhaltensweisen noch fortwirkten und partiell durchaus auch in der Schweiz anzutreffen waren.

Für einen künstlerischen Dialog über die kritische Aufarbeitung der Vergangenheit, insbesondere des deutschen und internationalen Antisemitismus, fand Bachmann auch in Frisch einen Partner, wenngleich auf andere Weise, als dies mit dem existenziell tief zerrissenen Paul Celan der Fall gewesen war. Ihr politisches Credo indes war deutlich weiter links positioniert als der eher sozialdemokratische, reformorientierte Ansatz Frischs. Als Ingeborg Bachmann mit Max Frisch zusammenkam, war sie ihrerseits seit einigen Jahren damit beschäftigt, ihr literarisches Formspektrum in verschiedenste Richtungen zu erweitern, und stand im Begriff, dabei die eigene Hauptarbeit dezidiert auf das Gattungsfeld der kürzeren und längeren Prosaerzählungen und der kulturellen Essayistik zu verlagern. Bachmann und Frisch gehörten um 1958 beide auf je eigene Weise längst zu den herausragenden Akteuren des deutschsprachigen Literaturbetriebs und waren maßgebliche Exponenten für dessen wachsende internationale Ausrichtung und Anerkennung. In Max Frischs Erfahrungswelt spielten die USA und Mexiko schon seit dem ersten Nachkriegsjahrzehnt eine schubkräftige, den kulturellen Horizont öffnende Rolle. Auch Ingeborg Bachmann hatte eine gewisse Affinität zu den USA, war 1955 auf Einladung Henry Kissingers mit einer intellektuellen Nachwuchsdelegation, in der sich u. a. auch der Suhrkamp-Lektor Siegfried Unseld befand, zur Summer School der Harvard University angereist. Mit Kissinger blieb Bachmann in freundschaftlicher Verbindung, die sich bei dessen München-Besuch 1957 und bei späteren USA-Reisen Bachmanns sporadisch fortsetzte;[34] 1962 kam in New York der Kontakt mit Hannah Arendt hinzu.

Frischs und Bachmanns Bekanntheit ging längst über ihre eigentliche literarische Arbeit als Autor bzw. Autorin hinaus und machte sie zu öffentlichkeitswirksamen Persönlichkeiten, geradezu ikonisch im Fall von Bachmanns berühmtem Coverfoto für den *Spiegel*. Das literarische Renommee des Paares wurde unterstrichen von äußeren Daten wie Bachmanns Wahl zur ersten Frankfurter Poetikdozentin 1959, der Verleihung der Büchnerpreises an Frisch 1958 (Bachmanns Büchnerpreis folgte 1964), den Erfolgen Bachmanns bei der Gruppe 47 und Frischs internationalen Theatergastspie-

34 Vgl. Hartwig: Wer war Ingeborg Bachmann?, S. 106 f., 263.

len in Paris und New York. Es war also ein von hoher Aufmerksamkeit begleitetes, aus prominenten Protagonisten formiertes *couple*, das sich da der kulturellen Öffentlichkeit präsentierte. Später einmal, nachdem die Liebesbeziehung in die Brüche gegangen war, machte Frisch eine Bemerkung, die diesen Umstand des öffentlichen Interesses als belastend beschrieb: «[...] wir sind halt ein berühmtes Paar gewesen, leider».[35] Beide wussten ihr *standing* im Betrieb gut einzuschätzen und nutzten es auf je eigene Weise. Fast wie Staatsdiplomatie liest sich ein Brief an die «junge Dichterin» aus der Anfangszeit von Frischs Liebeswerben.[36] Die kollegialen Komplimente, die Frischs Brief über das Hörspiel *Der gute Gott von Manhattan* enthielt, habe dessen Autorin, wenn man einer nachträglichen Einschätzung von dritter Seite folgt, sofort als eine «Liebeserklärung» aufgefasst und sich daraufhin spontan zu einer Reise nach Zürich entschlossen.[37]

In ihrer publizierten Fassung stellt sich die Korrespondenz zwischen Bachmann und Frisch aufgrund der einseitigen Überlieferungslage (nur Frisch hatte die erhaltenen Schreiben aufbewahrt, seinerseits Durchschläge angefertigt) ziemlich asymmetrisch dar und beginnt kurioserweise mit einem Auftaktschreiben, das sich nicht erhalten hat und von dem divergente Einschätzungen und nachträgliche Versionen existieren. Somit steht am Beginn ihrer Beziehung ein von Frisch etwas gönnerhaft formuliertes Schreibprogramm, denn er beteuert, «wie gut es sei, wie wichtig, daß die andere Seite, die Frau, sich ausdrückt.»[38] Bachmann war dieser Optik zufolge in doppelter oder gar dreifacher Hinsicht für Frisch eine ‹Ausländerin›; als Angehörige des *deuxième sexe*, von dem Simone de Beauvoirs feministische Programmschrift polemisch gesprochen hatte; als Bürgerin des ‹kakanischen› Landes Österreich, die sich in der Tradition einer multikulturellen

35 Max Frisch an Ingeborg Bachmann, 2.6.1963. Ingeborg Bachmann/Max Frisch: «Wir haben es nicht gut gemacht.» Der Briefwechsel [BW IB/MF]. Mit Briefen von Verwandten, Freunden und Bekannten. Hg. von Hans Höller, Renate Langer, Thomas Strässle und Barbara Wiedemann. Koordination: Barbara Wiedemann. München, Berlin, Zürich 2022, S. 462.

36 Max Frisch: Montauk. Gesammelte Werke in zeitlicher Folge [GW]. Hg. von Hans Mayer unter Mitwirkung von Walter Schmitz. Frankfurt/Main 1998. Bd. VI, S. 617–754, hier S. 676.

37 Hartwig: Wer war Ingeborg Bachmann?, S. 212.

38 Frisch: Montauk; GW VI, S. 676.

Vielstimmigkeit bewegte und zudem von der Sprachkritik Hofmannsthals, Musils und Wittgensteins intellektuell geprägt war; und nicht zuletzt als schriftstellerische Kollegin, die von der Literaturkritik auf das (für die Weiblichkeit passend empfundene, ihre Intellektualität abwehrende)[39] Label der Lyrikerin festgelegt worden war.

Sie sei, erwiderte Bachmann im ersten erhaltenen Brief der Korrespondenz noch mit respektvoll-distanzierter Anredeform, «froh, schon lange, daß es Sie gibt, mit der großen Genauigkeit für die ‹andere Nation›».[40] Damit verschiebt bzw. verdichtet sie die vom Gegenüber markierten Grenzlinien ganz auf die Metaphorik des geographischen, und darum auch literarisch distinkten Nachbarlandes. Der Umstand, dass in ihrem Werk und mit ihrer Art der Sprachbehandlung – unabhängig von der jeweils herangezogenen Gattung – eine «andere Nation» mit differenten kulturellen Prägungen zum Ausdruck kam, ergab für die Verbindung mit Frisch eine Dynamik von erheblicher Grundspannung. Bachmanns Wohnungswechsel nach Zürich und die Einrichtung einer gemeinsamen Wohnung in Rom stellten die alltagspraktische Seite dieser gelebten Alterität dar. «*Siamo scrittori*»,[41] hat Frisch in der Retrospektive einen stolzen Ausruf seiner Partnerin festgehalten. Weil beide *schrieben* und auch ihre Zeit miteinander schreibend verbrachten (und während ihrer Trennungen kamen hunderte von Briefen wechselseitig noch hinzu), stellt Bachmanns eheähnliche Verbindung mit Frisch ihre lebensbestimmende Literaturbeziehung schlechthin dar. Es war dies ihre intensivste und folgenreichste, aber auch die schädlichste Partnerschaft, wie sich u. a. an der dokumentierten Krankengeschichte Bachmanns in den frühen sechziger Jahren ablesen lässt.

Einen Gegenstand anhaltenden Interesses bilden vor allem die gegenseitigen literarischen ‹Verarbeitungen›, auf deren Dynamik und Relevanz erstmals die einschlägige Studie von Monika Albrecht hingewiesen hat.[42]

---

39 Wie Sigrid Weigel zurecht betont, trägt «die negative Bewertung ihrer Prosa» und die Klage über das «Ende der Lyrik» nicht nur stark klischeehafte Züge, sie erweist sich zudem als Abwehrreflex «gegenüber einer weiblichen Intellektuellen» (Weigel: Hinterlassenschaften, S. 15 f.).

40 Ingeborg Bachmann an Max Frisch, 9.6.1958; BW IB/MF, S. 9.

41 Frisch: Montauk. GW VI, S. 715.

42 Monika Albrecht: «Die andere Seite». Zur Bedeutung von Werk und Person Max Frischs in Ingeborg Bachmanns «Todesarten». Würzburg 1989.

Lange hatte zwischen Bachmann und Frisch, trotz vehementer Konflikte, ein Verhältnis in beiderseitiger produktiver Anregung bestanden, wie in den Hauptkapiteln dieses Buches ausführlich nachgezeichnet wird. Beide wurden in ihren Arbeitsprozessen vom anderen auf neue Wege gelenkt. Es scheint, Frischs protestantische Prosa der Selbsterforschung habe durch die Gemeinschaft mit der Kärntner und Wiener Dichterin ein deutlich höheres Sensorium für Maskeraden, Rollenspiele und *Double-bind*-Situationen erlangt, während sich Bachmann in ihrem Prosastil von den mitunter lakonisch knappen Sätzen in Frischs Erzählduktus hatte inspirieren lassen.[43] Zwischen dem schriftstellerischen Paar wurden in den knapp fünf Jahren des Liiertseins und partiellen Zusammenlebens eine erhebliche Reihe von Werkprojekten und Textentwürfen ausgetauscht; vieles davon ist erst durch den veröffentlichten, reichhaltig kommentierten Briefwechsel erschließbar geworden.

Wenn es also um die Bestimmung des Besonderen, unbedingt Herausragenden im Werk und Leben Ingeborg Bachmanns geht, so kann dabei ihre unvergleichliche Art des Knüpfens von Verbindungen, Freundschaften und Liebesbeziehungen nicht außer Betracht bleiben – weil sie zu einem Element ihrer Literatur geworden ist. Gewiss, viele der (meist männlichen) Kollegen Bachmanns im Literaturbetrieb und in der kulturellen Öffentlichkeit waren auch schon in den fünfziger, sechziger und siebziger Jahren des vergangenen Jahrhunderts hinsichtlich ihres Kommunikationsverhaltens das, was man heute «gut vernetzt» zu nennen beliebt. In der Welt von Nachkrieg und Wiederaufbau kam der Pflege von informellen persönlichen Kontakten erhebliche, oftmals über Erfolg oder Scheitern entscheidende Bedeutung zu; zumal, wenn man etwa an die Literaturabteilungen der Rundfunksender, an die führenden Feuilletonredaktionen oder an einflussreiche Verlagshäuser denkt. Und es gab eine ganze Reihe von kollaborativen Strukturen mediengestützter Art: im Theater und Musiktheater, bei Hörspiel und Film. Auch in die Dimensionen des zeitgenössischen Musikschaffens gelangte Bachmann durch Expertise aus erster Hand. Über den in München entstandenen Kontakt zu Wolfgang Hildesheimer hatte Bachmann etwa die Komponisten Luigi Nono, Wolf Rosenberg und Bruno Maderna kennenge-

43 Vgl. Albrecht: «Die andere Seite», S. 75 f.

lernt.[44] Doch ging die ‹Vernetztheit›, auf Austausch und Partnerschaft bezogene Disposition im Falle Ingeborg Bachmanns über bloße Kontaktpflege weit hinaus, war von kategorisch anderer, prinzipiellerer Art.

Was Ingeborg Bachmann als Schriftstellerin und Persönlichkeit auf eigentlich allen Feldern des geistigen, kulturellen und künstlerischen Lebens auszeichnete, war ihr enormer «Beziehungssinn» – dies in der vollen Bedeutung des (auch literaturgeschichtlich validen[45]) Konzeptes, verstanden als ein Modus der multirelationalen Verflochtenheit. Diese Autorin denkt, schreibt, arbeitet vorzugsweise in Konstellationen, die «responsiv»[46] angelegt, auf Wechselrede ausgerichtet sind. Gelegentlich hat sie in einer fundamentalen Reflexion über das Verhältnis von Wort und Klang innerhalb der Musikdramaturgie sogar ihr Bedauern darüber zum Ausdruck gebracht, dass im zwischenmenschlichen Verkehr aus pragmatischen Gründen jede Bezugnahme und Antwort nur im zeitversetzten Modus des Nacheinanders erfolgen könne, niemals im Stimmengewirr der Gleichzeitigkeit, welches dem Grad an emotionaler Involviertheit manchmal viel angemessener wäre.[47]

## Den Beziehungen auf der Spur

Die artikulatorische Erfordernis eines phasenversetzten, zeitlich gestaffelten Gesprächs gilt erst recht für den schriftmedialen Austausch im Briefverkehr. Bachmann selbst hat sich mit den Konditionen räumlicher Trennung und zeitlicher Interferenz, mit den Möglichkeiten der zeichenhaften Evokation

44 Vgl. Stoll: Der dunkle Glanz der Freiheit, S. 147.

45 Uwe Japp: Beziehungssinn. Ein Konzept der Literaturgeschichte. Frankfurt/Main 1980.

46 Nach dem Konzept des Phänomenologen Bernhard Waldenfels: Antwortregister. Berlin 2007, S. 320.

47 «Nur die Rücksicht auf Verständlichkeit hindert die Menschen daran, gleichzeitig zu reden, sie wünschen es weit öfter, und wenn sie sich ‹ins Wort fallen›, so werden sie ihrem Zustand gerechter als durch das anerzogene Abwarten, bis sie an der Reihe sind mit ihrer Formulierung.» (Ingeborg Bachmann: Notizen zum Libretto (‹Der junge Lord›). Kritische Schriften [KS]. Hg. von Monika Albrecht und Dirk Göttsche. München, Zürich 2005, S. 412–429, hier S. 413.)

von Nähe über solche medialen Barrieren hinweg in ihren eigenen Briefzeugnissen und in begleitenden Reflexionen wiederholt kritisch, phantasievoll und originell auseinandergesetzt. Für den aufmerksam gepflegten, regelmäßigen und teilweise überaus intensiven epistolaren Kontakt, den Bachmann mit mindestens zwei Dutzend Personen des künstlerischen und kulturellen Lebens unterhielt, gilt die Besonderheit, dass in diesen Briefwechseln Literatur nicht nur als ein häufig thematisierter Gegenstand herausragt, sondern dass diese Briefbeziehungen selbst ‹literarisch› sind. Sie werden durch den gemeinsamen, aber alternierend verteilten Impuls des Schreibens zusammengehalten; genauer: durch jenes Band, das medial wiederum die Tätigkeiten des Lesens und Schreibens unauflöslich miteinander verknüpft.

So gehört das Außergewöhnliche, das Ingeborg Bachmanns Stellung in der Literaturgeschichte des 20. Jahrhunderts bestimmt, urständig zusammen mit ihrer Art der Befreundungen, der Liebesverhältnisse und Literaturbeziehungen; insbesondere jener, die sie mit dem Dichter Paul Celan und dem Romanautor und Dramatiker Max Frisch unterhielt. Daher wird im Folgenden etwas mehr von Briefen (und der darin formulierten Liebe) die Rede sein, als es sich eigentlich für einen Beitrag von literaturwissenschaftlicher Seite geziemt, dessen primäres Interesse in der Betrachtung und Kommentierung von Werken liegt, sowie in der Entfaltung jenes kulturellen und geschichtlichen Kontextes, aus dem sie hervorgegangen sind. Allerdings ist diese Studie zu Bachmanns Literaturbeziehungen wie gesagt nicht primär, sondern allenfalls mittelbar auf die Biographie der Dichterin ausgerichtet, die inzwischen anhand vom mehreren kompetenten und lesenswerten Darstellungen ziemlich umfassend aufbereitet worden ist.[48]

Im Falle Bachmanns ist der briefliche Austausch mit Liebes- und Lebenspartnern über ein lebensgeschichtliches Interesse hinaus auch im Hinblick auf die dabei geteilten literarischen Arbeiten hochgradig aufschlussreich, weil ein Großteil der in diesen Werkphasen entstandenen Gedichte, Erzählungen, Essays und Reden innerhalb der Korrespondenz mit Paul Ce-

48 Vgl. neben Stoll: Der dunkle Glanz der Freiheit, und Hartwig: Wer war Ingeborg Bachmann? auch Hans Höller: Ingeborg Bachmann. Reinbek 1999; Hoell: Ingeborg Bachmann; Uta Degner: Ingeborg Bachmann. Spiegelungen eines Lebens. Darmstadt 2023.

lan, mit Max Frisch und mit anderen Personen aus dem literarischen Kollegenkreis ausgiebig kommentiert und verändert wurde oder sogar in seinem Ideenmaterial und Motivbestand aus dem Briefverkehr selbst hervorgegangen ist. Die beiden großen Gedichtbände Ingeborg Bachmanns, *Gestundete Zeit* und *Anrufung des Großen Bären*, sind wie auch spätere Gedichte noch eng mit ihrer Rezeption von Celans lyrischem Schaffen, besonders mit den Bänden *Mohn und Gedächtnis* (1952) und *Sprachgitter* (1959) verbunden, und sie stehen auch mit dessen poetischen Vorstellungen (etwa in *Meridian*, 1961) in unablässigem Dialog. Aus Bachmanns Konzeption der Erzählungen des Bandes *Das dreißigste Jahr*, speziell aus *Undine geht* oder *Ein Wildermuth*, ist wiederum der Bezug auf Max Frisch nicht wegzudenken, so wie umgekehrt Ingeborg Bachmann als Phänomen in einem ganzen Spektrum von Abtönungen durch Frischs Roman *Mein Name sei Gantenbein*, durch seine Erzählung *Montauk* und andere Texte eine fiktional verfremdete Existenz gefunden hat.

Von all diesen Werken wird in diesem Buch in ausführlichen Lektüren die Rede sein. Von Werken, die Literaturgeschichte geschrieben haben und die zu den Traumata einer unvergangenen Vergangenheit, zu Fragen individueller Verantwortung und gemeinschaftlichem Glück so nachhaltig prägende Formulierungen gefunden haben, dass sich ihre Lektüre bis heute lohnt. Weil in den dazu geführten Korrespondenzen immer wieder die Nahtstelle von Beziehung und Werk verhandelt wird, führen diese kooperativen Paarbeziehungen in exemplarischer Weise vor, was geschieht, wenn der soziale und emotionale Raum, den eine Autorin oder ein Autor als literarisches Habitat bewohnt, mitsamt seinen alltäglichen Zufälligkeiten zu verschriftlichten Momentaufnahmen von langer Dauer gefriert. Während Briefe ganz aus dem Moment geschrieben sind und eine punktuelle Datierung tragen, und jede Liebes- wie auch sonstige Beziehung natürlicherweise der Vergänglichkeit und Befristung unterworfen ist, enthebt sein dauerhafter Kunstanspruch das literarische Artefakt dieser temporalen Flüchtigkeit. Für die Worte und Sätze in Werkgestalt, die in der Lektüre jederzeit zu vergegenwärtigen sind, scheint deshalb in der Kommentierung das Tempus des Präsens die angemessene Zeitform zu sein. Und ein gutes Stück weit geht diese Zeitenthebung qua Literatur, zumindest aus heutiger Sicht, auch auf die mehr als ein halbes Jahrhundert zurückliegenden, zu ihrer Zeit mit drängendster Gegenwärtigkeit gezogenen Lebens- und Liebeslinien über.

Der hier vorgelegte Versuch, Ingeborg Bachmanns Existenz- und Arbeitsweise ‹in Beziehungen› anhand der beiden besonders exponierten und verdichteten Liebespartnerschaften zu Celan und Frisch nachzuzeichnen, geht von der zweiteiligen Annahme aus, dass künstlerische Kreativität erstens nie ohne einen (in manchem Fällen sehr hohen) Anteil an Beziehungsarbeit zu leisten ist, den es folglich auch in der Werkbetrachtung mit zu berücksichtigen gilt; und dass zweitens gerade der Bereich existenziell prägender Liebeserfahrungen unbeschadet ihrer biographischen Privatheit oftmals auch von einem gewissen sozialen und ästhetischen Gestaltungswillen durchzogen ist, der wiederum in die Genese literarischer Werke einfließen kann und später auch auf der Rezeptionsseite deren kontextualisiertes Verständnis mitbestimmt.

Die beiden Bestandteile dieser Grundannahme bedingen und bestimmen einander wechselseitig: Denn Literatur setzt Beziehungsarbeit voraus, und in Liebesbeziehungen manifestiert sich ein protoliterarischer Formwille. Mit der Beachtung beider Aspekte in ihrer Wechselwirkung greift dieses Buch Anregungen auf, die sich im Falle Ingeborg Bachmanns auch aus den Tendenzen jüngerer Forschungs- und Editionstätigkeit ergeben haben. Wichtige Aufschlüsse in werkgeschichtlicher Hinsicht verdankt die Bachmann-Forschung der textgenetisch angelegten *Kritischen Ausgabe*, die Monika Albrecht und Dirk Göttsche 1995 von den Prosatexten, Romanfassungen, Entwürfen und Fragmenten des von ihnen sogenannten *Todesarten-Projekts* vorgelegt haben.[49] In einer weiteren textkritischen Edition wurde von Albrecht und Göttsche eine kommentierte Neuausgabe von Bachmanns Essays, Rezensionen und sonstigen Sachtexten erarbeitet.[50] Wiederholt wurde seit den neunziger Jahren schon darauf hingewiesen, dass es in Bachmanns literarischem Schreiben noch Textbestände erheblichen Umfangs und gattungspoetischer Vielfalt zu entdecken gab und gibt. Eine im Kontext der neuen Salzburger Edition im Sommer 2024 durchgeführte Salzburger Tagung, bei der von internationalen Bachmann-Expertinnen und -Experten

49 Ingeborg Bachmann: Todesarten-Projekt. Kritische Ausgabe [TKA]. 4 Bände in 5 Bänden. Unter Leitung von Robert Pichl hg. von Monika Albrecht und Dirk Göttsche. München, Zürich 1995.

50 Ingeborg Bachmann: Kritische Schriften [KS]. Hg. von Monika Albrecht und Dirk Göttsche. München, Zürich 2005.

nahezu das gesamte Schaffensspektrum der Autorin behandelt wurde,[51] stellte ihre Agenda bewusst unter den kollaborativen Leitaspekt einer Titelformel, die Ingeborg Bachmann «in Beziehungsnetzen» agierend beschreibt.

Diese Impulse folgen einem Desiderat, das bereits in der umfassenden werkmonographischen Studie von Sigrid Weigel Ende der neunziger Jahre angemahnt worden war, als die Literaturwissenschaftlerin konstatierte, «eine Erforschung der Korrespondenzen im eigentlichen Wortsinne» sei im Falle Ingeborg Bachmanns bislang «ausgeblieben».[52] Die Kritik an der Einseitigkeit einer Forschungsliteratur, die sich in der Erörterung von «Lesarten» und der Freilegung von intertextuellen Bezügen im Werk Bachmanns weitgehend erschöpfte (so notwendig und nützlich derlei Studien auch sind), zielte auf den bis dato noch nicht systematisch unternommenen «Versuch, das intellektuelle Netz und die zeitgeschichtlichen und literarischen Konstellationen zu rekonstruieren, aus denen ihr [also Bachmanns, A. H.] Schreiben und Denken entsprungen ist».

Auf die Agenda der Bachmann-Forschung und Editionsarbeit gehört demzufolge auch die Auswertung von brieflich unterhaltenen Arbeits- und Freundschaftsbeziehungen, von kollegialen Kontaktnetzen und den dabei im kollaborativen Austausch erarbeiteten Entwürfen, Ideen und Fragestellungen. Die neue, umfassende Salzburger Bachmann Edition, die vor etwa zehn Jahren von dem Salzburger Germanisten Hans Höller begründet worden ist, hat sich die Aufgabe gestellt, neben dem zu Lebzeiten erschienenen literarischen Werk Bachmanns sowie dessen textgenetischen Vorstufen und Varianten erstmals auch ihre überlieferten Aufzeichnungen, Tagebuch-Notate und die großen Briefwechsel im Rahmen einer kommentierten Lese- und Studienausgabe verfügbar zu machen.

Für die neuere Forschung zu Bachmann, in gewisser Weise auch darüber hinaus ist diese Edition insofern wegweisend, als sie zwischen den zu Lebzeiten erschienenen Werken, dem archivalisch erhaltenen, fragmentarischen Material sowie den Briefkorrespondenzen Ingeborg Bachmanns erstmals keine prinzipielle, literarisch wertende Unterscheidung mehr trifft.

51 Die Beiträge der Salzburger Tagung erscheinen in folgender Publikation: Uta Degner, Alexander Honold (Hg.): In Beziehungsnetzen. Berlin 2026.

52 Weigel: Hinterlassenschaften, S. 17; die folgenden Zitate ebd.

Ziel ist es, die erhaltenen Briefwechsel und Aufzeichnungen Bachmanns als Schauplätze und Bestandteile ihrer literarischen Produktivität abzubilden. Dies geschieht, weil und sofern diese Materialien mit konkreten Werkplänen in einem oftmals sehr engen Zusammenhang stehen und überdies Dokumente eines existenziellen Ausdrucksbegehrens und Selbstbehauptungswillens sind. 2017 erschien zum Programmstart der Ausgabe unter dem Titel *Male oscuro*[53] ein Band mit Aufzeichnungen Ingeborg Bachmanns aus ihrer schwierigsten Krankheitsphase, der das Konzept der erweiterten Autorschaft gleich zum Auftakt besonders sinnfällig machte. Inzwischen sind in einem regen Publikationsrhythmus annähernd ein Dutzend Bände erschienen, sodass sich unter der neuen Editionslage sukzessive ein viel umfassenderes Bild von Ingeborg Bachmanns Literaturschaffen ergibt.

Dabei zeigt sich: Die Briefschaften, Korrespondenzen und Begleitmaterialien, die aus Bachmanns weitläufig vernetzten Beziehungen im Laufe mehrerer Jahrzehnte herangewachsen waren, stellen ganz eigene, sehr ausgedehnte und verzweigte Textlandschaften dar. Der hohe Grad an geistiger und formaler Durchgestaltung in diesen Korrespondenzen deutet darauf hin, dass auch das epistolare Schreiben Bachmanns durchaus einer potenziellen literarischen Lektüre und damit einer größeren Leserschaft zugedacht war. In Ingeborg Bachmanns Briefwechseln mit Hans Magnus Enzensberger, mit Hans Werner Henze, mit Paul Celan und mit Max Frisch, mit Ilse Aichinger und Günter Eich, mit Heinrich Böll, mit Marie Luise Kaschnitz, Hilde Domin und Nelly Sachs, um nur einige im Rahmen der Salzburger Bachmann Edition bereits publizierten Bände zu nennen, bildete sich ein ineinander verstrebtes, stilistisch variantenreiches literarisches Netzwerk aus, dessen jeweilige Schriftkanäle von der Autorin und ihren Briefpartnern und -partnerinnen mit hoher Schreibenergie eingerichtet, offengehalten und genutzt worden sind.

Das Besondere an der Textualität des Briefwechsels liegt nicht allein in der kleinen, oft sogar intimen Form des geführten Dialogs, sondern auch im interaktiven, von den Beteiligten jeweils nur begrenzt steuerbaren Entstehungsprozess. Denn das Epistolare erzeugt ein diskursives Terrain, bei dem

53 Ingeborg Bachmann: «Male oscuro». Aufzeichnungen aus der Zeit der Krankheit [MO]. Traumnotate, Briefe, Brief- und Redeentwürfe. Hg. von Isolde Schiffermüller und Gabriella Pelloni. München, Berlin 2017.

die je eigene Autorschaft allenfalls ‹die Hälfte› des entstehenden Textquantums ausmacht und dennoch jede Seite auch für das Hin und Her insgesamt eine anregende und stabilisierende Mitverantwortung trägt.

Der intensive, kontrovers aufgenommene Briefwechsel mit Max Frisch, der im November 2022 erschien, ist zweifellos der prominenteste unter den publizierten Korrespondenzbänden. Er ergibt ein in Teilen ziemlich bedrückendes dokumentarisches Konvolut, dessen Lektüre dennoch im Hinblick auf das Verständnis der in dieser Phase von beiden Beteiligten erarbeiteten literarischen Hauptwerke neuartige und aufregende Einsichten zu vermitteln vermag. Notwendigerweise stellt die editorische Erfassung dieser Korrespondenz ein fixiertes Provisorium und die Beschäftigung damit eine ambivalente Lese-Erfahrung dar. In der Anordnung, Abfolge und Präsentationsweise der Publikation, die von keinem der Beteiligten so ‹vorgesehen›, von Bachmann prospektiv sogar entschieden bekämpft worden war, läuft dieser Briefwechsel auf eine Form der archivalischen Hybrid-Literatur hinaus. Umso bemerkenswerter erscheint, wie vielfältig der Briefverkehr zwischen Bachmann und Frisch alle etablierten Gattungsformen aufbietet und durchmisst – als Beziehungsgeschichte von romanhaften Ausmaßen und mit hochgradig dramaturgischen Verwicklungen, die, symbolisch vielsagend, zu Anfang der Liebesbindung und nach deren Zerfall von Gedichten Ingeborg Bachmanns eingerahmt wird.

Zu einer Zeit, als die Funktion von Netzwerken nur erst in einigen Segmenten der Wissenschaft und Kulturtheorie ein Thema war, hat in der zweiten Hälfte des 20. Jahrhunderts vielleicht niemand konsequenter als Ingeborg Bachmann auf die gemeinschaftliche, dialogische Form des Denkens und Schreibens gesetzt. In Anbetracht all der Linien, Knotenpunkte und radialen Erstreckungen ihres Schreib- und Kontaktnetzes zeichnen sich inzwischen die Textarten und Materialbestände eines *zweiten Œuvres* ab, das neben die bekannten Umrisse und Bestände von Bachmanns publiziertem Schaffen tritt und partiell immer noch auf seine Wertschätzung und Auswertung wartet. Sigrid Weigel hatte in ihrer Monographie die erinnerungspolitische Bedeutung hervorgehoben, die sich aus der Betrachtung der Briefwechsel etwa mit Theodor W. Adorno, mit Alfred Andersch, Hannah Arendt, Wolfgang Hildesheimer, Uwe Johnson oder Hermann Kesten ergibt[54] – also Autoren und einer Autorin, die während der NS-Zeit im Exil gewesen, dort geblieben oder zurückgekehrt waren, oder die sich später, während der westdeutschen Restaurationsjahre, in eine Art von Diaspora-Schreibsituation begeben hatten. Aus diesen Kontakten zog Bachmann die von vielen literarischen Existenzen beglaubigte Bestätigung einer Erkenntnis, die ihr von den Südkärntner Anfängen her vertraut war, nämlich dass Literatur in einem identitätskulturellen Sinne stets aus einem kategorial ‹anderen Land› kommt und über Grenzen hinwegzugehen hat. Vor diesem Hintergrund lässt sich, wie in den Kapiteln dieses Buches in mehreren Schritten entfaltet wird, noch um einiges vielschichtiger und poetologisch genauer ermessen, was auf dem Spiel stand, als Max Frisch seine Briefpartnerin zu Anfang ihres näheren Kontaktes in folgenreicher Formulierung als die «andere Seite» adressierte.

54 Weigel: Hinterlassenschaften, S. 18. Vgl. auch Andrea Stoll: Erinnerung als ästhetische Kategorie des Widerstandes im Werk Ingeborg Bachmanns. Frankfurt/Main 1991.

# 2. Die andere Seite. Undines Landgang

Mitte Juli 1958 erhielt Max Frisch aus Neapel eine ebenso verschwiegene wie gehaltvolle Postsendung von Ingeborg Bachmann, die nach zwei Liebesbegegnungen mit dem Schweizer Schriftsteller (zwei Tage in Paris, eine Woche in Zürich) zu ihrem Seelengefährten Hans Werner Henze an den Golf von Neapel geeilt war, um wie schon in früheren Jahren im Süden einige Sommerwochen zu verbringen und dabei die Arbeit an der Einrichtung des Librettos für Henzes Oper *Der Prinz von Homburg* weiter voranzutreiben.

Strömung

So weit im Leben und so nah am Tod,
dass ich mit niemand darum rechten kann,
reiss ich mir von der Erde meinen Teil;

dem stillen Ozean stoss ich den grünen Keil
mitten ins Herz und schwemm mich selber an.

Zinnvögel steigen auf und Zimtgeruch!
Mit meinem Mörder Zeit bin ich allein.
In Rausch und Bläue puppen wir uns ein.[55]

Das Gedicht, zusammen mit drei weiteren, befand sich als Beilage in einem Brief, den Bachmann am 18. Juli 1958 aus Neapel an Frisch schrieb, während sie im Gegenzug von ihm die Bände des Romans *Stiller* und des Theaterstücks *Graf Öderland* erbat.[56] Im Briefverkehr, der selbst schon einen Gabentausch materieller und geistiger Produkte impliziert, begegnen sich die

55 Ingeborg Bachmann: Strömung. In: BW IB/MF, S. 12. Vgl. W I, S. 156: v. 3: «reiß», v. 4: «stoß».

56 BW IB/MF, S. 12.

beiden von Anfang an auch als Botschafter ihrer beider Werke, als Schreibende und Lesende einer verwandelt wieder ins Leben zurückkehrenden Literatur. Noch der letzte, vereinzelte Briefkontakt, fast zehn Jahre nach ihrer Trennung, wird im März und April 1972 zwischen New York und Rom einer Übersendung von Gedichten Bachmanns gewidmet sein. Zur Übersetzung und Veröffentlichung in einer amerikanischen Zeitschrift ausgewählt hatte Bachmann fünf Gedichte, darunter die vermächtnishaften Werke *Eine Art Verlust*, *Ihr Worte* und *Böhmen liegt am Meer.*[57]

Die knappen Zeilen, welche der Abschrift der Gedichte vom 18. Juli 1958 an Frisch vorangehen, sind erst der dritte an ihn gerichtete Brief der seinerzeit offiziell noch in München wohnhaften Dichterin. Ihrer beider Beziehungsstatus war nach wenigen Tagen des Zusammenseins provisorisch schon wieder auf ‹getrennt› gestellt, da Frisch sich eine Ablösung von der langjährigen Geliebten Madeleine Seigner damals nicht vorstellen konnte. In ihrem vorangegangenen Brief hatte Bachmann am 16. Juli die eigene «Auflehnung» gegen das allzu rasche Beenden ihrer Liebesbeziehung einbekannt.[58]

Die zwei Tage später zusammengestellte Briefsendung bleibt wie das Schreiben zuvor (und noch etliche folgende) ohne Anrede des Gegenübers. Die Nicht-Anrede des Partners stellt während der ersten Wochen des Briefverkehrs beiderseits den Normalfall dar – und bezweckt offenkundig die Vermeidung des jeweils noch als befremdend empfundenen anderen Vornamens, oder gar von liebevollen Koseformen. Der Brief vom 18., der die Fracht der beigelegten Gedichte von Süditalien in die Schweiz tragen soll, enthält zwischen der Orts- und Datumsangabe und der abschließenden Unterschrift «Ingeborg» lediglich anderthalb briefliche Zeilen. Diese formulieren eine Bitte, die vorderhand als Teil eines literarischen Austauschvorgangs fungieren soll und dadurch den Schriftverkehr wenigstens weiter in Gang hält: «Bitte schick mir den ‹Stiller› – und wenn es nicht zuviel ist, jetzt oder später, ‹Graf Öderland›. Bitte.»[59] Der Wunsch lässt, zumindest was den Roman *Stiller* angeht, keineswegs auf Bachmanns Unkenntnis oder Nichtbesitz des berühmten Romans schließen, das Stück über den gewalttä-

57 IB an MF, 9.4.1972; BW IB/MF, S. 570.

58 IB an MF, 16.7.1958; BW IB/MF, S. 11.

59 IB an MF, 18.7.1958; BW IB/MF, S. 12.

tigen Grafen Öderland war hingegen Neuland für sie. Der Wunsch, in Neapel etwas von Max Frisch, und damit indirekt auch ihn, in der Nähe zu haben, findet seine Bekräftigung in der dem Briefpartner schon im Voraus gewährten Gegengabe.[60]

Beigelegt war dem Brief eine Folge von vier Gedichten, unter welchen sich eben auch das Gedicht *Strömung* befand. Passend zum Referenzort Neapel und zur geographischen Figuration des italienischen ‹Stiefels›, der hier im «grünen Keil» angedeutet wird, eröffnet *Strömung* einen weiten maritimen Landschaftsraum, in den eine gefährliche Begegnung scharf eingezeichnet ist. Gelesen vor dem Hintergrund späterer Entwicklungen, scheint die lyrische Morgengabe an den Geliebten Max Frisch von einem seltsam prophetischen Vorgriff durchzogen zu sein. Verpuppt, ins poetische Kleid einer ozeanischen Metaphorik gehüllt, tritt eine Wasserfrau, die hier schon als Figur der Undine kenntlich wird, bei ihrem Landgang auf dem festen und fremden Boden ihrem «Mörder» entgegen, d. h. einer Zeitlichkeit und Sterblichkeit, welche männliche Gestalt angenommen hat. *Undine kommt.* Das Gedicht schlägt gleichsam die Gegenrichtung ein zu dem wenige Jahre später in dem rasanten Prosamonolog *Undine geht* deklarierten Abschied der mythologisch berühmten Wasserfrau. Diese Undine des *Strömungs*-Gedichts nämlich vollzieht, das maritime Element verlassend, einen verhängnisvollen Schritt in die Welt des anderen Aggregatzustands; wohl wissend, dass sie darüber später mit niemandem würde «rechten» können.

«Mitten ins Herz». Zwei Wochen zuvor waren Bachmann und Frisch bei ihrer ersten Begegnung eine Liebesbeziehung miteinander eingegangen; in Paris am 3. Juli, der deshalb zu einem später von beiden als literarische Kennmarke behandelten Datum wird. Frisch hatte im Mai bei einer Arbeit für den Norddeutschen Rundfunk, es ging dabei um die Verfilmung seines Stücks *Biedermann und die Brandstifter*, von Bachmanns Hörspiel *Der gute Gott von Manhattan* erfahren und Gelegenheit gehabt, sich dieses anzuhören. Mit der Verfasserin teilte er offensichtlich eine gewisse Faszination für

60 Umgekehrt hält Frisch sich auch lange nach jenen unsicheren Anfangswochen noch an das literarische Werk der Partnerin, um diese in analytischer Sachlichkeit kennenzulernen. «Ich habe gelesen: ‹Der gute Gott von Manhattan›, wie man ein Röntgenbild liest» (MF an IB, 20.6.1959; BW IB/MF, S. 92).

den Schauplatz New York und auch eine produktive Begeisterung für die Arbeit mit den neuen literarischen Möglichkeiten des Rundfunks. Sogleich nahm Frisch, wie er sehr viel später berichtet, den Kontakt auf und «schrieb [...] an die junge Dichterin» anerkennende, ermutigende Zeilen: «[...] wie gut es sei, wie wichtig, daß die andere Seite, die Frau, sich ausdrückt.»[61] Frisch zollte der ihm persönlich noch unbekannten Kollegin eine Anerkennung, die zumindest aus heutiger Sicht nicht ganz frei von paternalistischen Zügen war: «Wir brauchen die Darstellung des Mannes durch die Frau, die Selbstdarstellung der Frau.» Ein Schreibprogramm, um dessen Einlösung Ingeborg Bachmann dann allerdings schwere Kämpfe der Selbstbehauptung zu führen hatte.

Damit beginnt ein Briefverkehr und auch eine Liebespartnerschaft zwischen zwei bedeutenden, innerhalb der deutschen Nachkriegsliteratur herausragenden Literaturpersönlichkeiten; eine Beziehung, deren Lebenswirklichkeit sich nur über knapp ein halbes Jahrzehnt erstreckte, die zugleich aber in ihren Voraussetzungen und Folgen mehr als das Dreifache dieses Zeitraums einnahm und mit ihrer Verflechtung weitläufiger biographischer Entwicklungsfäden mindestens von Anfang der fünfziger bis gegen das Ende der siebziger Jahre reichte.[62]

---

61 Dieser Auftaktbrief hat sich nicht erhalten und kann nur aus Max Frischs später Paraphrase in dem autofiktionalen Roman *Montauk* rekonstruiert werden (Frisch: Montauk; GW VI, S. 676; das folgende Zitat ebd.).

62 Die persönliche Beziehungsgeschichte zwischen Ingeborg Bachmann und Max Frisch, die vor allem in der feministisch orientierten Bachmann-Forschung lange Zeit Gegenstand kritischer Kommentierung war, ist nach Veröffentlichung ihres Briefwechsels vielfach nochmals dargestellt und dabei teilweise neu bewertet worden. Aus kulturhistorischer Sicht relevanter ist ihre literarische Konstellation und wechselseitige Bezugnahme aufeinander; diese wurde im Hinblick auf die Thematisierung Max Frischs im Spätwerk Ingeborg Bachmanns erstmals von Monika Albrecht systematisch aufgearbeitet. Vgl. Monika Albrecht: «Die andere Seite»; dies: «Bitte aber keine Geschichten». Ingeborg Bachmann als Kritikerin Max Frischs in ihrem Todesarten-Projekt. In: Text und Kritik 6 (1995), S. 136–152. – Kritisch zu den von Albrecht hergestellten biographischen Bezügen stellt sich die Studie von Peter Wöhrle, die Frischs und Bachmanns Werk unter dem verbindenden Leitprinzip der Bildnis-Problematik vergleicht. Grundsätzlich skeptisch äußert Wöhrle sich über die Versuche, im Verhältnis Bachmann/Frisch «über den Grad der literarischen Anverwandlung zu mutmaßen und aus der Literatur [...] biografische Tatsachen abzulesen» (Peter Wöhrle: Sprechen, Staunen, Schweigen. Ingeborg

Frisch hatte ansonsten allenfalls in seinem Verleger Siegfried Unseld und in seinem Schriftstellerkollegen Uwe Johnson Korrespondenzpartner von gleichermaßen prägender Bestimmungskraft. Aufseiten Ingeborg Bachmanns war die eigene literarische Arbeit viel weitläufiger und auch intensiver durch den unablässigen Austausch mit künstlerischen Partnern bestimmt. Allen voran ist hier der Dichter Paul Celan aus Czernowitz in der Bukowina zu nennen, mit dem Ingeborg Bachmann eine noch in Wien aufgenommene, später sporadisch erneuerte Liebesbeziehung und literarische Zwiesprache verband. Die in den fünfziger Jahren begonnene künstlerische Kooperation mit Hans Werner Henze stand ebenso in einem Resonanzraum von erotischer Spannung und fulminanten gemeinsamen Lebensentwürfen, inspiriert von Henzes Vorliebe für mediterrane Eleganz. Auch zu Hans Magnus Enzensberger und Heinrich Böll, zu Ilse Aichinger und zu Marie Luise Kaschnitz pflegte Bachmann mehr als nur kollegial motivierte Freundschaften über unterschiedliche Lebensphasen und Krisen hinweg.

Zwar sind die Dokumente solcher Beziehungen und Partnerschaften meist erst lange im Nachhinein oder sogar erst in der Gegenwart an die Öffentlichkeit gelangt, doch tragen sie Erhebliches zum Verständnis der literarischen Arbeitsformen, Kooperationen und Netzwerke besonders in den stürmisch bewegten sechziger Jahren bei. Diese kulturelle Auf- und Umbruchzeit schien dann mit den Todesjahren Celans und Bachmanns Anfang der Siebziger an ihr auch symbolisch bekräftigtes Ende gekommen, ebenso wie jene institutionellen Treffen der Gruppe 47,[63] auf welchen Autoren und Autorinnen mehrerer nachrückender Generationen ihre wichtigsten Kontakte gemacht hatten, ihre (wie besonders das Ausnahme-Exempel von Ilse Aichinger und Günter Eich es zeigt) oft lebenslang haltenden Bindungen eingegangen waren.

---

Bachmann und Max Frisch im Vergleich. Würzburg 2011, S. 346 f.). Die hier vorgelegte Studie versucht hingegen im Anschluss an Albrechts Thesen zu zeigen, dass sich die Wege der beiderseitigen «Anverwandlung» anhand der Brief- und Werkkorpora auf textbezogener Basis nachzeichnen lassen.

63 Vgl. Jürgen Schutte (Hg.): Dichter und Richter. Die Gruppe 47 und die deutsche Nachkriegsliteratur. Ausstellung der Akademie der Künste 1988. Katalog. Berlin 1988; Helmut Böttiger: Die Gruppe 47. Als die deutsche Literatur Geschichte schrieb. München 2012.

Für eine Korrespondenz ist der permanente Perspektivwechsel, die reziproke Verteilung von Sender- und Empfängerseite, unerlässlich. Was bedeutet es also, dass Max Frisch seine prospektive Partnerin anfänglich als Person von der *anderen Seite* adressiert? Aus männlicher, aus patriarchaler Sicht war diese Einordnung in den fünfziger Jahren nichts Ungewöhnliches. Möglicherweise spielte Frisch damit implizit auf das berühmte (und ihm bekannte[64]) Buch von Simone de Beauvoir an, das unter dem Titel *Le deuxième sexe* 1949 in Paris und zwei Jahre später bei Rowohlt unter dem Titel *Das andere Geschlecht* erschienen war und rasch zum spektakulären Auftakt einer breiten, folgenreichen feministischen Bewegung wurde, die das soziale Geschlecht nicht mehr als naturgegebenes Schicksal hinzunehmen bereit war, sondern es als eine historisch bedingte (und änderungsbedürftige) Konstruktion auffasste.

Die kulturellen Artikulationsbedingungen und wirtschaftlichen Perspektiven für Frauen verbesserten sich allerdings nur langsam und schwerfällig – mit zahllosen genderpolitischen Aktionen, Debatten und Auseinandersetzungen, die noch fast über die gesamte zweite Jahrhunderthälfte fortdauerten. In de Beauvoirs vielzitiertem, formelhaften Titel, der die Frauenrechte mit Verve auf die Agenda des Nachkriegszeitalters hob, ist die *nachrangige* Zählung des weiblichen Genus als sozialkritische Diagnose eines Missstandes und zugleich als rhetorische Provokation formuliert. Bei Max Frisch wird in der Retrospektive des Jahres 1975 zumindest der Wille erkennbar, innerhalb der stilistisch geschützten Geständnisprosa von *Montauk* die privilegierte Optik der Männlichkeit und insbesondere das eigene *Leben als Mann* (geradezu emphatisch übernimmt der Verfasser den von Philip Roth im selben Jahr vorgelegten Romantitel in das eigene Schreibprojekt) auf einen selbstkritischen Prüfstand zu stellen.

Die mittlerweile zugänglich gemachten, im Rahmen der Salzburger Bachmann Edition erschlossenen und umfangreich kommentierten Briefdokumente der Partnerschaft zwischen Max Frisch und Ingeborg Bachmann gehen noch um einige (mitunter beklemmend zu lesende) Schritte weiter,

64 Nach Auskunft von Karin Pilliod hat Frisch Simone de Beauvoirs Buch während der gemeinsamen Zeit mit Madeleine Seigner, also um die Mitte der fünfziger Jahre, gelesen (Julian Schütt: Max Frisch. Biographie einer Instanz. 1955–1991. Berlin 2025, S. 79, 590).

was die Offenlegung von Beziehungskrisen und die Besichtigung der Schauplätze eines beständigen Kampfes um Anerkennung und Gleichberechtigung betrifft. Was die persönliche Seite, die oftmals dramatische und am Ende auch tragische Verlaufskurve[65] dieser spektakulären Lebens- und Schaffenspartnerschaft angeht, handelt es sich wohl um «einen der deprimierendsten Paarbriefwechsel der deutschsprachigen Literatur», wie Dieter Burdorf in seiner differenzierten Besprechung der Buchausgabe feststellt.[66]

Als Mitleser privater und intimer Briefe findet man sich bei der Beschäftigung mit den Dokumenten dieser Liebesbeziehung unvermeidlich in eine illegitime Zeugenrolle gedrängt, die nicht nur wegen der offenkundigen Verletzung des erklärten Willens einer Hauptbeteiligten, Ingeborg Bachmanns,[67] unbehaglich stimmt. Noch schwerer wiegt der im Fortgang der Lektüre sich verdichtende Eindruck, dass beide Korrespondenzpartner bei diesem Briefverkehr nicht immer in menschlich guter Form und auf der Höhe ihrer Einsichten agieren, dass sie zuweilen (und mit zunehmender Tendenz) sogar ein elendes Bild abgeben im doppelten Sinne, kläglich sowohl als Beschädigte wie auch als Schädiger, außer sich und in bittere Regionen der Einsamkeit abgedrängt. Andererseits entbehren die brieflichen Spuren der hochkarätigen Beziehung auch nicht der Faszinationskraft, allein schon was den Reigen illustrer Reisedomizile anbelangt, die von St. Mo-

65 Vgl. Thomas Strässle, Barbara Wiedemann: Gegenseitiges Verhängnis. [Nachwort I zu] BW IB/MF, S. 585–609, hier S. 609.

66 Dieter Burdorf: [Rezension zu:] Bachmann/Frisch: «Wir haben es nicht gut gemacht.» Der Briefwechsel. In: Arbitrium 2024; 42(1), S. 106–114, hier S. 106.

67 Ingeborg Bachmann äußerte ihrem (Brief-)Partner gegenüber unmissverständlich die Erwartung, er solle sämtliche von ihr erhaltenen Briefe «verbrennen, damit niemand ein Schauspiel hat eines Tags» (IB an MF, 24.12.1963; BW IB/MF, S. 524). Max Frisch hat seine auch gegenüber Ingeborg Bachmann wiederholt dokumentierte Willensbekundung, dass von einer «Veröffentlichung privater Briefwechsel […] abzusehen» sei (MF, BW IB/MF, S. 174) und er «jede Veröffentlichung von Briefen testamentarisch verboten habe» (BW IB/MF, S. 534), in einer späteren Lebensphase testamentarisch abgeändert und eine Stiftung mit dem Nachlassmandat betraut. Die Veröffentlichung der Korrespondenz entgegen der erklärten Willensbekundung Bachmanns stieß bei Teilen des Kulturjournalismus auf ein skeptisches Echo; vgl. exemplarisch die pointierte Kritik bei Margarete Stokowski: Nur über ihre Leiche. In: Der Spiegel, Nr. 42; 14.10.2023, S. 122–123.

ritz über Porto Venere und Roms Ausgehviertel zu den großen Theatern in Paris, London oder New York reichen, ganz zu schweigen vom Vorbeizug der Namen prominenter Persönlichkeiten. Und auch das fortwährende Ringen der beiden Figuren umeinander und um ihre stets bedrohte Lebensgemeinschaft hat enorm anrührende Züge, die einem Liebesdrama gut anstünden und die überdies eng mit den dramaturgischen Potenzialen des Mediums Brief und anderer fragiler Kommunikationswege verknüpft sind.

Der Briefwechsel zwischen Ingeborg Bachmann und Max Frisch stellt die private, zum Teil intime Innenseite eines dramatisch durchpulsten Liebes- und Arbeitsverhältnisses dar, in dem sich auch die zwischen Beharrungskräften und Aufbruchsimpulsen changierenden Geschlechterverhältnisse und Rollenkonflikte der Nachkriegswelt spiegeln; darüber hinaus lässt diese Korrespondenz auch die kulturellen Netzwerke, Verhaltensmuster und Geltungsansprüche des literarischen Betriebes wie unter einem Vergrößerungsglas hervortreten.

Im Briefwechsel manifestiert sich das Auf und Ab eines Beziehungsdramas, in dem sowohl das Leben wie auch die Literatur jeweils nur tangential seinen expliziten Niederschlag findet, dafür aber als Geschehen voller Turbulenzen umso heftiger zwischen den Zeilen aufscheint. Das Leben *vom* Schreiben und *für* das Schreiben ist ein permanentes, diese und andere Korrespondenzen durchziehendes Thema. Die Bewerbungen um Stipendien und Preise, das Karussell der Verlagskontakte und Kritikergespräche, die Kooperation mit Kulturveranstaltern, Theaterbühnen und Medienschaffenden bildete einen seit den fünfziger Jahren zunehmend an Bedeutung gewinnenden Teil des literarischen Alltagsgeschäfts, der sich im Briefverkehr ebenso deutlich niederschlägt wie der wiederholte Wechsel der Arbeitsorte und Schreibsituationen, von welchen man sich – je nachdem – belebende Inspirationen oder auch die erforderliche Muße und Ruhe versprach. Ingeborg Bachmann und Max Frisch stellen auf exemplarische Weise zeittypische Verkörperungen des in den Nachkriegsjahrzehnten stetig an Schwung, an Umfang und an Konfliktpotenzialen gewinnenden Kultur- und Literaturbetriebs dar.[68]

68 Zur Neuausrichtung des Kulturbetriebs und der Entwicklung von literarischer Öffentlichkeit und Medienkultur vgl. Erhard Schütz: Nach dem Entkommen, vor dem An-

Max Frisch war, trotz etlicher früher Zeitungsarbeiten und Reisefeuilletons, gewissermaßen ein literarischer Spätzünder innerhalb des Betriebs und bewegte sich doch als einer der erfolgreichsten Akteure darin.[69] Mit 34 Jahren, im März 1945, konnte er mit der Uraufführung seines Stücks *Nun singen sie wieder* am Schauspielhaus Zürich seinen Durchbruch in der literarischen Öffentlichkeit feiern; doch erst mit der Publikation des *Tagebuchs 1946–1949* im neu gegründeten Suhrkamp Verlag erfolgte 1950 die definitive Loslösung vom Architekten-Brotberuf. Das «Codewort», das für den Autor und seine künftigen Hauptfiguren nun angezeigt war, lautete «Verwandlung».[70] 1954 und 1957 erschienen die beiden großen, um männliche Identitätskrisen kreisenden Romane *Stiller* und *Homo faber*, die den Nerv jener Aufbruchsjahre trafen und sich als höchst erfolgreiche Longseller erweisen sollten. Im März 1958 brachte wiederum das Zürcher Schauspielhaus das im Untertitel als «Lehrstück ohne Lehre» angekündigte antitotalitäre Theaterstück *Biedermann und die Brandstifter* heraus; *Andorra*, das zweite historische Parabelstück, in dem es um Mechanismen antisemitischer Diskriminierung geht, wurde nach langjährigen Entwürfen und Revisionen erst Ende 1960 fertiggestellt. Frisch bot mit diesen Stücken vielseitig nutzbare dramaturgische Modelle, die einer breiteren gesellschaftlichen Auseinandersetzung mit der NS-Zeit dienlich waren und aufgrund ihrer reduzierten Spielsituation vergleichsweise unaufwendig aufgeführt oder auch im Schulunterricht behandeln werden konnten; sie wurden damit zur Grundlage seines lang anhaltenden kulturellen wie materiellen Erfolgs. Sowohl das *Biedermann*-Drama wie auch die Kernhandlung des *Stiller*-Romans hatte Frisch übrigens zunächst jeweils als Hörspiele entworfen; auch für ihn erweist sich damit die Rundfunkarbeit in den Nachkriegskonstellationen als ein relevanter Motor der erzählerischen Produktivität.

Evidenterweise war auch Ingeborg Bachmann Ende der fünfziger Jahre längst keine des Zuspruchs bedürftige Nachwuchshoffnung mehr. Mit zwanzig hatte sie im Herbst 1946 von ihrer Geburtsstadt Klagenfurt Abschied genommen und war nach Wien gezogen, nahm dort vielfältige intel-

kommen. In: Elena Agazzi, Erhard Schütz (Hg.): Handbuch Nachkriegskultur. Literatur, Sachbuch und Film in Deutschland (1945–1962). Berlin, Boston 2013, S. 1–140.

69 Vgl. zum Folgenden Schütt: Biographie eines Aufstiegs, S. 331–334, 410 f., 422 f.

70 Schütt: Biographie eines Aufstiegs, S. 485.

lektuelle Anregungen auf und konnte rasch weiterführende literarische Kontakte knüpfen.[71] Als «Script-Writer» und Redakteurin konzipierte sie ab 1951 für den amerikanischen Sender Rot-Weiß-Rot diverse Sendeformate und schrieb u. a. etliche Folgen für die beliebte Serie der *Radio-Familie*; nebenher lancierte sie eigene Gedichte in literarischen Zeitschriften.[72]

Nachdem ihr im Mai 1953 der Preis der Gruppe 47 verliehen worden war, sie im Dezember desselben Jahres ihren ersten Gedichtband *Die gestundete Zeit* vorlegen konnte und ihr Gesicht ein halbes Jahr später auf dem Titel des *Spiegel* abgebildet war (u. a. auch Max Frisch und Arno Schmidt hatten als Autorpersönlichkeiten zuvor dieselbe publizistische Ehrung erfahren), vollzog die junge Frau binnen Kurzem den Aufstieg zur wohl prominentesten Dichterin deutscher Sprache. Von Kritikern und Journalisten wurde die Autorin zu einer Diva des Literaturbetriebs stilisiert, deren Auftritte bald überall von Medieninteresse und öffentlicher Bewunderung orchestriert waren. Eine eigenwillige, bezaubernde Mischung aus ländlicher Schüchternheit und glamouröser Eleganz zeichnete ihre Haltung bei solchen Auftritten aus.[73] Im patriarchalen Verein der Gruppe 47[74] und anderer literarischer Zirkel stach sie als eine der wenigen Frauen hervor und fand sich oft mehr wegen ihrer Weiblichkeit umlagert als aus sachlichem Interesse für ihre literarischen Arbeiten. ‹Die Bachmann›, wie man sie nannte, war durch Fotoserien, Interviews, Auftritte bei Lesungen und Podien Mitte der fünfziger Jahre schlagartig zu einem Medienprofi in eigener Sache avanciert;[75] zugute kam ihr dabei die Erfahrung durch ihre frühe Re-

71 Vgl. hier und zum Folgenden Stoll: Der dunkle Glanz der Freiheit, bes. S. 79–94.

72 Weigel: Hinterlassenschaften, S. 50.

73 Stoll: Der dunkle Glanz der Freiheit, S. 115–117. «Die von vielen Zeitgenossen gerühmte Attraktivität ihrer Erscheinung verlieh ihr in Verbindung mit dem kehlig-dunklen Ton ihres Kärntner Idioms und einer unübersehbaren Scheu bei öffentlichen Auftritten eine rätselhafte Aura» (ebd., S. 20).

74 Legendär geworden war dort der decouvrierende Ausspruch Hans Werner Richters «Welche Frau hat da eben was gesagt?», an dem der habituelle Ausschluss der Frauen aus dem «kritischen Diskurs» symptomatisch ablesbar war (Reinhard Baumgart: Ich war dabei – wirklich? In: Toni Richter (Hg.): Die Gruppe 47 in Bildern und Texten. Köln 1997, S. 72). Vgl. auch Nicole Seifert: «Einige Herren sagten etwas dazu». Die Autorinnen der Gruppe 47. Köln 2024.

75 Vgl. Hartwig: Wer war Ingeborg Bachmann?, S. 21–34.

daktionstätigkeit beim Wiener Rundfunk ebenso wie der ungewöhnlich weitgespannte Horizont ihres Intellekts.

Ingeborg Bachmann besaß nicht allein ein herausragendes Sprachtalent, mit dem sie sich auch die englische, die französische und insbesondere die italienische Sprache leicht hatte erschließen können. Sie verfügte überdies über ein in Innsbruck, Graz und Wien absolviertes Philosophie- und Literaturstudium, das sie mit einer Promotion über Martin Heidegger abgeschlossen hatte. Mit dem ihr eigenen Sinn für dialektische Spannung nahm die Autorin dabei Heideggers existenzialontologisches Pathos aus der sprachkritischen Sicht des Wiener Kreises ins Visier. Eine Reihe publizistischer Beiträge zur zeitgenössischen Philosophie ließ Bachmann folgen, parallel zu ihren ersten anerkannten Gedicht-Publikationen. So trugen etwa Bachmanns Arbeiten zur Philosophie Wittgensteins[76] Anfang der fünfziger Jahre erheblich zur wachsenden öffentlichen Beachtung dieses 1951 in Cambridge verstorbenen österreichischen Exilgelehrten bei, und die epochale postume Veröffentlichung des *Tractatus logico-philosophicus* und der *Philosophischen Untersuchungen* 1960 im Suhrkamp Verlag ging wesentlich auf ihre Initiative zurück.[77]

Mit den Namen Heidegger und Wittgenstein waren nicht nur markante persönliche Denkstile verbunden, diese großen (später von Thomas Bernhard gekonnt ironisierten) Geistesfiguren stellten phänotypisch auch zwei Grundimpulse von Ingeborg Bachmanns Weltverhältnis dar: die emphatische Bindung an elementare Naturkräfte und Seinsformen einerseits, die skeptische Durchleuchtung sprachlicher Konstrukte und Wendungen andererseits.

---

76 Ingeborg Bachmann: Kritische Schriften [KS]. Hg. von Monika Albrecht und Dirk Göttsche. München, Zürich 2005. Bachmanns Essay: Ludwig Wittgenstein. Zu einem Kapitel der jüngsten Philosophiegeschichte (KS, S. 64–74) erschien im Juli 1953 in den *Frankfurter Heften*, ein Radioessay *Sagbares und Unsagbares – die Philosophie Ludwig Wittgensteins* wurde im September 1954 vom Bayerischen Rundfunk ausgestrahlt (KS, S. 123–143).

77 Vgl. die Aufzeichnungen von Siegfried Unseld, der Bachmann auch die Herausgeberschaft dieser Ausgabe angetragen hatte (12.6.1959, Suhrkamp-Archiv; zit. nach BW IB/PC, S. 315).

Beides, Erdnähe ebenso wie Sprachreflexion, scheint auf komprimierte Weise auch in dem Gedicht *Strömungen* von 1958 zum Ausdruck zu kommen. Die Motive der räumlichen Exponiertheit und der Todesnähe, der Herzwunde und des angstvoll bedachten Befristetseins bringen eine existenzielle Aufladung des Gedichts hervor, während die conditio humana der Zeitlichkeit durch die Nachbarschaft zweier Z-Alliterationen, der Zinnvögel und des Zimtgeruchs, mit dem Bildbereich modernster Transportvehikel und zugleich mit einer an Proust erinnernden Assoziationslust flankiert wird, sodass auf diese Weise die artistische Gestalt des Poems, seine sprachliche Faktur, selbstbewusst in den Vordergrund rückt.

Es geht also bei dem aus Neapel nach Zürich übersandten Gedicht *Strömung* auch darum, in einem sich transformierenden, wechselvollen literarischen Feld die eigene Position zu behaupten. Oft werden bestimmte künstlerisch-literarische Tendenzen als Teil einer «Strömung» klassifiziert, d. h. einem energetischen Geschehen zugerechnet, dessen Fließdynamik die individuelle Gestaltungskraft übersteigt und derjenigen eines mitreißenden Gewässers gleicht. Aus solcher taxonomischen Metaphorik schert dieses Gedicht aus, indem es den Elementargrund dieser *façon de parler* wörtlich nimmt und auf die Wasserwelt einer Undine bezieht, die sich aufs Festland wagt, in das Land des anderen Geschlechts. Den «grünen Keil», dem Ozean «mitten ins Herz» gestoßen, wird man, zumindest von Neapel aus, unschwer mit der kartographischen Situierung Italiens, dieser langen, spitz zulaufenden Halbinsel zwischen den Meeren, in Beziehung bringen können. Die Grenzlage der Küstenregion eignet sich archetypisch als Schauplatz einer imaginär durchgespielten Existenzgründung. ‹Sich selbst anschwemmend› in einem Akt der schöpferischen Landnahme, greift das lyrische Ich zu einem Trick der Sprachmagie und gründet seine Existenz auf die Logik eines elementaren Bildraums, womit innerhalb dieses modellhaften Textes sich die territoriale und die rhetorische Wirkmacht zu einem überdeterminierten Knotenpunkt zusammenschließen.

Das Gedicht *Strömung* lässt, von Bachmanns philosophischen Grundpositionen inspiriert, die mimetische und die analytische Dimension des sprachlichen Handelns einander als zwei kommunizierende Gefäße gegenübertreten. Für die Poetik Ingeborg Bachmanns ist eine solche Verbindung suggestiver natürlicher Raumverhältnisse und rhetorischer Manöver einer desillusionierenden *correctio* durchaus charakteristisch. Der daraus oftmals entstehende spannungsvolle Überschwang unterscheidet ihre Diktion erheblich von dem bis dahin in der Nachkriegslyrik vorherrschenden Tonfall deskriptiver Nüchternheit.

In dem an Max Frisch gerichteten Schreiben vom 18. Juli waren indes noch drei weitere Gedichte ihrer jüngsten Produktion inkludiert: *Geh, Gedanke*, *Nach dieser Sintflut* und *Hôtel de la Paix.* Im *Sintflut*-Gedicht wird die biblische Taube beschworen, von deren wunderbarer Rettung das lyrische Ich auch die eigene dichterische Existenz abhängig macht:

> Ich ginge ja unter in diesem Meer!
> flög' sie nicht aus,
> brächte sie nicht
> in letzter Stunde das Blatt.[78]

Neben dem Wiederaufleben der Vegetation ist auch das ‹Blatt› im Sinne des Schriftträgers und der eigenen Schreibleistung mitgemeint, die sich als immer wieder neu erforderliche Wendung ins Trockene aus den Wasserfluten begreift. *Geh, Gedanke* setzt demgegenüber die Motivlinie der in *Strömung* schon alludierten Flugphantasien fort, denn «ein zum Flug klares Wort» soll darin der «Flügel» des Gedankens sein, der «dich aufhebt und dorthin geht, / wo die leichten Metalle sich wiegen, / wo die Luft schneidend ist [...]».[79]

Während die ersten drei Gedichte somit in systematischer Abfolge die elementaren Sphären des Landgangs, der Luftschwünge und der Meeresfluten ausschreiten, kommt in *Hôtel de la Paix* (dem Aufenthaltsort Bachmanns in Paris 1956, Rue Blainville)[80] das schmuckvolle Interieur eines Logierzimmers in den Blick, welches im mittleren der fünf Verse als vom Feuer einer allerdings im Erlöschen begriffenen Lichtquelle ausgefüllt be-

78 Ingeborg Bachmann: Nach dieser Sintflut, S. 5–8. BW IB/MF, S. 13. Vgl. W I, S. 154.

79 Ingeborg Bachmann: Geh, Gedanke, v. 1–4. BW IB/MF, S. 12. Vgl. W I, S. 157.

80 Vgl. Corina Caduff: Erinnerung an Frankreich – Paris – Hôtel de la Paix: Die Paris-Gedichte «im Geheimnis der Begegnung». In: Bernhard Böschenstein, Sigrid Weigel (Hg.): Ingeborg Bachmann und Paul Celan. Poetische Korrespondenzen. Frankfurt/Main 1997, S. 151–166, hier S. 162 f.

schrieben ist: «Das Lichtherz bricht der Lampe.»[81] – Es ist diese (einzigartige, für die Briefsendung vorgenommene) Zusammenstellung, die den Einzelgedichten den Rang einer emphatischen, aber noch schwer zu dechiffrierenden Botschaft zuweist. Bachmann überlässt mit ihren vier übersandten Gedichten dezidiert den Geistern der Elemente das Wort, ruft Land und Wasser, Luft und Feuer zu zeilengebundenen Zeugen ihrer Liebe auf. In einem Brief nach dem ersten Pariser Zusammensein hatte Frisch seinerseits ihr Erscheinen in seinem Leben mit dem Eintauchen ins Elementare assoziiert und damit den Undinen-Mythos fast schon vorweggenommen: «Du bist ein Meertier, das nur im Wasser seine Farben zeigt».[82]

Doch war oder ist all dies in seiner Tragweite noch unabsehbar, als Max Frisch im Frühsommer 1958 den Kontakt zu Ingeborg Bachmann aufnimmt. Dabei ist dem Zürcher Autor durchaus klar, *an wen* er sich mit seiner Mitteilung wendet; die Grundzüge seiner Erinnerung an den (verschollenen) Auftaktbrief hat er der 1975 vorgelegten autofiktionalen Erzählung *Montauk* anvertraut, man kennt die betreffende Stelle schon. «Sie hörte Lob genug und großes Lob, das wußte ich, trotzdem drängte es mich zu dem Brief. Ich wollte sagen: Wir brauchen die Darstellung des Mannes durch die Frau, die Selbstdarstellung der Frau.»[83]

Darauf antwortet die Angesprochene prompt, bestimmt und mit zugewandter Ernsthaftigkeit. In diesem ersten Schreiben von ihrer Seite, dem frühesten erhaltenen Brief dieser Korrespondenz, versichert sie dem Gegenüber: «Ich bin froh, schon lange, daß es Sie gibt, mit der großen Genauigkeit, für die ‹andere Nation›, der nichts oder nur Ungenaues erwidert wird. Und ich möchte ihr begegnen mit der Aufrichtigkeit, die sie erwarten darf.»[84] In einer Direktheit, welche den Adressaten ebenso überrascht wie erfreut zu haben scheint, bietet sie an, schon am «kommenden Sonntag» nach Zürich zu kommen und dort «zwei, drei oder vier Tage» zu bleiben, je nach Situation. Ihre Frage, «ob ich Sie […] sehen darf», unterstreicht die Briefschreiberin durch den weit aus der Deckung kommenden Zusatz, «ich

81 Ingeborg Bachmann: Hôtel de la Paix, v. 3. BW IB/MF, BW IB/MF, S. 14. Vgl. W I, S. 152.

82 MF an IB, 6.7.1958; BW IB/MF, S. 10 f.

83 Frisch: Montauk; GW VI, S. 676.

84 IB an MF, 9.6.1958; BW IB/MF, S. 9; das folgende Zitat ebd.

hoffe so sehr und ohne rechte Überlegung, daß auch Sie es wünschen könnten.»[85] Doch steht die Zustellung dieses ersten Beinaheliebesbriefs unter einem ungünstigen Stern und muss dem zu einer Urlaubsreise nach Spanien Aufgebrochenen über mehrere Zwischenstationen regelrecht nachgetragen werden. Deshalb wurde nicht Zürich im Juni, sondern Paris im Juli zum Ort ihrer ersten Begegnung, und zum Beginn eines bald euphorischen, bald von Abwehr und Verlustängsten durchzogenen Liebeswerbens.

Frisch greift nach dem Rendezvous, allein zurückgelassen, zu paradoxen Formen, um seine Gefühle und seinen Standpunkt gegenüber der ‹anderen Seite› auszudrücken. «Ich liege neben Dir, Ingeborg, und Du bist nicht da. Wirst Du je wieder da sein? Ich bin glücklich und ratlos. Ich liebe eine Frau, die mich liebt, und Du trittst in mein Leben, Ingeborg, wie ein langgefürchteter Engel, der da fragt Ja oder Nein. Und ich bin glücklich und ratlos und zu feig, um über die Stunde hinaus zu denken.»[86] Damals lebte Max Frisch mit Madeleine Seigner, seiner Geliebten seit 1952, für die er 1955 seine erste Ehefrau verlassen hatte, am Zürichsee in getrennten Wohnungen zusammen; er in Männedorf, sie in Thalwil, auf der anderen, südlichen Seeseite. Auf dem Umschlag des entwaffnend direkten Briefes von Ingeborg Bachmann an Frisch haben sich die auch räumlich komplizierten Lebensverhältnisse des Umworbenen mit energischen Linien eingeschrieben. Das Schreiben, von der Absenderin in München als Expresspost mit dem Briefkuvert-Vermerk «Eil gilt!» auf den Weg gebracht, war mit großen Lettern an Frischs Wohngemeinde «Männedorf» gerichtet (ein *telling name* in diesem Zusammenhang) und musste dort dann aufgrund eines bestehenden Nachsendeauftrages an die Thalwiler Adresse Seigners umadressiert, somit buchstäblich auf die *andere* Seeseite umgeleitet werden, was einen zusätzlichen Reisetag erforderte; allerdings befand Frau Seigner sich zu diesem Zeitpunkt ohnehin schon auf dem Weg zu Frisch nach Ibiza, und darum konnte der Adressat die Kontaktanfrage erst Wochen verspätet in Empfang nehmen.

Weil der Brief damit zwischen zwei Uferseiten und zwischen zwei Frauen gerät, ist sowohl in räumlicher wie in zeitlicher Hinsicht festzustellen, dass diese Liebesgeschichte eigentlich schon mit einem *Hiatus* beginnt;

85 IB an MF, 9.6.1958; BW IB/MF, S. 9.

86 MF an IB, 6.7.1958; BW IB/MF, S. 10.

mit einer Kluft, deren Abgründigkeit sich erst viel später erzählkartographisch vermessen lassen wird. «Wer hat nicht die Worte Zürich und Thalwil [...] mit Schrecken gehört», so wird zehn Jahre später in einem Erzählfragment Bachmanns notiert, welches eine der seltenen Gelegenheiten darstellt, an welchen sich die Autorin rückblickend explizit mit der Geographie ihrer Schweizer Lebensumstände auseinandersetzte. Und weiter heißt es da, fortfahrend in sarkastischem Ton: «[...] wer hat nicht, auf diesen staubgesaugten Wiesen und polierten Bergen, in Abgründe geblickt, die so wenig sichtbar waren». «In sie sind manche Worte schon gefahren, vergiftete Pfeile, die niemand mehr zu verstehen vermag, aber wahrscheinlich ist niemand empfindlicher als ein Ausländer, ein verschlagener (Exilant), [...], der eine Einbürgerung nicht nur nicht erwartet, sondern ihr ebenso mit Entsetzen entgegensieht.»[87] Doch greifen solche bitteren Bemerkungen dem Gang der Dinge weit vor.

Mindestens ebenso beachtlich indes wie der ungeplante Umweg und mehrschichtige Überschreibungsvorgang, den die Briefsendung auf ihrem Weg zum Empfänger zu absolvieren hatte, ist die raumsymbolische Aufladung des Schreibens selbst. Denn Bachmann vollzieht in den Wendungen ihrer Antwort eine kryptologische Anspielungskunst, deren Tragweite der adressierte Frisch keineswegs durchschauen kann. Sie lobt ihn, wie gehört, in seiner «großen Genauigkeit, für die ‹andere Nation›, der nichts oder nur Ungenaues erwidert wird». Als «andere Nation» kann in diesem Falle entweder – und mit größerer Wahrscheinlichkeit – das weibliche Geschlecht als solches angesprochen sein, oder aber das der Schweiz benachbarte Land Österreich, das Ingeborg Bachmanns kulturelle und sprachliche Heimat war.

In einem weiteren, übertragenen Sinne ließe sich die Wendung von der anderen Nation überdies auch auf das dem Zürcher Romanautor eher fremde, von ihm unbetretene Gebiet der Lyrik, der Dichtkunst im engeren Sinne, beziehen. Denn Gedichte sind zweifelsohne jene literarische Gattung, welche zu dieser Phase ihres Schaffens Ingeborg Bachmann als ihre ureigene Domäne in Anspruch nehmen darf. Betrachtet man ihre einschlägige Formulierung in der betreffenden Briefpassage indes als Ganzes, dann gehört als ergänzendes Element das kritische Eingeständnis hinzu, dass der am

87 Ingeborg Bachmann: Zärtlich ist die Nacht. TKA IV, S. 41, 42.

Partner gerühmten Genauigkeit vonseiten jener ‹anderen Nation› bislang «nichts oder nur Ungenaues erwidert» werde. Auch diese Bestimmung bleibt ein wenig rätselhaft und ambig, sie scheint sich klischeehaft sowohl auf eine generisch weibliche wie auch auf eine spezifisch österreichische oder auch poetische Ungenauigkeit beziehen zu lassen.

Wenn Frisch in diesem Gefüge die Position des auf Genauigkeit *sensu stricto* ausgerichteten Prosa-Architekten zugedacht ist, des im Buchtitel *Homo faber* Gestalt gewordenen exakten Mannes also, so darf (und muss vielleicht sogar) beim korrespondierenden weiblichen Gegenpart die Rolle der Abweichung, des Hangs zum Ungefähren vermutet werden. Aber würde sich Ingeborg Bachmann in ihrer Profession als Dichterin den Vorwurf der Ungenauigkeit zuziehen wollen? Oder zielt der kritische Begriff eher auf andere Spielarten weiblichen Schreibens, die damit als nicht auf männlicher Augenhöhe befindlich diskreditiert würden? Doch auch für eine solche Lesart liegen kaum plausible Anhaltspunkte vor. Jedenfalls ist die Feststellung, dass einem Fürsprecher der anderen Seite von dort aus bislang «nichts oder nur Ungenaues erwidert» werde, ein denkbar irritierender und nicht ganz zufälliger Auftakt für eine Briefkorrespondenz, und schon gar für die Anbahnung eines Zusammenlebens.

# II. Poetische Chiffren

# 3. Poetische Diaspora. Ingeborg Bachmann und Paul Celan

Das andere Land, die andere Nation: Im Geschlechterdiskurs der Zeit konnte es wohl nur deren zwei geben; zumindest ist die Formulierung in diesem Sinne bei Bachmann bereits rhetorisch etabliert. Im Zusammenhang mit einer Vorstufe der Erzählung *Ein Schritt nach Gomorrha* hatte die Autorin eine weibliche Figur reflektieren lassen über jene Männer, die «in ihren Körper eingezogen waren mit der Lust einer anderen Nation, keiner feindlichen, aber einer anderen».[88] Doch bleibt der Konnotationsraum, den der Begriff der Nation in solchem Kontext eröffnet, durchaus mehrdeutig und trägt eine gewisse politische und wohl auch geschichtliche Färbung ins Bild.

Was aber mit dem Wechselspiel der Begriffe *genau* und *ungenau* in der fraglichen Briefpassage aus biographischer Perspektive gemeint sein kann, das ist der implizite, vielleicht sogar der Schreiberin selbst unbewusste Rückgriff auf eine andere, frühere literarische Allianz-Situation, auf jenes poetische Liebesbündnis nämlich, das Bachmann als junge Studentin mit dem auf einer Zwischenstation in Wien weilenden rumänisch-jüdisch-deutschen Dichter Paul Celan eingegangen war. Celan hatte ihr nach dem Beginn ihrer Liebesbeziehung ein Exemplar eines Bildbandes von Henri Matisse geschenkt, versehen mit einer persönlichen Widmung und einer Abschrift von Celans Gedicht *In Ägypten.* Die Abschrift von seiner Hand ist mit «23. Mai 1948» datiert; als komplexes, gestuftes Geschenk (Buch, Gedicht, Widmung) aber erreicht Celans Gabe die Geliebte zum «24.6.1948», also einen Tag vor ihrem zweiundzwanzigsten Geburtstag.

88 Die Passage stammt aus dem Typoskript *Eine lange Nacht*, dessen Konstellation im Sommer 1960 gegenüber dem Kritiker Reinhard Baumgart als «Geschichte von den beiden Lesbiennes» erwähnt wird (Hg.-Kommentar zu Ingeborg Bachmann: Das dreißigste Jahr [DdJ]. Erzählungen. Hg. von Rita Svandrlik. München, Berlin, Zürich 2020, S. 495, 463).

Die begleitende Widmung lautet: «Der peinlich Genauen, / 22 Jahre nach ihrem Geburtstag, / Der peinlich Ungenaue».[89] Das Wort *genau* ist für die Poetik Celans historisch und existenziell hochgradig aufgeladen, so ist es etwa als qualifizierendes Merkmal eines Tötungsaktes gebraucht in der berühmten *Todesfuge*. Auch die Vokabel *peinlich* besitzt innerhalb der Widmung eine mehrdeutige Valenz, die von der konventionellen Floskel bis zur etymologischen Bedeutung des Schmerzvollen denkbar unterschiedliche Sprachebenen umfasst.

Auf eine für die Empfängerin mehr noch als für den Verfasser peinliche Weise ‹genau ungenau› aber erweist sich zuletzt und vor allem die poetische Gabe selbst, die Paul Celan seiner jungen Geliebten mit Hinweis auf ihr zeitgeschichtlich relevantes Geburtsjahr zugeeignet hat. Denn Celans Gedicht *In Aegypten / Für Ingeborg* stellt nichts Geringeres als eine poetische Grundbestimmung des Lebens nach dem Holocaust dar. Ein Liebesgedicht, in dem die Frauennamen der abwesenden Jüdinnen, der Deportierten und Ermordeten, den Urstrom allen Fühlens und Sagens bilden.

In Aegypten
Für Ingeborg

Du sollst zum Aug der Fremden sagen: Sei das Wasser!
Du sollst, die du im Wasser weißt, im Aug der Fremden suchen.
Du sollst sie rufen aus dem Wasser: Ruth! Noemi! Mirjam!
Du sollst sie schmücken, wenn du bei der Fremden liegst.
Du sollst sie schmücken mit dem Wolkenhaar der Fremden.
Du sollst zu Ruth, zu Mirjam und Noemi sagen:
Seht, ich schlaf bei ihr!
Du sollst die Fremde neben dir am schönsten schmücken.
Du sollst sie schmücken mit dem Schmerz um Ruth, um Mirjam und Noemi.
Du sollst zur Fremden sagen:
Sieh, ich schlief bei diesen!

Wien, am 23. Mai 1948[90]

89 PC an IB, 24.6.1948; BW IB/PC, S. 7.

90 Paul Celan: In Aegypten. PC an IB, 24.6.1948; BW IB/PC, S. 7. Davon abweichend in dem Band *Mohn und Gedächtnis* (1952): v. 1: […] Sei das Wasser. v. 3, 6, 9: Noëmi. (Paul Celan: Die Gedichte. Neue kommentierte Gesamtausgabe in einem Band [NKG]. Hg. und kommentiert von Barbara Wiedemann. Frankfurt/Main 2020, S. 48.)

Dieses Gedicht steht am Anfang einer starken, langen und verzweifelten Liebe; am Anfang auch zweier Dichterlaufbahnen, denen je auf ihre Weise eine abgründige Fremdheit zur zeitgenössischen Mitwelt eingeschrieben ist. Die Textform dieser Dichtung entstammt dem Muster des alttestamentlichen Dekalogs, der hier inhaltlich um eine Stelle auf neun Gebotssätze verkürzt, formal aber durch die zweimalige Zeilenbrechung zugleich auf elf Verslinien verlängert wurde. Das angesprochene Du, dessen Sollen in den neun Bestimmungen mit liturgischer Monotonie statuiert wird, ist als Position des männlichen Subjekts zu erkennen, dem vergangene Liebesbegegnungen mit Frauen jüdischen Namens zugeschrieben werden,[91] auf die eine gegenwärtige Liebesverbindung mit einer als «Fremden» bezeichneten Frau nun folgt – und ebendieser gegenwärtigen, intimen Situation gelten die verfügten Gebote. Diese gehen von einer nicht näher benannten Instanz erst und gerade in demjenigen Moment hervor, den das Sprachereignis dieses Gedichts darstellt; ein neuer Bund, dessen Gesetzestafeln als Gedicht im verewigten Augenblick ihrer Vertextung aufscheinen.

«Ägypten» bezeichnet für das Volk Israel und seine Angehörigen den Ort und die Zeit einer Existenz im Exil, unter dem Joch eines tendenziell feindseligen, in vielen Dingen drückend überlegenen Staatsgebildes, erfüllt von Sehnsucht nach der verlorenen Heimat. Ein paar Monate erst befand sich Paul Celan zu diesem Zeitpunkt in Wien, wohin er als «displaced person» aus den politisch und persönlich zunehmend prekären Verhältnissen in Rumänien gekommen war, nur wenige Wochen, bevor Ende Dezember 1947 Ungarn und Rumänien ihre Grenzen nach Westen hermetisch abzuriegeln begannen.[92] Die Emigrationserfahrung, das Leben in einer Diaspora wird nun, wenige Monate nach dem Erreichen des für die mittel- und osteuropäischen Regionen wichtigen Schmelztiegels Wien, mittels der mythischen Bezüge auf das biblische Ägypten zu einer Art von universeller Daseinsmetapher stilisiert.

---

91 Vgl. den Hg.-Kommentar in Paul Celan: Die Gedichte. Kommentierte Gesamtausgabe in einem Band [KG]. Hg. und kommentiert von Barbara Wiedemann. Frankfurt/Main 2003, S. 610 f.

92 Peter Goßens, Marcus G. Patka (Hg.): «Displaced». Paul Celan in Wien 1947–1948. Frankfurt/Main 2001; Thomas Sparr: Todesfuge. Biographie eines Gedichts. München 2020, S. 81 f.

Die Jugendzeit Celans in dem Vielvölkerort Czernowitz, einer alten Handelsstadt auf der Nahtstelle unterschiedlicher Kulturen, hatte ein alltägliches Sprachengemisch sondergleichen mit sich gebracht; in sechs Sprachen wurden dort Zeitungen publiziert.[93] Die vom Flusse Pruth durchzogene Bukowina, das ‹Buchenland›, war vor ihren gewaltsamen, wechselnden Besatzungen durch hegemoniale Mächte eine zwar randständige, aber literarisch rege Landschaft gewesen: «eine Gegend, in der Menschen und Bücher lebten», wie es ein später Rückblick anlässlich des Bremer Literaturpreises formuliert.[94] Auch Celan selbst, von Hause aus deutschsprachig, verfügte über ein immenses Talent für Vielsprachigkeit, bewegte sich traumwandlerisch sicher im Französischen, beherrschte ausgezeichnet das Englische, außerdem Rumänisch, Russisch und die Grundzüge des Hebräischen, seine Literaturwelt war grenzenlos. Ein paar Vorkriegs-Studiensemester in Paris hatte er ebenfalls schon hinter sich, als er von Bukarest nach Wien überwechselte. «Sie, die Sprache, blieb unverloren [...]. Aber sie mußte nun hindurchgehen durch ihre eigenen Antwortlosigkeiten», hält Celan in der Bremer Rede fest.[95] Den Namen Paul Antschel in seinen Ausweispapieren hatte er für seine ersten Gedichtveröffentlichungen versuchsweise schon durch die phonetisch-anagrammatische Umformung «Celan» ersetzt. Es ist, bedachtvoll, ein frankophoner *nom de plume*, den er in Wien – bemerkenswerterweise zeitgleich zu seiner Bekanntschaft mit Ingeborg Bachmann – erstmals auch als bürgerlichen, alltäglichen Personennamen verwendet,[96] Chiffre des hier ansetzenden Neubeginns, der Selbstbegründung einer literarischen Existenz.

93 Vgl. Bertrand Badiou: Paul Celan. Bildbiographie. Berlin 2023, S. 21.

94 Paul Celan: Ansprache anläßlich der Entgegennahme des Literaturpreises der Freien Hansestadt Bremen. Werke in sieben Bänden [WsB]. Bd. III: Gedichte III. Prosa. Reden. Hg. von Beda Allemann und Stefan Reichert. Frankfurt/Main 2000, S. 185–187, hier S. 185.

95 Celan: Ansprache; WsB III, S. 185 f.

96 Auf dem Vorsatzblatt des ersten Bandes der 19-bändigen Jean-Paul-Ausgabe, die Celan in einer Wiener Buchhandlung erwarb, trug er den Besitzervermerk «Paul Celan/Wien, Mai 1948» ein; diese namentliche Kennzeichnung, das früheste Dokument seiner Art, «beschließt die Verwendung des Namens Celan im Privaten» (Badiou: Paul Celan. Bildbiographie, S. 82).

Wiederum wird erst lange im Nachhinein erkennbar, letztlich vor allem durch die Publikation ihrer privaten Korrespondenz, welche bedeutsame Rolle Ingeborg Bachmann und die Beziehung zu ihr für diese Ausgangskonstellation des Dichters Paul Celan im Sommer 1948 und den Folgejahren innehatte; und mindestens ebenso erheblich war die Prägekraft des Verhältnisses umgekehrt auch für die Entwicklung Bachmanns zur Dichterin. Für Celan hatte die Stadt Wien aus der Ferne stets einen Kern- und Fluchtort der schon vor seiner Geburt 1920 untergegangenen Habsburgerwelt dargestellt, mit ihrer Weiträumigkeit und Vielfältigkeit, ihren vitalen slawischen und ostjüdischen Elementen.[97] «Das Erreichbare, fern genug, das zu Erreichende hieß Wien.»[98] Einen ernüchternden Kontrast hierzu aber bildete dann die reale Erfahrung im Wien des Jahres 1948, wo unter dem Regime der Siegermächte zwar viele Emigranten zurückgekehrt, doch auch die alten nazistischen Kräfte weiterhin wirksam waren. Auf unnachahmliche Weise ist die sonderbare «Melange» dieser Übergangszeit von Carol Reeds suggestivem Agentenfilm *Der dritte Mann* eingefangen worden, für den Ingeborg Bachmann so sehr schwärmte, dass sie ihn und seine Motivwelt prominent in ihren Roman *Malina* aufnahm.[99]

Celan hatte in Wien einige Kontakte in Künstlerkreisen geknüpft, vor allem zu Klaus Demus und dessen Frau Nani (eine Klagenfurter Mitschülerin aus Ingeborg Bachmanns Maturaklasse), mit welchen über mehr als zwei Jahrzehnte eine briefliche und persönliche Freundschaft fortbestand,[100] ferner zu dem Maler Edgar Jené, in dessen Salon auch die Bekanntschaft mit Ingeborg Bachmann begann,[101] und auch zu Otto Basil, dessen literari-

97 In seinen altösterreichischen Reminiszenzen fungierte Wien als «Bild für eine Epoche, für eine Atmosphäre» und bot dem Dichter «nicht zuletzt ein deutschsprachiges Nicht-Deutschland» als literarischen Wirkungsraum (Barbara Wiedemann: Der Blick von Paris nach Osten. In: Peter Goßens, Marcus Patka (Hg.): «Displaced». Paul Celan in Wien 1947–1948. Frankfurt/Main 2001, S. 139–153, hier S. 151 f.).

98 Celan: Ansprache; WsB III, S. 185.

99 Vgl. Eva B. Revesz: Viennese Noir: The Third Man in Ingeborg Bachmann's *Malina*. In: Journal of Austrian Studies 46/3 (2013), S. 109–132.

100 Paul Celan – Klaus und Nani Demus: Briefwechsel [BW PC/ KuND]. Hg. und kommentiert von Joachim Seng. Frankfurt/Main 2009.

101 Ihren Eltern vermeldet Ingeborg Bachmann mit exaltiertem Humor, dass sich «herrlicherweise» der «surrealistische Dichter Paul Celan» in sie «verliebt» und nun be-

sche Zeitschrift *Plan* im Februar 1948 siebzehn Gedichte des jungen Autors erstmals auf Deutsch publizierte – in der allerdings bereits letzten Ausgabe des 1945 gegründeten Magazins. Im September 1946 war von Ilse Aichinger, die (nach den NS-Kriterien) als «Halbjüdin» die Verfolgung zwar überlebt, aber zuvor die Deportation ihrer Familie hatte mitansehen müssen, im *Plan* ein «Aufruf zum Mißtrauen» erschienen, der vor einem vorschnellen Abwiegeln bei der Aufarbeitung des Vergangenen warnte. Gerade in Wien bestand in jenen Jahren eine merkwürdige kulturelle Mischung aus ehemaligen, meist unbestraft gebliebenen Tätern, den zurückgekehrten jüdischen Exilanten und einer jungen, «skeptischen Generation».[102]

Das Gedicht *In Ägypten* ist Reflex dieser Schwellensituation und Versuch einer Antwort darauf; es «verkündet neun Gebote der Liebe und des Schreibens nach der Shoa».[103] Am Anfang der neuen Liebesbeziehung hat der Dichter Celan damit – vor seiner Geliebten und sich selbst – eine dreifach hohe Schwelle aus geschichtlicher Täterschaft, moralischer Schuld und erotischer Zumutung errichtet. Die jüdischen Vornamen, in deren hebräischen Wurzeln die Wortbedeutungen «Freundin» und «Liebliche, Holde» geborgen sind,[104] gelten vergangenen persönlichen Liebschaften, verweisen zugleich aber auf die vielen benannten und namenlosen Opfer des Holocaust. Die Natur ihres Verlustes wird trotz umschreibender Diskretion unmissverständlich deutlich gemacht. Im Wasser sind sie, es ist ein Schmerz um sie, den das Wolkenhaar der Fremden niemals gutzumachen vermag. Zwischen die drei klangvollen jüdischen Frauennamen und die Figur der Fremden hat das Gedicht die grundstürzende historische Zäsur des begangenen Massenmords und der unsäglichen Trauer darüber gesetzt. Auch «die Fremde» ist mehrdeutig, ein allegorischer Begriff des erlangten Exils schlechthin und zugleich eine Geliebte aus Fleisch und Blut, deren sinnliche Gegenwart in größtem Kontrast zur schmerzvollen Abwesenheit der anderen Frauen steht.

---

reits ihr Zimmer in ein «Mohnfeld» verwandelt habe (20.5.1948, Nachlass Bachmann; zit. nach BW IB/PC, S. 251).

102 Höller: Ingeborg Bachmann, S. 43.

103 Hans Höller, Andrea Stoll: Das Briefgeheimnis der Gedichte. Poetologisches Nachwort. In: BW IB/PC, S. 224–243, hier S. 227.

104 Celan: Die Gedichte; KG, Hg.-Kommentar, S. 610 f.

Es ist etwas doppelt Unmögliches, was das Gedicht *In Ägypten* von seinem Autor und seiner Leserin verlangt.[105] Das Schlafen mit und bei der Fremden kann nichts von dem unausdenklichen Leid ungeschehen machen, welches den durch Pogrome und Vernichtungslager ausgelöschten jüdischen Existenzen widerfuhr; und dennoch rücken die Gebotssätze den erotischen Akt in die Nähe eines Trauer- und Heilungsrituals. Wird, über die Abgründe hinweg, die neue Verbindung des männlichen Du mit der jungen nichtjüdischen Frau den ‹Segen› der Ermordeten gewinnen können, wie es das Gedicht zu evozieren versucht? Den jüdischen Frauen wird die Fremde niemals gleichen; und doch ergreift sie die implizite Aufforderung, es dem Verfasser des Gedichts in seinem Beharren auf der unablässigen Vergegenwärtigung dieser Erinnerungslast gleichzutun. Aber nicht die Person Ingeborg Bachmann im unmittelbaren Sinne ist mit der Figur gemeint; vielmehr sieht Celan die Geliebte «in dieses Gedicht treten» wie in einen gestalteten Raum, «sooft» er das Gedicht lese, so teilt er ihr neun Jahre später aus Paris mit, nachdem es in Deutschland zum Wiederaufleben ihrer Liebesbeziehung gekommen war.[106]

Die geliebte Person und das Gedichtete waren als eigenständige Größen von Beginn an eine enge, unauslöschliche Verbindung eingegangen, welche für die weiteren Wege des Dichters und seiner lyrischen Partnerin bestimmende Kraft erlangen sollte. Mit Celan, oder nach Celan, in einem von trauervollen Reminiszenzen erfüllten poetischen Fremdland «Ägypten» zu sein, dieser Impuls ließ Bachmann weder in seiner topischen noch in seiner geographischen Ausprägung je wieder los. Sechzehn Jahre nach jener als Geburtstagsgabe erhaltenen Dedikation trat Bachmann mit ihrem jungen Begleiter Adolf Opel am 20. April 1964 (sechs Jahre vor dem Selbsttod Paul Celans) eine knapp zweimonatige Reise an, die nach Griechenland, Ägypten und den Sudan führte und deren Erfahrungen sodann zur Materialgrundlage ihres *Wüstenbuchs* werden sollten.[107]

---

105 «Das Gedicht *In Ägypten* entwirft ein vertracktes erotisches Modell, das die Geliebte verehrt und zur Ausgeschlossenen erklärt. Und es hat den Anschein, als hätte Paul Celan die junge Ingeborg mit exakt dieser paradoxen Zauberformel, wie mit einem Lasso, eingefangen.» (Hartwig: Wer war Ingeborg Bachmann, S. 43.)

106 31.10.1957; BW IB/PC, S. 64.

107 Ingeborg Bachmann: Wüstenbuch. TKA I, S. 237–284.

«Du bist der Lebensgrund, auch deshalb, weil Du die Rechtfertigung meines Sprechens bist und bleibst.»[108] Was von hier aus, und mit ihr als ‹fremder Gefährtin›, begann, war ein Leben und Schreiben in der Diaspora. Das Wissen um den Holocaust und um die Ermordung der Eltern Celans bildet eine permanent spürbare Grenzschwelle auch in der Beziehung zwischen dem jungen jüdischen Dichter und der noch jüngeren österreichischen Studentin, Tochter eines früheren NSDAP-Mitglieds und Angehörige eines Täterlandes, in dem gegenwärtig noch immer das gleiche Deutsch gesprochen wurde wie ehedem auch in den ausgelöschten jüdischen Familien. Die beiden, «so verschieden [...] wie nur irgend möglich»,[109] waren seit dem 20. Mai 1948 ein Liebespaar (ziemlich genau also zehn Jahre vor Bachmanns Verbindung mit Max Frisch). Ihre gemeinsame Zeit war nach äußerlichen Fristen gemessen nur kurz, weil Celan entschlossen seine Pläne verfolgte, sich als Autor in Paris niederzulassen, wo er Mitte Juli 1948 eintraf.

Mit zwei längeren Paris-Aufenthalten Ingeborg Bachmanns im Herbst 1950 und im Frühjahr 1951 setzte sich ihre Beziehung fort, bis sie Ende 1952 durch Celans Bekanntschaft mit seiner späteren Frau Gisèle de Lestrange in eine neue Phase spannungsvoller, immer wieder von heftigen Konflikten erschütterter Freundschaft übertrat, ehe dann im Herbst 1957 die Liebesbeziehung für einige Monate erneut aufflammte. Die Wechsel von starker Anziehung und nicht minder vehementer Abstoßung sind nicht nur den Briefen der beiden abzulesen, sie haben auch in Anspielungen der Gedichte und in gegenseitigen Widmungen und Motiv-Zitaten ihren literarischen Niederschlag gefunden. Liebesbegehren, Fremdheitsgefühle und die sehr unterschiedlichen, gleichwohl eng verknüpften Dichtungsformen der beiden machen dieses Paar, das weder im bürgerlichen Leben noch vor der kulturellen Öffentlichkeit eines sein konnte, zu einer symbolschweren, für die Dichtkunst der fünfziger Jahre immens produktiven Konstellation.

Es war freilich eine Beziehung, der die Bruchlinien schon eingezeichnet waren. Die gemeinsame Teilnahme im Frühsommer 1952 beim Schriftstell-

108 PC an IB, 31.10./1.11.1957; BW IB/PC, S. 64.

109 Barbara Wiedemann, Bertrand Badiou: «Laß uns die Worte finden». Zum Briefwechsel zwischen Ingeborg Bachmann und Paul Celan. In: BW IB/PC, S. 215–223, hier S. 215.

ertreffen der «Gruppe 47» in Niendorf an der Ostsee, zu welcher Celan aufgrund der beharrlichen Empfehlung Bachmanns (und des Wiener Freundes Milo Dor) eingeladen worden war, wurde für sie beide zum schicksalhaften Kreuzungspunkt, an dem ihre beruflichen Lebenslinien ungut und letztlich irreparabel auseinandertraten. Binnen weniger Jahre hatte sich die von Hans Werner Richter informell, aber wirkungsvoll geführte Versammlung von Schriftstellern und Kritikern (durchaus in der dominant männlichen Form) zu einer maßgeblichen literarischen Institution entwickelt, brachte die Schreibenden untereinander ins Gespräch und auch mit Zeitungen, Rundfunkanstalten und Verlagen in Kontakt. Seit 1950 wurden die Tagungen mit der Vergabe eines Preises abgeschlossen; dieser war beim ersten Mal an Günter Eich, im folgenden Jahr an Heinrich Böll gegangen – zwei Vertreter einer bereits vor 1945 aktiven Schriftstellergeneration, Kriegsteilnehmer wie die meisten unter den Gründungsmitgliedern der Gruppe. Dann allerdings setzte ein bemerkenswerter Wechsel ein, mit dem auch in dieser Institution endlich die ‹andere Seite› Gehör zu finden begann. Beim Treffen 1952 erhielt Ilse Aichinger (zum zweiten Mal dabei) die Auszeichnung für ihre dort vorgetragene, mit einer ungewöhnlichen, inversen Erzählchronologie arbeitende *Spiegelgeschichte.* Als eigentliche Novitäten aber machten in Niendorf die beiden mit Lyrik aufwartenden Neuzugänge von sich reden, Celan und Bachmann. Ein später vielfach reproduziertes, bekanntes Foto zeigt die beiden nebeneinander während der Niendorfer Tagung, in einer größeren Runde und in offenkundig lebhafter Gesprächssituation.[110]

Das erstmalige Auftreten in dem einflussreichen literarischen Club war als literarische Feuertaufe ebenso ersehnt wie gefürchtet; besonders Bachmann, die erst wenige Arbeiten vorgelegt hatte, blickte dieser Premiere mit Bangen und Aufregung entgegen, überdies war sie zuvor noch niemals in Deutschland gewesen. Ihren zögerlichen Dichterfreund aber hatte sie im Vorfeld der Veranstaltung förmlich zur Teilnahme gedrängt und dann mit fürsorglichen Reisehinweisen überschüttet, weil sie wusste, dass dies auch für ihn die erste Reise nach Deutschland, ins Land der NS-Täter, war.[111] Im

110 Badiou: Paul Celan. Bildbiographie, S. 118.

111 Badiou: Paul Celan. Bildbiographie, S. 119 f. Allerdings hatte Celan auf seiner Fahrt zum Studium nach Frankreich im November 1938 in Berlin einen kurzen Zwi-

Omnibus reisten die jungen Schriftsteller (und wenigen Schriftstellerinnen) in das Strandhotel an, wie bei einem Klassentreffen; «nie war ein Land exotischer als dieses Deutschland, und nie waren Leute wunderlicher als diese Gruppe 47», erinnert sich Bachmann im Rückblick des sonderbaren Arrangements.[112]

Celan, der am zweiten Abend des Programms vor den deutschen Autorenkollegen und Kritikern u. a. die rhythmisch prägnante *Todesfuge* vortrug, bekam nach dem Auftritt zwar einigen Zuspruch und auch fachliche Bewunderung, musste hernach aber aufgrund seiner ungewöhnlichen, als litaneihaft empfundenen Diktion üblen Spott und Beleidigungen entgegennehmen. Vor allem Hans Werner Richter, der Präzeptor der Gruppe, vergriff sich dabei auf infame Weise im Ton,[113] sodass sich Bachmann empört mit Abreiseplänen trug und geradezu «unter deutsche Nazis gefallen» wähnte.[114] Celans Bericht über das Treffen an die spätere Ehefrau Gisèle führt allerhand Details einer aus seiner Sicht von vornherein falsch eingefädelten Zusammenkunft an, bei der ihn etwa die Frau des Veranstalters schon bei der Begrüßung ausgegrenzt habe, indem er «Komplimente über mein so perfektes Deutsch» erhielt.[115] Dennoch war Celans Teilnahme an dem Treffen in publizistischer Hinsicht ein Erfolg. Ernst Schnabel, der Intendant des mitveranstaltenden Nordwestdeutschen Rundfunks, lud Celan ebenso wie Bachmann im Anschluss zur Aufzeichnung einer Gedichtlesung nach Hamburg ein. Willi Koch, der Lektor der Deutschen Verlags-Anstalt in Stuttgart, übernahm Celans Gedichte in sein literarisches Programm, die

---

schenaufenthalt gehabt, um den Zug zu wechseln – und war dabei ausgerechnet mit den Begleiterscheinungen der am 9. November erfolgten Verwüstungen und Gewalttaten der sogenannten «Kristallnacht» konfrontiert worden.

112 Ingeborg Bachmann: [Gruppe 47]. KS, S. 365–367, hier S. 367.

113 Genaueres dazu im folgenden Kapitel. Vgl. Klaus Briegleb: Ingeborg Bachmann. Paul Celan. Ihr (Nicht-)Ort in der Gruppe 47 (1952–1964/65). Eine Skizze. In: Bernhard Böschenstein, Sigrid Weigel (Hg.): Ingeborg Bachmann und Paul Celan. Poetische Korrespondenzen. Frankfurt/Main 1997, S. 29–84; Böttiger: Die Gruppe 47, S. 122 ff.

114 Bachmann: [Gruppe 47]; KS, S. 367 (später gestrichene Textpassage).

115 Paul Celan an Gisèle de Lestrange, 31. 5. 1952. Paul Celan – Gisèle Celan-Lestrange. Briefwechsel [BW PC/GL]. Mit einer Auswahl an Briefen Paul Celans an seinen Sohn Eric. Hg. von Bertrand Badiou in Verbindung mit Eric Celan. Übers. von Eugen Helmlé und Barbara Wiedemann. Frankfurt/Main 2001, S. 21.

dort Ende des Jahres unter dem Titel *Mohn und Gedächtnis* erschienen, seine erste Buchpublikation in Deutschland überhaupt. Auch die sich anschließende Lesung in einer Galerie der Goethestadt Frankfurt wird vom Dichter mit Genugtuung vermerkt.

Die Wiederbegegnung mit Ingeborg Bachmann hingegen bleibt in Celans Briefen an Gisèle ausgespart. Sie hatte sich in dieser Phase mehr und anderes von ihm erhofft, als er zu geben bereit war; tief verletzt, schreibt sie ihm im Juli aus Wien, dass sie «ganz entschlossen war, zu Dir zu kommen, Dich wiederzugewinnen, mit Dir in den ‹Urwald› zu gehen» (eine Chiffre für die Preisgabe beider an den als bedrohlich erlebten deutschen Kulturbetrieb), doch er habe sich längst für eine andere Frau entschieden und es dann aber trotzdem Bachmann zum Vorwurf gemacht, von ihr «in diesem deutschen ‹Urwald›» im Stich gelassen worden zu sein.[116] Ihr Beisammensein bleibt vor den Kollegen verborgen, ein geheimes Bündnis poetisch-intimer Natur, dem durch die Begegnung mit dem für beide verdächtigen Nachkriegsdeutschland und unter einem spürbaren Konkurrenzdruck seine größte Zerreissprobe widerfährt.

Für die literarische Geltung Ingeborg Bachmanns war Niendorf der Durchbruch schlechthin. Leise und stockend hatte sie einige Gedichte aus ihrem entstehenden Band *Gestundete Zeit* vorgetragen, die dann von einem anderen Sprecher wiederholt werden mussten. In den kritischen Gesprächsrunden hielt sie sich zwar mit wertenden Beiträgen zurück, vermochte hingegen in den Zwischengesprächen mühelos wichtige Kontakte zu knüpfen; so ging sie aus dem Gruppentreffen als die große Neuentdeckung vom Platz und würde bereits beim nächsten Treffen in Mainz 1953 die strahlende Preisträgerin sein. Infolge dieses gelungenen Aufnahmerituals hatte sich Bachmann gewissermaßen (und trotz ihrer Wohnsitze außerhalb) ‹für Deutschland› entschieden,[117] das heißt: für die Teilnahme am literarischen Betrieb und das Spiel nach seinen Regeln. Paul Celan aber nahm niemals mehr an einem Treffen der Gruppe 47 teil; er war auch nur schwer für andere Zusammenkünfte und Anlässe bundesdeutscher Veranstalter zu gewinnen. Ihm, Celan, war und blieb das Land suspekt, im dem tatsächlich immer noch, oder wieder aufs Neue, etliche der ehemaligen Nazis das Sagen hatten.

116 10.7.1952, BW IB/PC, S. 50 f.

117 Stoll: Der dunkle Glanz der Freiheit, S. 127.

# 4. Harte Fügungen. Abgründe im Gedicht

Celans Skepsis, seine Unversöhnlichkeit im Hinblick auf die geschehenen Verbrechen und seine Unbeugsamkeit, mit der er die allzu rasch wieder hergestellte Normalität ablehnte, wurden von Ingeborg Bachmann durchaus geteilt; all dies war längst zum integralen Bestandteil ihres eigenen poetischen Impetus geworden, wie etwa das im Sommer 1952 entstandene Gedicht *Früher Mittag* belegt. Es setzt sich kritisch mit der den Nachkriegs-Wiederaufbau flankierenden Verdrängungsleistung auseinander, die angesichts der kurzen Zeitdauer seit 1945 eine bizarre Mixtur von scheinbarer Normalität und geschichtlichen Bruchlinien hervorgebracht hatte.

FRÜHER MITTAG

Still grünt die Linde im eröffneten Sommer,
weit aus den Städten gerückt, flirrt
der mattglänzende Tagmond. Schon ist Mittag,
schon regt sich im Brunnen der Strahl,
schon hebt sich unter den Scherben
des Märchenvogels geschundener Flügel,
und die vom Steinwurf entstellte Hand
sinkt ins erwachende Korn.

Wo Deutschlands Himmel die Erde schwärzt,
sucht sein enthaupteter Engel ein Grab für den Haß
und reicht dir die Schüssel des Herzens.

Eine Handvoll Schmerz verliert sich über den Hügel.

Sieben Jahre später,
fällt es dir wieder ein,
am Brunnen vor dem Tore,
blick nicht zu tief hinein,
die Augen gehen dir über.

Sieben Jahre später,
in einem Totenhaus,
trinken die Henker von gestern
den goldenen Becher aus.
Die Augen täten dir sinken.
[…][118]

In der Hörfunkaufnahme, die im November 1952 (und aufgrund der in Niendorf getroffenen Verabredungen) entstand, firmierte das Gedicht unter dem Titel *Sieben Jahre später*, der als wiederholte Verszeile die dritte und vierte Strophe des Gedichtes markiert. Für Hörer- und LeserInnen war die mit dieser notorischen Zeitangabe verknüpfte Botschaft ebenso auf der Hand liegend wie unbequem, denn genau um die Zeitspanne dieser besagten sieben Jahre lag nun, Mitte 1952, das Kriegsende zurück, und damit auch der Zusammenbruch des NS-Staates und die Aufdeckung und Benennung seiner menschheitserschütternden Verbrechen.

Die Zählung der Jahre nach dem Krieg: «[D]ies ist die Zeitrechnung»[119] und wird es für geraume Zeit noch bleiben. Auch wenn sich die scharfe Diagnose in diesem Falle ausdrücklich auf Deutschland bezieht, hat Bachmann im Hinblick auf Österreich die gleichen, wenn nicht noch stärkeren Abwehr- und Verdrängungsreflexe konstatiert, wo die Nazizeit und ihre Verbrechen von der Evokation des «großen österreichischen Erbes» und dem Mythos des ersten Opferlandes überdeckt wurden. Sie folgt dabei auch jenen Erfahrungsspuren, auf die sie erst durch ihre Freundschaft und

118 Ingeborg Bachmann: Früher Mittag (v. 1–22). Die gestundete Zeit [DgZ]. Gedichte. Hg. von Irene Fußl. Salzburger Bachmann Edition. München, Berlin, Zürich 2023, S. 37 f., hier S. 37. Vgl. W I, S. 44 f., und ferner: Ingeborg Bachmann: Sämtliche Gedichte [SG]. München 1998, S. 54 f., hier S. 54. Erstveröffentlichung unter dem Titel *Sieben Jahre später*, Hörfunk-Aufnahme des NWDR Hannover, 3.11.1952 (DgZ, Hg.-Kommentar, S. 192; vgl. W I, S. 645; SG, S. 201).

119 Höller: Ingeborg Bachmann, S. 40; das folgende Zitat ebd., S. 41.

Liebesbeziehung zu Paul Celan geraten war. Der Himmel, der die Erde schwärzt, das Grab für den Hass, der geschundene Flügel des Märchenvogels und auch der goldene Becher (ein Anklang an Schillers *Taucher*-Ballade und den *König in Thule*) sind poetische Chiffren, die zum Denken und Schreiben Celans in engster Verwandtschaft stehen.

Diese gemeinsame dichterische Chiffrierkunst gilt nicht zuletzt für den peniblen Umgang mit Zeitangaben und mit chronologischen Koinzidenzen, wie er als symbolischer Resonanzboden bereits durch Celans allererste Gedichtwidmung an Bachmann etabliert wurde und in der Folge ihr Verhältnis in Briefen, Verabredungen, Gedichten und Widmungen auf leitmotivische Weise durchzieht. Bevor es in Niendorf zu dem für Celan schmerzlichen Eklat gekommen war, hatte er dort neben der *Todesfuge* auch *In Ägypten* – gewissermaßen ihrer beider Privatgedicht – öffentlich vorgetragen, und zwar am 23. Mai 1952, justament vier Jahre nach der handschriftlichen Datierung des Gedichts für Ingeborg Bachmann. Vom 22. Geburtstag der mit dieser Gabe Angesprochenen war damals in der Widmung ebenso ausdrücklich die Rede wie von dem Briefdatum des 24. Juni, der zwar dem eigentlichen Geburtstag am 25. unstatthaft vorausgreift, indes nur aufgrund dieser «peinlichen», vermeintlichen Ungenauigkeit eine zwar heterogene (weil aus unterschiedlichen Monaten zusammengesetzte), aber wohlgeformte geschlossene Zahlenreihe von der 22 bis zur 25 innerhalb weniger Zeilen aufmarschieren lassen kann, einen kalendarischen Geleitzug der Liebesgabe gleichsam. Nicht nur das wider besseres Wissen insistierende Zahlenspiel, sondern auch die Härte der Fügung (als das genau Ungenaue) ist dabei durchaus intendiert.

Nach Hölderlin, und dessen Fortschreibung der Gesänge Pindars folgend, gilt für Celan wie für Bachmann die (in der Antike durch Dionysios von Halikarnassos beschriebene) *harmonia austera*, die ‹harte Fügung›, als ein verbindliches Formgesetz. Aus dem «Triumphus Cupidinis» (dem ‹Triumphzug des Begehrens›) in den *Trionfi* Francesco Petrarcas, des Stammvaters der romanischen Liebesdichtung, hat Ingeborg Bachmann später für ihren Gedichtzyklus *Lieder auf der Flucht* einige Verszeilen als Motto zitiert; Verse, die vom «dura legge d'Amor», dem harten, unbeugsamen Gesetz der Liebe, handeln, das sich als beugendes Joch vom Himmel her über die Erde und Menschenwelt erstreckt.[120] Der letzte Teil der in *Anrufung des großen Bären* versammelten Gedichte ist als eine thematisch kohärente Suite angelegt und lässt sich insgesamt im Sinne einer bewussten Auseinandersetzung mit der petrarkischen Dichterrolle verstehen, die bei Bachmann als ein «unlösbares Dilemma» zwischen den Triebkräften des Gefühls und den Anforderungen der Ratio aufgefasst wird.[121]

Die «dura legge» der Liebesmacht äußert sich im Leben und Dichten am deutlichsten im Zustandekommen unerwarteter, unpassend erscheinender Paarbildungen. Schon Celans *Ägypten*-Gedicht hatte die schmerzvolle Verbindung aus Liebeserfüllung und Todeserfahrung für die ‹abwehrend umworbene› Geliebte zu einem poetischen Skandalon geschärft; auch zwischen *Mohn* und *Gedächtnis*, den Leitchiffren, die aus seinem Frühwerk in die erste Gedichtsammlung und das deutsche Debüt führen, besteht ein semantisch inkommensurabler Kontrast. Als eine seiner stilistischen Eigenheiten würde Celan in seinem weiteren lyrischen Werk die Bildung ungewöhnlicher Komposita (wie *Herzzeit*, *Sprachgitter*, *Niemandsrose* oder *Lichtzwang*) ausbilden.

Wenn in Petrarcas *Triumphzug Amors* die Verkehrung des natürlichen Gleichgewichts durch die exzessive Wirkung der Liebe an einer Fülle von anschaulichen Beispielen beschrieben worden war, so greift Bachmann daraus insbesondere die Missordnung jahreszeitlicher Temperaturverhältnisse auf, wie sie etwa durch das Beispiel des Palmenzweigs im Schnee (*Lieder auf der Flucht* I, v. 1) als scharfe Kontrastbildung fasslich wird. Die Entstehungszeit dieser Gedichte Anfang des Jahres 1956 war von einer weite Teile

120 «Dura legge d'Amor! ma, ben che obliqua, / Servar convensi; però ch'ella aggiunge / Di cielo in terra, universale, antiqua.» (Ingeborg Bachmann: Lieder auf der Flucht. Anrufung des Großen Bären [AGB], S. 83–92, hier S. 83. Vgl. W I, S. 138.) Das Motto lautet in deutscher Übersetzung: «Amors Gesetz ist hart und nicht zu lieben; / Doch heischt's Gehorsam; alt und unbeschränket / Reicht es zur Erd herab von Himmel oben.» (Francesco Petrarca: Triumphus Cupidinis, III, v. 148–150. Trionfi/Triumphe. Das lyrische Werk. Italienisch und deutsch. Aus dem Italienischen von Karl Förster und Hans Grote. Hg. und mit einem Nachwort von Hans Grote. Düsseldorf, Zürich 2002, S. 575.)

121 Arturo Larcati: Zum Konflikt von Kunst und Leben in den Liedern auf der Flucht. Die Antwort auf Francesco Petrarca. In: Ders.: Ingeborg Bachmanns Poetik. Darmstadt 2006, S. 150–169, hier S. 165.

Europas umklammernden heftigen Kältephase bestimmt, die selbst in Süditalien für Schneefall sorgte; «große Kälte und viel Schnee. Wölfe strichen durch die Vorstädte»,[122] beschreibt Henze, mit dem Bachmann in Neapel zusammenwohnte, die außergewöhnlichen Verhältnisse über Wochen hinweg. Flucht und Zuflucht als treibendes Thema der Suite sind Reflex dieser unwirtlichen Situation. Zugleich aber zeigt sich in der bizarren Fügung des Disparaten nicht nur das (nach Petrarca) strenge Walten wahrer Liebesmacht, sondern auch die Stärke einer unter widrigen Umständen aufzubietenden poetischen Kraft.

Als Abschlusspartie des zweiten Gedichtbandes am Übergang zum künftigen Prosawerk stehend, formulieren diese Gedichte eine Art «poetisches Testament»,[123] ein Bekenntnis zu gewollt harten Fügungen. Für Bachmann ist das «‹harte Gesetz› des Schreibens» weiterhin, d. h. solange und sooft sie bei der Arbeit an Gedichten bleibt, insbesondere durch die «Sprachbilder Celans» und durch seine poetische Formstrenge vorgegeben.[124] Und auch die existenzielle Dimension seiner von ihr jederzeit mitempfundenen abgrundtiefen Verlorenheit findet in Bachmanns Gedichten der fünfziger Jahre Widerhall, wie gerade die *Lieder auf der Flucht* und ihre Motive der Kälte und der Trauer demonstrieren. Im letzten der 15 Poeme heißt es:

> Die Liebe hat einen Triumph und der Tod hat einen,
> die Zeit und die Zeit danach.
> Wir haben keinen.[125]

Celan und Bachmann, ihre Zeit und die Zeit danach – mit widerstrebender Temporalität bewegt sich beider Werke über viele Jahre hin, weit über das im Briefwechsel Ausgetauschte hinaus, in dichter, intensiver Korrespondenz

---

122 Hans Werner Henze: Reiselieder mit böhmischen Quinten. Autobiographische Mitteilungen 1926–1995. Frankfurt/Main 1996, S. 169; vgl. Bachmann: AGB; Hg.-Kommentar, S. 263.

123 Larcati: Zum Konflikt von Kunst und Leben, S. 151.

124 Höller/Stoll: Das Briefgeheimnis der Gedichte, S. 230.

125 Lieder auf der Flucht XV, v. 1–3; AGB, S. 92. Vgl. W I, S. 147.

zueinander.[126] In Celans Gedicht *Corona* ist Bachmann auf besonders enge Weise gegenwärtig; es entstand noch 1948 und gehörte zu den Ingeborg Bachmann nach der Wiederannäherung Ende 1957 mit dem Vermerk «f. D.» (‹für Dich›) gewidmeten,[127] sie hatte es in der Frühphase, am Vortag ihres 23. Geburtstages, als sein «schönstes Gedicht» bezeichnet.[128] Celan hatte ihr Tage zuvor von Paris aus geschrieben, mit der an ihren Jahrestag erinnernden Bemerkung, er komme «‹ungenau› und spät [...] in diesem Jahr». Das wiederum demonstrative, ‹verfehlende› Umspielen des Datums sei indes allein seinem Wunsch geschuldet, «daß niemand außer Dir dabei sei, wenn ich Mohn, sehr viel Mohn, und Gedächtnis, ebensoviel Gedächtnis, zwei große leuchtende Sträuße auf Deinen Geburtstagstisch stelle.»[129]

Die leuchtend roten Blüten des Mohns waren schon im Vorjahr die charakteristische Erkennungsgabe, das *signature gift* des Verehrers (und verhinderten Biologie-Studenten) Paul Celan für Ingeborg Bachmann gewesen; ein verbindliches Gedächtnismotiv ist damit unter den zweien als Geheimchiffre schon etabliert. Zugleich aber steht die Mohnblume mit ihren biochemischen Substanzen für den Rausch der Betäubung und widerstreitet insofern dem besonnenen Ernst, den das Gedächtnis und dessen Pflege verlangt. Auf diese Weise schafft das Begriffspaar bzw. dieses halb bildhafte Doppelmotiv genau jenes «Spannungsfeld der Gegensätze», das von engen Freunden Celans, in diesem Falle seiner langjährigen Pariser Geliebten Brigitta Eisenreich, als «Geheimnis seines Wesens»[130] beschrieben wurde und das auch als ein semantisches Grundmuster seiner poetischen Diktion erkennbar ist.

Die harte, unvermittelte Fügung des Disparaten lässt sich als poetische Handschrift Celans immer wieder an der konsequenten Durchführung solcher Motivverbindungen ablesen, wie ihn auch das Gedicht *Corona* glei-

126 Vgl. Sigrid Weigel: «Sie sagten sich Helles und Dunkles». Ingeborg Bachmanns literarischer Dialog mit Paul Celan. In: Text + Kritik: Ingeborg Bachmann. München 1995, S. 123–135; Bernhard Böschenstein, Sigrid Weigel (Hg.): Ingeborg Bachmann und Paul Celan. Poetische Korrespondenzen. Frankfurt/Main 1997.

127 Hg.-Kommentar in Celan: Die Gedichte; NKG, S. 686.

128 An PC, 24.6.1949; BW IB/PC, S. 11.

129 An IB, 20.6.1949; BW IB/PC, S. 11.

130 Brigitta Eisenreich: Celans Kreidestern. Ein Bericht. Mit Briefen und anderen unveröffentlichten Dokumenten. Berlin 2010, S. 153.

chermaßen als Liebesritual und Dichtungszauber beschwört. Darüber allerdings legt sich hier als rhetorisch dominante Schicht ein Motivspiel mit der Entschälung verborgener Früchte, das mit seiner etwas irritierenden Bekundung erotischer Trophäen nochmals an die den Beischlaf flankierenden Pietätsgebote von *In Ägypten* gemahnt.

CORONA

Aus der Hand frißt der Herbst mir sein Blatt: wir sind Freunde.
Wir schälen die Zeit aus den Nüssen und lehren sie gehen:
die Zeit kehrt zurück in die Schale.

Im Spiegel ist Sonntag,
im Traum wird geschlafen,
der Mund redet wahr.

Mein Aug steigt hinab zum Geschlecht der Geliebten:
wir sehen uns an,
wir sagen uns Dunkles,
wir lieben einander wie Mohn und Gedächtnis,
wir schlafen wie Wein in den Muscheln,
wie das Meer im Blutstrahl des Mondes.

Wir stehen umschlungen im Fenster, sie sehen uns zu von der Straße:
es ist Zeit, daß man weiß!
Es ist Zeit, daß der Stein sich zu blühen bequemt,
daß der Unrast ein Herz schlägt.
Es ist Zeit, daß es Zeit wird.

Es ist Zeit.[131]

Bei Texten mit einer komplexen, vielschichtigen Binnenstruktur, wie es Gedichte sind, zumal die kompositorisch extrem durchgearbeiteten, symbol- und chiffrenreichen Gedichte Paul Celans, ist eigentlich stets zunächst die Wiedergabe und Betrachtung des Gesamttextes wünschenswert, weil jede ausschnitthafte Erörterung unweigerlich eine Vielzahl der relevanten Strukturbildungsphänomene auszublenden genötigt ist. Aus Umfangsgründen aber, und auch aus rechtlichen Erwägungen, muss der komplette Abdruck

131 Paul Celan: Corona. Die Gedichte. NKG, S. 45.

von Gedichten im Rahmen einer solchen literaturgeschichtlichen Darstellung dennoch der Ausnahmefall bleiben. Ebenfalls wird es nicht möglich sein, jeweils *alle* erläuterungsbedürftigen Passagen und Wendungen eines in Rede stehenden Gedichtes anzusprechen oder gar aufzuschlüsseln. Unter diesen Vorbehalten aber lassen sich im hier behandelten Zusammenhang zwei, drei Motivbereiche herausgreifen, in welchen sowohl Celans poetische Arbeitsweise wie auch sein dichterisches und erotisches Verhältnis zu Ingeborg Bachmann wiedererkennbar wird.

Es liegt, vor allem dies gibt *Corona* seiner bevorzugten Leserin zu verstehen, ein Geheimnis um diese Liebe, eine bewusste Abschottung gegenüber der Außenwelt, wie sie bei einer dauerhaften und ganzheitlichen Beziehung irgendwann nicht mehr aufrecht zu erhalten gewesen wäre. Angesprochen werden Gesten tiefster Intimität («Mein Aug steigt hinab zum Geschlecht der Geliebten», v. 7), die wie kostbare Früchte («aus den Nüssen», v. 2) unter einer rauen, festen Schale verborgen gehalten werden müssen; und doch wird die innige Verbundenheit unvermeidlich auch vor Dritten zu sehen sein («Wir stehen umschlungen im Fenster, sie sehen uns zu von der Straße», v. 13). Die Zeit aus der Nussschale herauszubringen und sie «gehen zu lehren» hieße, den innigen Bund ins äußere Leben zu überführen. Ist es die verklausulierte Frage nach einem möglichen Ende der Geheimhaltung, die Celan der Geliebten hiermit als pragmatisches Anliegen seiner Bildersprache serviert? Bezieht sich der Ausruf: «es ist Zeit, daß man weiß!» (v. 14) auf das Bedürfnis, sich offen vor der Welt zueinander als Liebespaar zu bekennen? Oder handelt es sich (was selbst in diesem intimen Situationskontext nicht völlig auszuschließen ist) um eine erinnerungspoetische Forderung, die auf das kognitive Anerkennen der Verbrechen des Holocaust als Grundvoraussetzung eines jeden gesellschaftlichen Weiterlebens nach Auschwitz, und auch eines solchen Liebesverhältnisses über Trennendes hinweg, abzielt?

Zwar kann Celans Gedicht nur gegenüber Ingeborg Bachmann selbst, und im Kontext des ihr zugedachten Geburtstagsbriefes von 1949, den dialogischen Sinn seiner Chiffren vollumfänglich entfalten. ‹Gültig› aber ist es als Werkgestalt weit über den persönlichen, in seiner Privatheit zu respektierenden Kontext hinaus. Das Dichten (oder die Liebe) ohne Geheimnis zu lassen, bleibt eine Utopie, verwiesen auf den unerreichbaren Zeitpunkt, wenn «der Stein sich zu blühen bequemt». Es ist und bleibt ein Mysterium um die poetische Zusammenkunft von Mohn und Gedächtnis, um die Liebe zwischen den einander so fremden Elementen von Taumel und Trauer. Da bestehen inkommensurable Verhältnisse, die eine immense Anziehungskraft zwischen dem Disparaten erzeugen.

Zwei, die sich Dunkles sagen, kleiden ihre Gefühle in eine sprachliche Gestalt, die auf poetischer Eigenwilligkeit beharrt. Das barocke Dichtungsideal der *obscuritas* ist dabei ganz bewusst mit im Spiel: schon deshalb, weil die von draußen durchs Fenster Hereinblickenden kaum in der Lage wären, die intime Gestimmtheit, die innere Atmosphäre der von der Zweisamkeit ausgesponnenen Gebilde erfassen zu können. Eine Antwort, wieder in der Form eines Gedichts, ist Ingeborg Bachmann nicht schuldig geblieben.

Dunkles zu sagen

Wie Orpheus spiel ich
auf den Saiten des Lebens den Tod
und in die Schönheit der Erde
und deiner Augen, die den Himmel verwalten,
weiß ich nur Dunkles zu sagen.

Vergiß nicht, daß auch du, plötzlich,
an jenem Morgen, als dein Lager
noch naß war von Tau und die Nelke
an deinem Herzen schlief,
den dunklen Fluß sahst,
der an dir vorbeizog.

Die Saite des Schweigens
gespannt auf die Welle von Blut,
griff ich dein tönendes Herz.
Verwandelt ward deine Locke
ins Schattenhaar der Nacht,
der Finsternis schwarze Flocken
beschneiten dein Antlitz.

Und ich gehör dir nicht zu.
Beide klagen wir nun.

Aber wie Orpheus weiß ich
auf der Seite des Todes das Leben,
und mir blaut
dein für immer geschlossenes Aug.[132]

Der Text gehört zu dem kleinen, aus fünf Gedichten bestehenden Zyklus *Ausfahrt*, den Bachmann 1952 für eine Anthologie des Wiener Jahrbuchs *Stimmen der Gegenwart* zusammenstellte und aus dem sie auch in Niendorf vortrug. Nach der Auskunft Paul Celans gegenüber dem Freunde Klaus Demus hatte ihm Ingeborg Bachmann das Gedicht, verbunden mit einem Heiratsantrag, vor der Tagung vorgelegt und ihn um einen Titelvorschlag gebeten, worauf er «eine ihrer Gedichtzeilen» (freilich nicht irgendeine) herausgegriffen habe.[133] Zunächst also war das Gedicht titellos, erst für die späteren Druckfassungen erhielt es die Überschrift, welche den intertextuellen Bezug auf Celans *Corona* zumindest für Eingeweihte als Thema des Gedichts erkennbar macht. Indem Celan aus dem Gedicht genau jene Zeile akzentuierte, die ihn selbst, eine seiner charakteristischen Formeln, wiedergab, willigte er zumindest in ein Sprachspiel ein, das die Bande dieser Beziehung mithilfe des poetisch-magischen Rituals noch enger knüpfte.

In Bachmanns *Dunkles zu sagen* wendet sich das lyrische Ich an ein Du, insofern folgt es der bei Celan eingesetzten Grammatik eines Liebesdialogs; doch während bei Celan das Gegenüber klar als weibliche Geliebte angesprochen ist, betrachtet von einem implizit männlichen Standpunkt aus, tritt in der Replik Bachmanns eine mythologische Konfiguration hinzu, in welche die Dialogsituation sich hineinbegibt.[134]

«Wie Orpheus spiel ich» (v. 1), so das Incipit des Gedichts, womit die Figur des klassischen Dichtersängers und auch die Verbindung des Poetischen zur musikalisch-klanglichen Dimension dichterischer Artikulation als Referenzrahmen etabliert wird. Der Himmel, die Schönheit, das Tönende und das Augenblau umreißen als Motive eine dem Leben zugehörige Sinnlichkeit, die freilich durch eine schmerzvolle Todeserfahrung durchschnit-

132 Ingeborg Bachmann: Dunkles zu sagen. GZ, S. 23. Vgl. W I, S. 32; Gedichte, S. 42.

133 PC an Klaus Demus, 31.5.1952; BW PC/KuND, S. 100.

134 Vgl. Weigel: Hinterlassenschaften, S. 135 f.; Hans Höller: Die gestundete Zeit. In: Monika Albrecht, Dirk Göttsche (Hg.): Bachmann-Handbuch. Leben – Werk – Wirkung. 2., erweiterte Aufl., Berlin 2020, S. 70–83, S. 71 f.

ten wird – es ist die verzweifelte Liebe des Orpheus zur verstorbenen Geliebten Eurydike, die in den topischen Anspielungen des Gedichts verhandelt wird. Celans «Gedächtnis»-Formel und seine Evokation jüdischer Frauennamen findet ihren Widerhall im Appell «Vergiß nicht» und in der Beschreibung eines nächtlichen Liebeslagers am Ufer des Styx, an dem «dunklen Fluß» und elementaren Grenzwall zwischen Diesseits- und Jenseitswelt. Orpheus, der Styx und die mit ihm markierte Todesschwelle bringen das elegische «Dunkle» ins Gedicht, tragen es hinein in die lyrische Zwiesprache, mit welcher der überlebende Partner in letzter Kraftaufbietung seine Trauer um die Tote deklamiert, somit «auf den Saiten des Lebens den Tod» (v. 2) singt. Der mythische Orpheus hatte als Verfechter der tönenden Natur indes der rationalen Kunstauffassung Apollons nahegestanden, nicht aber den berauschten Scharen des Dionysos und seiner Mänaden. Apoll, göttlicher Gegenspieler des Dionysos, hatte der Sage nach aus dem Panzer der erlegten Python den Schallkörper und die Saiten seiner Lyra gewonnen. Deshalb gilt für die orphische Dichtkunst nicht nur der ins Jenseits gerichtete Erkundungsweg, die *dunkle* Temperierung des Klangs, der die Entrissene ohnehin nicht zurückzuholen vermag; es gilt am Ende auch dessen als apollinisch und ‹geläutert› zu verstehende Umkehrung, die darum weiß, dass «auf der Seite des Todes das Leben» (v. 22) steht.

Wenn die vorletzte, nur zwei Verse umfassende Strophe den Tiefpunkt existenzieller Tragik des liebenden Paars formuliert: «Und ich gehör dir nicht zu. / Beide klagen wir nun.» (v. 19 f.), dann schafft daraufhin die finale Strophe einen Wendepunkt, der das für immer geschlossene Auge der (oder des) toten Geliebten wieder in blauer Ungetrübtheit zum Erstrahlen bringt. Die Umkehrung verdankt sich letztlich einem listigen Sprachspiel, dessen Homophonie den zweiten Vers vom Anfang und den drittletzten Vers des Gedichtes in einer musikalischen Spiegelung zusammenführt: «auf den Saiten des Lebens den Tod», «auf der Seite des Todes das Leben». Nur im Schriftbild und Druck unterscheiden sie sich voneinander, die klanglich gleichartigen Bezeichnungen für die Bespannung des orphischen Musikinstrumentes und für die Papiergrundlage des Buches. Auch wenn im Gedicht die trauervolle orphische Klangwahrheit akustisch unangetastet bleibt, wandelt sie sich mithilfe einer subtilen poetischen Transformation unversehens in die medienästhetische Darbietungsform einer literarisch selbstständigen Buchrationalität.

Es ist, als habe Ingeborg Bachmann mit ihrem konstruktivistisch-analytischen Wiener Sprachverständnis den poetischen Chiffren Celans auf diese Weise etwas von ihrem letalen Ernst entziehen wollen. Ihr Gedicht besagt: Es ist die orphische Dimension, an der und mit der sich die Geister scheiden.

# 5. Schwarze Milch der Frühe – Celans *Todesfuge*

Das gesamte dichterische Werk Paul Celans und auch seine Stellung innerhalb der deutschen und internationalen Literaturgeschichte ist kaum angemessen zu würdigen, ohne dabei vor allem auf ein einzelnes, zentrales und grundlegendes Gedicht einzugehen, die seit den fünfziger Jahren als ein Musterfall und Grenzwert des Dichterischen kanonisierte *Todesfuge.* In dem Band *Mohn und Gedächtnis* folgt sie, als eigene Abteilung, unmittelbar auf *Corona*, entgegen der Entstehungschronologie. Celan gliedert damit dem poetischen Dialog mit Ingeborg Bachmann auch sein persönlichstes und frühestes existenzielles Dokument ein, das vermutlich um Ende 1944, Anfang 1945 in Czernowitz oder in Bukarest, in jedem Falle noch zu Kriegszeiten und in der eigenen Herkunftswelt entstanden war und zunächst im Mai 1947 auf Rumänisch (in der Zeitschrift *Contemporanul*) veröffentlicht wurde.[135]

*Tangoul mortii, Fugue de la Mort, Death Fugue:* Celans schneidend präzises, irritierend elegantes Gedicht über die Todes- und Vernichtungslager und ihre zur Auslöschung jüdischer Menschen millionenfach eingesetzte Mordmaschinerie ist achtzig Jahre nach seiner Entstehung eines der bekanntesten Werke der Weltliteratur.

TODESFUGE

Schwarze Milch der Frühe wir trinken sie abends
wir trinken sie mittags und morgens wir trinken sie nachts
wir trinken und trinken
wir schaufeln ein Grab in den Lüften da liegt man nicht eng
Ein Mann wohnt im Haus der spielt mit den Schlangen der schreibt
der schreibt wenn es dunkelt nach Deutschland dein goldenes Haar Margarete

---

135 Sparr: Todesfuge, S. 10, 77.

> er schreibt es und tritt vor das Haus und es blitzen die Sterne er pfeift seine Rüden herbei
> er pfeift seine Juden hervor läßt schaufeln ein Grab in der Erde
> er befiehlt uns spielt auf nun zum Tanz.[136]

Dies ist die erste der insgesamt sieben Strophen des Gedichts. Sie hat den Charakter einer Exposition, die fast alle wesentlichen Elemente des poetischen Gebildes nacheinander präsentiert. Orientierung schafft zunächst der betonte Gegensatz zwischen dem «wir», mit dem sich die jüdischen Opfer artikulieren, welche tagaus tagein ihre «schwarze Milch» trinken und sich selber das Grab schaufeln müssen, und jenem Mann («er»), der abends gefühlvolle Briefe an seine deutsche Braut Margarete richtet, der mit den Schlangen spielt und Teil der Befehlsgewalt im Lager ist, indem er «seine Rüden» oder auch «seine Juden» nach Belieben hervorpfeifen kann.

Im tödlichen Gegeneinander dieser beiden Handlungslinien entfaltet das Gedicht die abgründige Dualität seiner Motive. Ein mörderischer Kontrapunkt entsteht, der die Menschengruppen in Täter und Opfer spaltet und zugleich durch den rhythmischen Duktus miteinander verflicht, beständige Parallelen bildend auch in den zwei aufeinander bezogenen Sageweisen und Stimmführungen des Gedichts, in welchen zugleich «die Geschichte der Lyrik» mitverhandelt wird.[137] Die Fuge im Sinne der Verknüpfung von Gegensätzlichem durchwirkt schon diese erste Strophe als annonciertes Strukturprinzip des Ganzen, insofern in dem *wir* und dem *er* nicht nur Todbedrohte auf ihren Mörder treffen, sondern auch ein iteriertes kollektives Schicksal der je individuellen Schuld in ihrem pseudo-elegischen Gestus und morali-

---

136 Paul Celan: Todesfuge, v. 1–9. Die Gedichte; NKG, S. 46–47, hier S. 46.

137 Renate Homann: Theorie der Lyrik. Heautonome Autopoiesis als Paradigma der Moderne. Frankfurt/Main 1999, S. 538. Homann, die in ihrer *Theorie der Lyrik* einige Gedichte Paul Celans einer dichten strukturalen Analyse unterzogen hat, sieht in Werken wie der *Todesfuge* und *Sprachgitter* auf paradigmatische Weise «die beiden Grundkomponenten der lyrischen Rede» miteinander in aporetischen Konflikt gebracht: «Die ‹wir› figurieren das (Vers-)Poetische und der ‹er› die Prosa.» (Ebd.) Mit Schillers geschichtsphilosophischen Kategorien klassifiziert Homann dabei das enigmatische Motiv «Schwarze Milch der Frühe» als «das Authentisch-Naive», die Evokation «Dein goldenes Haar Margarete» hingegen als karikierten Ausfluss eines «sentimentalischen Schreibens» (ebd., S. 544, 542).

schen Versagen gegenübersteht. Als «Solist» gegenüber einem «Chor»[138] betreibt der Nazi-Scherge zweierlei Spiel (nämlich mit den Schlangen und als Auftaktkommando zur Tanzmusik), und er übt zweierlei Befehlsgewalt aus, gegen Tiere und Juden (die dadurch als ‹Untermenschen› stigmatisiert werden). Abwesend sind und gedanklich evoziert werden überdies zweierlei Frauengestalten, denn neben Margarete tritt später kontrapunktisch Sulamith, die Gestalt aus dem biblischen Hohen Lied Salomons.

Als einzig möglicher Fluchtpunkt des Kollektivs der Gefangenen kommt letztlich nur der Tod infrage, auch dieser freilich in zweierlei Gestalt, denn er kann mit dem Element des Erdbodens und mit jenem der Luft verbunden sein. Ein «Grab in der Erde» mussten jene Deportierten ausheben, die bei den osteuropäischen Vernichtungsaktionen von SS und Wehrmacht, ebenso wie feindliche Militärangehörige und Zivilisten, noch zur ‹konventionellen› Massenerschießung bestimmt waren; auch ihre Zahl ging in die vielen Hunderttausende. Etwas fundamental Neues aber war, im Stellenwert und in der perfiden Perfektionierung, mit den nach der Wannsee-Konferenz 1942 eingeführten Vergasungsanlagen und Verbrennungsöfen der Vernichtungslager in die Welt gekommen, es war ein Bruch mit den letzten Fasern der Humanität.[139]

Celan, der jüdische Dichter aus Czernowitz, gehörte zu denjenigen, welche die Bedeutung des Geschehens sogleich erkannten, erspürten – und ausbuchstabierten: vom Schicksal der eigenen Eltern ausgehend, aber auch im Hinblick auf die allgemeine moralische Tragweite, die das Jahrhundertverbrechen des Holocaust hat. Denn buchstäblich ein solches «Grab in den Lüften» stand den Vergasten und Verbrannten bevor, deren stoffliche Überreste das tödliche Lager nach ihrer Ermordung nur mehr in Form schwebender Ascheteilchen verlassen konnten, um sich dann als Partikel nach und nach mit der Luft, dem Regen und den Flüssen zu verbinden.[140]

---

138 Homann: Theorie der Lyrik, S. 538.

139 Raul Hilberg: Die Vernichtung der europäischen Juden [1961, 1982]. 3 Bde. Übersetzt von Christian Seeger, Harry Maor, Walle Bengs und Wilfried Szepan. Frankfurt/Main 1990, Bd. 2, S. 1027–1046.

140 Auf die von Celan in etlichen Motiven entfalteten hydrologischen und geologischen Spurenelemente des Holocaust haben erstmals umfassend die Studien von Uta Werner aufmerksam gemacht. Vgl. Uta Werner: Textgräber: Paul Celans geologische Lyrik. München 1998; dies.: «Kluftrose» – Geologische Sprachschichten in Paul Celans

(2)
Schwarze Milch der Frühe wir trinken dich nachts
wir trinken dich morgens und mittags wir trinken dich abends
wir trinken und trinken
Ein Mann wohnt im Haus der spielt mit den Schlangen der schreibt
der schreibt wenn es dunkelt nach Deutschland dein goldenes Haar Margarete
Dein aschenes Haar Sulamith wir schaufeln ein Grab in den Lüften da liegt man nicht eng[141]

Es sind zwiespältige Adressierungen, die innerhalb des Gedichts als Redesituationen vorgestellt werden; da ist einmal die Anrede des briefschreibenden SS-Mannes an seine in der deutschen Heimat weilende Frau Margarete, zum anderen die kontrapunktische Gegenrede, gerichtet an die jüdische Sulamith, deren dunkles Haar dem goldenen Blond Margaretes farbästhetisch und kulturell kontrastiert, durch das Epitheton «aschen» aber auch an das Vernichtungsgeschehen rückgebunden ist. Und da ist drittens, dem Reigen all dieser Motive voran, die «schwarze Milch»,[142] die ab der zweiten Strophe ebenfalls in der Du-Form angesprochen wird, als wäre sie eine letzte Geste und Spur der längst in ein Trauerschwarz getauchten Mutter.

Im August 1942 waren die Eltern Paul Celans nach der Besetzung der Bukowina durch deutsche Truppen in das deutsche Arbeitslager Michailowka in der Ukraine deportiert worden, das beide nicht überlebten. Der Vater verstarb dort 1942 an einer Typhuserkrankung, die Mutter wurde im Herbst desselben Jahres erschossen. Erst mehr als ein Jahr später erfuhr Paul Celan durch Berichte anderer Lagerinsassen davon; nur einmal noch hatte ihn aus dem Lager ein Brief seiner Mutter erreicht.[143] In dem frühen Gedicht *Nähe der Gräber,* das vermutlich im Sommer 1944 entstand, ruft er die Wasser des jenem Lager nahgelegenen Flusses *Bug* als Zeugen des Geschehenen auf.

---

Gedichten. In: Gegenworte. Hefte für den Disput über Wissen. Hg. von der Berlin-Brandenburgischen Akademie der Wissenschaften. Nr. 9 (2002), S. 58–61.

141 Celan: Todesfuge, v. 10–15; NKG, S. 46.

142 Als poetische Metapher findet sich die «schwarze Milch» bereits 1925 in dem Gedicht *Ins Leben* von Rose Ausländer, das 1939 veröffentlicht worden war; die Dichterin hat sich sehr anerkennend über Celans Verwendung dieses Bildes geäußert (vgl. Sparr: Todesfuge, S. 67).

143 Sparr: Todesfuge, S. 55, 51.

> Kennt noch das Wasser des südlichen Bug,
> Mutter, die Welle, die Wunden dir schlug?

Am Ende der Verse aber stellt der Überlebende – seiner Mutter, sich selbst – die entscheidende, später von Theodor W. Adorno geschichtsphilosophisch begründete Frage nach der Möglichkeit von Lyrik nach dem Holocaust:

> Und duldest du, Mutter, wie einst, ach, daheim,
> den leisen, den deutschen, den schmerzlichen Reim?[144]

War der Reim, zumal der deutsche Reim, noch zu dulden angesichts der in und mittels dieser Sprache begangenen Verbrechen? In gewissem Sinne musste, wie etwa Theodor W. Adorno und andere Vertreter der Kritischen Theorie meinten, jede geistige Standortbestimmung, alles kulturelle Schaffen, nach und ab 1945 *von Auschwitz her* gedacht werden. Ein derart abgrundtiefer Zivilisationsbruch stellte auch die Legitimität kultureller Selbstverständigung infrage oder forderte sie zumindest auf, sich aus dieser Erfahrung neu zu definieren. Adorno pointierte seine Einsicht in die Unhintergehbarkeit dieses kollektiven Traumas in dem – mitunter als deklariertes «Darstellungsverbot» missverstandenen[145] – Satz, «nach Auschwitz noch ein Gedicht zu schreiben», sei «barbarisch».[146] Dabei bedeutet ‹nach Auschwitz› mehr als nur eine chronologische Zeitmarke, hier fungiert die Chiffre als eine existenzielle und moralische *conditio*, die alles weitere und

---

144 Paul Celan: Nähe der Gräber, v. 1–2, 9–10. Die Gedichte. NKG, S. 17.

145 Klaus Laermann: «Nach Auschwitz ein Gedicht zu schreiben, ist barbarisch». Überlegungen zu einem Darstellungsverbot. In: Manuel Köppen (Hg.): Kunst und Literatur nach Auschwitz. Berlin 1993, S. 11–15.

146 «Kulturkritik findet sich der letzten Stufe der Dialektik von Kultur und Barbarei gegenüber, nach Auschwitz ein Gedicht zu schreiben, ist barbarisch, und das frißt auch die Erkenntnis an, die ausspricht, warum es unmöglich ward, heute Gedichte zu schreiben.» (Theodor W. Adorno: Kulturkritik und Gesellschaft. In: Gesammelte Schriften. Hg. von Rolf Tiedemann. Bd. 10/1: Kulturkritik und Gesellschaft I. Frankfurt/Main 1977, S. 11–30, hier S. 30.) Zur Rezeption und Diskussion dieses Diktums vgl. Detlev Claussen: Nach Auschwitz. Ein Essay über die Aktualität Adornos. In: Dan Diner (Hg.): Zivilisationsbruch. Denken nach Auschwitz. Frankfurt/Main 1988, S. 54–68; Petra Kiedaisch (Hg.): Lyrik nach Auschwitz? Adorno und die Dichter. Stuttgart 1995.

folgende kulturelle Handeln zwingend in einen neuen Bedeutungsrahmen rückt.

Paul Celan aber erkannte es seinerseits für richtig und notwendig an, dass gerade die Sprache, dass nur das Insistieren auf der Bezeichnungskraft der Worte und Wendungen überhaupt so etwas wie einen Gedächtnisort für die Ermordeten würde schaffen können. Am Äußersten, Unvorstellbaren würde die Dichtung, würde sein Dichten sich nun, und für unabsehbare Zeit, bewähren müssen. Gerade davon zeugt, allen anderen Werken voran, die einige Monate nach *Nähe der Gräber* und gewissermaßen als «Antwort»[147] auf die dort formulierte Frage entstandene *Todesfuge.*

Das Gedicht hat mit seinen verschlungenen Entstehungs- und Publikationswegen im Lauf der Zeit eine Geschichte eigener Art zurückgelegt,[148] es wurde in eine Vielzahl von Sprachen übersetzt und ist seinerseits wieder zum Gegenstand literarischer und anderweitiger künstlerischer Bearbeitung geworden. Welchen Faktoren verdankt der Text diese Ausnahmestellung? Es mag, wie stets, in der beispiellosen Rezeption dieses Werks auch ein erhebliches Maß an Kontingenz im Spiele sein, eine spezifische Konstellation günstiger Umstände, allerdings auch krasser Widrigkeiten und Anwürfe, gegen die der Autor sich mit zunehmender Verzweiflung behaupten musste. Fraglich ist schon, ob das unumgängliche Thema des Gedichts, eine der frühesten und konsequenten Darstellungen des Holocaust, den Weg in die Lesebücher und Anthologien eher befördert (dies wohl überwiegend) oder sogar (zumindest in einigen Fällen) erschwert hat. Für seine Aufnahme im deutschen Literaturbetrieb prägend wurde jedenfalls der Umstand, dass dieses Gedicht nahezu zeitgleich mit Adornos Diktum über Gedichte nach Auschwitz in die Öffentlichkeit gelangte. Die moralische Maxime und ihre poetische ‹Widerlegung› standen von dort an, obwohl der Philosoph seine apodiktische Schärfe später relativierte, in einer unaufhebbaren Spannung. Diese aber besteht, wie schon die Schlusswendung aus *Nähe der Gräber* bekundet, als ein bedrängender Grundzweifel auch in Celans Dichtung selbst.

---

147 Peter Goßens: Das Frühwerk bis zu *Der Sand aus den Urnen* (1938–1950). In: Markus May, Peter Goßens und Jürgen Lehmann (Hg.): Celan-Handbuch. Leben – Werk – Wirkung. Stuttgart 2008, S. 39–54, hier S. 48.

148 Sparr: Todesfuge, S. 11.

Wie frei, wie unbesorgt darf die Souveränität der Kunstmittel auftrumpfen, wenn Eleganz verdächtig, «Meisterschaft» kompromittierend, ‹Bewältigung› ein Ding der Unmöglichkeit ist? Unbeschadet seines abgründigen Themas zeigt sich Celans bekanntestes Gedicht im Grad seiner poetischen Durcharbeitung und melodischen Eingängigkeit, man kann es nicht anders sagen, als ein schlichtweg perfektes Werk. Fällt also womöglich aus diesem Befund eines außerordentlichen Geglücktseins eine indirekte ‹Rechtfertigung› ab für den grauenvollen Entstehungsgrund? Einwände dieser Art wurden gegen dieses Gedicht im Laufe der Rezeptions- und Deutungsgeschichte wiederholt vorgebracht.[149] «Bitternis und Süße, atrocitas und suavitas»[150] wurden schon in einer der ersten Besprechungen als stilistische Antinomie der *Todesfuge* benannt. In dem Gedicht bekundet sich unverkennbar die Auffassung – deren Haltung auch für Celans folgendes Werk und Dichtungsverständnis konstitutiv bleiben wird –, dass eine erlittene Traumatisierung *nicht* unmittelbar durch eine ebenso lädierte, ‹mittraumatisierte› Sprachform nachzubilden sei, sondern durch eine poetische Steigerung des sprachlich Leistbaren bis zur filigransten, innigsten Ausdrucksfähigkeit.

Der Name *Todesfuge* formuliert, und ebenso das Textgefüge insgesamt, sowohl dieses sprachhandwerkliche Ethos wie auch den Schreckensabgrund, welchen es mit seiner Kunst überspannt. Zur *Fuge* fügt sich das Gedicht, indem es (schon an der Anfangspartie ablesbar) die einzelnen exponierten Elemente als distributive Versatzstücke gebraucht, deren Auftreten sich mehrfach wiederholt und dabei in Stellung und Abfolge variiert. So wird beispielsweise die in der Eingangsstrophe gewählte Reihung der Tageszeiten «abends [...] mittags und morgens [...] nachts» in Strophe zwei einer dreigliedrigen Umstellung unterzogen: «nachts [...] morgens und mittags [...] abends». Die erste Folge ordnete die vier Tageszeiten in Gegenrichtung des Uhrzeigers, aber konsekutiv; die zweite Reihung, ebenfalls konsekutiv, stellt erstens die normale Chronologie wieder her, sie lässt zweitens die beiden

149 So etwa von Werner Kraft, der «dieses allzu begabte Gedicht» und seinen «verflucht aesthetischen Klang» dezidiert ablehnte (an Wilhelm Lehmann 1964; zit. nach Sparr: Todesfuge, S. 247).

150 Helmuth de Haas: Mohn und Gedächtnis. Über die Gedichte von Paul Celan. In: Neue Literarische Welt 13 (1953), S. 12.

einzeln aufgeführten Randelemente (*abends/nachts*) die Plätze tauschen und kehrt drittens die Anordnung des Mittelpaares (*mittags und morgens*) um. Vermittelt wird durch die (in den Folgestrophen noch weiter variierte) permutative Behandlung der vier Tageszeiten so etwas wie die sprichwörtliche Quadratur des Kreises. Es lässt sich sagen, dass jedes einzelne Element zu jedem anderen in gewisser formaler Korrespondenz steht und sie gemeinsam (narratologisch gesprochen: als iterative Sequenz) den unablässigen Leerlauf eines entmenschlichten Daseins abbilden.

> (4)
> Schwarze Milch der Frühe wir trinken dich nachts
> wir trinken dich mittags und morgens wir trinken dich abends
> wir trinken und trinken
> Ein Mann wohnt im Haus dein goldenes Haar Margarete
> dein aschenes Haar Sulamith er spielt mit den Schlangen[151]

Die vierte Strophe ähnelt stark der zweiten, indem sie mit geringer Variation nochmals deren Grundmotive und syntagmatische Cluster wiederholt. Das replizierte Material führt die eine (v. a. erste) Hälfte der Expositionsstrophe fort, während deren andere Bestandteile das Material der zwischengeschalteten, anders gebauten Strophen drei und fünf bilden, welche auf die Arbeitssituation des gemeinsamen, mühevollen Grabens unter dem Befehl des Lageraufsehers und der befohlenen Musikbegleitung ausgerichtet sind.

> (3)
> Er ruft stecht tiefer ins Erdreich ihr einen ihr andern singet und spielt
> er greift nach dem Eisen im Gurt er schwingts seine Augen sind blau
> stecht tiefer die Spaten ihr einen ihr andern spielt weiter zum Tanz auf
> […]
>
> (5)
> Er ruft spielt süßer den Tod der Tod ist ein Meister aus Deutschland
> er ruft streicht dunkler die Geigen dann steigt ihr als Rauch in die Luft
> dann habt ihr ein Grab in den Wolken da liegt man nicht eng[152]

151 Celan: Todesfuge, v. 19–23; NKG, S. 46.

152 Celan: Todesfuge, v. 16–18, 24–26; NKG, S. 46.

Die poetischen Struktureffekte von Wiederholung und Variation sind in diesen Strophen verbunden mit befehlsartigen Aufforderungen der Steigerung und Intensivierung, und in den adverbialen Adjektiven wird stets vom Komparativ Gebrauch gemacht; *tiefer, tiefer; süßer, dunkler.* Das hingebungsvolle Musizieren wird dabei als *conditio sine qua non* des Massenmords formuliert, zusammengefasst in der schier unerträglichen Sentenz, die vom Tod als einem (oder *dem*) *Meister aus Deutschland* erzählt. Sie wird auch von der Schlusspartie, einer Art Replik der Eingangsstrophe, als ein gespenstischer Einschub gleich dreifach[153] wieder aufgegriffen, und mit dieser Meisterschaft zeigt sich hierbei auch die für Celan eminent bedeutungsvolle Qualität der Genauigkeit in verdächtiger Beziehung stehend.

> (6)
> Schwarze Milch der Frühe wir trinken dich nachts
> wir trinken dich mittags der Tod ist ein Meister aus Deutschland
> wir trinken dich abends und morgens wir trinken und trinken
> der Tod ist ein Meister aus Deutschland sein Auge ist blau
> er trifft dich mit bleierner Kugel er trifft dich genau
> ein Mann wohnt im Haus dein goldenes Haar Margarete
> er hetzt seine Rüden auf uns er schenkt uns ein Grab in der Luft
> er spielt mit den Schlangen und träumet der Tod ist ein Meister aus Deutschland[154]

Schon früh wurde dem Gedicht eine musikalische Struktur zugesprochen, nicht nur wegen seines auf eine bestimmte Satztechnik und Kompositionsform verweisenden Titels (Celan greift die Fugentechnik 1959 im Gedicht *Engführung* des Bandes *Sprachgitter* als responsives Verfahren nochmals auf), sondern auch im Hinblick auf die skizzierten Wiederholungseffekte. Die formalen Aspekte der Segmentbildung, der systemischen Setzung von parallelen und kontrapunktischen Strängen und nicht zuletzt der Sprachduktus mit seiner prosodisch-melodischen Phrasierungskunst lassen den Vergleich mit einem Musikstück durchaus plausibel erscheinen, oder sogar mit dem medialen Erscheinungsbild einer Partitur (wenngleich der letztge-

153 Das dreimalige Sagen eines Motivs hat Signalwert; es deutet als unheilvolle Symbolzahl in den Märchen auf das Wirken der Fatalität und spielt zudem auch auf die Passionsgeschichte Jesu an, wo mit dem dreimaligen Krähen des Hahns die Verleugnungssünde des Petrus verurteilt und betrauert wird.

154 Celan: Todesfuge, v. 27–34; NKG, S. 47.

nannte Begriff später ausgerechnet in einer von Celan als heftige Schmähung empfundenen, abwertenden Rezension auftauchen sollte).

Bemerkenswert ist in musikalischer Hinsicht vor allem die dezidierte metrische Ausgestaltung der Verse, sorgt sie doch für einen bewegten, zuweilen fast tänzerisch leicht anmutenden Versrhythmus. Es liegt dabei überwiegend eine aus dem *Daktylus* gebildete metrische Grundform vor (wir trinken sie mittags und morgens wir trinken sie nachts), die partiell durch Spondeen und jambisch-alternierende Elemente ergänzt ist und nur an wenigen Stellen durch gegenläufige Akzentuierungen durchbrochen wird. In auffälliger Weise liegt ein solcher Gegenrhythmus gerade beim Eingangsmotiv vor, das als wiederkehrende Bildchiffre den gesamten weiteren Text durchzieht. *Schwarze Milch der Frühe* ist metrisch am ehesten als ein ziemlich schwerfälliger Trochäus aufzufassen, insofern sind diese Silben dem daktylisch-jambischen Vorwärtsdrängen der anderen Verse als markantes Hemmnis entgegengestellt.

Gestalthafte Funktion haben nicht nur die Verse selbst, sondern auch die sie makropoetisch umgreifenden Proportionen und Zahlenverhältnisse im Gedicht, dessen sieben Strophen je unterschiedliche, bedachtvoll zugemessene Verszahlen (*9 – 6 – 3 – 5 – 3 – 8 – 2*) aufweisen. Auffällig differieren auch in den einzelnen Versen Länge und Silbenzahl. Ein rhythmischer Struktureffekt ist schließlich auch innerhalb des Wiederholungsverfahrens narrativer Elemente gegeben, weil dabei bestimmte syntagmatische Sequenzen mal in erweiterter, mal in verkürzter Form wieder aufgerufen werden und ihre Positionen zueinander wechseln. Es ist sicher nicht unzutreffend, solche internen quantitativen Binnenrelationen der poetischen Form heuristisch unter dem Oberbegriff der *musikalischen Effekte* zu fassen, wenngleich die Assoziationen zu bestimmten Musikformen irreführend werden, sobald man daraus spezifische kompositorische Verbindlichkeit abzuleiten versucht.

Als Fuge wird überdies, ganz im Gegensatz zur musikalischen Technik möglichst lückenloser, dichter Verwebung, innerhalb des metrischen Gefüges das Phänomen einer Störung, eines Zerschneidens der rhythmischen Konsekution durch eine Dihärese bzw. Zäsur bezeichnet; dadurch entsteht ein Trennungseffekt, der «das Aussetzen – Unterbrechen – der Rede» markiert.[155] Die daktylische, tänzerische Bewegung ist wiederholt einem solchen Schnitt oder Stocken ausgesetzt. Somit artikuliert die *Todesfuge* in ihrer poetischen Grundspannung sowohl die «Möglichkeit des Gedenkens der Toten» wie auch dessen «Aporie».[156] Die formpoetischen Traditionselemente antiker Dichtkunst werden dabei, in ein und demselben Vorgang, evoziert und zerschrieben zugleich. «Als tödlich erscheint in Celans Gedicht der Sprechrhythmus, der in das daktylische Potential der Verse, das, obwohl das Gedicht in deutscher Rede verfaßt ist, aufgrund des permanenten Zitierens sowohl der griechischen Metrik [...] als auch der hebräischen Prosodie [...] zuzuordnen ist, solche Zäsuren schneidet, daß er dieses vernichtet.»[157]

Celan selbst hat die interpretatorischen Vergleiche mit Musikstücken, die er als Vernachlässigung des erinnerungspoetischen Grundes empfand, eher zu relativieren versucht. Einem Lektor des Volksverlags Weimar teilte er 1961 mit: «Mein Gedicht ‹Todesfuge› (nicht: *Die* Todesfuge) ist nicht ‹nach musikalischen Prinzipien komponiert›; vielmehr habe ich es, als dieses Gedicht da war, als nicht unberechtigt empfunden, es ‹Todesfuge› zu nennen; von dem Tod her, den es – mit den Seinen – zur Sprache zu bringen versucht.»[158] Die Nähe des kollektiven Sterbens zur Welt der Musik war in den Todeslagern nicht durch eine ästhetische Analogiebildung vermittelt gewesen, sondern hatte in einer direkten, schier unglaublichen Koinzidenz bestanden. In einer Ausgabe der russischen Zeitung *Izvestija*,[159] aus deren Schilderung des Lemberger Ghettos Celan für die Konzeption des Gedichts manche historischen Informationen bezog, war dieser Konnex ausdrücklich erwähnt worden. «Berichte über das Lemberger Ghetto gelesen», notiert Celan; darunter auch die Bemerkung: «Folter, Quälereien und Erschießungen führten die Deutschen mit Musik aus.»[160]

Der Dichter selbst empfand manche beflissene Formbestimmung als ein gezieltes Vorbeisehen am eigentlichen Thema, und insistiert deshalb mit aller Härte: «In diesem Gedicht habe ich versucht, das Ungeheuerliche der

155 Homann: Theorie der Lyrik, S. 552, 553.

156 Homann: Theorie der Lyrik, S. 553.

157 Homann: Theorie der Lyrik, S. 553 f.

158 Hg.-Kommentar in Celan: Die Gedichte; NKG, S. 690.

159 23. 12. 1944; vgl. Hg.-Kommentar in Celan: Die Gedichte; NKG, S. 687.

160 Hg.-Kommentar in Celan: Die Gedichte; NKG, S. 688.

Vergasungen zur Sprache zu bringen.»[161] An Walter Jens, der sich mit den üblichen germanistischen Mitteln der Metaphern-Übersetzung, der Einflussforschung und des Stellenvergleichs um eine hermeneutische Entschlüsselung des Gedichts bemühte, schreibt Celan am 19.5.1961: «Das ‹Grab in der Luft› – lieber Walter Jens, das ist, in *diesem* Gedicht, weiß Gott weder Entlehnung noch Metapher.»[162] Und in den Notizen zur *Meridian*-Rede (seinen Dankesworten für den Büchnerpreis) schreibt Celan: «Schwarze Milch der Frühe: Das ist keine jener Genitivmetaphern, wie [wir] sie von unseren sogenannten Kritikern vorgesetzt bekommen, damit wir nicht mehr zum Gedicht gehen; das ist keine Redefigur und kein Oxymoron mehr, das ist Wirklichkeit.»[163] Wenn in der *Todesfuge* Musik und Arbeitsfron, luftige Gräber und aschenes Haar in einer semantischen Beziehung zueinander stehen, so ist diese nicht poetisch gestiftet als eine solche metaphorischer Art, sondern sie ist metonymisch aufzufassen und zu entziffern als eine reale Form der praktischen und stofflichen Nachbarschaft.

Überhaupt sah der Autor sich gerade in der öffentlichen Präsentation dieses Gedichts immer wieder zu Erklärungen, Erläuterungen, Korrekturen genötigt, durch die dann zwar manche Details in ihren sachlichen und geschichtlichen Bezügen klarer herausgearbeitet wurden, die aber den eigentlichen Zauber dieses Gedichts letztlich nur partiell fassbarer machten. Oftmals war der Explikationsbedarf selbst schon ein peinliches Verdrängungs-Indiz; in einer «gutgemeinten Besprechung», so notierte Celan ebenfalls in Vorbereitung seiner Büchnerpreis-Dankesrede, werde «deutschen Mittelschülern erklärt, Sulamith sei ein Name aus dem Balkan», wo doch auch in Deutschland eigentlich klar sein müßte: «Sulamith, das ist ein Name aus dem Hohen Lied.»[164] Im Nebeneinander der beiden Frauen wird nicht ohne eine gewisse Polemik das Hohelied Salomons, eine genuine jüdische Dichtung aus alter Zeit, der *Faust*-Tragödie Goethes als dem unverbrüchlichen

161 So der Autor in einer Mitteilung des Jahres 1960. Hg.-Kommentar in Celan: Die Gedichte; NKG, S. 689.

162 Hg.-Kommentar in Celan: Die Gedichte; NKG, S. 689.

163 Paul Celan: Der Meridian. Endfassung – Entwürfe – Materialien. Hg. von Bernhard Böschenstein und Heino Schmull. Paul Celan: Werke. Tübinger Ausgabe [M/WTA]. Frankfurt/Main 1999, Nr. 588, S. 158.

164 Celan: Meridian, Nr. 589, S. 158.

deutschen Klassiker schlechthin gegenübergestellt.[165] Bedachtvoll läuft die *Todesfuge* mit einer Schluss-Gnome aus, in der die beiden einander fremd bleibenden weiblichen Vornamen auf das gleiche Lager gebettet sind.

(7)
dein goldenes Haar Margarete
dein aschenes Haar Sulamith[166]

Bis heute gültig aber bleibt im Hinblick auf die ästhetische Erfahrung, die mit der *Todesfuge* zu machen ist, was Paul Schallück, ein Schriftstellerkollege des Niendorfer Treffens, seinerzeit festgehalten hat. Möglicherweise, so schrieb er, würden eines Tages «vielleicht gelehrte Literaturwissenschaftler kommen» und dieses Gedicht analytisch und kontextualisierend zu durchdringen versuchen. «Wir aber», fügt Schallück in seiner Besprechung hinzu, «werden uns, wenn uns solche Untersuchungen wo auch immer zu Gesicht kommen sollten, daran erinnern, daß wir nie zuvor solche Verse gelesen haben.»[167]

Eine «Grabschrift» hat Ingeborg Bachmann in ihren Frankfurter Vorlesungen 1959 die *Todesfuge* genannt; «mit sehr leuchtenden dunklen Worten» sei der Dichter «unter uns getreten», auf einer «Reise bis ans Ende der Nacht»[168] (eine Anlehnung an den Titel des schonungslosen Zwischenkriegs-Romans des Louis-Ferdinand Céline, der später eine rabiate Naziphase durchlaufen hatte). Bachmann erscheint es wichtig, die künstlerisch eigenständige, konstitutive Ambivalenz von Celans Dichtung hochzuhalten. Und wirklich, es bleibt ein Zauber, ein unerklärlicher Rest um das Wesen dieses frühen, einzigartigen Celan-Gedichts. Das Spiel mit den Schlangen, das Aufspielen der Musik, die in der zweizeiligen Finalstrophe nochmals

165 Eine in blaues Leder gebundene Insel-Ausgabe von Goethes *Faust*, «das älteste meiner Bibliothek», hatte als Bar-Mizwa-Geschenk zu Celans frühen bibliophilen Besitztümern gehört und war auf Umwegen in Paris wieder zu ihm gelangt (vgl. Badiou: Paul Celan. Bildbiographie, S. 47).

166 Celan: Todesfuge, v. 35–36. Die Gedichte; NKG, S. 47.

167 Paul Schallück, zit. nach Sparr: Todesfuge, S. 141.

168 Ingeborg Bachmann: Frankfurter Vorlesungen. Kritische Schriften [KS]. Hg. von Monika Albrecht und Dirk Göttsche. München, Zürich 2005, S. 253–349, hier S. 285.

wiederholte Antithese vom blonden Haar Margaretes und aschenen Haar Sulamiths, immer wieder im Gegenakzent das Oxymoron der «schwarzen Milch», schließlich die monotone Repetition der Verben des Milch Trinkens und Grab Schaufelns – all diese Motive gewinnen ihre Valenz thematisch vom Zivilisationsbruch des Holocaust her und entfalten doch als poetische Diktion eine in ihrer Suggestionskraft enigmatische Eigenwirklichkeit.

Der damals einflussreiche Autor und Literaturexperte Hans Egon Holthusen, der die *Todesfuge* durch ihren Abdruck in Zeitschriften und Anthologien weithin bekannt machte, benennt in seinem Kommentar zwar ungeschminkt «den massenhaften Verbrennungstod der Juden in deutschen Konzentrationslagern» als das unmissverständliche Thema des Gedichts, behauptet aber andererseits, dass Celan diese geschichtliche Faktizität mit «einer träumerischen [...] Sprache zum Transzendieren gebracht» habe, «so daß es der blutigen Schreckenskammer der Geschichte entfliegen kann, um aufzusteigen in den Äther der reinen Poesie.»[169] Hier war offenbar der Wunsch (nach einer Sublimierung und baldigen Erledigung des Themas) der Vater des Gedankens. Während Holthusen Celans Verse in eine figurale Metaphernwelt abdrängen wollte, machten andere zeitgenössische Kollegen und Kritiker des Dichters vielsprachige, der westdeutschen Nachkriegswelt fremd gewordene Herkunftswelt zum Stein des Anstoßes.

Die literaturgeschichtlich so folgenreiche Lesung in Niendorf hatte, wie schon erwähnt, trotz der für Celan wichtigen dort angebahnten Verlags- und Medienkontakte zunächst im Kollegenkreis atmosphärisch zu einem ziemlichen Fiasko geführt. Im Kritikergespräch wurde Celans Tonfall vom Veranstalter Hans Werner Richter als «Singsang [...] wie in der Synagoge» abgekanzelt,[170] außerhalb der offiziellen Diskussionen wiederum ließ er sich dazu hinreißen, Celans Vortragsart mit der Sprechweise des berüchtigten NS-Propagandaministers zu vergleichen;[171] eine Entgleisung, die der überforderte Richter sogleich bereute. Doch war es auch abgesehen von diesem

169 Hans Egon Holthusen: Fünf junge Lyriker; zit. nach Sparr: Todesfuge, S. 142 f.

170 So die Erinnerung des mit Celan befreundeten Wiener Kollegen Milo Dor: Auf dem falschen Dampfer, S. 214; vgl. auch Sparr: Todesfuge, S. 128; Stoll: Der dunkle Glanz der Freiheit, S. 119.

171 PC an Klaus Demus, 31.5.1952; BW PC/ KuND, S. 100 f.

Vorfall offenkundig, dass die Präsenz Celans in der Runde heftige, zum Teil idiosynkratische Reaktionen hervorrief, insofern seine Gedichte und er selbst unangenehm an strukturell Verdrängtes rührten.

«Diese Stimme [...], die nicht wie die der anderen durch die Wörter hindurchglitt, sondern oft in einer Meditation bei ihnen verweilte», so beschreibt Celan selbst die Eigentümlichkeit seiner Vortragsdiktion, «diese Stimme mußte angefochten werden, damit die Ohren der Zeitungsleser keine Erinnerung an sie behielten».[172] Es klang im Duktus des Vortragenden etwas von den verschwundenen Sprachwelten des Ostens herauf, verweist doch Celans «gesprochenes Deutsch», wie ein Vortrags- und Stimmforscher herausgearbeitet hat, «über Wien hinaus nach Osten, auf Czernowitz und ein deutschsprachiges Bildungsbürgertum in Osteuropa, andererseits auf jiddische Sprachklänge, wie sie vor 1933 auch im Deutschen Reich zu hören waren. Das aus dem Herzen der akustischen Überlieferung Verdrängte kehrte mit seiner Sprechweise zurück.»[173] Diese akustische Fremdartigkeit und auch die im Westen unüblich gewordene sangliche Deklamationsweise mögen zur spontanen Ablehnung von Celans Auftritt das Ihre beigetragen haben, doch betraf die bekundete Abwehr sicherlich auch das Beharren dieses Dichters auf der permanenten und intensiven Betonung des Holocaust. Die Chiffren des Schreckens waren bei ihm zu dicht und direkt, um als ‹gesuchte› ästhetische Metaphern banalisiert zu werden. Celan mochte sich weder ins Uneigentliche noch ins Scherzhafte abdrängen lassen, er verstieß mit seiner Ernsthaftigkeit gegen das vom Pathos abgerückte, ungeschriebene «nachkriegsdeutsche Ironiegebot».[174]

Was ihm in Niendorf widerfuhr, hat Celan damals auch als ein Versagen seiner engsten Dichterfreundin Ingeborg Bachmann erlebt. «Und zu so etwas schweigt Inge, die mich zu dieser Reise mitveranlaßt hatte.»[175] Ihrem vorübergehenden Impuls zur Abreise war Ingeborg Bachmann nach dem Leseunglück ihres Geliebten nicht gefolgt, sie hatte im Gegenteil sogar jene wenigen Tagen zu nutzen verstanden, um sich zu einem umschwärmten

172 An Gisèle de Lestrange, 31.5.1952; BW PC/GL, S. 21.

173 Reinhart Meyer-Kalkus: Das Gedicht. In: Frankfurter Allgemeine Zeitung, 12.2.2014.

174 Weigel: Hinterlassenschaften, S. 438.

175 PC an Klaus Demus, 31.5.1952; BW PC/ KuND, S. 100 f.

und geschätzten, für die Folgetagungen bereits unentbehrlichen Element der Gruppe zu machen. Celan und Bachmann konnten im Hinblick auf die infolge des Treffens entstandenen Medienkontakte beide nicht klagen. Vom Lektor der Deutschen Verlags-Anstalt war Celan zu einer Lesung an den Stuttgarter Verlagssitz eingeladen worden, die er zunächst wieder stornierte, einige Wochen später aber nachholen konnte, woraufhin sich die DVA entschloss, seine Gedichte in einem eigenen Band herauszubringen – ebenjener Sammlung *Mohn und Gedächtnis*, die binnen weniger Jahre den deutschen und internationalen Ruhm des singulären Dichters begründete.

# 6. Herzzeiten und Neigungswinkel

Der in Briefen und Gedichten geführte Dialog Celans mit Ingeborg Bachmann war zu diesem Zeitpunkt indes längst noch nicht ausgeschöpft, befand sich noch nicht einmal auf seinem dramaturgischen Zenit. Dass sich beide in Gedichten äußerten, die füreinander bestimmt waren, was als Form des chiffrierten Dialogs bis zu zahlreichen Anspielungen in Bachmanns Roman *Malina* reicht,[176] ist sicherlich als ein Indiz ihrer intensiven Beziehung zu werten; doch entsprach diese poetische Zwiesprache zugleich (und wie schon erwähnt) auch einer von beiden geteilten, genuin dialogischen Auffassung vom Charakter des Dichterischen selbst.

Entschieden und mehrfach ergreift Bachmann in solchem Sinne gegen eine durch Gottfried Benn im literarischen Nachkriegsdiskurs prominent verfochtene Vorstellung vom absoluten, kommunikativ ambitionslosen Gedicht Partei.[177] In seinem Essay *Probleme der Lyrik* hatte Benn 1951 das Gedicht als «das Unübersetzbare» schlechthin, als «ein Leben für sich» propagiert, ein Werk autonomer Artistik, das «an niemanden gerichtet» ist.[178] Bachmann hingegen sieht als eine vorrangige Aufgabe dichterischen Schreibens die Einbeziehung der Perspektive der Lesenden an, wie sie u. a. in ih-

176 Weigel: Hinterlassenschaften, S. 417 f.; vgl. Christine Koschel: Malina ist eine einzige Anspielung auf Gedichte. In: Bernhard Böschenstein, Sigrid Weigel (Hg.): Ingeborg Bachmann und Paul Celan. Poetische Korrespondenzen. Frankfurt/Main 1997, S. 17–22.

177 Vgl. zum Folgenden Arturo Larcati: Die Idee und die Aporie der Innovation. Das Problem der Richtung in den Frankfurter Vorlesungen. In: Ders.: Ingeborg Bachmanns Poetik. Darmstadt 2006, S. 202–219, hier S. 205–209.

178 Gottfried Benn: Probleme der Lyrik [1951]. Sämtliche Werke. Stuttgarter Ausgabe. 7 Bände in 8 Teilen. Hg. von Gerhard Schuster (Band I–V) und Holger Hof (Band VI, VII/1 und VII/2). Stuttgart 1986–2003. Bd. VI: Prosa 4. Stuttgart 2001, S. 9–44, hier S. 24, 23, 16 und 37.

rem Prosaentwurf *Gedicht an den Leser* zum Ausdruck bringt. «Du bist mein Ein und Alles. Was möcht ich nicht alles sein vor Dir!»[179]

Sie verstärkt damit eine auf Zwiesprache und Wechselseitigkeit ausgerichtete Haltung, die bereits in den Frankfurter Vorlesungen als poetologisches Credo zur Geltung kommt; in beiden Fällen bezieht Bachmann sich dabei implizit oder sogar explizit auf ihren engen Dichterfreund Paul Celan, und insbesondere auf dessen seinerzeit jüngsten Gedichtband *Sprachgitter*.[180] Trotz ihrer weiterhin harten Fügungen und Zeilenbrüche sind Celans Gedichte aus jener Zeit des *Sprachgitter*-Bandes, paradigmatisch das lange Schlussgedicht *Engführung* und die ihm verwandten, je auch als musikalisch mehrstimmige Formgebilde angelegt, zugespitzt formuliert: als eine Lineatur von Paarbildungen.

Celan seinerseits zeigte sich Ende der fünfziger Jahre als geradezu programmatischer Verfechter des dialogischen Prinzips in der Lyrik; mehrfach betonte er die jeweils auf eine Partner-Instanz ausgerichtete ‹Zwiesprachlichkeit› des Gedichts. In der Bremer Rede vom Januar 1958 formuliert Celan auf seine Weise, d. h. vorsichtig und durch die Erfahrungen von Verlust und Isolation lädiert, einen Einspruch gegen die von Benn poetologisch verfochtene Kontext- und Zeitlosigkeit des absoluten Gedichts. «[…] das Gedicht ist nicht zeitlos. […] Das Gedicht kann, da es ja eine Erscheinungsform der Sprache und damit seinem Wesen nach dialogisch ist, eine Flaschenpost sein, aufgegeben in dem – gewiß nicht immer hoffnungsstarken – Glauben, sie könnte irgendwo und irgendwann an Land gespült werden, an Herzland vielleicht.»[181] Auch diese Bemerkung hat mit dem Chiffrenwort des «Herzlandes» in Ingeborg Bachmann, der Geliebten und Vertrauten, eine besondere Adressatin, denn sie war in den zwei Monaten, die der Bremer Rede vom 26. Januar 1958 vorangingen, Celan wieder sehr nahe gerückt.

---

179 Ingeborg Bachmann: Das Gedicht an den Leser. Entwurf. W IV, S. 307–308, hier S. 307 f.

180 Peter Horst Neumann: Ingeborg Bachmanns Fragment *Das Gedicht an den Leser* – eine Antwort auf die *Sprachgitter*-Gedichte Paul Celans. In: Bernhard Böschenstein, Sigrid Weigel (Hg.): Ingeborg Bachmann und Paul Celan. Poetische Korrespondenzen. Frankfurt/Main 1997, S. 167–175, hier S. 173.

181 Celan: Ansprache; WsB III, S. 186.

Vom Herbst 1957 bis ins Frühjahr und in den Sommer des folgenden Jahres erreichte die Liebesbeziehung zwischen den beiden ihre zweite große Phase, ihre engste Zeit überhaupt. Nach einer gemeinsamen Tagung zur Literaturkritik in Wuppertal, als die restliche Menschheit sich über den soeben ins All geschossenen Sputnik-Satelliten unterhielt,[182] verbrachten Bachmann und Celan den 14. Oktober 1957 miteinander in Köln, wo in einem Hotel mit der Adresse «Am Hof» in der Nähe von Dom und Rheinufer für Celan ein Zimmer reserviert war. Ort und Zeit dieses Zusammenseins werden für die Liebesbeziehung der beiden zu einem «Codewort», bilden einen folgenreichen Chronotopos aus. «Die Straße führte vom erzbischöflichen Palast» (eben dem «Hof») «bis zum Rathausplatz» und durchquerte damit das mittelalterliche Judenviertel.[183] Es kommt, nach vielen Jahren nur des brieflichen Kontaktes oder der gänzlichen Funkstille, in den Wochen danach zu etlichen, mehrtägigen Treffen der beiden in kurzem Zeitabstand. Celan hält sich Anfang Dezember für einige Tage bei Bachmann in München auf, auch Ende Januar 1958 ist er, nach der Bremer Rede, wieder bei ihr. Bei einer neuerlichen Reise Celans nach München im Mai 1958 bricht die Liebesbeziehung wieder auseinander, für immer diesmal. Ende Mai erfährt Bachmanns Hörspiel *Der gute Gott von Manhattan* seine Ursendung, welche dann in Hamburg die Aufmerksamkeit von Max Frisch erregt.

Noch berührt vom Zauber jener Kölner Liebesbegegnung hatte Celan an Bachmann aus Paris in der zweiten Monatshälfte in dichter Folge am 17., 18. und 20. Oktober kurze Briefe mit neuen Gedichten übersandt. Die Titel der Gedichte atmen vor Energie: *Weiß und Leicht, Rheinufer* und *Köln, Am Hof.* Es sind Texte, in welchen der Liebesaufruhr nachbebt, topographisch skizzierte Situationen, die einen Spaziergang am Rheinufer und im Altstadtviertel um das Hotel herum erkennen lassen. Ein Pariser Spaziergang Celans an der Seine löst am Ende der Woche, die mit Ingeborg Bachmann begonnen hatte, bei Celan einen Flashback zum Kölner Chronotop aus; er unterzeichnet sein Gedicht mit dem selbst für seine Verhältnisse überpräzisen

182 Zwischen Bachmann und Celan war deshalb, noch in Wuppertal, die Wendung geprägt worden, sie beide seien nun einmal «chthonisch fixiert» (PC an IB, 11.7.1959; BW IB/PC, S. 114).

183 Höller/Stoll: Das Briefgeheimnis der Gedichte, S. 275.

Vermerk: «Paris, Quai Bourbon, Sonntag, den 20. Oktober 1957, halb drei Uhr nachmittags».[184] *Köln, Am Hof* ist eine Liebesgabe sondergleichen.

Köln, Am Hof

Herzzeit, es stehn
Die Geträumten für
Die Mitternachtsziffer.

        Einiges sprach in die Stille, einiges schwieg,
einiges ging seiner Wege.
Verbannt und Verloren
Waren daheim.
..........
Ihr Dome.
Ihr Dome ungesehn,
ihr Wasser unbelauscht,
ihr Uhren tief in uns.[185]

Fast alle Elemente des Gedichtes sind Indikatoren und Paraphrasierungen von Ort und Zeit und beglaubigen das Wunder einer stattgehabten Liebesbegegnung. Zwei Welten, zwei Flussufer-Städte haken sich miteinander unter. Der Quai Bourbon verläuft auf der Pariser Seineinsel Île Saint-Louis, mit Blick auf das rechte Seineufer und die Kirche Notre-Dame. Dom und Fluss in Paris bilden damit eine ästhetische Korrespondenz zu dem Rheinufer und der Domsilhouette von Köln. Das für die Poetik Celans charakteristische Denken in Chiffren und Korrespondenzen findet in *Köln, Am Hof* eine extrem verdichtete, in ihrer steilen Enigmatik indes auch hermetisch wirkende Ausformung. Die evozierten Bilder geraten schemenhaft und rudimentär, umkreisen eine in ihrem Geheimnis unantastbar bleibende Konstellation. Das Zusammentreten von Ort, Stunde, Gedanken und Gefühl

184 PC an IB, 20.10.1957; BW IB/PC, S. 60.

185 Paul Celan: Köln, Am Hof; an Ingeborg Bachmann, 20.10.1957; BW IB/PC, S. 59 f. In *Sprachgitter* mit folgenden Abweichungen: v. 4 ohne Einrückung; v. 8 von den Versen davor und danach jeweils durch Leerzeile abgesetzt, keine gepunktete Linie nach v. 7; v. 10: ihr Ströme unbelauscht. Vgl. Celan: Köln, Am Hof. Die Gedichte; NKG, S. 108.

schafft ein inkommensurables Momentum, wie es sonst eher aus surrealistischen Arrangements im Stile Bretons oder Duchamps bekannt ist.

Anfang November, unmittelbar vor der Übersendung des gerade entstandenen *Allerseelen*-Gedichts, fragt Celan seine erste Adressatin: «Ist ‹Köln, Am Hof› nicht ein schönes Gedicht? Höllerer, dem ichs neulich für die Akzente gab (durfte ich das?) meinte, es sei eines meiner schönsten.»[186] Muss man für das Verständnis des Poems wissen, dass Ingeborg Bachmann bei dem Kölner Aufenthalt von Träumen und Geträumten gesprochen hatte? Sollte man vor Augen haben, wie prägnant sich die Turmumrisse des Kölner Domes vor dem Rheinufer aufbauen? Ein Ohr haben für die Schläge der Kirchenuhr? Und zudem noch an die spannungsvolle Nachbarschaft von bischöflichem Herrschaftssitz und bedrückender Enge des alten Judenquartiers denken? – Auch ohne die privaten Interna des Briefverkehrs zwischen Bachmann und Celan erschließt sich zumindest die topographische Argumentationsebene des Gedichts in ihrer rhetorisch aufgebotenen Eindringlichkeit; ebenso der Gestus der Anrufung, mit dem die räumlichen, zeitlichen und bildhaften Ingredienzien des magischen Zusammentretens im Augenblick des Gedichts nochmals vergegenwärtigt werden sollen.

Von der bedrängenden Wucht, die aus Celans eng getakteter Folge von Briefgedichten hervorging, von seiner kryptologischen Verdichtung des beharrlichen Werbens um die Geliebte war auch die Adressatin damals spürbar überfordert. Ingeborg Bachmann schrieb zurück: «Paul, vor zehn Tagen ist Dein erster Brief gekommen. Seither will ich jeden Tag antworten und versäume es über dem stundenlangen verzweifelten Sprechen mit Dir. [/] Welche Abkürzungen muß ich in dem Brief nehmen! Wirst Du mich trotzdem verstehen? Wirst Du auch die Augenblicke dazudenken, in denen ich nur die Gedichte vor Augen habe, oder nur Dein Gesicht, oder Nous deux encore?»[187] Gegen Ende des Briefes erinnert sie ihn daran, wie und warum ihre Beziehung so lange unterbrochen gewesen war. Es muss ihr eine tiefe Enttäuschung bereitet haben, dass Celan sich nie über jene Gedichte (aus *Anrufung des Großen Bären*, 1956) geäußert hatte, die von ihr wie keine anderen als in seinem Geiste stehend geschaffen worden waren. «Ich wollte Dir noch sagen in Köln, Dich bitten, die ‹Lieder auf der Flucht› noch ein-

186 PC an IB, 1.11.1957; BW IB/PC, S. 65.

187 IB an PC, 28./29.10.1957; BW IB/PC, S. 62.

mal zu lesen, in jenem Winter vor zwei Jahren bin ich am Ende gewesen und habe die Verwerfung angenommen. Ich habe nicht mehr gehofft, freigesprochen zu werden. Zu welchem Ende?»[188]

Nachdem sie ihm von Rom aus im Dezember 1953 *Die gestundete Zeit* mit einer Widmung zugesandt hatte, gleichsam im Gegenzug zu dem von ihm ein dreiviertel Jahr zuvor erhaltenen Widmungsexemplar von *Mohn und Gedächtnis*,[189] war der schriftliche und persönliche Kontakt für nahezu vier lange Jahre zum Erliegen gekommen. Jetzt, im Spätherbst 1957, ist die Verbindung plötzlich wieder da, und auch ein gemeinsames Projekt zeichnet sich ab. Bachmann und Celan übernehmen die Redaktion für den deutschsprachigen Teil der internationalen Literaturzeitschrift *Botteghe Oscure*, die von der mit Bachmann bekannten Prinzessin Marguerite Caetani in Rom gegründet und gefördert wurde. Hans Magnus Enzensberger, Günter Grass und etliche andere Kollegen sagen Beiträge zu und liefern Texte ein; doch wegen ausbleibender Honorare löste diese Angelegenheit später bei vielen der mitarbeitenden Autoren erheblichen Verdruss aus.

Während Ingeborg Bachmanns Briefe zu jener Zeit sehr konkrete Fragen aufwerfen, auch die einer weiteren Perspektive ihres Zusammenseins, tritt bei Celan bald eine Tendenz der symbolischen Überhöhung und Stilisierung hervor. Am 5. November schreibt er ihr Verse aus *The Definition of Love* des englischen Barockdichters Andrew Marvell ab, um die evidente *graphopoetische* Beziehung ihrer beider Lebenslinien, aber zugleich die geometrische Unmöglichkeit einer wirklichen Liebesvereinigung darzutun:

> As Lines so Loves oblique may well
> Themselves in every Angle greet:
> But ours so truly Paralel,
> Though infinite can never meet.[190]

Auch die Ufer von Seine und Rhein würden auf parallelen Linien verbleiben, durch Wasser und Landflächen voneinander getrennt. Über den raren Momenten des Zusammenseins von Celan und Bachmann, *truly parallel*, lag eine Formkraft, deren Binnenspannung Celan als eine fast astrologisch

188 Ebd., S. 63.
189 BW IB/PC, S. 56, 54.
190 PC an IB, 5. 11. 1957; BW IB/PC, S. 66 [sic].

anmutende Koinzidenz auszudeuten und für seine Poetik nutzbar zu machen suchte. Zwei Tage später schreibt er: «Gestern mußte ich, da ja in ein paar Tagen übersiedelt werden soll, in allerlei alten Papieren kramen. Dabei stieß ich auf einen Taschenkalender aus dem Jahre 1950. Unter dem 14. Oktober fand ich die Eintragung: Ingeborg. Es ist der Tag, an dem Du nach Paris kamst. Am 14. Oktober 1957 sind wir in Köln gewesen, Ingeborg. [/] Ihr Uhren tief in uns.»[191]

Celans Denken und seine Arbeitsweise sind getragen von einem Willen zum Aufweis übergeordneter, zahlenmagischer Entsprechungen. Bis hin zu seinem frühen, selbstgesetzten Lebensende, als Paul Celan am 20. April 1970 in der Seine versank, stellte er seine Existenz unter die Schicksalsmacht von Daten, von Datierungen und darin sich ausdrückenden Zueignungen. Gedichte, so hatte er in Bremen formuliert, «halten auf etwas zu».[192] Vor der Darmstädter Akademie für Sprache und Dichtkunst greift Celan zwei Jahre später diesen Gedanken wieder auf. «Das Gedicht will zu einem Andern, es braucht dieses Andere, es braucht ein Gegenüber.»[193]

In seiner Dankesrede zum Erhalt des Büchnerpreises fasst der Dichter seine Affinität zu Leben, Denken und Werk Georg Büchners mit dem einprägsamen, aus der sphärischen Astronomie übernommenen Begriff des *Meridians*, der zugleich auch als Zeitzonen-Markierung fungierenden Linie des Längengrads, dessen Gerade als senkrechte Schnittlinie zum Äquator ganz unterschiedliche geographische Klimazonen miteinander verbindet. Dieses Konzept, das erst spät in der Ausarbeitung der Rede hinzutritt, hatte Celan zunächst mit Bezug auf die Stockholmer Dichterfreundin Nelly Sachs (die wiederum auch in Korrespondenz mit Ingeborg Bachmann stand) in einem Brief an sie zum Ausdruck gebracht, dabei bewusst eine geographisch unzutreffende Anwendung forcierend: «Zwischen Paris und Stockholm läuft der Meridian des Schmerzes und des Trostes.»[194]

Mit dem Gebrauch dieser meta-terrestrischen Längenlinien im Gedicht verbindet sich je schon das in der Darmstädter Rede angesprochene «Ge-

191 PC an IB, 7.11.1957; BW IB/PC, S. 68.

192 Celan: Ansprache; WsB III, S. 186.

193 Celan: Meridian; W/TBA, S. 9.

194 PC an Nelly Sachs, 28.10.1959; BW PC/NS, S. 25.

heimnis der Begegnung», auf welches das Gedicht es angelegt hat, indem es «auf das andere zuhält» und sich an ein «Gegenüber» adressiert.[195] Doch auch als die schärfste aller Sehnen schneidet der Meridian in die Lebensverhältnisse des Dichters hinein. Die Datumslinie, die Celan aus Büchners Erzählung *Lenz* mit sich selbst in Verbindung bringt, ist durch den Kalendertag des 20. Januar markiert. In Büchners Erzählung bildet das (unvollständig gelassene) Datum einen Auftakt, der die faktografische Natur dieses auf einer medizinischen Fallgeschichte als Quellenmaterial beruhenden Erzählgeschehens unterstreicht. Bei dem elsässischen Pfarrer Oberlin hatte es über die Ankunft des verwirrten Dichters Jacob Michael Reinhold Lenz in den Vogesen geheißen: «Den 20. Januar 1778 kam er hierher.»[196] Büchners Eröffnungssatz, in der Textfassung des von Karl Gutzkow 1839 herausgegebenen Erstdrucks, lautet: «Den 20. ging Lenz durch's Gebirg.» Und weiter: «Müdigkeit spürte er keine, nur war es ihm manchmal unangenehm, daß er nicht auf dem Kopf gehen konnte.»[197]

Celan arbeitet bei seiner Rede mit einer davon abweichenden Textfassung nach der 1958 erschienenen Büchner-Ausgabe von Fritz Bergemann; in dieser ist bei der Nennung des Datums die Angabe des Monatsnamens «Jänner» ergänzt. Celan bezieht sich auf diesen Wortlaut, wenn er über «die Büchnersche Gestalt» des armen Dichters Lenz als denjenigen schreibt, «der ‹den 20. Jänner durchs Gebirg ging›».[198] Und der Preisträger kommentiert die oben zitierte Fortsetzung der Passage mit der Wendung: «[W]er auf dem Kopf geht, der hat den Himmel als Abgrund unter sich.» Vorsichtig setzt er fort: «Vielleicht darf man sagen, daß jedem Gedicht sein ‹20. Jänner› eingeschrieben bleibt? [...] Aber schreiben wir uns nicht alle von solchen Daten her? Und welchen Daten schreiben wir uns zu?»[199] So zumindest gelte es für jenen, «der nicht vergißt, daß er unter dem Neigungswinkel seines Daseins, dem Neigungswinkel seiner Kreatürlichkeit spricht.»[200]

195 Celan: Meridian; W/TBA, S. 9.

196 Georg Büchner: Lenz. Sämtliche Werke und Briefe. Hg. von Ariane Martin. Stuttgart 2012, S. 153–182; Hg.-Kommentar, S. 504.

197 Büchner: Lenz, S. 155.

198 Celan: Meridian; M/WTA, S. 7; das folgende Zitat ebd.

199 Celan: Meridian; M/WTA, S. 8.

200 Celan: Meridian; M/WTA, S. 9.

Indem Celan hier mit bemerkenswerter Stringenz einer astronomischen Topik folgt, um dabei den sphärisch geordneten Himmel als zeitgeschichtlichen Abgrund zu vermessen, macht er sogar die kosmische Lage der Erde noch zu einem symptomal lesbaren Modell. Denn nur ihr besagter «Neigungswinkel», der die Erdachse um 23,5 Grad verschoben gegen ihre Bahnebene um die Sonne eine tägliche Eigenrotation vollziehen lässt, erzeugt auf Erden das beständig wechselnde Zusammenspiel von Tages- und Jahreszeiten, ohne welches kein Tag besonders, kein Datum jemals ein sprechendes wäre.[201] Das partizipiale Adjektiv «seasoned», (also: ‹durch die Jahreszeiten eingefärbt›), stellt im Englischen den Ausdruck für die geschmackliche Würze des Essens dar.

Doch liegt über der kalendarischen Zeitmarke noch ein anderer, zeitgeschichtlicher Schattenwurf, da die eigentliche Bewandtnis der «Daten und Augenblicke» für den Dichter eben «nicht von den Kalendern und den Uhren abzulesen» ist.[202] Ein fataler Neigungswinkel im persönlichen Geschick kann etwa in dem Umstand liegen, einzig aufgrund der eigenen jüdischen Abkunft im NS-Mordprogramm zur Vernichtung bestimmt worden zu sein. Der Beschluss zur Auslöschung der europäischen Juden war in einer Wannsee-Villa am 20. Januar 1942 gefasst worden; drei Jahre später waren die Eltern Paul Celans bereits tot. In einer der Entwurfsnotizen schreibt Celan: «[...] überleben ist unanständig, man muß, als Überlebender, erst recht um sein Leben schreiben.»[203]

Mit dem Beharren auf der Unhintergehbarkeit ‹seiner› Daten und seines Meridians hat Celan eine Richtschnur und Scheidelinie geschaffen, die geradewegs von der *Todesfuge* bis zur Büchner-Preisrede führt und mit der er das Schreiben nach der Shoa zum axiomatischen Nullpunkt seiner Art von Literaturauffassung erklärt. Es war einer engen Freundin wie Ingeborg Bachmann jederzeit klar, dass für ihn die Nennung und Chiffrierung gewisser Daten fast etwas Heiliges an sich hatte, Zeit-Dienst in höherem Sinne war.

---

201 Vgl. Alexander Honold: Die Zeit schreiben. Jahreszeiten, Uhren und Kalender als Taktgeber der Literatur. Basel 2013.

202 Celan: Meridian, Nr. C 57/58 ; M/WTA, S. 58.

203 Celan: Meridian, Nr. 579; M/WTA, S. 156.

Bei der zweiten ihrer Frankfurter Vorlesungen, gehalten am 9. Dezember 1959, beschäftigt sich Ingeborg Bachmann mit Gedichten, und sie behandelt dabei vor internationalem Hintergrund vornehmlich Beispiele aus der zeitgenössischen deutschsprachigen Lyrik, neben Günter Eich, Marie Luise Kaschnitz und Nelly Sachs, die ihr freundschaftlich vertraut waren, auch zwei Vertreter der jüngeren Generation, Hans Magnus Enzensberger und ganz am Ende der Vorlesung auch Paul Celan.

Zu den Gedichten Celans aus dem Band *Sprachgitter* (der auch intim codierte Gedichte wie *Köln, Am Hof* enthielt) bemerkt Bachmann, dass Celan damit «ein neues Gelände» begehe, in einer Verschärfung der schon seit der *Todesfuge* angelegten Tendenz zur ‹Entmetaphorisierung› der dichterischen Sprache zugunsten stofflicher Realien. «Die Metaphern sind völlig verschwunden, die Worte haben jede Verkleidung, Verhüllung abgelegt, kein Wort fliegt mehr einem anderen zu, berauscht ein anderes.»[204] Bachmann bringt in dieser Charakterisierung Celans die Grundzüge jener poetischen Krise zum Ausdruck, die ihr selbst das Gedichte-Schreiben zunehmend erschwerte und sogar verdächtig erscheinen ließ. Letzteres galt vor allem vom späteren Rückblick des manifest-artigen Gedichts *Keine Delikatessen* aus gesehen, denn dort heißt es:

Nichts mehr gefällt mir.

Soll ich
eine Metapher ausstaffieren
mit einer Mandelblüte?
die Syntax kreuzigen
auf einen Lichteffekt?
Wer wird sich den Schädel zerbrechen
über so überflüssige Dinge –

204 Bachmann: Frankfurter Vorlesungen; KS, S. 286.

Ich habe ein Einsehen gelernt
mit den Worten,
die da sind
(für die unterste Klasse)

Hunger
        Schande
                Tränen
und
                        Finsternis.
[...][205]

Diese Verse von 1963 gehören mit zu den letzten Gedichten Ingeborg Bachmanns; sie sind überzeugend als eine «Infragestellung des Scheincharakters der Kunst»[206] gedeutet worden. Ihre ablehnende Geste ist von einer sozialen, gesellschaftskritischen Haltung getragen und gilt nicht einer grundsätzlichen, allenfalls einer persönlichen Problematisierung des Verspoetischen als Ausdrucksform.

In Celans *Sprachgitter*-Band hatte Bachmann indes keinen Abgesang, sondern einen neuen Aufbruch des Dichters in eine topographisch bestimmte Materiallandschaft am Werk gesehen. «Nach einer schmerzlichen Wendung, einer äußerst harten Überprüfung der Bezüge von Wort und Welt, kommt es zu neuen Definitionen. Die Gedichte heißen ‹Matière de Bretagne›, oder ‹Bahndämme, Wegränder, Ödplätze, Schutt›, oder ‹Entwurf einer Landschaft›, oder ‹Schuttkahn›. Sie sind unbequem, abtastend, verläßlich, so verläßlich im Benennen, daß es heißen muß, bis hierher und nicht weiter.»[207] Bachmann nimmt in diesen Bestimmungen ein Merkmal von Räumlichkeit, von Terrainbezug in den Blick, das erst sehr viel später im Kontext der literarischen Strömungen des *nature writing* und des *landscape writing* als eigenständige poetologische Darstellungsfunktion reflektiert werden wird. In Celans Gedichten der *Sprachgitter*-Zeit erkennt sie somit nicht nur eine Fortsetzung der konsequenten Abkehr von metaphorischen Figu-

205 Ingeborg Bachmann: Keine Delikatessen, v. 1–17. In: Letzte, unveröffentlichte Gedichte, Entwürfe und Fassungen [LuG]. Edition und Kommentar von Hans Höller. Frankfurt/Main 1998, S. 77, 79, hier S. 77. Vgl. W I, S. 172–173, hier S. 172.

206 Hg.-Kommentar in Bachmann: LuG, S. 81.

207 Bachmann: Frankfurter Vorlesungen; KS, S. 286.

rationen, sondern die Entwicklung einer Gestaltungstechnik des «abtastenden» Nachformens der Boden- und Landschaftswelt. An manchen Stellen, etwa zu Beginn des Schlussgedichts *Engführung*, trägt die von der Dichtung vollzogene Blickwendung auf das Terrain den appellativen Charakter einer programmatischen Aufforderung, die freilich wiederum von dem Rumoren einer darunterliegenden Gewaltgeschichte zeugt.

> VERBRACHT ins
> Gelände
> mit der untrüglichen Spur:
>
> Gras, auseinandergeschrieben. Die Steine, weiß,
> mit den Schatten der Halme:
> Lies nicht mehr – schau!
> Schau nicht mehr – geh![208]

Die geographischen Orte und Schauplätze, ihre topographische Flächen- und Reliefstrukturen bilden, wie beispielhaft in *Engführung* zu sehen ist, einen zunehmend vordringlicher werdenden Referenzpunkt und Resonanzraum für Celans erinnerungspoetisches Trauerprojekt.

> Der Ort, wo sie lagen, er hat
> einen Namen – er hat
> keinen. Sie lagen nicht dort. Etwas
> lag zwischen ihnen.[209]

Der Boden der Erde verbleibt durch das «Sprachgitter» der schwarz-weiß konturierten Buchstaben-Reihen hindurch jenes Unfassbare, allem Schreiben zugrunde Liegende, das nur als ein Flächenraum ‹dazwischen›, im Negativ zu den Schriftspuren greifbar wird. Ein «Augenrund zwischen den Stäben»,[210] so hat Celan diesen Vorgang topographischer Lektüre in dem titelgebenden Gedicht *Sprachgitter* bestimmt.[211] Mit Celans Hinwendung

208 Paul Celan: Engführung, v. 1–7. Die Gedichte. NKG, S. 117–122, hier S. 117.

209 Celan: Engführung, v. 18–21. Die Gedichte; NKG, S. 117.

210 Paul Celan: Sprachgitter, v. 1. Die Gedichte. NKG, S. 103 f., hier S. 103.

211 Damit sind, nach der Auffassung Renate Homanns, zugleich auch die auf den singulären Buchstaben basierenden Gestaltungstechniken wie Alliteration und Stabreim angesprochen, die poetikgeschichtlich den Referenzen auf antike, mit Silbenlängen arbei-

zur Erde verbindet sich, so die Lesart Bachmanns, das sondierende Erfassen eines Geländes, in dem je schon auch Spuren der Geschichte und ihrer Toten eingeschrieben sind.

Unter ganz anderen Prämissen hatte sich Bachmann selbst nach Mitte der fünfziger Jahre bei der Abfassung ihrer Kärntner Jugenderinnerungen auf hierzu korrespondierende Wege begeben. In Bachmanns Erzählung *Jugend in einer österreichischen Stadt,* entworfen um 1956/57 und 1959 in der mit Celan gemeinsam betreuten Zeitschrift erstpubliziert,[212] sind es die Elementarkräfte von «Welle und Erdung»,[213] die das in eine Seen- und Karstlandschaft eingebettete Stadtgelände um den Lendkanal, den Kreuzberg und die Straßenzüge von Bachmanns Kindheitswelt in der Grammatik ihrer Erdformen bestimmen. Hier und an anderen Stellen ihres Werks entwirft Bachmann eine «poetische Topographie»,[214] eine «Landkarte», ganz «aus Worten gemacht», wie sie später in ihrer Vorlesung über den «Umgang mit Namen» schreiben wird.[215] Gebrochen war die topographische Reminiszenz wiederum durch den fast magischen Abstand von «sieben Jahren», der Bachmanns erste Auftritte als Dichterin vom Ende des Weltkriegs trennt, und aus dem heraus sie erstmals auch ihre eigene poetische Arbeit mit den Motiven Celans aus bzw. seit der *Todesfuge* bekennt. «Sieben Jahr sind um. Du mein Ort, du kein Ort, über Wolken, unter Karst, unter Nacht, über Tag, meine Stadt und mein Fluß. Ich deine Welle, du meine Erdung.»[216] Der dialogische Sprachgestus, der hier primär als Anrede an die Stadt und auch an die Gefährtinnen und Gefährten der Kinderzeit lesbar ist, enthält auch die mitzudenkende Dimension einer erotischen Vereinigung, die dem Spiel der Elemente gleicht.

---

tende Versrhythmen entgegenstehen und diese zu überschreiben tendieren. (Homann: Theorie der Lyrik, S. 628 f.)

212 Ein Isolde Moser zugeeignetes Typoskript der Erzählung trägt die handschriftliche Widmung «Für meine Schwester, für Isi, aufbewahrt. Ingeborg 1959» (Hg.-Kommentar in Bachmann: W II: Erzählungen, S. 605).

213 Ingeborg Bachmann: Jugend in einer österreichischen Stadt. DdJ, S. 15–25, hier S. 23.

214 Weigel: Hinterlassenschaften, S. 248.

215 Bachmann: Frankfurter Vorlesungen; KS, S. 313, 314.

216 Bachmann: Jugend in einer österreichischen Stadt; DdJ, S. 23.

In Frankfurt, ein halbes Jahr nach dem Erscheinen ihrer Klagenfurt-Erzählung, beschloss Bachmann ihren demonstrativen Exkurs zu Celans *Sprachgitter*-Gedichten, der ohnehin auch als «ein Gegenwort» angesichts feindlicher Tendenzen der «Feuilletonkritik» so prominent platziert worden war,[217] indem sie eine Gnome aus der Schlusspartie des Gedichts *Engführung* ans Ende ihrer eigenen Vorlesung rückte. Aus *Engführung* zitiert sie: «Ein Stern hat wohl noch Licht. / Nichts, nichts ist verloren.»[218] In Celans Gedicht muss freilich die Technik der musikalisch-poetischen «Engführung» besonders beachtet werden, denn dort ist dieser gnomische, scheinbar tröstliche Satz durch die scharfe Intervention eines Zeilenbruchs zwischen den beiden «nichts» zum Enjambement zersprengt, dessen Wahrheit nur in der Ruptur hervorbricht.

Nichts,
nichts ist verloren.[219]

Für Celan hatte diese Formulierung mit seinem «Verständnis von Sprache nach dem Holocaust zu tun»[220] und insofern keinen allgemein hoffnungsgestimmten, sondern einen auf das eigene Dichtwerk bezogenen, spezifischen Sinn. In seiner Bremer Dankesrede hatte Celan, wie schon im Kontext des *Ägypten*-Gedichts erwähnt, das Beharren auf ‹seiner› Sprache als Griff zu einem existenziellen Rettungsanker beschrieben. «Sie, die Sprache, blieb unverloren [...] inmitten der Verluste.»[221] Ingeborg Bachmann setzte sich wiederholt mit dieser auch für ihre eigene Situation bedeutungsvollen Beschwörungsformel auseinander, deren Gehalt sie letztlich doch unterläuft, indem sie Celans *Engführung* in ihrem *Delikatessen*-Gedicht (und ähnlich auch in *Böhmen liegt am Meer*) eine bewusste «Negation»[222] entgegenstellen wird: «Mein Teil, es soll verlorengehen.»[223]

217 Weigel: Hinterlassenschaften, S. 428.
218 Bachmann: Frankfurter Vorlesungen; KS, S. 286.
219 Celan: Engführung, v. 154 f. Die Gedichte; NKG, S. 121.
220 Hg.-Kommentar in Bachmann: LuG, S. 93.
221 Celan: Ansprache; WsB III, S. 185 f.
222 Hg.-Kommentar in Bachmann: LuG, S. 93.
223 Bachmann: Keine Delikatessen. LuG, S. 79. Vgl. W I, 173.

Im gemeinsamen Umgang mit dem Wortpaar *verloren* und *unverloren* haben Celan und Bachmann, wie Sigrid Weigel zeigen konnte,[224] ihr langjähriges dialogisches Sprachspiel des Austauschs in Gedichten gewissermaßen auf die Spitze getrieben. Bei Goethe tritt das seltene Wort «unverloren» in der Wendung «Im Gedächtnis unverloren» im *West-Östlichen Divan* auf, innerhalb des poetischen Dialogs zwischen Suleika und Hatem.[225] In seiner Bremer Rede hatte Celan die Sprache als das ihm nach seiner Fluchtgeschichte unverlorene Gut herausgestellt. Nach *Engführung*, und auf dessen von Bachmann zitierte Schlussgnome anspielend, finden sich in einem Gedicht des 1963 veröffentlichten Bandes *Niemandsrose* die paradoxen Verse: «Verloren war Unverloren, / das Herz ein befestigter Ort.»[226] In Kenntnis dieser Verse wiederum und als Erwiderung darauf lässt Bachmann in *Böhmen liegt am Meer*, einem ihrer letzten Gedichte überhaupt, das 1964 nach der Trennung von Max Frisch entstand, die Zeilen folgen: «Zugrund gerichtet, wach ich ruhig auf. / Von Grund auf weiß ich jetzt, und ich bin unverloren.»[227]

Eine solche Unverlorenheit konnten zu jener Zeit aber beide, Dichter und Dichterin, nicht mehr als gegeben voraussetzen, im Gegenteil. Celan war in den Jahren seiner größten Erfolge und wachsenden öffentlichen Anerkennung zugleich einer Reihe von vehementen, niederträchtigen Anfeindungen ausgesetzt. Da war zunächst und vor allem jener unredliche, feindselige Plagiatsvorwurf, den die Witwe des in Paris verstorbenen Dichters Ivan Goll, Claire Goll, nach dem Ableben ihres Mannes, den Celan 1949 bei seinem Sterben fürsorglich begleitet hatte, seit 1953 notorisch gegen den vermeintlichen Konkurrenten erhob.[228] Die angeblichen Entlehnungen von

---

224 Weigel: «Sie sagten sich Helles und Dunkles», S. 130; Weigel: Hinterlassenschaften, S. 362 f., S. 426.

225 Johann Wolfgang Goethe: West-Östlicher Divan. Hg. von Henrik Birus. Johann Wolfgang Goethe: Sämtliche Werke, Briefe, Tagebücher und Gespräche. Bd. III/1,2. Frankfurt/Main 1994; Bd III/1, S. 394.

226 Paul Celan: Nachmittag mit Zirkus und Zitadelle, v. 11 f. Die Gedichte. NKG, S. 154.

227 Ingeborg Bachmann: Böhmen liegt am Meer, v. 11 f.; W I, S. 167 f., hier S. 167.

228 Vgl. Barbara Wiedemann (Hg.): Paul Celan – Die Goll-Affäre. Dokumente zu einer ‹Infamie›. Zusammengestellt, herausgegeben und kommentiert von Barbara Wiedemann. Frankfurt/Main 2000.

Gedichtzeilen waren von Claire Goll eigens fabriziert worden, indem sie in postumen Editionen und Übersetzungen die Gedichte Ivan Golls in böser Absicht denjenigen Celans aus *Mohn und Gedächtnis* angeglichen hatte. Zwar waren die Vorwürfe aufgrund ihrer Haltlosigkeit leicht entkräftbar und wurden schließlich von einer Reihe namhafter Kollegen auch öffentlich vehement zurückgewiesen,[229] doch blieb das Gift, einmal in die Welt gesetzt, in immer neuen Paraphrasierungen und Erwähnungen weiterhin virulent. Auch wenn sich «kein Schriftsteller oder Kritiker von Rang» jemals «an Claire Golls Verleumdungskampagne beteiligen» wollte, wie Celans Biograph Badiou resümiert, überstieg doch der «Bedeutungszuwachs» der Affäre in Celans Eigenwahrnehmung «jedes Maß».[230] Bachmann riet 1958, noch bevor die Kampagne gegen Celan den Höhepunkt ihrer Schäbigkeit erreichte: «[...] ich bitte Dich, laß die Geschichten in Dir zugrunde gehen, dann, meine (ich), gehen sie auch aussen zugrund.»[231] Aus diesem Gedanken formte sich das später vom *Böhmen*-Gedicht wieder aufgenommene Wortmaterial.

Hinzu kam Ende der fünfziger Jahre ein in Westdeutschland wieder anwachsendes antisemitisches Ressentiment. Wie schon in Niendorf musste Celan auch bei späteren Lese-Auftritten wiederholt Spott und Befremden entgegennehmen; nach einer Lesung in Bonn im November 1958 kam dort eine auf ihn bezogene judenfeindliche Karikatur in Umlauf, die sein Gedicht *Engführung* parodiert.[232] Aus Zürich bereits antwortet Ingeborg Bachmann auf Celans verzweifelten Hilferuf, indem sie ihm, vergebens freilich, Kraft und Gelassenheit zuzusprechen versucht. «Wir wissen ja, daß es diese Leute gibt, in Deutschland und anderswo», schreibt sie, und legt ihm die Frage vor, «ob man, wenn man in einem Saal von Menschen, die man sich nicht aussuchen kann», sich nicht vielmehr als Lesender auf diejenigen konzentrieren solle, «die zuhören wollen und sich der anderen schämen.» «Wie

229 Aus Celans engstem Freundeskreis wurden Ingeborg Bachmann, Klaus Demus und Marie Luise Kaschnitz mit einer Entgegnung aktiv, die in S. Fischers Literaturzeitschrift *Die neue Rundschau* im November 1960 erschien; auch Hans Magnus Enzensberger, Peter Szondi und Walter Jens publizierten eine gemeinsame Richtigstellung. Vgl. Stoll: Der dunkle Glanz der Freiheit, S. 230 f.; Badiou: Paul Celan. Bildbiographie, S. 229–236.

230 Badiou: Paul Celan. Bildbiographie, S. 227 f.

231 IB an PC, 2.2.1958; BW IB/PC, S. 85.

232 Badiou: Paul Celan. Bildbiographie, S. 201.

das Böse aus der Welt zu schaffen» sei und ob man es einstweilen «erdulden soll», wisse sie nicht, mit Bestimmtheit dagegen dies: «Du bist da und hast Deine Wirkung und die Gedichte wirken für sich und beschützen Dich mit – das ist die Antwort und ein Gegengewicht in der Welt.»[233]

So gewichtig diese poetische Geltungskraft aber auch war, ihre Schutzmacht im Leben würde letztlich nicht ausreichen. In pragmatischer Hinsicht setzte Ingeborg Bachmann immer wieder ihre Kontakte und publizistischen Wirkungsmöglichkeiten ein, um Negativ-Berichterstattung zu verhindern und zugunsten Celans einzugreifen; sie «versuchte», so stellt Sigrid Weigel im Celan-Kapitel ihrer großen Bachmannstudie fest, «zu intervenieren, wo es ihr möglich war».[234]

Ende März 1958, nach ihrem letzten Münchner Zusammentreffen, hatte Bachmann an Celan ihre «Niedergeschlagenheit über die politische Entwicklung in Deutschland»[235] kundgetan, die sich auch auf die energischen Schritte zur Wiederbewaffnung und deren nationalistische Begleit-Rhetorik bezog. Im Juli schrieb sie, schon aus Neapel: «Manchmal glaube ich daß der Krieg kommen wird; alle Nachrichten und Äusserungen lassen das Böse und den Irrsinn hervorblicken wie nie zuvor.»[236] Nicht ohne Grund hielt Celan an dem Pariser Wohnsitz fest und nahm nur widerstrebend literarische Termine in Deutschland wahr, von Lieblingsorten wie Tübingen einmal abgesehen. Auch Bachmann wird wenig später ihre Münchner Wohnung aufgeben.

Anfang Juli hatte Bachmann sich überraschend bei Celan in Paris gemeldet, und die beiden hatten ein Restaurant in der Nähe jenes Quais aufgesucht, an dem Celans Köln-Gedicht entstanden war. Darauf anspielend, teilt ihm Ingeborg Bachmann ein paar Monate später den Beginn ihrer Verbindung mit Max Frisch mit. «Du erinnerst Dich, eines Nachmittags, als wir aus der Rue de Longchamp weggingen, einen Pernod tranken und Du machtest einen Scherz – ob ich mich verliebt hätte? Damals stimmte es nicht, und später ist es auf eine so merkwürdige Weise geschehen, nur so

233 IB an PC, 10.12.1958; BW IB/PC, S. 99 f.

234 Weigel: Hinterlassenschaften, S. 452.

235 IB an PC, Ende März 1958; BW IB/PC, S. 89.

236 IB an PC, 16.7.1958; BW IB/PC, S. 91.

nennen darf ich es nicht.»[237] Am 2. Juli traf die ehemalige Geliebte erstmals mit Celans Ehefrau Gisèle zusammen, mit der eine eigene Freundschaft entstand. Einen Tag später, am 3. Juli, ereignete sich das erste Zusammensein zwischen Bachmann und Frisch, als dieser zu einer Theaterpremiere angereist war, die Aufführung seines *Biedermann*-Stückes dann aber zugunsten eines Abends mit Ingeborg Bachmann sausen ließ.

Nahezu zeitgleich mit der neuen Paarbeziehung zwischen Bachmann und Frisch zeichneten sich Ende der fünfziger Jahre zwei für Celans und Bachmanns literarische Zukunft entscheidende Entwicklungen bzw. vehemente Übergänge ab, die zum irreversiblen Abriss ihrer so langjährigen, intensiven und folgenreichen lyrischen Verbindung führten: Celans Weg in eine von Panikattacken und Verratsängsten getriebene, schwere psychische Krisensituation und Bachmanns gattungspoetische Fokussierung auf die Arbeit mit erzählender Prosa.

Paul Celan empfindet den Rat und Beistand seiner besten Freunde als ungenügend, zeiht sie des schmählichen Verrats; er wird auch auf die gegen ihn vorgebrachten Anwürfe in diesen Jahren immer verwundbarer und letztlich auch immer neurotischer reagieren. So lösen die abfälligen Bemerkungen des Berliner Literaturkritikers Günter Blöcker über den 1959 erschienenen *Sprachgitter*-Band[238] bei ihm eine Verletztheit, Entgeisterung

237 IB an PC, 5.10.1958; BW IB/PC, S. 94.

238 Günter Blöcker hatte seine Kritik der Gedichte im Berliner *Tagesspiegel* am 11.10.1959 mit der maliziösen Spitze eröffnet, dass ihre «dünnen Lineaturen» in der Tat nichts anderes als Sprachgitter abgäben und ohnedies «vorwiegend graphische Gebilde» darstellten (was etwa im Hinblick auf die Zweispaltigkeit von *Engführung* nicht ganz unzutreffend ist). Als verleumderisch und potenziell antisemitisch lässt sich allerdings Blöckers Insinuation bewerten, Celan habe «der deutschen Sprache gegenüber eine grössere Freiheit», und dies wiederum könne «an seiner Herkunft liegen». Die «vielgerühmte» *Todesfuge* und nun auch *Engführung* seien in prätendierter Musikalität letztlich «optische Partituren» (zit. nach BW IB/PC, S. 124). Celans Verdammungsurteil des Rezensenten ist kurz und setzt das ganze Pathos des frühen Gedichts über die Todeslager ein: «Wer über die Todesfuge das schreibt, was dieser Blöcker darüber geschrieben hat, der schändet die Gräber.» (PC an IB, 12.11.1959; BW IB/PC, S. 127.) Es kommt darüber sowohl mit Ingeborg Bachmann als auch mit Max Frisch zu einem heftigen, brieflich ausgetragenen Streit. Resignierend und deutlich schreibt Bachmann: «[E]s ist schwer,

und erbitterte private Gegenkampagne aus, deren Heftigkeit für manche der um Unterstützung angefragten Freunde, darunter auch die nun als Paar adressierten Bachmann und Frisch, in ihrer Außenwahrnehmung schon gewisse Züge eines Verfolgungswahns aufweist. Erst recht gilt dies für die Langzeitfolgen des Angriffs von Claire Goll, der den Betroffenen in desperate Dimensionen mitreißt. «Aufgrund verfälschender Wahrnehmung bricht Celan mit dem Großteil seiner Freunde, darunter den engsten wie Ingeborg Bachmann, Hermann und Hanne Lenz, Klaus und Nani Demus.»[239] Zum Trauma des Überlebenden kam nun eine lawinenartig sich verbreiternde pathologische Selbstisolierung hinzu, die «mitverantwortlich» war für Celans psychische Krankheitsschübe und Kontrollverluste in den letzten Lebensjahren.

Als eine parallele, nicht minder folgenreiche Bruchkante lässt sich aufseiten Bachmanns wenige Jahre nach der Publikation ihres Gedichtbandes *Anrufung des Großen Bären* von 1956 ein scharfer und ziemlich konsequenter Wechsel des eigenen literarischen Ausdrucksregisters konstatieren, der das Gedichte-Schreiben beendet und mit den Vorarbeiten zu dem 1961 erscheinenden Band *Das dreißigste Jahr* deutlich hin zur Prosa führt,[240] zu Erzählungen, Essays und Romanentwürfen. Gerade weil und indem Bachmann aus ihrer Verbindung mit Celan dessen dezidierte Chiffriertechniken, die Arbeit mit bedeutungsvollen Daten, Namen und metrischen Grundformeln, als Kunstpraxis einer literarischen Zeichengebung aufgreift und diese für sich im Sinne einer eigenen existenziellen Bekenntnis-Figur übernimmt, legt das für sie arbeitstechnisch den Weg in eine längere, syntagmatische Textform nahe. Ihre «Antwort» auf Celans dialogische Bestimmung des Gedichts, die man ansatzweise bereits in dem gewissermaßen aus der Lyrik sich in die längere Redeform herausarbeitenden *Gedicht an den Leser* erkennen kann, «macht offensichtlich für sie einen Wechsel zur Prosa-Sprache notwendig».[241]

---

auch nur einen einzigen Menschen, den Selbstzerstörung und Krankheit vereinsamen, zu tragen» (IB an PC, 18.11.1959; BW IB/PC, S. 129).

239 Badiou: Paul Celan. Bildbiographie, S. 228; das folgende Zitat ebd.

240 Vgl. Weigel: Hinterlassenschaften, S. 48.

241 Weigel: «Sie sagten sich Helles und Dunkles», S. 133.

# III. Narrative im Liebesstreit

# 7. Auf der Suche nach einem gemeinsamen Ort. Ingeborg Bachmann und Max Frisch

Ende 1958 hielt sich Ingeborg Bachmann wieder einmal in Paris auf;[242] diesmal mit Max Frisch, und ohne Paul Celan in seiner Bedrängnis zu kontaktieren. Letzterer notiert in seinem Tagebuch eine Information von dritter Seite lapidar: «Überraschung (und auch nicht): hat Ingeborg vor zwei Tagen im Café Odéon gesehen, mit Max Frisch.» Und fährt fort, mit einer gewissen Süffisanz: «Freude der Zürcher, daß größter deutscher Prosaschriftsteller größte deutsche Dichterin heiraten soll. (Frisch läßt sich scheiden.) Erheiternd».[243] Tatsächlich war diese Beziehung je schon eine enorm voraussetzungsreiche, mehrfach überlagerte literarische Allianz. In diskreter Zurückgezogenheit hatte auch Bachmanns Liebesbeziehung zu Paul Celan eine immense produktionsästhetische Komponente gehabt, wenngleich die intrinsische Verbindung ihrer beider Dichtarten in der Öffentlichkeit nicht bekannt war und auch in der literarischen Kritik weitgehend unkommentiert blieb.

Im Falle der Partnerschaft mit Max Frisch allerdings war die Schauseite ihrer Beziehung, und damit die von Celan spöttisch kommentierte literaturpolitische Bedeutung der Angelegenheit, fast von Beginn an Teil des von dieser Allianz ausgehenden Wirkungsgeflechts. Beide konnten sie Ende der fünfziger Jahre unzweifelhaft als Spitzenfiguren der Literaturszene gelten, hatten ihre großen Erfolge und ihre Zelebrität im öffentlichen Leben teil-

242 Auch Ingeborg Bachmanns Bruder Heinz, zu dieser Zeit auf Besuch in Paris, berichtet indirekt von jenem ersten Treffen, dessen unmittelbare Folge in Bachmanns sofortiger Trennung von ihrem damaligen Geliebten Pierre Burk (genannt Évrard) bestand (Heinz Bachmann: Ingeborg Bachmann, meine Schwester. Erinnerungen und Bilder. München, Zürich 2023, S. 64).

243 Tagebuch Paul Celan; zit. nach BW IB/PC, S. 304 f.

weise schon erlangt oder sahen sie unmittelbar bevorstehen. Während der westdeutsche Literaturbetrieb Mühe hatte, aus den Verstrickungen mit überkommenen und restaurativen Mechanismen herauszufinden, und erst mit Martin Walser, Hans Magnus Enzensberger und Günter Grass Akteuren einer neuen Generation die Bühne bot, waren die zeitgenössischen Stimmen aus Österreich und aus der Schweiz, zu welchen auch Ilse Aichinger und Friedrich Dürrenmatt mit ihren scharfen, mahnenden Texten zählten, ein willkommener Hebel, um die kulturelle Enge der Adenauerzeit aufzubrechen.

Mit Frisch und Bachmann kamen gleich mehrere nicht-‹deutschländische› Sprachkulturen und literarische Traditionswelten ins Spiel, einerseits die protestantische Selbsterforschungs- und Rechtfertigungsprosa helvetischer Provenienz, zum anderen das elegante Theater- und Lyrikrepertoire des schon von Robert Musil elegisch evozierten Kakanien und insbesondere der Dichtkunst eines Hugo von Hofmannsthal; zwei Namen, auf die auch Bachmann sich vielfach und emphatisch bezieht.[244] Frisch war nach dem Krieg bald in die USA und nach Mittelamerika gereist; Bachmann hatte über Celan eine Ahnung von den Sprach- und Kulturräumen des jüdischen Osteuropa mitbekommen. Nicht nur darin zeigen sie eine fast antithetische Divergenz, sondern ebenso im Charakter ihrer Lebenshaltungen und Schreibauffassungen. Der «bodenständige» Schweizer Schriftsteller, der als gelernter Architekt «sein Leben als Bausatz verstand, aus dem er sich wie selbstverständlich bediente», und die vielumworbene Dichterin, die ihr Erscheinungsbild sorgsam inszenierte und ihre formstarken Sprachgebilde mit

---

244 Bachmanns Nähe zu Musil ist schon vielfach bemerkt und kommentiert worden, vgl. Dirk Göttsche: Klassische Moderne. In: Monika Albrecht, Dirk Göttsche (Hg.): Bachmann-Handbuch. Leben – Werk – Wirkung. 2., erweiterte Aufl., Berlin 2020, S. 326–339, bes. S. 328–330; Nathalie Amstutz: Autorschaftsfiguren. Inszenierung und Reflexion von Autorschaft bei Musil, Bachmann und Mayröcker. Köln, Weimar, Wien 2004; Kurt Bartsch: «Ein nach vorn geöffnetes Reich von unbekannten Grenzen». Zur Bedeutung Musils für Ingeborg Bachmanns Literaturauffassung. In: Uwe Baur, Elisabeth Castex (Hg.): Robert Musil. Untersuchungen. Königstein/Ts. 1980, S. 162–169. Zu Ingeborg Bachmanns vielfältiger Beschäftigung mit Hofmannsthal vgl. Alexander Honold: «Kommt her ihr Böhmen alle». Hugo von Hofmannsthal bei Ingeborg Bachmann. In: Hofmannsthal Jahrbuch 32 (2024), S. 313–352.

analytischem Urteilsvermögen zu schärfen wusste – «als beide 1958 in Paris aufeinandertrafen, konnte der Gegensatz kaum größer sein.»[245]

Ingeborg Bachmann und Max Frisch: Sie gemeinsam zu nennen, tönt unvertraut, ihre Verbindung ist nicht zu einer stehenden Formel geworden. Nicht ihr privates Zusammenleben oder die Gründe für das Scheitern ihrer Liebe stehen hier zur Erörterung – obwohl es nicht durchgehend möglich ist, von den liebesstrategischen Wendungen und zwischenmenschlichen Konflikten ganz abzusehen, wenn in den folgenden Abschnitten die literarische Beziehung und partielle Zusammenarbeit dieses Liebespaars nachgezeichnet wird. Selbst mit einem guten halben Jahrhundert Abstand können sich die Nachgeborenen und Außenstehenden der faszinierenden Dynamik dieses großen Paars kaum entziehen; doch nähern kann sich die heutige Leserschaft dem Phänomen dieser Literaturbeziehung nicht anders als *lesend*, d. h. auf Werke, Entwürfe und Textzeugnisse gestützt.

Der Briefwechsel zwischen Ingeborg Bachmann und Max Frisch, der fünfzig Jahre nach seinem Versiegen und sechzig Jahre nach dem Ende ihrer Liebesbeziehung im Herbst 2022 erschienen ist, als tausendseitige Buchausgabe in zwei Verlagshäusern gleichzeitig und von einem zweiteilig besetzten Editionsteam aus Salzburg und Zürich kommentiert, hat die Debatte um die persönliche Beziehungsgeschichte dieser beiden besonders prominenten Figuren der deutschen Nachkriegsliteratur erneut aufflammen lassen und auch die biographische und editorische Forschung mit neuem, ergiebigen Quellenmaterial versorgt.[246]

Texte entstehen ganz überwiegend aus dem Abstand und Für-sich-Sein der Beteiligten heraus. Die Nähe des Miteinanders und die Menge an Schreibvorgängen verhalten sich umgekehrt proportional zueinander; das galt auch für die schriftstellerische Lebensgemeinschaft zwischen Max Frisch und Ingeborg Bachmann. Am Ende steht eine einesteils beziehungsdynamisch ernüchternde, andererseits literarisch bemerkenswerte Bilanz. «Dass der Briefwechsel so umfangreich ist und fast dreihundert Briefe, An-

245 Stoll: Der dunkle Glanz der Freiheit, S. 207.

246 Vgl. Schütt: Biographie einer Instanz, S. 246. Die Fortsetzung der umfassenden Lebensdarstellung Max Frischs, deren erster Teil bereits 2011 erschienen war (Schütt: Max Frisch. Biographie eines Aufstiegs), ist nach Freigabe und Auswertung des Bachmann/Frisch-Briefwechsels und weiterer Nachlassteile ausgearbeitet worden.

sichtskarten, Telegramme, Notizen und Entwürfe umfasst, liegt unter anderem daran, dass die Partner relativ wenig Zeit miteinander verbracht haben.»[247] Tatsächlich haben Bachmann und Frisch im Laufe ihrer etwa fünfjährigen Beziehung nur zweimal für einen längeren Zeitraum wirklich an der gleichen Adresse und im gleichen Haushalt gelebt, jeweils für ein knappes Jahr in Zürich und später in Rom.[248]

In den Briefen selbst, ihrer Frequenz, Länge und Ausführlichkeit schlägt sich ein permanentes Wechselspiel von Anziehungskräften und Impulsen des Fortstrebens nieder. Aus dem von Ingeborg Bachmann in Uetikon gelegentlich zu Papier gebrachten Stoßseufzer «Roma non risponde» (das war die bei ihren Telefonversuchen erhaltene stereotype Fehlermeldung vom Amt) wurde über Monate und Jahre hinweg eine Art Leitmotiv der Korrespondenz.[249] Beide messen am jeweiligen Briefstil des Partners die aktuelle emotionale Temperatur, beklagen die räumliche Trennung oder stellen Pläne zu ihrer nächstmöglichen Überbrückung an. Das Hin und Her durchläuft Phasen von wechselnder Dominanz, die zunächst Frisch in der Rolle des Arrivierten und Vermögenden zeigen, der dem Paar fast nach Belieben Wohnungen, Automobile und Reisedomizile verschaffen kann. Nach ihrem Hörspielpreis und bei einer ausgedehnten Lesetournee tritt Bachmann dann ihrerseits als vielbeschäftigte Autorin hervor, woraufhin sich Frisch prompt über die Kargheit ihrer als «sehr antwortlos»[250] beschriebenen Briefe beklagt, die auf das von ihm Mitgeteilte so wenig respondieren, dass er sich mit einem Tischtennisspieler auf einem Übersee-Schiffsdeck vergleicht, dessen raffiniert geschlagene Bälle beständig ins Meer fallen.

Es geht im Verhältnis Bachmann/Frisch um eine gerade in ihrer Kontrapunktik für die Nachkriegsliteratur enorm einflussreiche Konstellation, im Schriftsteller-Duo zeigt sich gleichsam die kleinstmögliche, mikroenergetische Form der Netzwerkbildung. Bemerkenswerterweise scheint es in

247 Hg.-Kommentar; BW IB/MF, S. 641.

248 «Nur von November 1959 bis Oktober 1960 und von April 1961 bis März 1962 lebten sie kontinuierlich zusammen, und aus diesen Phasen sind denn auch fast keine Briefe überliefert.» (Hg.-Kommentar; BW IB/MF, S. 641.)

249 «Mein lieber Max, / was ist denn das für ein Telefon? Roma non risponde. Den ganzen Tag respondiert es nicht.» (23.11.1960; BW IB/MF, S. 186.) Auf diese Textstelle wird später noch ausführlicher einzugehen sein.

250 MF an IB, 27.2.1961, als Beilage im Brief vom 3.3.1961; BW IB/MF, S. 227.

der deutschen Literaturgeschichte nur wenige prominente Paare gegeben zu haben, und besonderen Seltenheitswert haben solche, wo beide Personen mit ihrem Schaffen in etwa gleichwertige Reichweite, Geltung und Produktivität besitzen. Im expressionistischen Jahrzehnt hatte es eine kurze Phase der Liaison von Else Lasker-Schüler und Gottfried Benn gegeben («Der hehre König Giselheer / Stieß mit seinem Lanzenspeer / Mitten in mein Herz»[251]); auch die Dada-Literaten Hugo Ball und Emmy Hennings waren in ihren Schweizer Jahren ein schreibendes Paar. Für die fünfziger Jahre lässt sich auf Ilse Aichinger und Günter Eich, das Ehepaar der Gruppe 47, verweisen, zwei Jahrzehnte später wird in Wien das Zusammenspiel von Friederike Mayröcker und Ernst Jandl für innovative Impulse sorgen.

Weit mehr als viele andere Künstler beiderlei Geschlechts besaß Ingeborg Bachmann sowohl das Bedürfnis wie die Fähigkeit zur liebesliterarischen Nähe und Kooperation. Die frühe, selbstbewusst eingegangene Liebesbeziehung zu dem Wiener Schriftsteller Hans Weigel oder später das wiederholte italienische Zusammenleben mit dem Komponisten Hans Werner Henze als Künstlerduo zeigen ihre Ambition, eine erotische Grundspannung und die eigene Arbeit ineinanderfließen zu lassen; auch mit Hans Magnus Enzensberger verkehrte sie auf engem freundschaftlichem Fuß. Im späteren Monolog der Undine-Figur werden diese jeweils ganz anders gelagerten, episodischen Affären trotz ihrer Unterschiedlichkeit durch den sprachmagisch gehandhabten Umstand zusammengehalten, dass all diese männlichen Künstlerfreunde «mit Namen Hans» heißen[252] und zur Entstehungszeit der Erzählung (im Frühjahr 1961) damit gewissermaßen schadensbilanztechnisch bereits ‹abgehakt› sind. Auf zwei der Geliebten aber, die wichtigsten und literarisch bedeutsamsten, trifft das genannte Merkmal nicht zu.

Während die Liaison mit Paul Celan in ihren beiden Hauptphasen eher kurz und intensiv war und in einem diskreten, nahezu klandestinen Modus verlief, ist die Paarbeziehung zwischen Max Frisch und Ingeborg Bachmann von Anfang an auf eine förmliche Verbindung hin angelegt, auf die Bildung eines gemeinsamen Wohnsitzes und Haushalts, in dessen Planungen meist

251 Else Lasker-Schüler: Gottfried Benn. Gedichte 1902–1943. München 1986, S. 199.

252 Ingeborg Bachmann: Undine geht. DdJ, S. 193–203, hier S. 193. Erstdruck am 20. 5. 1961, Frankfurter Allgemeine Zeitung.

auch Dritte eingebunden sind und wo nach Möglichkeit immer wieder auch bedeutende Gäste verkehren sollten. Kaum ein Alltagsaspekt beschäftigte das Paar so intensiv wie der fortlaufende briefliche Austausch über das Suchen, Finden und Einrichten repräsentativer Objekte und passender Arbeitswohnungen, und beiderseits ergehen zahllose Absichtserklärungen über das in rhythmischem Wechsel erfolgende Ansteuern, das Vermissen und das Verlassen eines dann doch nur temporär geltenden Domizils.

Für Frisch nahm noch im Rückblick auf die Beziehung die «Chronologie der gemeinsamen Wohnverhältnisse» einen vordringlichen Stellenwert ein.[253] Bachmann ihrerseits hatte in den Überlegungen zu einem gemeinsamen Wohnort wiederholt vorgebracht, wie wichtig es ihr war, für sich selbst endlich einen eigenen Platz zu finden, an dem sie bleiben und schreiben konnte, «einen Ort zu haben».[254] Ein Raum für sich allein: Diese Formel steht seit Virginia Woolfs berühmtem Essay *A Room of One's Own* (1929) programmatisch für die Forderung nach weiblicher Selbstbestimmung und Autarkie; doch ist damit zugleich eine simple Voraussetzung für konzentriertes Arbeiten und freie Selbstentfaltung angesprochen, die wiederum die Anerkennung gleichberechtigter Ansprüche an Raumbedarf, Wohnkomfort und auch ausreichende finanzielle Mittel impliziert.

So stellt das Thema des gemeinsamen Wohnens eines der Kerngebiete ihrer brieflich dokumentierten Verständigung dar, seit Max Frisch nach den ersten Treffen in Paris und Zürich sowie der gemeinsamen Reise von Neapel über Rom nach Ligurien, dem später vielbeschworenen, aber schon von Trennungsimpulsen durchzogenen *Honeymoon*, Ende September 1958 nach München gekommen war, um ihr ein künftiges gemeinsames Leben vorzuschlagen; «nun ist es entschieden», teilt Bachmann am 5. Oktober Paul Celan ihren neuen Beziehungsstatus mit.[255] Vorab hatte Bachmann ihre Familie in Klagenfurt besucht und Frisch die seit 1952 bestehende Beziehung zu Madeleine Seigner beendet.

Nach der Rückkehr probiert Frisch im Brief sogleich das besitzanzeigende Fürwort aus, ironisch reflektierend und mit nachdrücklicher Be-

253 Schütt: Biographie einer Instanz, S. 120.

254 IB an MF, 29.6.1959, Entwurf; BW IB/MF, S. 102, 103.

255 Vgl. BW IB/PC, S. 94.

stimmtheit zugleich. «Meine Ingeborg! – wie kühn, Dich so zu nennen, und doch ist es jetzt, von mir aus, das Einzigmögliche.»[256] Die energische Veränderung hebt sich umso deutlicher ab vor dem Hintergrund, dass die beiden sich an vertrauliche oder gar intime schriftliche Anrede-Formen des Partners in der ersten Phase ihres Briefverkehrs erst langsam herangetastet hatten. Max Frisch setzte seinem Brief vom 11. August im 20. Stück der Sequenz erstmals ein entschiedenes «Liebe Ingeborg!» voran,[257] während Bachmann einige Wochen später mit Anredeformen wie «Liebster» oder «Mein armer Bär» eine zärtliche Tonlage etabliert.[258]

Das betonte, gleichsam testweise «Bezeichnen»[259] der Partnerin ist für Frischs Art der Zuwendung zu Ingeborg Bachmann ohnehin von charakteristischer Bedeutung. In seinem Briefstil treten oftmals Passagen von metareferenzieller und poetisch überformter Funktionalität hervor; d. h. Frisch setzt seine Briefvokabeln bewusst in definitorischer Sprachmacht ein (indem er wie hier über das richtige «Nennen» reflektiert) und greift überdies deutlich öfter als die Briefpartnerin zu Figuren literarischer Überformung und Selbstreferenz, als gelte es, ein poetisches Artefakt hervorzubringen. Zugleich stand den beiden, was im Effekt eine große Variationsbreite der Korrespondenz ergibt, unvermittelt auch ein eher sachliches Register zur Verfügung. Pragmatisch konzise und per Telegramm vermeldet Frisch wenige Tage später: «Gefunden sehr schöne Wohnung ab 15. Nov. [/] Beschreibung folgt.»[260] Gemeint ist eine Wohnung im Zürcher Quartier Seefeld, Feldeggstraße 21, in der zunächst Ingeborg Bachmann nach Aufgabe ihrer Münchner Wohnung Quartier beziehen sollte.

Auch Ingeborg Bachmann nimmt, indem sie ihrerseits die expressive Dimension ihrer Mitteilung unterstreicht, gelegentlich selbstreferenziell an den Vorgaben der Briefform Maß: «Liebster, ich denke ja ununterbrochen an Dich, und zugleich weiß ich nicht, was in einen Brief hineingeht davon. Das Glück und die Ängste, die allernächste Zukunft und die fernere. Meine Hand zittert so beim Schreiben, daß ich Lust habe, die Maschine zu neh-

256 An IB, 3.10.1958; BW IB/MF, S. 46.

257 MF an IB, 11.8.1959; BW IB/MF, S. 36.

258 IB an MF, 19./20.9.1958; BW IB/MF S. 40.

259 Schütt: Biographie einer Instanz, S. 122.

260 An IB, 7.10.1958; BW IB/MF, S. 50.

men. […] ich möchte wirklich bald zu Dir, das weißt Du, und bei Tag fürchte ich nur, daß eine Zwischenlösung Zürich für mich, wie Du's gestern meintest, uns zuviel Mühen, Störungen und Zeit kosten wird.»[261] Die motorische Sensibilität der pulsierenden Hand beim Schreiben ist ein affektiver Topos aus der Briefkultur der Empfindsamkeit,[262] der in seiner Ambivalenz sehr gut zum aktuellen Stand der Unterhandlungen passt. Der Briefwechsel in dieser Anfangsphase umreißt, dokumentiert – und reguliert – eine für den weiteren Verlauf der Beziehung enorm folgenreiche Situation der Entscheidungsfindung.

Denn die gemeinsame Planung des künftigen Lebens weist bereits in der Wohnsitzfrage eine bezeichnende Binarität auf, wie Bachmanns Kritik an der «Zwischenlösung» verlauten lässt. Nicht eine, sondern gleich zwei Wohnungen werden in Frischs Zürcher Umfeld für die beiden gesucht. Zunächst etwas, wo Ingeborg Bachmann übergangsweise für die nächsten Monate einziehen sollte: die möblierte Wohnung des mit Frisch befreundeten Grafikers Gottfried Honegger, der für einige Zeit nach New York übersiedelt war. Eine anstehende Leistenbruch-Operation will Frisch auf den Januar verschieben, um für Ingeborg Bachmann in ihren ersten Zürcher Wochen verfügbar zu sein; er hält sich wie ein vorübergehender Gast in ihrer Wohnung auf, lässt sich aber auch Verlagspost dorthin schicken und behält zugleich eine zweite Wohn-Option in der Hinterhand. Im Roman *Mein Name sei Gantenbein* wird die Feldeggstraße als Wohnadresse sowohl des Titelhelden wie auch seiner Unfall-Bekanntschaft, der Maniküre Camilla Huber, ihren Auftritt haben; ebenso in einer kurzen Szene der späten *Blaubart*-Geschichte.

Für sich selbst und als gemeinsame Wohnung wurde von Max Frisch ebenfalls noch im Oktober 1958 ein anderes, längerfristig vorgesehenes Domizil angemietet; eine im historischen Haus *Zum Langenbaum* gelegene, mit Seeblick ausgestattete «herrliche Wohnung» in der noblen Ufergemein-

261 An MF, 5.10.1958; S. 47 f.

262 Vgl. Albrecht Koschorke: Körperströme und Schriftverkehr: Mediologie des 18. Jahrhunderts. 2., durchges. Aufl. München 2003, S. 307–322; Nikolaus Wegmann: Diskurse der Empfindsamkeit. Zur Geschichte eines Gefühls in der Literatur des 18. Jahrhunderts. Stuttgart 1988, S. 73–89.

de Uetikon.[263] «Das massiv gebaute, zweiflügelig dastehende Gebäude, Seestraße 152, ist das älteste Haus am Platz [...]. Da war sie also, die ersehnte Bürgerlichkeit»,[264] kommentiert die Biographin reserviert; für Bachmann ergab das eine zunächst befremdliche Situation, wie das Leben in der Schweiz überhaupt. Frisch spielt sogleich mit Kennerblick und im Eifer des Finderglücks bereits die Aufteilung der drei großen Zimmer durch: «ich habe eine Idee, bin aber neugierig, was Dir vorschwebt, und freue mich unbändig aufs Einrichten, wofür ich den Zürcher Literaturpreis verwenden will.»[265] Die Planungsinitiative und auch die verfügbaren finanziellen Mittel liegen ganz auf seiner Seite, selbst seine Ex-Geliebte umgibt ihn noch, da sie gerade dabei ist, den *Homo faber* ins Französische zu übersetzen. Uetikon und das Haus *Zum Langenbaum*, wo er sich als Hauptmieter sechs Wochen nach dem Einzug anmeldete,[266] sind ein Heimspiel für Max Frisch.

Das Wohnungsthema nimmt in den Briefen und im Handeln nochmals an Fahrt auf, als Bachmann Mitte November wie vorbesprochen ihre Münchner Wohnung quittiert und ins Zürcher Seefeld einzieht, während Frisch zum selben Zeitpunkt seine Wohnung in Männedorf gegen diejenige in Uetikon tauscht. Der aufgeschobene Eingriff und Spitalaufenthalt wird im Januar 1959 nachgeholt, einen Monat später die seit Jahren überfällige Scheidung von Gertrud von Meyenburg. Frisch und Bachmann bewegen sich aufeinander zu, und wohnen ab dem 15. März beide im Uetiker Haus *Zum Langenbaum*. Das neue Projekt heißt, für beide ungewohnt: gemeinsames Leben und Schreiben unter einem Dach. Die gemeinsame Zeit mit Hans Werner Henze in Neapel hatte aus ihrer Sicht «die Bestätigung» erbracht, «dass es möglich ist, dass man arbeiten kann nebeneinander»;[267] allerdings erwies sich ihre Art des Arbeitens in der Konstellation mit dem robusten Schreibmaschinen-Klappern Max Frischs bald als störungsanfälliger als die seine.

Konnte Ingeborg Bachmann sich unter solchen Bedingungen heimisch fühlen in dem für sie noch ungewohnten Zürich? Ihre Bemerkungen zur

263 MF an IB, 25.10.1958; BW IB/MF, S. 57.

264 Stoll: Der dunkle Glanz der Freiheit, S. 217.

265 MF an IB, 25.10.1958; BW IB/MF, S. 58.

266 Hg.-Kommentar; BW IB/MF, S. 681.

267 IB an MF, 5./6.8.1958; BW IB/MF, S. 32.

Stadt, zum See und zu den Menschen sind anfangs von offener, zugewandter Neugier bestimmt, auch wenn sie durch die Anmelderituale bei der Fremdenpolizei in eine fast klandestine Position gebracht wurde – zur Umgehung des im Kanton Zürich bis 1972 bestehenden, sogenannten Konkubinatsverbots mussten Max Frisch und sie selbst die behördlichen Eintragungen für die neue Wohnadresse zeitlich gestaffelt vornehmen.[268] «Bitte kannst Du mir möglichst bald sagen», fragt sie Frisch im März 1959, «welches Datum ich für die Abreise aus der Feldeggstraße und welches für die Ankunft in Uetikon einsetzen soll? Ich glaube, es ist sehr wichtig, denn Du wolltest ja einerseits nicht, dass ich das gleiche Datum wie Du habe, und andrerseits muss ich, als Ausländerin, sicher sehr drauf achten, keine Behördenfehler zu machen.»[269] Erst sehr viel später, in einem Brief aus dem Berliner Winter von 1964, spricht die krisengeschüttelte Patientin in unverhohlener Ablehnung rückblickend von der «selbstmörderischen Uebersiedlung in die Schweiz».[270]

Das Wohnen und Zusammenleben mit dem Schriftsteller-Partner ist von Beginn an auch mit dem Aspekt des gemeinsamen Auftretens verbunden; es entstehen Kalküle des Verflechtens der beiden Bekanntenkreise oder auch ihrer Abgrenzung gegeneinander. Noch von München aus hatte Bachmann zu bedenken gegeben: «Das weißt Du, dass es bald nicht mehr aufzuhalten sein wird, dass die Leute es wissen».[271] Konkreter dann: «Was soll ich sagen, wenn Unseld fragt, ahnt, weiß; etc.?» Ihre Verbindung war nicht lange *under cover* zu halten und würde als Neuigkeit nicht viel weniger als eine literarische Sensation ergeben. Anfang November machen die beiden eine Art Antrittsbesuch als Paar bei Aichinger und Eich im oberbayerischen Lenggries. Seinem auch mit Bachmann befreundeten Verleger Siegfried Unseld gegenüber spielt Frisch zunächst die Scharade der getrennten Adressen, «ich habe ihr eine Wohnung in der Stadt gefunden», teilt er mit, und für sich selbst «eine neue Wohnung in Uetikon».[272]

268 Vgl. Hg.-Kommentar; BW IB/MF, S. 681.

269 März 1959; BW IB/MF, S. 68.

270 IB an Madeleine Seigner, 12.2.1964; BW IB/MF, S. 527.

271 IB an MF, 9.10.1958; BW IB/MF, S. 55; das folgende Zitat ebd.

272 An Siegfried Unseld, 28.10.1958; zit. nach BW IB/MF, S. 676.

Überlagert wird die Wohnungs- und Einrichtungsdebatte rasch von einem zweiten dominanten Thema der Korrespondenz, den unablässigen Reisen, Auftrittsverpflichtungen, Präsentationen, kollegialen und freundschaftlichen Treffen. Beide verreisen fürs Leben gerne, viel und in gehobenem Stil; doch weitaus öfter sind sie auf getrennten Bahnen unterwegs als zu einem gemeinsamen Aufenthaltsort. Im Hinblick auf ihre unterschiedlichen Herkunftswelten, zudem in Anbetracht mancher politischen Entwicklungen in Deutschland, die seit Mitte der fünfziger Jahre Anlass zur Sorge gaben, war die Wahl des Wohnsitzes und Arbeitsortes immer auch ein kulturelles Statement, die Entscheidung für eine bestimmte Akzentuierung der eigenen Produktivkraft. Gerade die Kontakte zu Paul Celan, Nelly Sachs, Hans Werner Henze, Wolfgang Hildesheimer, Alfred Andersch und Uwe Johnson beförderten immer wieder das Bewusstsein für die bei vielen Kolleginnen und Kollegen fortbestehende Diaspora-Position, in der meist auch eine bewusste Manifestation der kulturellen Dissidenz gegenüber Nachkriegsdeutschland zum Ausdruck kam.

Deshalb wird neben der Schweiz bald auch Rom als Residenzort wieder aktuell. Kaum war die parallele Existenz mit den zwei Zürcher Adressen aufgegeben zugunsten der gemeinsamen Einrichtung in Uetikon, wo Bachmann Mitte März 1959 miteinzieht, treten nach wenigen Wochen des engen Zusammenwohnens alle möglichen Störungen, Spannungen, Krankheiten und Fluchtimpulse auf. Bachmann bricht Ende April an den Comer See auf, weil sie im gemeinsamen Haushalt eben doch nicht so gut arbeiten konnte wie erhofft; Frisch lässt sich Anfang Mai mit akuter Hepatitis ins Spital einweisen und wünscht dort keine Besuche von ihr. Dass sie ihrerseits den Blick nun auf eine erneute Wohnsitznahme in Rom lenkt und mit Enzensberger gemeinsam im Juni dorthin fährt, ist Frisch zunächst ganz recht, räumt es ihm doch den erforderlichen Genesungsspielraum ein. Eine Zürcher Arbeitswohnung für Bachmann, so ergeht im August 1959 der gemeinsame Beschluss, soll für die alltäglichen Reibungsverluste Erleichterung bringen; zufällig ist es das Haus, in dem ehemals Gottfried Keller wohnhaft gewesen war. Ein Besuch bei Anderschs in Berzona bringt noch im gleichen Monat weitere Wohnsitz-Phantasien ins Spiel, im Herbst, nach dem ersten gemeinsamen Jahr, hält sich Bachmann allerdings phasenweise auch in Frankfurt auf, wegen ihrer Vorträge an der dortigen Universität. Obwohl zuvörderst Bachmann es ist, die sprachlich und mental stark nach Italien tendiert und in dem quirligen Rom ihre eigentliche Lebens-Stadt erkennt, macht Frisch den Anfang mit der Übersiedelung. Dass *er* im November 1960 eine römische Wohnadresse in der Via Giulia 102 bezieht, zugleich aber den laufenden Mietvertrag für Uetikon auf Bachmann allein überschreibt, stellt nur eine weitere der Paradoxien ihres stets zwiespältigen, gemeinschaftlich auseinanderdividierten Wohnungsmanagements dar.

Doch auch auf alltäglicher, pragmatischer Ebene wurde die Suche nach einem stationären Ort, einer gemeinsamen Arbeits- und Heimstätte von Beginn an beständig konterkariert von beiderseitigen, aber nicht gleichgerichteten Anwandlungen der Rastlosigkeit. Ende Oktober 1958, das war noch vor dem Einzug in Zürich, eilt Ingeborg Bachmann nach London, um dort der Premiere von Henzes (für sie ästhetisch bedeutsamem) *Ondine*-Ballett beizuwohnen, wo sie bei der anschließenden Feier als elegantes «Meermädchen», die Haare «mit Schmuck und Meertang durchflochten», alles überstrahlt;[273] nur wenige Tage später tritt sie in dem Allgäuer Bauerndorf Großholzleute beim nächsten Dichtertreffen der Gruppe 47 auf – nun schon als eine der Kernfiguren dieses Clubs. Max Frisch ist definitiv *nicht* Teil dieses Netzwerks, die Gruppe 47 ist und bleibt «ihre Domäne», hält ihr der gekränkte literarische Partner nachträglich noch in dem ‹Männerbuch› *Montauk* vor. «Sie hat mehrere Domänen. Dann und wann verdrießt mich die Geheimnistuerei.»[274]

Und dies wird zum dritten, verhängnisvollsten Leitmotiv der Beziehung werden, das ewige Problem der Fremdbeziehungen, der Verlustängste und der Eifersucht. Beide kennen ihre literarischen Bestände gut genug, um die eigenen Empfindungen und beteuerten Liebesschwüre immer wieder mit dem reichhaltigen Wissen um abgründige Missverständnisse und Verfehlungen abzugleichen, ebenso auch mit dem strategischen Repertoire des «Liebesverrats», in dem beide einigermaßen bewandert sind.[275] Nur höchst

273 So die Erinnerung Hans Werner Henzes (Henze: Reiselieder mit böhmischen Quinten, S. 191).

274 Frisch: Montauk; GW VI, S. 714.

275 Der Begriff nach Peter von Matt: Liebesverrat. Die Treulosen in der Literatur. München 1991, in dessen Motivgeschichte sowohl die Undinengestalt wie auch ihre Bedeutung für das Liebesverhältnis von Bachmann und Frisch eine bedeutende Rolle spielt (ebd., S. 229–268).

selten pflegten der erotische Reiz und die kernsoziale Verlässlichkeit in den gleichen Herzen zu Hause zu sein, befand Frisch in misanthropischer Grundstimmung. Schon ganz zu Anfang ihres Verhältnisses schrieb er: «Dass das Erotische sehr sehr dem Ueberdruss (und dann der Lüge) ausgeliefert ist, nur im Fest und im Uebermut des Abschieds zu erfüllen – ich glaube nicht, dass ich mit einer geliebten Frau wohnen kann, und allein wohnen kann ich auch nicht mehr.»[276] Wie konnte, was aus seiner Sicht schon auf Untreue errichtet war, zur Grundlage einer dauerhaften Verbindung werden? «Mein Traum vom grossen Vertrag: sie dort, ich hier, und zwischen uns die Gewissheit! – aber du siehst, wie ich's halte: plötzlich umarme ich, was nicht zum Vertrag gehört, nämlich Dich .... Im Grund habe ich doch Sehnsucht nach dem Einfürallemal, nach dem Wagnis, dem ich ausweiche ins Abenteuerliche.»

Frischs Disposition wird aus seinen brieflichen Klagen, Fremd- und Selbstvorwürfen rasch deutlich; in ihr kommen drei je schon problematische Faktoren zur Überlagerung. Zuerst seine leicht zu erweckende Eifersucht, sodann der empfindlich gereizte eigene Geltungsdrang neben der umworbenen und gefeierten Frau, und schließlich auch das bis zur Zerquälung schonungslose Sezieren der eigenen, selbstischen Wünsche und Halbheiten. Diese Charakterzüge trüben auf Frischs Seite, der sich bezichtigt, «ein Tyrann aus Mimosenhaftigkeit» zu sein,[277] von Beginn an das Glück. Anfang Januar des ersten gemeinsamen Jahres etwa ist Frisch allein und in Sorge, weil er die neue Abhängigkeit ebenso fürchtet wie erstrebt. Er schreibt ihr aus einer der Wohnungen: «Soll ich Dich in den weissen Vorhängen suchen? [...] Sag mir, Weise, was ist Sehnsucht, was ist Macht der Gewöhnung! Was ist Liebe. Ich bin froh, eine Brille von Dir zu finden, einen Morgenrock, Bücher, die Du gelesen hast, froh um Indizien, die ich jetzt so gerne einem Polizisten zeigen würde: Ja, gewiss, hier wohnt eine Frau!»[278]

Das gemeinsame Wohnen unterhält etymologisch eine verdächtige Nähe zur Gewöhnlichkeit, doch kehrt es in Situationen der Tristesse zugleich auch die vulnerablen Punkte der Beziehung hervor. Wie seltsam mu-

---

276 31.7.1958 an IB; BW IB/MF, S. 26 f.; das folgende Zitat ebd., S. 27.

277 Schütt: Biographie einer Instanz, S. 131.

278 MF an IB, 3.1.1959; BW IB/MF, S. 62.

tet das an: sich von der polizeilichen und juristischen Feststellbarkeit von Partnerspuren eine Bestätigung der eingegangenen Lebens- und Liebesverhältnisse zu erhoffen. Und doch ist dies ein für Frischs Denk- und Darstellungsweise durchaus phänotypischer Zug. Als Zeuge oder Beschuldigter vor eine Richterschranke zu treten, firmiert als eine Art Standardszene nicht nur im *Andorra*-Stück, sondern in der Rechtfertigungsprosa dieses Geständnisvirtuosen überhaupt, ebenso wie die rigoros verfochtene Bilderskepsis in Bezug auf Personen. War es in *Stiller* und *Homo faber* nicht auch schon wiederkehrend um die Frage gegangen, wer wann und unter welchen Prämissen zur Hegung bestimmter Gefühle *berechtigt* war?

Zum wiederkehrenden Motiv wird in der weiteren Korrespondenz Frischs Klage über die Abwesenheit der Partnerin, die nicht umarmt werden kann (was im zitierten Fall beim Beiseiteschieben der gewellten Vorhang-Stoffbahnen, die nichts in sich bergen, besonders schmerzvoll aufgefallen zu sein scheint). Wiederholt, vor allem in der schwierigen Krankheitsphase des Mai und Juni 1959, vermeldete der Briefschreiber vom Zürichsee nach Italien sein «Alleinsein in der Wohnung»;[279] mal vorwurfsvoll, mal Lockrufe sendend wie: «[...] unsere Wohnung wäre doch sehr schön»,[280] und dies beides in zwei Briefen vom gleichen Tag. Das Haus *Zum Langenbaum* gab in solchen Phasen der Vernachlässigung einen Gradmesser der wachsenden Entfremdung ab. Dass in ihrer Abwesenheit Bachmanns Bauernschrank aus Klagenfurt «in bedenklichem Zustand» am Bahnhof eingetroffen war,[281] scheint ebenfalls von schlechter symbolischer Vorbedeutung gewesen zu sein. Das alte Möbelstück, welches Ingeborg Bachmann von ihrem Vater zum Geschenk erhalten hatte, stammte vom Tobai-Hof in Obervellach und hatte der Familie über Generationen als «Brautkasten» jeweils für die Aushändigung der Aussteuer bzw. Mitgift gedient.[282] Erneut wird der «alte Bauernschrank von meiner Urgrossmutter im Korridor»[283] im Oktober 1963 bei der Auflösung des gemeinsamen

279 MF an IB, 3.5.1959; BW IB/MF, S. 73.

280 MF an IB, 3.5.1959; BW IB/MF, S. 76.

281 MF an IB, 11.6.1959; BW IB/MF, S. 84.

282 Hg.-Kommentar, BW IB/MF, S. 690.

283 Inventarliste Ingeborg Bachmanns zur Wohnung in Uetikon; Beilage in: Heidi Auer-Fassbind an Max Frisch, 25.10.1963; BW IB/MF, S. 504.

Hausstandes von Uetikon auf einer Inventarliste Bachmanns als ihr Besitztum Erwähnung finden, nun ist er stummer Zeuge der Rückabwicklung eines Lebensplans.

Im Krankheitssommer 1959, den Frisch zunächst im Spital von Männedorf, dann in Thalwil in der Nähe Madeleine Seigners verbrachte, kam auch er nur sporadisch nach Uetikon. Sechs Wochen nach den oben zitierten Maibriefen stimmte der Rekonvaleszent nochmals die entrückte Tonlage der kriminalistischen oder sogar archäologischen Besichtigung eines aufgegebenen Habitats an. Er sei, von Heidi Auer gefahren, kurz «in der Wohnung» gewesen, «um Bücher zu holen», und habe die Räume «verständnislos» betrachtet; «ohne Ahnung, wer da gewohnt haben mag», und «ob die Bewohner je wiederkehren» oder «alldas einmal von fremden Männern gepackt wird».[284] Bei diesem Besuch, oder vielmehr bei dem Briefbericht darüber, verlieh Frisch nicht nur einer Vorahnung des späteren Trennungsprozesses szenische Gestalt, sondern es formten sich offenkundig bereits die ersten Grundzüge des späteren *Gantenbein*-Narrativs, das ebenfalls von einer leeren Wohnung seinen Ausgang nimmt.[285] «Die eheliche Ordnung in den Schränken, die Benutzbarkeit von allem, vom Wasserhahn bis zum Aschenbecher; dabei ein Gefühl, wie man's in Pompeji hat. Seltsam die Reste in Flaschen; es muss vor kurzem gewesen sein [...]. Zeugnisse von Geschmack, von liebevoller Wahl [...]. Von den Personen steht fest: eine weiblich, eine männlich.»[286]

Wie solche Passagen der vorwurfsvollen Bestandsaufnahme von Interieurs zeigen, führte im brieflichen Verkehr mit der Geliebten und Partnerin von Frischs Seite her oft ein legitimistisches Argumentieren, ein gewisser advokatorischer Duktus das Wort. Doch lag der Gestus der schlüssigen Beweisführung notwendigerweise in Widerstreit mit jenen Aspekten des Beziehungslebens, die nicht oder nur wenig verlässlich durch explizite Vereinbarungen zu regeln waren. Auf ihrer als Erneuerungsbund angelegten Venedig-Reise im März 1960 schlossen Bachmann und Frisch eine Art Vertrag für eine offene Beziehung miteinander ab, der ihnen gegenseitig die

284 MF an IB, 20.6.1959; BW IB/MF, S. 90 f.

285 Max Frisch: Mein Name sei Gantenbein. Roman. GW V, S. 5–320, hier S. 18 f. Vgl. Hg.-Kommentar, BW IB/MF, S. 694.

286 MF an IB, 20.6.1959; BW IB/MF, S. 91.

Freiheit sexueller Abenteuer einräumte, aber beim Auftreten ernsthafter Liebesgefühle für Dritte eine klärende Erörterung mit dem Partner vorsah. Dadurch war, um es drastisch zu sagen, die Beziehungsdynamik konstitutionell auf die permanent prekäre Balance einer emotionalen Rasierklinge gesetzt; vor allem aber war damit im Modus eines Eventual-Szenarios die künftige Bruchstelle des Paares schon vorgezeichnet.

Eine vierte Dimension, die innerhalb des Briefwechsels erstaunlicherweise meist ziemlich randständig abgehandelt wird, aber durch das parallele Heranziehen des literarischen Œuvres unschwer mitbetrachtet werden kann, bildet die Reihe der während der gemeinsamen Zeit angefangenen, fortgeführten oder unterbrochenen, zu guter Letzt dann meistens doch abgeschlossenen Werke, mit deren Entwicklung die beiden als kreative Extremfiguren schier unablässig beschäftigt sind. Im Sommer 1958 beginnt Max Frisch mit der Konzeption und Niederschrift seines wohl wichtigsten, wirkungsstärksten Theaterstücks, des «Lehrstücks ohne Lehre» *Andorra.* Die Arbeit, zurückgehend auf eine frühe Nachkriegsidee, bereitet unerwartet viel Mühe, auch krankheitsbedingt; wiederholt muss die Dramaturgie im Hinblick auf ihre politische und moralische Argumentationslinie nachgeschärft oder umgeschichtet werden. Erst Ende 1960 steht der Text; die Zürcher Uraufführung findet am 2. November 1961 im Beisein Ingeborg Bachmanns statt, die an der endgültigen Titelfindung und an der Figurenbalance erheblichen Anteil hat. Seit Herbst 1959 arbeitet Frisch zugleich auch an einem nächsten großen Prosawerk, einem Roman um die Beziehung zwischen einem vorgeblich Blinden und einer Schauspielerin – *Gantenbein* wirft seine Schatten voraus.

Bachmann ihrerseits hat sich nach dem Erfolg ihres *Manhattan*-Hörspiels, für das sie 1959 den Hörspielpreis der Kriegsblinden erhält, zunehmend auf Essays und erzählende Prosa verlegt. So schreibt sie nach der autobiographisch grundierten Geschichte *Das dreißigste Jahr* u. a. eine Art Gerichtsnovelle (*Ein Wildermuth*), eine lesbische Beziehungsgeschichte (*Ein Schritt nach Gomorrha*) und den Figurenmonolog *Undine geht,* und bereitet die Zusammenstellung eines Bandes von Erzählungen vor, der im Juni 1961 erscheinen wird. Für ihren Komponistenfreund Henze arbeitet sie Kleists *Prinz von Homburg*-Drama zu einem Libretto um; die Oper wird im Mai 1960 in Hamburg uraufgeführt. Zudem ist Bachmann als Herausgeberin und Übersetzerin in dieser Zeit für die Gedichte Giuseppe Ungarettis (die ebenfalls 1961 erscheinen) aktiv.

Zwischen 1958 und 1962 liegen folglich enorm produktive, auch äußerlich erfolgsträchtige Jahre für beide. Und beide werden mit erheblichem Abstand zu den weiteren literarischen Produzenten am häufigsten mit höchst prominenten Preisen und Auszeichnungen bedacht. Max Frisch bereitet sich im Herbst ihres Zusammenziehens auf die Abfassung seiner Dankesrede für den Darmstädter Büchnerpreis vor (den Bachmann sechs Jahre später erhalten wird), indem er sich an der vorangegangenen Rede von Marie Luise Kaschnitz orientiert.[287] Er richtet, nicht ohne Verweis auf NS-Zeit und Exil, seinen eigenen Beitrag auf das Thema «Emigranten» aus. Seine Erfolgsstücke *Biedermann* und *Andorra* werden in Paris und London, in Mailand und sogar an New Yorker Broadway-Theatern aufgeführt. Im *annus mirabilis* 1959 kommt Ingeborg Bachmann neben dem schon erwähnten Hörspielpreis, zu dessen Entgegennahme am 17. März sie die nachmals berühmte Devise «Die Wahrheit ist dem Menschen zumutbar» ausgegeben hat, die besondere Ehre zu, im Herbst und Winter in Frankfurt am Main als erste Inhaberin die dortige Poetik-Professur auszufüllen, die mit Unterstützung des S. Fischer Verlages nach dem Vorbild amerikanischer Universitäten gestiftet worden war. Später ermöglicht ihr ein großzügiges Stipendium der Ford Foundation ab Frühjahr 1963 einen Jahresaufenthalt in Westberlin. Die Frankfurter Vorlesungen mit ihrem reflektierten, synoptischen Blick auf die Gestaltungsmöglichkeiten von Poesie und Prosa und die in Berlin entstandene, auf die Wunden der geteilten Stadt eingehende Darmstädter Rede sind je auf ihre Weise selbstbewusste und schmerzhafte Standortbestimmungen zugleich.

Als sechs Jahre nach der Ehrung Max Frischs der Büchnerpreis im Oktober 1964 an Ingeborg Bachmann verliehen wird, ist das Paar bereits fast zwei Jahre getrennt, und Bachmann hatte in der Zwischenzeit eine Phase schlimmer Krankheiten und Krisen durchzustehen gehabt. Dem schmalen Text ihrer Dankesrede «Deutsche Zufälle», die im Folgejahr bei Wagenbach mit Zeichnungen von Günter Grass unter dem Titel *Ein Ort für Zufälle* er-

287 «Ich habe die Büchner-Rede von der Marie Luise Kaschnitz gelesen, schön, echt, sie beglückt mich, weil sie nicht unerreichbar ist.» (MF an IB, 3.10.1958; BW IB/MF, S. 46.)

scheint, steht als gewichtiger Spitzentitel im Literaturherbst 1964 Max Frischs dritter großer Roman gegenüber, *Mein Name sei Gantenbein.*

# 8. «Roma non risponde.» Ein Briefwechsel auf unterschiedlicher Frequenz

Von einem «Wagnis» hatte Frisch in einem der ersten Briefe gesprochen; es bestand nicht nur für die Liebe selbst, sondern auch für die literarische Existenz und lag, wie sich rückblickend zeigt, in beiden Aspekten überwiegend auf Bachmanns Seite. Im Verkehr mit Frisch herrschte ein anderer Tonfall als in den exaltierten Briefen des Musikerfreundes Henze, der Bachmann gerne als «göttliche, karfunkelsteinhafte» oder als «Carissima Adorabile» apostrophierte.[288]

Am Anfang schon und später noch mehr führt der Briefwechsel Bachmann/Frisch immer wieder durch schweres Geläuf, dokumentiert Missverständnisse, Kränkungen, Verdächtigungen. Zu den kolportierten Gemeinplätzen über die Beziehung der beiden gehört die Auffassung, dass Max Frisch seine Partnerin während der gemeinsamen Zeit förmlich durch seine Arbeitskraft erdrückt und sie anschließend für eine Jüngere verlassen, sie emotional gebrochen und literarisch verraten habe. Die Einsicht in die Korrespondenz, mit welcher Legitimität sie auch letztlich zustande kam, entkräftet partiell dieses einseitige, ihm die Verantwortung zuweisende Bild,[289] ohne freilich den erheblichen Schaden zu relativieren, den Bachmann durch das traumatische Ende und durch Frischs literarische Verwertung ihres privaten Beziehungsdiskurses genommen hat.

---

288 HWH an IB, 2.5. und 5.5.1958; IB/HWH, S. 199, 200.

289 Strässle/Wiedemann: Gegenseitiges Verhängnis; BW IB/MF, S. 598–601; kritisch gegenüber der einseitigen Stilisierung eines weiblichen Opferbildes auch bereits Renate Langer: Schmerzensfrau und Immaculata. Bruchlinien im Bachmann-Bild. In: Wilhelm Hemecker, Manfred Mittermayer (Hg.): Mythos Bachmann. Zwischen Inszenierung und Selbstinszenierung. (Profile 18.) Wien 2011, S. 54–71.

Evident ist, dass eine große physische Nähe für beide nur kurzzeitig und mit erheblicher Anspannung zu ertragen war. Nach dem ersten Winter und seiner Leistenbruch-Operation Anfang 1959 war in Frischs Arbeit an seinem Theaterstück eine Blockierung eingetreten, die auch am rastlosen Wechsel der Schreiborte ablesbar ist: «Mühlebachstrasse, Portovenere, Männedorf, Feldeggstrasse; ich habe mich in dieses Andorra verschanzt.»[290] Bachmann war vor der häuslichen Enge und seinen Abwehrreflexen Ende April nach Italien aufgebrochen; er fühlte sich «wie eine Last»[291] ihr gegenüber und umwarb sie zugleich, etwa mit dem Stoßseufzer «Ach Schnurrlimurrli».[292] Überdies macht ihm die langwierige Behandlung seiner Hepatitis zu schaffen, während der er sich nicht als Patient präsentieren will, sodass er ihr zurät, als sich die Gelegenheit bietet, mit Enzensberger nach Rom zu fahren. Einige Briefe später räumt er ein, es sei ihm «unmöglich» gewesen, sich in seiner Krisensituation ihr mitzuteilen; «drum habe ich Dich zum Weggehen überredet.»[293]

Sie schreibt ihm zurück, dass sie sich mehrmals schon von ihm weggestoßen, zurückgewiesen gefühlt habe, und ringt zugleich darum, für sich selbst endlich wieder einen eigenen Platz zu finden, an dem sie schreiben kann. «[...] das Wichtigste für mich ist, daß ich einen Ort habe mit einem Zuhause, das mir niemand wegneh(men kann). [...] Ich will wohnen, ein Minimum an Sicherheit haben, wenn auch nur für ein Jahr».[294] Uetikon aber kann diese *stabilitas loci* aus ihrer Sicht nicht gewähren, denn «wenn ich Dir dort einfach im Weg bin, dann fängt alles wieder von vorne an».[295] Die Einladung nach Frankfurt auf die neue Poetikprofessur stellt in dieser Situation nicht nur eine literarische Anerkennung und Erwerbsquelle dar, sie wird von Ingeborg Bachmann auch als Möglichkeit eines zeitweiligen Zweitwohnsitzes dankbar ergriffen. «Eigentlich ist diese Zwei-Städte-Lö-

290 MF an IB, 3.5.1959; BW IB/MF, S. 74 f.

291 MF an IB, 3.5.1959; BW IB/MF, S. 75.

292 MF an IB, 3.5.1959; BW IB/MF, S. 76.

293 MF an IB, 20.6.1959; BW IB/MF, S. 91.

294 IB an MF, 29.6.1959, Entwurf; BW IB/MF, S. 102.

295 IB an MF, 29.6.1959, Entwurf; BW IB/MF, S. 103.

sung das, was Du mir zu verstehen gegeben hast, als Deine Nervosität über das Zusammenleben anfing.»[296]

Nach lediglich anderthalb Monaten schien die Euphorie des gemeinsamen Arbeitens und Zusammenlebens einen herben Rückschlag erlitten zu haben; die Grammatik künftiger Konflikte war damit quasi vorprogrammiert und längst dabei, aus ihrer Romanze (frei nach Dickens) *a tale of two cities* zu machen. Um den ersten «Jahrestag» ihrer Beziehung, «wenn man ihn überhaupt so nennen kann»,[297] verschärft sich der Ton. Aus ihrer provisorischen Unterkunft in Rom schreibt sie: «[…] ich habe es bis zuletzt nicht glauben können, dass Du mich forthaben willst.» Und versichert zugleich: «Du hast nichts mehr zu fürchten, keinen ‹Efeu›, keine Unselbständigkeit und keine Zudringlichkeit. Auch nicht ‹Liebe im Hauptberuf›, wie Du es genannt hast.»

Sind diese Äußerungen dahingehend zu verstehen, dass sich Ingeborg Bachmann viel rückhaltloser als der Partner in diese Liebe gestürzt hat und damit Max Frischs professionellen Habitus zu unterlaufen droht? Sein Standpunkt ist voller Widersprüchlichkeit; schon der nächste Brief, unter der Pflege der ehemaligen Geliebten in Thalwil, beteuert die Sehnsucht nach Ingeborg, um dann einiges von ihr Vorgebrachte der Reihe nach «richtigzustellen». Auf einer Seite steht der Satz «Ich kann nicht allein sein», wenig später folgt die resignative Bemerkung «Wir sollten nicht zusammen wohnen.»[298] Noch aber, und womöglich gerade auch aufgrund dieser zwischen ihnen etablierten Ambiguität, wehrt sie sich gegen einen als vorzeitig empfundenen Abbruch des Experiments. «Du hast mir, als wir endlich miteinander eine Wohnung haben konnten, keine Zeit gelassen, ich hatte nur drei bis vier Wochen Zeit, von Ende März bis Ende April».[299] Doch auch in späteren Anläufen des Zusammenlebens bleibt ihrer beider Rhythmus konträr und bricht immer wieder in das Wechselspiel antipodisch besetzter Wohn- und Arbeitsorte aus.

Reinhard Baumgart, der als Lektor für den Piper Verlag Bachmanns Erzählband *Das dreißigste Jahr* betreute und 1960 Text für Text mit der Au-

296 IB an MF, 29.6.1959, Entwurf; BW IB/MF, S. 103.

297 IB an MF, 1.7.1959; BW IB/MF, S. 108; die folgenden Zitate ebd., S. 107, 108.

298 MF an IB, 1.–3.7.1959; BW IB/MF, S. 111, 113.

299 IB an MF, 4.7.1959; BW IB/MF, S. 116.

torin durchsprach, erinnert sich an ihre Klage über Frischs physische Dominanz und sein robustes Schreibverhalten, das ihr oft den kreativen Schwung und die eigene Muße raubte. «Sie hat mir oft erzählt: Was mich wahnsinnig macht, ist, er geht nach dem Frühstück rauf und schon höre ich nach kurzer Zeit seine Schreibmaschine klappern, das läuft und läuft. Und ich sitze da und brüte und es kommt und kommt nichts.»[300] Auch in Henzes Erinnerungen nimmt die Dramatik des Geltungsstreits und Verdrängungskampfes zwischen den zwei so unterschiedlichen Schreib-Temperamenten eine drastische Färbung an, in deren Licht Frisch unvorteilhaft dominant, Bachmann wiederum als hyperempfindlich erscheint; Frisch habe sich darüber im Frühling des Krisenjahres 1962 detailreich beschwert. «Mit dem ‹Mädchen›, wie er Inge nannte, war das Leben nicht einfach, er erzählte es mir eines Nachts beim Whiskey. Hörte er ihre Maschine klappern, mußte er aufhören zu arbeiten: Er wußte, daß dort drüben, wo es klapperte, Qualität in Arbeit war. Überlegenheit. […] Und wenn Ingeborg den Max tippen hörte – er war besonders fleißig bekanntlich –, ging sie ins Café Greco oder unter die Haube des Friseurs, wo sie stundenlang Illustrierte las. Sie hatte praktisch schon zu schreiben aufgehört.»[301]

Diese unangenehmen Szenen einer Schriftsteller-Ehe sind zuletzt in dem recht einseitig Partei nehmenden Film Margarete von Trottas, *Ingeborg Bachmann – Reise in die Wüste* (2023) wieder aufgelebt. Aber das ergibt in mehrfacher Hinsicht ein schiefes Bild. Während Frisch über seine aktuellen Projekte mit distanzierter Sachlichkeit und oft in leicht abschätziger Form zu sprechen pflegt, sucht Bachmann ihre eigenen laufenden Arbeiten diskret abzuschirmen und ist realiter viel stärker von Selbstzweifeln, Abwehrmustern und Negativaspekten bestimmt, auch wenn sie diese seltener artikuliert. Es ist auch nicht nur Frisch, der die Dynamik dieser Liebesbeziehung fortlaufend in detaillierte Skizzen und erzählerische Muster fasst; auch Bachmann verarbeitet die Erfahrungen und Erlebnisse literarisch, und dies schon von Anfang an. Erzählungen wie *Wildermuth* und *Undine geht* wurden geradezu Kassiber ihres Blicks auf den Quasi-Ehemann, während ihr

300 Reinhard Baumgart im Gespräch mit Peter Hamm im Film *Der ich unter Menschen nicht leben kann*; zit. nach Stoll: Der dunkle Glanz der Freiheit, S. 241.

301 Henze: Reiselieder mit böhmischen Quinten, S. 235 f.

die Ausdrucksform der Dichtung erst in und nach der Bruchphase wieder näherstand.

Im kollegialen Umfeld, bei literarischen Treffen und in der Öffentlichkeit wurden Bachmann und Frisch überwiegend als ein zwar charakterlich unterschiedliches, aber in ihren komplementären Schreibarten sich auch ergänzendes, gemeinsam erst recht machtvolles Paar wahrgenommen. Siegfried Unseld vollbrachte das Kunststück, mit beiden in engem, aber auch diskretem Austausch zu stehen und mit Bachmann, die er damals noch nicht verlegte, über ihre heftigen Krisen hinweg sogar befreundet zu sein. Auch Uwe Johnson steht beiden nah; Ingeborg Bachmann lernt er auf dem Elmauer *Gruppe-47*-Treffen kennen, gerade erst aus der DDR ausgereist. Seine Scheu vor dem westlichen Literaturbetrieb und seine sprachliche wie erinnerungspolitische Genauigkeit machen Johnson für sie zu einem «wichtigen Verbündeten»,[302] dessen Rat sie am Ende noch für *Malina* einholt und der ihrer beider Freundschaft mit der Prosastudie *Eine Reise nach Klagenfurt* von 1974 ein liebevolles postumes Andenken bewahrt.

Für Max Frisch übernimmt Johnson als Freund sogar mehrfach die Bürde heikler Lektoratsarbeit, indem er dessen zweite Lieferung der *Tagebücher* penibel durcharbeitet, später einen Geburtstagsband zusammenstellt und auch die intime *Montauk*-Erzählung gegenliest, diese sogar gegen die darin mit Klarnamen einbezogene Ehefrau Marianne Oellers-Frisch zu verteidigen versucht.[303] Wie Frisch und der noch junge Enzensberger, eine Zeit lang auch Johnson, wirkte seit den sechziger Jahren insbesondere auch Martin Walser vom Bodensee aus als ein wichtiger Ratgeber bei Siegfried Unselds literarischen Sondierungen und Programmplänen mit, er stellt neben den Genannten und dem Philosophen Jürgen Habermas einen der einflussreichsten, prominenten Protagonisten der nachmals sogenannten «Suhrkamp Culture» dar. Walser, der Bachmann ebenfalls schon aus gemeinsamen *Gruppe-47*-Tagungen wie dem von ihm organisierten Treffen in Bebenhausen bei Tübingen 1953 kannte und schätzte, hatte mit ihr später

302 Stoll: Der dunkle Glanz der Freiheit, S. 222.

303 Vgl. zu Johnsons Rolle für die Textgenese von *Montauk* Hanspeter Affolter: «Viele Anspielungen gehen ohnehin verloren.» Autofiktion und Intertextualität in Max Frischs *Montauk*. Zürich 2019, bes. S. 49–59.

wohl auch amourös getönte Begegnungen[304] und verbrachte als Lektor des *Malina*-Manuskripts Ende 1970 eine ausgedehnte Retraite zur Einrichtung des Romantextes in der römischen Wohnung mit ihr. Andererseits hatte Walser Ende 1963 als einer der Ersten das nah am quasi-ehelichen Konfliktherd entstandene Romanmanuskript des *Gantenbein* zu Gesicht bekommen und lektoriert.[305]

Weit über die gelegentliche konkrete Zusammenarbeit hinaus war Ingeborg Bachmann als gut vernetzte, viele Freundschaften parallel pflegende Mittelpunktperson ein integraler Teil der um das Frankfurt Verlagshaus herum entstandenen literarisch-publizistischen Szene. Frisch aber betrachtete seine mit Bachmann so eng befreundeten Suhrkamp-Kollegen Walser und Enzensberger mit Argwohn und Eifersucht, wie er noch nach der Trennung in unbeherrschten Anrufen bei Unseld und «in alkoholträchtigen Runden»[306] mit seinem Frankfurter Verleger unbedacht herausließ. Schon als Bachmann ihm im Frühjahr 1962 ihre ernsthafte Affäre mit einem italienischen Germanisten offenbart hatte, war eine von Frischs Hauptsorgen, wie er denn dann demnächst vor seinen jüngeren männlichen Verlagskollegen dastehen werde.[307]

In ganz anderer Weise wiederum ragte schließlich auch die lebenslange Freundschaft Bachmanns mit Paul Celan in ihre Beziehung mit Max Frisch

304 In seinem Tagebuch-Kalender 1960 notiert Walser den Namen Ingeborg Bachmanns unter dem 4. Februar und der Ortsangabe Konstanz, ebenso ist ihr Name mit dem Datum vom 14.–16. Oktober desselben Jahres vermerkt (Martin Walser: Leben und Schreiben. Tagebücher 1951–1962. Reinbek 2005, S. 457, 497; vgl. BW IB/MF, Hg.-Kommentar, S. 893).

305 Neben Walter Boehlich und Karl Markus Michel wurde im Gespräch zwischen Unseld und Frisch in Sperlonga im Oktober 1963 auch Martin Walser als Lektor für *Gantenbein* bestimmt (vgl. Hg.-Kommentar, BW IB/MF, S. 907).

306 Stoll: Der dunkle Glanz der Freiheit, S. 209. In einem Telefonat, das Unseld rückblickend auf 1967 oder 1968 datiert, habe Frisch ihm mit dem Weggang von Suhrkamp gedroht, weil er unmöglich mit jenen Kollegen im gleichen Verlagshaus bleiben könne, die ihn damals mit Bachmann betrogen hätten (BW IB/MF, S. 900).

307 «Ich bin kein verlässlicher Spieler, ich fürchte mich, im Juni tagelang mit Enzensberger, Walser, Unseld, Johnson zu reden und gefragt, wie es der Ingeborg geht, nicht bloss zu schweigen, sondern vielmehr […] zu reden, als wisse ich» (MF an IB, 5./6.5. 1962; BW IB/MF, S. 258).

hinein. Sie beide wurden von Celan nach der als schmähend empfundenen Rezension seines *Sprachgitter*-Bandes um Hilfe und Beistand angegangen und sahen sich übereinstimmend doch außerstande, ihn trotz großer Sympathie nicht auch ihre Zweifel an seiner Empörung wissen zu lassen.[308] Ein kurzes persönliches Zusammentreffen zwischen Celan und Frisch in dem Engadiner Bergort Sils hatte im Juli 1959 den Kontakt gebahnt. Ein Gipfeltreffen besonderer Art, bei dem das Duo Bachmann und Frisch für einmal nicht Mittelpunkt war, sondern eher als flankierende Gesellschaft fungierte, stellt jenes im Gedicht *Zürich, Zum Storchen* festgehaltene Zürcher Treffen im Mai 1960 zwischen Nelly Sachs und Paul Celan, den beiden großen Dichterfiguren des Exils, im Zürcher Hotel *Zum Storchen* dar. Die Szenerie mit dem schönen Aussichtsblick an der Limmat am Himmelfahrtstage konnte aus der Sicht Celans nur wieder als die Chiffre eines existenziellen Schwellenortes entziffert werden, an dessen Abgründigkeit das Zürcher Freundespaar nicht teilhatte.

In die Innenseite des mehrjährigen Zusammenlebens von Ingeborg Bachmann und Max Frisch jedoch hat keiner der literarischen Freunde wirklich hineinzublicken vermocht. Dort ist es vor allem ihr lange unter Verschluss gehaltener, nunmehr aber zugänglich gemachter und vom Feuilleton vielfach erörterter Briefwechsel selbst, in dem die Verhandlungen der beiden, ihr Ringen um Handlungsfähigkeit und Verständigung, einen selten euphorischen, oft inständigen, zunehmend von Verzweiflung durchsetzten literarischen Niederschlag gefunden haben.

Die schiere Anzahl, auch der zuweilen beträchtliche Umfang der zwischen ihnen hin und her bewegten Briefe ist enorm; trotz mancher Lücken weist die aus den Nachlassbeständen edierte Korrespondenz insgesamt 299 Stücke auf (davon etwa 30 von Dritten stammend oder an solche gerichtet), die in der Publikation ein Volumen von an die 580 Buchseiten füllen; hinzu gesellt sich ein fast ebenso umfangreicher Apparat an Stellenkommentaren und Erläuterungen. Grundsätzlich stellt sich die postume Überlieferungslage extrem asymmetrisch dar, weil der Max Frisch betreffende Bestand im Bachmann-Nachlass lediglich 43 Dokumente und darunter fast keine Originale umfasst, eine Folge ihrer konsequenten Entsorgung der

308 Vgl. BW IB/PC, S. 123–129, 165–171.

von ihm erhaltenen Schriftstücke. Der Bachmann-Bestand im Max-Frisch-Archiv hingegen beläuft sich auf mehr als 200 Stücke, unter welchen auch 165 Originalbriefe, Postkarten und Telegramme Bachmanns erhalten sind. Zugute kommt der Rekonstruktion des Korrespondenzverlaufes Frischs Manier, für seine Schreibmaschinen-Briefe ein zusätzliches Durchschlagspapier einzuspannen; manche Vertreter der ‹Bachmann-Seite› haben hier Kälte oder die listige Absicht auf Zweitverwertung unterstellt,[309] doch handelt es sich dabei um eine alte, gegenüber der Briefpartnerin früh als Gedächtnishilfe offengelegte Gepflogenheit.

Von sporadischen Nachzüglern abgesehen, spielt sich der intensive Briefaustausch, und damit ihre Beziehung überhaupt, in den sechs Jahren vom Juli 1958 bis zum August 1964 ab. Der Grund für die Umfänglichkeit der Korrespondenz ist, dem Genre entsprechend, so offenkundig wie trivial: Denn nur unter den jeweiligen Auspizien des temporären Getrenntseins, der Verständigung über räumliche und zeitliche Distanzen hinweg, ist der Weg des Briefverkehrs das Mittel der Wahl. Es ist das häufige, sogar überwiegende Nicht-Zusammensein dieses Paares, das als Grundmodus ihre Beziehung regiert.

Vor diesem Hintergrund sind auch die pittoresken Zeugnisse über das häusliche Spannungsgeflecht etwas anders zu gewichten. Denn man muss sich klarmachen, dass es ein solches simultanes Leben und Arbeiten unter demselben Dach nur die wenigste Zeit in den vier gemeinsamen Jahren der beiden überhaupt gegeben hat. Da waren zunächst und vor allem jene etwa sechs Wochen von Bachmanns Auszug aus der Feldeggstraße bis zu ihrem überstürzten Aufbruch nach Italien, wo sie zunächst spontan ein Luxushotel in Bellagio am Comer See bezieht. Ein gutes Jahr später kommen in Rom in der ersten von Frisch angemieteten Wohnung einige Wochen um den Jahreswechsel 1960/61 hinzu, im Frühjahr abwechselnd (und unterbrochen von Bachmanns fünfwöchiger Deutschland-Lesereise) einige gemeinsame Wochen in Uetikon und in Rom, an die sich eine Griechenlandreise (als Geschenk zu Max Frischs fünfzigstem Geburtstag) anschließt, ehe im Juni das Nobel-Appartement in der Via Notaris 1 F bezogen wird, auch dies eine Wahl Max Frischs. Fortan kommt erneut jenes Wechselspiel in Gang, bei dem oftmals nur einer der beiden in Rom oder Zürich weilt, während die

309 Vgl. Heinz Bachmann: Ingeborg Bachmann, S. 75.

andere Person auf Reisen ist oder in der anderen Wohnung zu arbeiten versucht. Sofern man sich strikt an die wirklich mit gemeinsamen Tagesabläufen unter demselben Dach verbrachten Tage und Wochen hält, so lassen sich diese selbst in der intensiven Zeit, die vom Frühjahr 1961 bis in den Herbst des Jahres 1962 reicht, nur zu insgesamt allenfalls einer Handvoll Monaten aufaddieren.

Die Briefschreiberei ist eine literarische Form, deren Rhetorik und Rezeption nicht zuletzt von ‹Frequenzeffekten› lebt. Damit ist zunächst gemeint, dass die Lücken, die zwischen einzelnen Sendungen bestehen, ebenso zur semantischen Auskleidung der Kommunikation hinzugehören wie die Ausführlichkeit und Häufigkeitsverteilung der Schreiben selbst. Der epistolare Austausch ist per Definition *disruptiv*, weil Briefe als Text-Ereignisse beiderseits von unkalkulierbaren Wartezeiten und somit von semantischer Leere umgeben sind. Als Zweites kommt hinzu, dass das briefliche Hin und Her selten einer Normalverteilungskurve folgt, bei der pro gegebenem Zeitabschnitt jeweils eine ähnlich große Menge an Schreiben ausgetauscht werden. Wenn im Schreibrhythmus auf Phasen quantitativ gesteigerter Kommunikation (bei der mehr und längeres Briefmaterial in kurzer Zeit entsteht) gewisse Zeiten der Ausdünnung und epistolaren Kargheit folgen, dann bildet sich darin meist auch eine Art Frequenzprofil der jeweiligen Briefbeziehung ab, das zumindest vorsichtige Rückschlüsse auf die Interaktionsstruktur und affektive Dynamik des Verhältnisses erlaubt.

Ein Blick zurück auf den Briefwechsel zwischen Bachmann und Celan mag die Bedeutung dieser Frequenzdimension exemplarisch illustrieren. Die Korrespondenz mit Paul Celan umfasst von beiden Seiten aus im überlieferten Bestand an die zweihundert Briefe und Briefentwürfe, darunter auch verspätet abgeschickte oder gänzlich zurückgehaltene, ferner solche mit der Beilage von Gedichten oder Abschrift von Kritiken; ergänzend auch Schreiben, die von Bachmanns neuem Partner Max Frisch stammen oder an Celans Ehefrau Gisèle gerichtet sind. Über zwei Jahrzehnte, von 1948 bis 1967, reicht die Korrespondenz, doch gibt es lange Phasen der Funkstille oder herabgedimmten Kommunikation. In Gehalt und Intensität hat diese Briefbeziehung einen klaren dramaturgischen Höhepunkt in dem Zeitraum, der von der Wuppertaler Begegnung im Oktober 1957 bis zum Sommer und Herbst 1958 reicht. Rund sechzig Briefe (Nr. 44–104), damit fast ein Drittel der gesamten Korrespondenz, entfällt auf dieses knappe eine Jahr, in dem die beiden zudem so oft und für so lange persönlich zusammentrafen wie niemals sonst.

Auch im Frisch-Briefwechsel stehen Phasen intensiven Austausches neben solchen des sporadischen Kontaktes mit eher lapidar gehaltenen Schreiben. Ein erster krisenhafter dramaturgischer Höhepunkt der Beziehung zeichnet sich in der Zeit des Sommers 1959 ab, als das Experiment des häuslichen Zusammenlebens nach vier, fünf Frühjahrswochen auf Ende April schon ein jähes, vorläufiges Ende zu finden scheint. Von Rom aus schreibt Bachmann, die sich auf widersprüchliche Weise von ihrem Partner einerseits weggestoßen und zugleich angebunden fühlt, weil er sie weder in Rom noch im Herbst in Frankfurt als getrennt von ihm lebend akzeptieren kann, einen Mahn- und Klagebrief. «Max, auf die Dauer, das verstehst Du doch, kannst Du mich nicht so herumschicken und mich herumschieben.»[310] Die leidige «Wohnungsfrage», hinter der zugleich ein tiefer Zweifel an dem Fundament dieser Liebesbeziehung überhaupt rumort, wird in den turbulenten Wochen eines einzigen Quartals, das von Ende April bis Ende Juli reicht, in beinahe fünfzig Briefen hin und her ventiliert. Und zwar so ausführlich, erbittert und engagiert, dass allein diese Phase einen mehr als hundert Seiten umfassenden Schriftwechsel hinterlässt (wovon gut achtzig Seiten auf die Monate Juni und Juli entfallen), der in der Gesamtkorrespondenz von etwa sechs Jahren einen Bestandteil von deutlich mehr als einem Sechstel beträgt. Erbracht wird dieser Umfang, der fast schon dem Textpensum eines kleinen Romans entspricht, folglich in einem Zeitraum, der nur 1/24 ihrer chronologischen Beziehungsdauer umfasst – ein frappanter Fall von frequenziell gesteigerter epistolarer Intensität.

Ein ähnlicher Befund lässt sich später für jene Phase gewinnen, die von Mitte September 1962 bis zum August 1963 reicht. Es ist dies jenes Jahr, in dessen Verlauf Max Frisch in Rom über den Villa-Massimo-Stipendiaten Tankred Dorst dessen Freundin Marianne Oellers kennenlernte und sich in die junge Studentin verliebte, sodann mit ihr zusammen im Winter nach New York und Mexiko reiste und Ingeborg Bachmann zu verlassen beschloss, die währenddessen in Zürich mehrere Spitalaufenthalte mit operativen Eingriffen hinter sich zu bringen hatte und erst allmählich die Tragweite und Endgültigkeit des Bruches zu erkennen begann. Im edierten

310 IB an MF, 4.7.1959; BW IB/MF, S. 117.

Briefwechsel macht dieses in Teilen deprimierend zu lesende Drama die Schriftstücke Nr. 165 bis 255 (von knapp dreihundert) aus, also annähernd ein Drittel; ebenso steht es hinsichtlich des Textumfangs. Damit ist dieser Lebensabschnitt epistolar doppelt so ausführlich repräsentiert, als es seiner chronologischen Zeitstrecke proportional entspräche. Evident ist, dass es zwischen den in sich auflösender Partnerschaft schwebenden, schmerzvoll getrennten Liebesleuten einiges zu besprechen gab; die räumliche Trennung über viele Monate trug ebenfalls zum gesteigerten Briefaustausch bei.

So zeigen sich der Sommer 1959 und der Winter 1962/63 als die eigentlichen Kernzonen dieses Briefverkehrs, in denen um Sinn, Fortbestand oder Gefährdung der Beziehung auf beiden Seiten am heftigsten gerungen, am leidenschaftlichsten geworben und am tiefsten verletzt und gelitten wurde. Hier liegen gleichsam die Gelenkstellen eines epistolaren Dramas, dessen alternierende Skriptführung eben nicht als literarisches Artefakt konzipiert worden, sondern aus dem kontingenten Hin und Her eines dialogischen Schriftverkehrs in dualer Autorschaft durch dessen additive Anreihung sukzessive hervorgegangen war. Wenn zwei Streitparteien einen Interessenkonflikt auszutragen haben, ist es hilfreich (und für ein geordnetes Verhandlungsgeschehen maßgeblich), dass zumindest eine gewisse Einigkeit darüber herrscht, in welchen Punkten genau der Dissens besteht, womit der Streit geführt und wie er womöglich beendet werden soll. Im Liebesdrama dieses Schriftstellerpaars liegt hingegen selbst diese minimale Voraussetzung eines «Konsensus im Dissensus» (Bourdieu)[311] über weite Strecken nicht vor. Während Max Frisch noch über die Divergenzen bei der Suche nach gemeinsamen oder getrennten Wohn- und Schreiborten räsoniert, wirft Ingeborg Bachmann längst schon die Frage nach der Energiequelle des

311 Wie der französische Kultursoziologe Pierre Bourdieu dargelegt hat, setzen kulturelle Distinktionen und Antagonismen ein gemeinsames symbolisches Terrain entsprechend dem «intersubjektiven Verständigungsmodus» der sprachlichen Kommunikation voraus; «die manifesten Konflikte zwischen Richtungen und Doktrinen verschleiern, zumindest den darin Befangenen, die verschwiegene Komplizität in ihren Voraussetzungen, […] nämlich den *Konsensus im Dissensus*, der die objektive Einheit des kulturellen Kräftefeldes einer beliebigen Epoche bildet» (Pierre Bourdieu: Künstlerische Konzeption und intellektuelles Kräftefeld [1967]. In: Ders.: Zur Soziologie der symbolischen Formen. Übers. von Wolfgang Fietkau. 2. Aufl., Frankfurt/Main 1983, S. 75–124, S. 122, 123).

Begehrens auf, dessen Kraft zwischen den beiden, Bachmanns diskreten Andeutungen zufolge, anscheinend abhanden zu kommen droht.

In den überwiegend privaten, teils auch intimen Passagen vor allem der ersten vehementen Konfliktphase des Briefwechsels erweisen sich die Protagonisten insbesondere als Geschöpfe einer Zeit, die – angestoßen etwa durch prominent diskutierte sexualsoziologische Studien in den USA – erst zu lernen begann, sich über Erwartungen und Divergenzen ihres Trieblebens einigermaßen offen auszutauschen. Ingeborg Bachmann zeigt sich dabei als der deutlich freimütigere und aufmerksamere Part. Die «Brüchigkeit» ihrer Beziehung, so beginnt Bachmann zu vermuten, rühre womöglich daher, «dass Du meintest mich zu lieben, auch als Frau, und dass es vielleicht nicht wahr war, dass Du keine wirkliche Beziehung zu meinem Körper gefunden hast, er Dir vielleicht gar nie angenehm war und Du es Dir und noch weniger mir nur nicht eingestehen wolltest.»[312]

Als phänotypisch wellenhafte Undinen-Figur wahrgenommen, hat es die Geliebte offenbar fast von Beginn an mit einem wie erstarrten, steinernen Gast zu tun. «Du bist so seltsam, und ich möchte alle Steine aus Dir herausoperieren, damit Du lebendig wirst», schreibt sie ihm nach einwöchigem Getrenntsein, und klagt: «Du schickst mich so oft weg, ich meine nicht nur jetzt, sondern auch sonst oft, oder Du nimmst meine Zärtlichkeiten nicht an, aber ich will, dass Du sie annimmst, oder es geschieht ein Unglück eines Tages oder es wird ein agreement aus unserer Beziehung, und das wünsche ich mir auch nicht.»[313] Am 3. Juli, dem ersten Wiederholungsdatum ihres Pariser Anfangstags, an den Bachmann im Voraus erinnerte, schickt er ihr vom Zürichsee einen «Rosengruss» und lässt die Zaubermomente von damals in ihrem bizarren Zeitkontrast auferstehen. «Die Metzger aus den Hallen, erinnerst Du dich, die mit den blutigen Schürzen, unsere Küsse auf der Strasse zwischen Kisten voll Gemüse, das Morgengrauen mit deinem Schrecken – Jetzt, Pernod-Zeit, muss ich zur Post, dass Du diesen Brief noch in Rom bekommst».[314] Die Formulierungen sind atmosphärisch so dicht und prägnant, dass Frisch sie später für seine Erzählung *Montauk* wieder aufgreifen und verwenden kann.

---

312 An MF, 4.7.1959; BW IB/MF, S. 116 f.

313 IB an MF, 5.5.1959; BW IB/MF, S. 79 f.

314 MF an IB, 3.7.1959; BW IB/MF, S. 114.

Bachmann ihrerseits nimmt das symbolische Angebot des Gedenktages auf, bekundet ihr Interesse an einer Fortsetzung der Liebesbeziehung klar und unverblümt und macht dabei, seine Vokabel von der Junggesellin zurückweisend,[315] im Grunde sogar einen Heiratsantrag: «[...] ich weiss jetzt, dass ich keine Junggesellin bin, dass mich nur die Umstände dazu zwingen, wieder eine zu werden».[316] Aber statt endlich zu ihr nach Italien aufzubrechen, lässt sich Frisch zu einem Rekonvaleszenz-Aufenthalt in dem tauberfränkischen Provinzkurort Bad Mergentheim anmelden; «ein neuer Schlag für mich», zeigt sich Bachmann entsetzt.[317] Im *Gantenbein*-Roman lässt der Autor den Arzt des erkrankten Gelehrten Enderlin ebenfalls diesen Kurort erwägen, wo er dann allerdings zugunsten einer italienischen Destination verworfen wird.[318] Für Uetikon, insistiert Bachmann nun ihrerseits auf Abgrenzung bedacht, werde sie ab sofort regulär Miete bezahlen; «denn ich habe begriffen [...], dass Du mich nie als Deine Frau betrachtet hast».[319] Der Zivilstatus war, gerade im Hinblick auf Wohnungs- und Meldefragen, seinerzeit für unverheiratet zusammenlebende Paare noch durchaus ein Problem; insofern überlagern sich in diesen Diskussionen bürokratische, wohnungspraktische und emotionale Fragen. Und ein weiteres Problem kommt aus Sicht der weiblichen Autorin hinzu, weil ihr Gefährte ungeschickterweise die Begriffe von «Herr» und «Magd» als Beispiel überkommener Rollenmodelle ins Spiel gebracht hatte. «Du stellst diese unselige Relation genau so her wie ich, denn Du machst Dich zum Herrn mir gegenüber [...]. Max, es ist so schwer zu erklären, aber ich habe nur ganz selten das Gefühl der Gleichberechtigung, der gleichen Stufen zwischen uns.»[320]

Das ist ein Vorwurf, der ihn betroffen macht, zumal er ihn auch schon von anderen Frauen zu hören bekam. Und doch erweckt die Antwort Max Frischs den Eindruck, dass ihm ein traditionelles Rollenmodell (etwa: der Architekt nebst Gattin) lieber wäre als eine Schriftsteller-Ehe mit einer ge-

---

315 MF an IB, 1.–3.7.1959; BW IB/MF, S. 110.

316 IB an MF, 4.7.1959; BW IB/MF, S. 115.

317 IB an MF, 4.7.1959; BW IB/MF, S. 119.

318 Vgl. Frisch: Mein Name sei Gantenbein; GW V, S. 143.

319 IB an MF, 11.7.1959, S. 144.

320 IB an MF, 10.7.1959; BW IB/MF, S. 132.

feierten Autorin Seit' an Seit'. «Wäre ich noch Architekt, ich wäre sofort bereit, Inge, mit Dir zu wohnen. Ich würde, indem ich im Atelier bin oder auf den Bauplatz gehe, aus deinem Kreis treten und könnte zu Dir wiederkehren.»[321] Er kann sich die beiderseits laufende Produktivität eines gemeinsamen Lebens nur unter den Bedingungen der wirksamen Abschirmung vorstellen. «Du hättest gearbeitet, oder ich hätte nicht gesehen, wenn Du nicht arbeiten kannst.» Die Erklärung rührt an das in ihm psychologisch tief verankerte Prinzip des Bilderverbots, demzufolge jede Überschreitung einer gewissen Persönlichkeitsgrenze in der bürgerlichen Gesellschaft notwendig zu falschen Vorspiegelungen, erzwungenen Lügen oder schalen Geständnissen führt. *Nicht sehen müssen*, ist die Spielregel Nr. 1 des späteren *Gantenbein*-Modells; kein Zufall auch, dass der weibliche Part mit dem Phänomen der fraglichen Berufsexistenz, des Scheiterns oder der unsoliden Arbeitsweise in Verbindung gebracht wird – im Roman wird Gantenbeins ehelicher Gegenspielerin nicht von ungefähr der unstete und unzuverlässige Part einer nur halbwegs erfolgreichen Schauspielerin zugewiesen.

Die schönen Pläne und die guten Absichten verschlagen im verhexten Sommer 1959 allesamt in ihr Gegenteil. Frisch schöpft, auch in der Diagnose des Fiaskos eloquent, in glänzenden Formulierungen die definitorische Vollmacht eines metareferenziellen Briefstils aus. «Rom wird für mich der Name einer Schuld. Im Winter dachte ich, Rom sei der Name unseres Sommers.»[322] Die Zweifel Bachmanns im Hinblick auf noch vorhandene Energien körperlichen Begehrens werden von Frisch mehrfach durch Verlagerungen auf andere Themenfelder überspielt; typischerweise etwa, indem er so großzügig wie spleenig kurz entschlossen zwei nagelneue, schicke VW-Käfer-Modelle erwirbt, eins für sich selbst und eines für Ingeborg. Um ihre neue Mobilität auch ausschöpfen zu können, legten die beiden im Frühjahr 1959 in Zürich eigens erst noch die Fahrprüfungen ab. Bachmann zeigt sich fast ebenso vom Autofahren begeistert wie Frisch, der bald einen Hang zu teuren Schlitten und schnellem Fahren an den Tag legen wird.

Auch die lange Autofahrt nach Rom ohne ihn, bei der Bachmann von Hans Magnus Enzensberger begleitet wird (und mit ihm eine Affäre be-

321 MF an IB, 16.–17.7.1959; BW IB/MF, S. 156; das folgende Zitat ebd.

322 MF an IB, 16.–17.7.1959; BW IB/MF, S. 150.

ginnt, die sich über fast ein Jahr erstreckt),[323] ist eigentlich Max Frischs Idee. Ende Juli 1959 fährt Frisch mit seinem Wagen von Zürich her über den Alpenkamm bis an die Schweizer Südgrenze in das nördlich von Chiavenna im Bergell gelegene Bergdorf Castasegna heran, um Ingeborg Bachmann (die von Paul Celan brieflich zu dieser Rückkehr bewogen worden war) in einer chevaleresken Eskorte buchstäblich am Schweizer Schlagbaum in Empfang zu nehmen; im kleinen Konvoi kurven sie danach hinauf und hinein ins Engadin.

Der Mann an ihrer Seite neigte zu aufwendigen Verrücktheiten und spontanem Großtun im Automobil[324] und war (durchaus im Sinne des *Homo faber*) fixiert auf logistische Planung und Symmetrie. So brach er später einmal von Rom aus mit seinem Wagen an den nördlichen Stadtrand auf, um die in ihrem Wagen anreisende Geliebte am Straßenrand geduldig wartend abzupassen, ein Manöver, das allerdings aufgrund ihrer Nichtbeachtung des romantischen Wegelagerers gründlich misslang. Auch die gemeinsame Bahnfahrt bis zum Gotthard-Tunnel, der Schwelle des Südens, am 22. Oktober 1962 trägt seine Handschrift – und nimmt den beginnenden Bruch überaus symbolträchtig vorweg: Bachmann (die davor, wie sich herausstellen wird, letztmals im gemeinsamen römischen Domizil nächtigte) fährt weiter in die Wohnung nach Uetikon, Frisch zweigt westwärts nach Mailand zu den Proben des *Andorra*-Stücks ab. Sie gibt danach – wenig glaubhaft – vor, «ohne Bitterkeit und jetzt auch nicht mehr verzweifelt» zu sein.[325] Er wiederum sieht sich «wie getröstet durch den technischen Zufall, dass unsere Züge, am Fusse des Gotthard, gleichzeitig zu rollen anfingen, dass nicht das eine oder andere zurückblieb.»[326] Vermutlich wollte Max Frisch in diesem Moment auch vor sich selbst nicht erkennbar sein als derjenige, der einseitig die andere, jahrelang geliebte Person zu verlassen im Begriff stand.

323 Vgl. Ingeborg Bachmann – Hans Magnus Enzensberger: «schreib alles was wahr ist auf». Der Briefwechsel [BW IB/HME]. Herausgegeben von Hubert Lengauer. München, Berlin, Zürich 2018, S. 42–89.

324 Die Erinnerungen ihres Bruders Heinz Bachmann berichten von waghalsigen Überholmanövern in Kärnten «im Sportwagen mit Max Frisch» (Heinz Bachmann: Ingeborg Bachmann, S. 66).

325 IB an MF, 23.10.1962; BW IB/MF, S. 301.

326 MF an IB, 25.10.1962; BW IB/MF, S. 303.

Befördert von vielen Kleinigkeiten und symbolischen Gesten wuchs mit den Jahren und mit den Wohnsitz-Scharaden letztlich nur der Riss zwischen beiden. War im Sommer 1959 Ingeborg Bachmann ohne Frisch nach Rom gereist, so ist es ein Jahr später umgekehrt so, dass Max Frisch ohne die Partnerin im Spätherbst die langersehnte gemeinsame Wohnung in Rom bezieht – und Bachmann zunächst noch in dem ihr nie wirklich zur Heimstätte gewordenen Zürcher Vorort verbleibt. Zur aporetischen Grundstruktur der Beziehungsdynamik gehört bei ihrem epistolaren Austausch auch, dass das Verlangen nach mehr physischer Nähe und geteilter Lebenszeit zwar gleichermaßen von beiden Partnern vorgebracht wird, nur eben nicht (oder kaum je) zur selben Zeit. Aus Portovenere, dem von ihm allein ein zweites Mal aufgesuchten ehemaligen gemeinsamen Liebesort, sendet Frisch im Oktober 1959 einen förmlichen Heiratsantrag. «Ich möchte Dein Mann sein ganz und für immer und auch vor der Welt.»[327] In einem Testament bedenkt er «Fräulein Dr. phil. Ingeborg Bachmann» mit dem «verfügbare[n] Teil meiner Hinterlassenschaft» und vermerkt ausdrücklich: «Von einer Veröffentlichung privater Briefwechsel ist abzusehen.»[328] Diese eindeutige Verfügung büßte später allerdings ihre Geltungskraft ein.[329]

Schriftakte, die ihr performativ deklariertes Ziel verfehlen, Verfügungen mit beschränkter Haltbarkeit, zudem eine permanente kommunikative Disproportionalität, die vom Warten auf ausstehende Briefe oder der Ausdehnung des eigenen Schreibvorgangs immer wieder bis zum Zerreißen angespannt wird: Wie solche Merkmale anzeigen, ist der Briefwechsel zwischen Ingeborg Bachmann und Max Frisch von fatalen Fallstricken und abgründigen Pointen durchsetzt, die so maliziös kaum von Schriftstellerhand als literarisches Konstrukt hätten erfunden werden können.

Diese den Schriftverkehr belastenden Missverständnisse und Störungen aller Art schlagen sich auch in den telefonischen Kontaktaufnahmen zwischen der Schweiz und Italien nieder und werden unter den beiden bald mit einer Art von Leitmelodie scherzhaft verknüpft. Als im November 1960 die

327 MF an IB, 8.10.1959; BW IB/MF, S. 169.

328 BW IB/MF, S. 173 f.

329 Eine Revision des Testaments nimmt Max Frisch nach der Trennung am 18. November 1964 vor.

Wohnung in Uetikon ohne Frisch «besonders leer»[330] auf die zurückgelassene Ingeborg Bachmann wirkt und diese vergebens «mit Pulvern, Anstrengungen» und mehr «zu einer Normalität zu kommen» versucht[331] – eine Phase, in der jene verhängnisvolle pharmakologische Abhängigkeit durch bedenkenlos gelieferte Medikamente beginnt –,[332] beschwert sie sich, wie schon erwähnt, brieflich über Frischs mangelnde telefonische Erreichbarkeit selbst zu entlegenen Zeiten. Da für jedes Ferngespräch noch im Fernmeldeamt eigens die Leitung hergestellt werden musste, empfängt, bei nicht angenommener Verbindung, die Anrufende wiederholt eine amtliche Statusmeldung, deren formelhaften Ausdruck sie vorwurfsvoll an den säumigen Partner weiterreicht. «Mein lieber Max, / was ist denn das für ein Telefon? Roma non risponde. Den ganzen Tag respondiert es nicht.»[333] Im medientechnischen Sinne galt bei diesen erfolglosen Anruf-Versuchen in der Tat die Wahrheit jenes Sprichworts, dass keine Antwort eben auch eine Antwort ist; genau diese wanderte in der Folge noch mehrfach zwischen dem reisenden Paar hin und her.

Die klangvolle Auskunft «Roma non risponde» oder kurz «non risponde», von Ingeborg Bachmann im November 1960 aufgegriffen, wurde zu einer stehenden Wendung innerhalb des Briefverkehrs.[334] Es war dies gleichsam die Erkennungsmelodie ihres unablässigen Aneinander-vorbei-Redens. Bereits zwei Wochen später nutzt Max Frisch, der im Vorjahr bei seinen Rom-Telefonaten nach der schweren Erkrankung ebenfalls schon frustrierende Erfahrungen mit dieser Formulierung gemacht hatte, die neue Leitmelodie für eine in umgekehrter Richtung abgehende Retourkutsche, indem

330 IB an MF, 16.11.1960; BW IB/MF, S. 181.

331 IB an MF, 18.11.1960; BW IB/MF, S. 183.

332 «[...] ich habe jetzt Fred angerufen in St. Moritz, er wird mir Medikamente schicken», schreibt Bachmann am 21.11. nach Rom (BW IB/MF, S. 184). Durch das mit Frisch befreundete Paar Heidi und Fred Auer hat Bachmann in den sechziger Jahren fast schrankenlos Psychopharmaka, Analgetika und einschlägige Rezepte erhalten.

333 IB an MF, 23.11.1960; BW IB/MF, S. 186.

334 Vgl. zu diesen strukturellen Aspekten Céline Burget: «Roma non risponde». Formen von Responsivität im Briefwechsel von Ingeborg Bachmann und Max Frisch. In: Brigid Grigg, Jessica Martensen, Henrike Ribbe, Anna Seethaler (Hg.): Bin ich's oder bin ich's nicht? Ingeborg Bachmann Echos. Bildbruch. Beobachtungen an Metaphern. Ausgabe 8 (2026), im Erscheinen.

er aus Italien nach Uetikon schreibt: «Herz, ich bin unruhig. Ob Du in Zürich bist? Wage nicht anzurufen, weil ich mich schämen würde, wenn Du da bist, und im andern Fall: Zurigo non risponde, wie damals jene ganze Nacht: Roma non risponde!»[335] Ähnlich lautend im November zwei Jahre später, als die Beziehung bereits am Zerbrechen ist: «Da ich dich am Samstag lange in Uetikon anrief, non risponde, wusste ich nicht, wo ich Dich zu imaginieren habe.»[336]

In der retrospektiven Darstellung des autofiktionalen Prosatexts *Montauk* wird Frisch ebenfalls von der symptomatischen Bitterkeit dieser amtlichen Formel Gebrauch machen. Er bezieht sie aber nun auf den schwierigen Sommer 1959 der Krankheit und Trennung zurück, als er Bachmann aufgefordert hatte, ohne ihn nach Italien aufzubrechen, und in der Folge verdächtig viele Briefe des jüngeren Kollegen Enzensberger für sie in Uetikon eintrafen, manchmal drei in einer Woche.[337] Frisch war damals in doppelter Angst, nicht mehr arbeiten zu können und die Geliebte zu verlieren, und vertraute seine Panikattacken einem (später von Bachmann aufgefundenen und vernichteten) «Tagebuch böser Zweifel» an.[338] In seinem mühevollen Zürcher Rekonvaleszententum, so erzählt das retrospektive *Montauk*-Ich, und so hatte es Frisch zuvor mehrfach schon Freunden und Kollegen erzählt,[339] habe er vergebliche Anläufe gemacht beim Versuch, in Rom die Gefährtin zu kontaktieren. «Als ich vier oder fünf Stunden am Tag gehen kann, weiß ich, daß ich nicht leben will ohne sie. ROMA NON RISPONDE, ich kann es nicht fassen, daß ich sie eine Nacht lang nicht erreiche, auch tagsüber nicht, ROMA NON RISPONDE, ich kann mir vielerlei Gründe denken, und alle sind mir durchaus gleichgültig; was mich fertigmacht: dieses Klingeln,

335 MF an IB, 10.12.1960; BW IB/MF, S. 199. Mit jener Nacht ist eine Episode aus dem Sommer von Frischs Hepatitis-Erkrankung im Mai/Juni 1959 gemeint.

336 MF an IB, 5.11.1962; BW IB/MF, S. 305.

337 Schütt: Biographie einer Instanz, S. 129. Vgl. BW IB/HME, S. 42–58.

338 Schütt: Biographie einer Instanz, S. 128 f.

339 Paul Celan hielt nach dem Zürcher Zusammentreffen mit Bachmann, Frisch und Nelly Sachs im Mai 1960 in seiner Agenda aus einem Gespräch mit Max Frisch die Episode ganz ähnlich fest, wie sie später in *Montauk* berichtet wird: «Er erzählt von der [sic] während seiner Krankheit im vorigen Jahr unternommen[en] Versuchen, Ingbg in Rom zu erreichen: ‹Roma non risponde!›» (Zit. n. Badiou: Paul Celan. Bildbiographie, S. 241.)

bis wieder die Stimme kommt: ROMA NON RISPONDE.»[340] Es scheint also, dass in chronologischer Hinsicht Frisch die älteren Rechte an Bachmanns Telefonformel, die er mit *Montauk* öffentlich anmeldet, tatsächlich innehat – wenngleich die Art und Weise, wie das *non risponde* im Sommer 1959 zwischen dem Paar aufgekommen sein mag, sich anhand der erhaltenen Briefdokumente nicht mehr genau rekonstruieren lässt.

Das innere Zerwürfnis dieses Schriftsteller-Liebespaares hat die Nachwelt in seinen ehelichen und privaten Aspekten ohnehin nicht zu interessieren – so muss, durchaus auch gegen den ‹Sog› des Materials, im Gang dieser Darstellung immer wieder selbstkritisch eingeworfen werden. Allerdings sind die textuellen Indizien und Folgen des Geschehenen eben doch von einigem literarischen Belang. Denn auf die Malaise einander widerstreitender Wohn-Ambitionen folgt noch während der dadurch verursachten Arhythmien beständiger Ortswechsel und Reiseaktivitäten das zweite, kommunikative Paradoxon: dass nämlich die beiden einander umso intensiver in langen Briefen und kurzen Depeschen gegenseitig unter Textbeschuss nehmen, je stärker sich ihre emotionalen Register und täglichen Arbeitsmechanismen bereits auseinanderdividiert oder sogar schon gegnerschaftlich zueinander in Stellung gebracht haben. So ist etwa jener unselige «Vertrag» von Venedig, der wechselseitig beiden die Handlungsfreiheit unverbindlicher Abenteuer einräumt, im Grunde als Teil dieses paradoxen Grundmusters nur dafür abgeschlossen worden, um beim erstbesten Belastungsfall seine Unzulänglichkeit zu erweisen.

Als Bachmann ihrem Partner im Frühjahr 1962 eine ernsthafte Liebesaffäre mit dem italienischen Germanisten Paolo Chiarini gesteht, reagiert Frisch, massiv verletzt, auf epistolarem Weg in den agonalen Registern männlichen Konkurrenzverhaltens. Jener Mann habe «nun anzutreten» und für die Geliebte auch einzustehen, verbindlich und vollständig; er, Frisch, wolle «nicht das Floss» sein «für die Möwen, wenn sie müd sind»[341] – noch aus tiefster Kränkung entsteht ein literarisches Bild von enormer Suggestivkraft. Sowohl jener Dritte als auch Bachmann selbst machten dann einen Rückzieher, doch war die triadische Konfliktkonstellation und ihre toxische Spur damit als hartnäckige Erwartungsangst unwi-

340 Frisch: Montauk; GW VI, S. 713.

341 MF an IB, 6.5.1962; BW IB/MF, S. 259, 260.

derruflich etabliert, und ebenso auch als künftig zu nutzendes literarisches Handlungsmuster.

Eine Schieflage zwischen der umworbenen, mit Lesereisen und Auftritten beschäftigten Dichterin und dem zu Hause mit seinen Schreibprojekten hadernden Partner hatte sich schon bei Bachmanns wiederholten *Gruppe-47*-Gastspielen abgezeichnet und im Lauf der Jahre 1959 bis 1961 immer deutlicher bemerkbar gemacht. Gemäß dem (hierin durchaus bemerkenswerten, sonst eher schlagseitigen) dramaturgischen Konzept des Bachmann-Films von Margarete von Trotta war bei der Entgegennahme des Hörspielpreises im März 1959 im Auditorium des Bonner Bundeshauses als unbeschäftigter Gast auch Bachmanns Lebenspartner Max Frisch zugegen. Bei diesem Anlass, so suggeriert das Szenario, könnte ihm also die skurrile Rolle des teilnehmenden Beobachters unter Blinden auf eine Weise zu denken gegeben haben, welche dem Autor dann gleichsam naturwüchsig zum Ausgangseinfall für die *Gantenbein*-Konstruktion des blendend getarnten Voyeurs verhalf. Jedenfalls begann Frisch Ende Dezember 1959, ein Notizheft unter dem Titel «Der Blindgänger» anzulegen, wobei sich in der Begriffswahl die Anspielung auf militärische Weltkriegsepisoden (den Blindgängern im Sinne bislang nicht detonierter, aber noch explosiver Munition) bereits mit der existenziellen Chiffre des in ahnungsloser Blindheit durchs Leben Gehenden vermischt.[342] Die Ambivalenz der ophtalmologischen Daseinsmetapher lag von nun an zur späteren erzählerischen Ausarbeitung bereit.

Unterdessen verzeichnet der Briefwechsel fortwährend die je aktuellen Verschiebungen der literarischen wie auch der erotischen Kräfteverhältnisse. Mit ihren Erzählungen aus dem Band *Das dreißigste Jahr* (der kurz vor seiner Veröffentlichung steht) unternimmt Bachmann im Februar und März 1961 eine ausgedehnte Lesereise durch Nord- und Westdeutschland. Spärlich und verzögert treffen ihre Nachrichten von unterwegs in der römischen Wohnung ein, am Trubel der Veranstaltungen hat Frisch keinen Anteil, nur an der Tristesse der Unterkünfte, Provinzposten und Zwischenstrecken, aus der sich hin und wieder ein kümmerlicher Scherz ergibt. «Heute kam Dein Brief, geschrieben in Leer. Deine Oede kann ich mir sehr vorstel-

342 Schütt: Biographie einer Instanz, S. 189 f.

len.»[343] Doch eigentlich unterstellt er im Gegenteil, dass sie auf ihrer Tour Fülle und Betriebsamkeit genießt, sich ohne ihn durchaus amüsiert. Er sehnt sich nach ihren Briefen, hat sie im römischen Stiegenhaus jeweils vor Ungeduld schon, «ohne stehen zu bleiben, in der zweiten Etage gelesen»,[344] kommt aber darin emotional nie auf seine Kosten, wie er beklagt, weil ihm der lebendige Austausch fehlt – und er ihre Briefe emotional schlichtweg für zu flach befindet.

In einer bedenkenswerten Volte wirft er ihr gewissermaßen die literarische Ambitionslosigkeit ihrer Episteln vor. «Dichter sind das geizigste Pack; Gedanken, die etwas auslösen, schreiben sie in ihr Werk, sofern sie nicht im Gespräch verblitzen.»[345] Und von solchen Gesprächen sei er nun für grausame «14 Wochen» abgeschnitten, emotional vernachlässigt und in der Labilität seines Kreativseins nicht genügend umsorgt. «Ich will nicht nachsehen, ob ich einen geschriebenen Satz von meiner Ingeborg besitze, der über meine Arbeit anderes sagt als generelle Aufmunterung.» Neben dem männlichen Lamento über allzulanges Alleingelassenwerden enthält diese Kritik implizit eine bemerkenswerte Bekundung der eigenen Schreibmaximen für den privaten Briefverkehr; es galt demzufolge jederzeit, mit ernsthaften Signalen tief ins Innere des Gegenübers zu treffen. Eingreifend, prägnant und selbstkritisch – so müsste, dieser Ambition gemäß, nicht nur der Duktus literarischer Publikationen, sondern auch das zwischenmenschliche briefliche Dialogisieren sein.

Besonders vermisst Max Frisch – und womöglich ist dies aus literarischer Sicht auch eine Folge seines Arbeitens in dramatischen Szenenfolgen und sukzessiven Prosa-Handlungslinien – an ihren Briefen, die er als «sehr antwortlos» beschreibt,[346] das Merkmal der *Responsivität*,[347] ihrer *An-*

343 MF an IB, 3. 3. 1961, S. 225.

344 MF an IB, 27. 2. 1961, als Beilage im Brief vom 3. 3. 1961; BW IB/MF, S. 230.

345 MF an IB, 27. 2. 1961, als Beilage im Brief vom 3. 3. 1961; BW IB/MF, S. 230; die folgenden Zitate ebd.

346 MF an IB, 27. 2. 1961, als Beilage im Brief vom 3. 3. 1961; BW IB/MF, S. 227.

347 Der Phänomenologe Bernhard Waldenfels definiert die Grundhaltung der «Responsivität» über einzelne Kommunikationsakte hinaus als ein «Sichsagen», das «dadurch zu charakterisieren ist, daß es an fremde Äußerungen anknüpft, auf sie eingeht, auf sie antwortet» (Waldenfels: Antwortregister, S. 320). – In eine ähnliche Richtung weist das von Michail Bachtin in einem kurzen Artikel aus dem Jahr 1919 entworfene

*schluss*-Stimmigkeit. Denn selten bis nie verknüpften sich ihre eingehenden Sendungen explizit und untrüglich mit demjenigen, was er ihr im jeweils vorigen Schreiben mitgeteilt hatte. «Gebe ich auch keine Bälle zurück?», fragt er, das von ihm überaus geschätzte Tischtennis-Spiel als Vergleichsbild bemühend. «Müsste ich aus Deinen lieben Briefen herausfinden, was ich Dir zuvor geschrieben habe, ich erriete es nie. Ich schreibe jetzt mit Durchschlag. Sonst ist es wie Pingpong auf einem heiteren Schiff, wo die Bälle ins Meer gehen; man nimmt halt neue.»[348] Frischs charakteristische Manier, die Schreibmaschinen-Briefe durch das Einspannen eines zusätzlichen Durchschlagspapiers für das eigene Gedächtnis zu dokumentieren, ist wie gesehen eine weit zurückreichende schriftstellerische Arbeitsform, die er unter der strategischen Gunst dieses Moments nun als Anpassungsmaßnahme aufgrund ihrer dialogisch nicht genug situierten Gegenbriefe deklarieren kann.

Bachmann hingegen hält die Kontaktstellen ihrer Schreiben limitiert, was eine ganz andere, der traditionellen Brieflehre widerstreitende disruptive Poetik ergibt. «Vielleicht liegt es daran, daß ich nicht wie Du das Bedürfnis habe, in Briefen und mit Briefen das Gespräch anders fortzusetzen, sondern es aufheben will».[349] Und wenn er ihr vorhält, sie spreche selbst vom Heiraten so angespannt wie «zwischen zwei Zügen»,[350] entgegnet sie, dass sich in ihrer Vorstellung tatsächlich eine spürbare Membran zwischen äußerlichen Formalitäten und ihrer inneren Gefühlswelt befinde: «Es ist wie zwei Sprachen, und die zweite Sprache ist eben eine Fremdsprache für mich.»[351]

---

Konzept der «answerability», von welchem der russische Literaturwissenschaftler und Kulturhistoriker die künstlerischen, wissenschaftlichen und lebenspraktischen Bestrebungen menschlicher Individuen in ihrem mikrosozialen Nukleus idealerweise als ‹auf Antworten angelegte› bestimmt sieht. «The individual must become answerable through and through: all of his constituent moments must not only fit next to each other in the temporal sequence of his life, but must also interpenetrate each other in the unity of guilt and answerability.» (Mikhail Mikhailovich Bakhtin: Art and Answerability. Early Philosophical Essays. Edited by Michael Holquist and Vadim Liapunov; translated and notes by Vadim Liapunov. Austin TX 1990, S. 1–3, hier S. 2.)

348 MF an IB, 27.2.1961, als Beilage im Brief vom 3.3.1961; BW IB/MF, S. 228.

349 IB an MF, 6.3.1961; BW IB/MF, S. 237.

350 MF an IB, 27.2.1961, als Beilage im Brief vom 3.3.1961; BW IB/MF, S. 228.

351 IB an MF, 6.3.1961; BW IB/MF, S. 238.

Oft verbleibt Ingeborg Bachmann in den Briefen an Frisch bei einer (vielleicht aufgesetzten) munteren Oberflächlichkeit; als durch ihren Rom-Aufenthalt und Frischs Zurückbleiben im Sommer 1959 der Faden schon zum Zerreißen angespannt ist, liefert sie einen zweiseitigen Exkurs ab, der eine hinreißende Skizze über die Gefahren und Reize des anarchischen römischen Straßenverkehrs enthält, druckreif und effektsicher in seiner humorvollen Übertreibungslust. Noch «im grössten Chaos» fahre sie selbst im römischen Getümmel traumwandlerisch sicher, «eingeschlossen [...] von 100 drängelnden Italienern», und bahne sich ihren Weg zuweilen sogar «mitten durch die Fussgänger [...], ohne Hupsignal. [...] Ich bin halt doch eine vecchia romana, [...] errate sehr gut die Bewegungen der anderen»,[352] vermeldet die kesse Automobilistin in die Schweiz. Dies alles nur, um ihm den Gedanken einer eigenen Fahrt nach Rom auszureden? Oder um die Vorzüge des südländischen Improvisierens gegenüber dem Zürcher Ordnungsgeist darzutun? Vielleicht auch als antidepressives Ablenkungsmanöver, oder einfach aus dem Elan des Schreibvorgangs heraus.

Zunehmend folgt Frisch seinem Instinkt, sich durch derlei Episoden und ihre amüsanten Schlenker nicht mehr von seinem stark und stärker werdenden Grundmisstrauen ablenken zu lassen. Er ahnt oder spürt, dass es bei Bachmann tiefe Regionen des Herzens gibt, zu deren Kammern er keinen Zutritt hat, ihre großen Künstlerfreunde wie Celan und Henze aber schon. Ihn quäle, bekennt der große Brief von Mitte Juli 1959, der «stete Verdacht, dass Du mich geringachtest», denn er habe von sich selbst ein klares Bewusstsein der eigenen «Durchschnittlichkeit»,[353] das ihn unterscheide von jenen Auserlesenen, mit denen Ingeborg Bachmann sich so oft und so eng zu umgeben pflege. Und Frisch versteigt sich dabei zu einem Argument, das die Marginalisierungseffekte antisemitischer oder homophober Diskriminierungsmechanismen auf gefährliche Weise umzukehren versucht. «Das Bewusstsein der Auserlesenheit (ich vermute es bei Hans Werner Henze, ich vermute es bei Paul Celan) beruht nicht auf Leistung, es ermöglicht die Leistung; es ist da wie Homosexualität, wie Judsein.» Den Neid auf das Außenseitertum kann wohl nur formulieren, wer es nie ertragen musste; er gilt zwei Lebensmenschen Ingeborg Bachmanns, die Frisch

352 IB an MF, 10.7.1959; BW IB/MF, S. 134, 135.

353 MF an IB, 16./17.7.1959; BW IB/MF, S. 161; das folgende Zitat ebd.

auch mit Heiratsanträgen, Geschenken oder scharfsinnigen Selbstanalysen nicht verdrängen oder entthronen kann.

Selbst in alltäglichen Lebensvollzügen regierte zunehmend das Drehbuch der Eifersucht. Frisch leidet, sobald er denkt, dass sie ihre Spielräume genießt; misstrauisch und eifersüchtig ist er aus Prinzip, was durch ihr vielfach beschriebenes, habituelles Flirtverhalten selbstredend keineswegs gebessert wird. «Dein Anruf heute Mittag, ich habe mich gefreut auf ihn, ich habe ihn erwartet, nun ja, Du warst nicht allein im Haus. Vertraut und fremd, wie wenig es braucht, dass es überkippt. Ich meine nicht die Wörter, sondern die Stimme, die die Wörter durchlässt, plötzlich, wie ein Sieb das Wasser.»[354] Mit seiner Kritik an ihrem Gesprächsstil zielt Frisch darauf ab, dass sich Bachmanns Stimme oftmals frappant verändere, wenn sie an Dritte gerichtet sei, während er, «ohne zu horchen» zugegen sei. Da vermutet er dann stets, allein schon durch ihre Modulation, etwas Klandestines im Spiel. «[...] weisst Du übrigens, dass Du bei Telefonaten nie einen Namen aussprichst? [...] Eine Meisterin der Tarnung! Es lässt sich, wenn man infolge einer offenen Türe es hört, fast immer erraten, und nachher sagst Du es ja auch, im allgemeinen.» Kein Zufall auch, dass er als Lauscher in solchen Szenen Namen wie «Martin» oder «Hans» aufgeschnappt haben will. Sie habe, so sein Vorwurf, den Habitus einer ungebundenen Frau beibehalten, höre sich bei solchen Gesprächen, so der von ihm schon zum wiederholten Male aufgebrachte Begriff, «wie eine Junggesellin» an.[355]

Den Spielraum möglicher Affären könne er seinerseits hingegen nicht mehr nutzen und sei in Rom zu einem «Leben in der Kaserne» verurteilt, nicht nur «wegen der Fremdsprache, sondern weil ich ein Ehemann bin.»[356] Welche andere Frau «von menschlichem Rang» würde sich unter solchen Bedingungen auf eine Affäre, «ein Doppelspielchen» einlassen und «kommt in diese Wohnung, die unsere ist». Wenig verwunderlich, dass Frisch diesen Brief mit der larmoyanten Planszene eines ihm zustehenden, aber von den Umständen verweigerten Seitensprungs nicht abgeschickt hat; anderthalb Jahre später allerdings wird ein ähnlich geartetes Szenario zur Realität. Mit Marianne Oellers will Frisch ein neues Leben beginnen, gemeinsam brechen

354 25.–26.2.1961; BW IB/MF, S. 220 die folgenden Zitate ebd.

355 25.–26.2.1961; BW IB/MF, S. 220.

356 25.–26.2.1961; BW IB/MF, S. 222; die folgenden Zitate ebd.

die beiden Anfang 1963 zu einer zweimonatigen Amerikareise mit glamourösen Premieren-Empfängen und illustren Begegnungen auf. Bachmann erholt sich währenddessen in einem Zürcher Spital und unter heftigem Medikamenten-Einsatz (den sie u. a. in dem Gedicht *Gloriastrasse* thematisiert[357]) mühsam von den Strapazen und Folgen eines gynäkologischen Eingriffs, der das Ende ihrer biologischen Fertilität besiegelt.

Nur selten waren die Erwartungen, Verhaltensweisen und Perspektiven des großen Schriftstellerpaares wirklich übereinstimmend bzw. reziprok. Auch von anderen Personen wurde überdies Bachmanns Neigung bemerkt, ihr nahestehende Menschen oder Freundesgruppen strikt gegeneinander abzuschirmen.[358] «Frau Bachmann hielt unter ihren Freunden auf eine strenge Trennung», erklärte rückblickend Hans Werner Henze in einem Interview.[359] Eine noch größere Diskretion nahm sie für ihre Briefschaften in Anspruch und fordert deshalb nach der Trennung kategorisch alle ihre Briefe und sie betreffenden Dokumente zurück – vergebens.[360] Davor aber lag ein schmerzvoller Erkenntnisprozess, der ihrerseits später einsetzte und länger benötigte als beim ehemaligen Partner, der in der Trennungsphase für sich bereits vollendete Tatsachen geschaffen hatte. Im Zentrum des Zerwürfnisses dieser mit Texten doch existenziell vertrauten Künstlernaturen

---

357 Ingeborg Bachmann: Gloriastrasse. In: «Ich weiß keine bessere Welt». Unveröffentlichte Gedichte [UG]. Hg. von Isolde Moser, Heinz Bachmann, Christian Moser. München, Zürich S. 54, 55.

358 Vgl. Stoll: Der dunkle Glanz der Freiheit, S. 213–215; Hartwig: Wer war Ingeborg Bachmann?, S. 177 f.

359 Hans Werner Henze: «Wenn die Sprache versagt.» Hans Werner Henze im Gespräch mit Regina Aster. In: Profil Nr. 26, 23.6.1986, S. 50.

360 «Du kannst mir alle Zettel, Briefe, Notizen etc zurückschicken, die den ganzen Komplex betreffen, oder sie selber vernichten, damit nie ein fremdes Aug sie trübt.» (IB an MF, 11.12.1963; BW IB/MF, S. 522.) Und in nochmals generellerer, ultimativer Form: «Lieber Max [/], ich will alle meine Briefe zurückhaben, nicht nur die Zettel und Briefe, die mir versprochen wurden und die bis heute nicht eingetroffen sind, nach monatelangem Warten. Auf die Angabe der Gründe verzichte ich, da Du sie kennst und ich Dir die Aufzählung ersparen möchte. Ich möchte nur noch jedem denkbaren Missbrauch vorbeugen, und es ist selbstverständlich, dass ich nichts aufbewahren werde.» (IB an MF, 26.3.1964; BW IB/MF, S. 531.)

stehen beiderseits Mitteilungen, die nicht einmal mehr im Vereinbaren des Auseinandergehens noch zu einer gemeinsamen Sprache finden.

Bis Mitte November 1962 spitzten sich die Geschehnisse in wahrlich melodramatischer Weise zu, fast als würde ihr Handeln einem bösen, alptraumhaften Filmskript folgen. Die Verletzungen in diesem Stadium gehen tief, sie sind zugleich sexueller und kommunikativer Natur. In stärkster Selbstüberwindung und Großzügigkeit setzt Bachmann, um trotz Frischs Fortstreben irgendwie noch einbezogen zu bleiben, im November 1962 ein Telegramm nach Rom ab, in dem sie versichert, dass Frischs neue Freundin «selbstverständlich Viadenotaris wohnen» könne,[361] in ihrer beider gemeinschaftlichen Wohnung also. Frischs beiläufiger und verzögerter Antwort entnimmt sie fassungslos, dass er bei der Einquartierung der Geliebten nicht einmal daran gedacht hatte, diese großherzige Einwilligung auch nur abzuwarten – «eine beispiellose Ohrfeige» für sie.[362] Von Wien aus, wohin sie sich psychisch schwer angeschlagen geflüchtet hatte, schreibt sie zu nächtlicher Stunde am 16. November 1962 – es ist dies wohl der tiefste Nachtpunkt ihrer Beziehung überhaupt –, jenes ihre Naivität entblößende Telegramm sei ihr letztes und extremstes Wagnis gewesen: «[...] ich habe alles auf eine Karte gesetzt, und ich habe eben verloren.»[363]

Genau diesen Satz war Ingeborg Bachmann wortwörtlich schon einmal zu schreiben gezwungen gewesen; zehn Jahre zuvor und ebenfalls in Wien, an ihren verlorenen Geliebten Paul Celan. «Ich habe alles auf eine Karte gesetzt und ich habe verloren.»[364] Kurz danach findet vermutlich Anfang Dezember ein Suizidversuch statt,[365] in dessen Folge sie in die Zürcher Bircher-Benner-Klinik aufgenommen wird. Wiederum bleibt die erhoffte einlenkende Reaktion des Partners aus; die Gedichtentwürfe aus der Zeit des

361 IB an MF, 6.11.1962, Telegramm; BW IB/MF, S. 310.

362 IB an MF, 13.11.1962; BW IB/MF, S. 318.

363 IB an MF, 16./17.11.1962; BW IB/MF, S. 330.

364 IB an PC, 21.2.1952; BW IB/PC, S. 43.

365 Bachmann deutet dies etwas später in einem Brief an Henze an (IB an HWH, 4.2.1963; BW IB/HWH, S. 243); in ihrem Tagebuch sprach sie schon im Sommer zuvor von der Entschlossenheit, «ein Ende zu machen mit diesen vier Jahren» (6.8.1962, Bl. 2413; zit. nach Hans Höller, Arturo Larcati: Ingeborg Bachmanns Winterreise nach Prag. Die Geschichte von «Böhmen liegt am Meer». München, Berlin, Zürich 2016, S. 51).

zweiten Spitalaufenthaltes, nun bei den Rotkreuz-Schwestern, verzeichnen «die Gnade Morphium, aber nicht die Gnade eines Briefs».[366]

Sich dem Anderen in Liebe mitzuteilen, gelingt nicht einmal mehr durch die Komödie eines fingierten Rosenkavaliers, für die sich Bachmann tägliche Blumensträuße ins Spitalzimmer kommen lässt – in der paradoxen Hoffnung, vor Frisch dadurch einerseits als emotional ‹versorgt›, andererseits wieder als begehrenswert zu erscheinen. Frisch soll unbekümmert nach Amerika fahren dürfen, ohne ob ihrer Krankheit und Einsamkeit ein schlechtes Gewissen zu haben – dann aber doch auch irgendwann die darin steckende noble Geste würdigen. Solche *double-binds* entsprechen ziemlich genau den kommunikativen Selbstwidersprüchen der Theatermodelle von Diderots klassischer *comédie larmoyante.* Für diese bizarre, klägliche Intrige verfasst sie als ‹Weihnachtsgeschenk› einen versiegelten Brief an den Partner, den dieser laut einer Begleitverfügung erst Monate später soll öffnen dürfen, um dann endlich reuig zu erfahren, dass die Spuren des vermeintlichen Nebenbuhlers von ihr in selbstloser Aufopferung gelegt worden waren. Doch lange bevor dieses (sehr nach 18. Jahrhundert anmutende) Szenario einer verzögerten Enthüllung überhaupt greifen konnte, war durch die Verschlimmerung ihres Zustandes und durch Frischs demonstrative Indifferenz die emotionale Verbindung restlos aufgezehrt.

Immer mehr hüllt sich das Scheitern des Liebespaares in literarische Konstellationen und historische Reminiszenzen ein, es mündet schließlich in den Kollaps des elementaren Vermögens der Konkordanz, der ‹Mitherzigkeit›. Am 15. Mai des definitiven Bruchjahres 1963 schreibt Max Frisch ihr aus Rom: «Liebste Ingeborg! [/] Heute vor zwei Jahren, im Pelepones [sic], haben wir die Schlange überfahren. Schön war's. Sie hat dann, irgendwann, zurückgebissen, das war ihr aber anzusehen.»[367] Er war zwischenzeitlich in Zürich gewesen, hatte von ihr «Kleider und Schuhe und was da an Wäsche noch war», in ihre Wohnung gebracht und aus Uetikon «das Manuskript mit Deinen Notizen abgeholt.» Beim kurzen Zusammentreffen mit seiner Mutter habe diese gerühmt, «wie lieb Du zu ihr gewesen bist», woraufhin er ihr endlich gestanden habe, «dass wir uns haben trennen müs-

366 Bachmann: Gloriastrasse, v. 1; UG, S. 54.

367 An IB, 15.5.1963; BW IB/MF, S. 446; das folgende Zitat ebd.

sen».[368] Dieser Passus wirkt auf Ingeborg Bachmann wie ein ultimatives Schreckens-Fanal. Zur Sache des *Gantenbein*, dessen Typoskript sie redaktionell durchzuarbeiten übernommen hat, ergänzt er: «Ich habe sehr auf deinen Brief zum Buch gewartet, jetzt fürchte ich, dass Du ihn nicht geschickt hast, weil er für mich vernichtend wäre.»

Ein privates Voraus-Lektorat des *Gantenbein*-Romans ausgerechnet von derjenigen Person, die sich darin genuin abgeschildert, missbraucht und verraten fühlen konnte, das war als äußerstes Paradoxon gewissermaßen die traurige, bizarre Klimax ihres jahrelang sich verschärft habenden Beziehungsdilemmas. Wie Frisch und die Nachwelt glauben, habe Bachmann die Mühe einer ausführlichen Durcharbeitung des Skripts nur deshalb übernommen, weil sie den Text dabei von etlichen ihr unangenehmen Reminiszenzen zu reinigen beabsichtigte. Doch dem war nicht so.

Die im Frühjahr 1963 manifest aufbrechende Asynchronie des Trennungsgeschehens von ihrem Lebenspartner hat Bachmann als den eigentlichen Tiefschlag und, zusammen mit der ihm unterstellten literarischen Ausschlachtung, als die größte Katastrophe ihres Daseins empfunden. Ende Mai 1963, ziemlich genau fünf Jahre nach ihrem ersten Kontakt, schreibt sie: «Am meisten beschäftigt mich natürlich, was Du zu Deiner Mutter gesagt hast. Darf ich annehmen, dass es, wenn auch indirekt, die Antwort an mich ist, auf die ich siebeneinhalb Monate lang gewartet habe?»[369] Die Nachfrage besagt, dass sie, gegen alle Evidenz, sich bis dahin immer noch als Teil eines Paares sah. Und einer Entscheidung entgegenbangte, die auf der Gegenseite schon seit Monaten vollzogen war.[370] «Jetzt ist wohl kein Zweifel mehr möglich, obwohl ich nie gedacht hätte, dass die Entscheidung so beiläufig fallen würde, und ich frage mich natürlich immerzu, warum es

368 An IB, 15.5.1963; BW IB/MF, S. 447; das folgende Zitat ebd.

369 IB an MF, 21.5.1963; BW IB/MF, S. 448.

370 Auch weitere Briefstellen in diesem Schreiben halten Bachmanns langes Beharren auf einer noch offenen Entscheidungssituation fest: «Am 10. Mai wollte ich, nach zahlreichen vergeblichen Telefonaten (Rom Uetikon St. Moritz) nach Rom fahren, weil ich plötzlich von Ungeduld befallen wurde und wissen wollte, wie Du Dich entscheidest.» (Ebd.) «Denn im März, so kurz nach New York und Mexiko, warst Du sicher noch unschlüssig, es schien mir so, und Du musstest auch befürchten, mir in meinem Zustand eine negative Antwort nicht zumuten zu können.» (IB an MF, 21.5.1963; BW IB/MF, S. 448 f.)

möglich ist, dass man so über mich und diese vielen Monate und alle Zugeständnisse hinweggeht. Aber ich verzichte darauf, Dir noch eine Frage oder alle zu stellen; es ist wirklich nur mehr möglich, alles in Schweigen untergehen zu lassen. Und zu hoffen, dass mit den Jahren die Ausläufer der Krankheit verschwinden und das Trauma, das mir noch alle Wege verstellt und langsam wegbehandelt werden muss.»[371]

Auf Ingeborg Bachmanns Vorhaltungen – die sieben Monate des Wartens, die beiläufig gefallene Entscheidung – reagiert Max Frisch mit vermutlich ernsthaftem Erstaunen und Unverständnis.[372] Er tastet sich an eine Ambiguität heran, die ihm selbst nicht zu eigen ist: «man weiss und glaubt es nicht und will etwas, hofft das Gegenteil dessen, was die eignen Handlungen mit Bestimmtheit ausdrücken, und ist von Einsicht niedergeschlagen und erschrocken über Hoffnung, die der erlittenen Einsicht widerspricht und eigentlich keine ist, und alles wird Folter zeitweise.» Mit psychologischem Besteck seziert er filigran die disparaten Seelenregungen der verlassenen und zutiefst verletzten Partnerin; er hat seine Liebe zu diesem Zeitpunkt fast vollständig in Mitleid transformiert.[373] Dass sie noch auf eine «Wendung» gehofft habe, hoffen zu dürfen geglaubt habe, weist er zurück und stellt das Faktum ihres Beziehungsendes als längst entschiedenes fest. «Wir wissen es doch. Ich habe, wie Du, gewartet bis zum März, ehe ich die Tatsache, dass wir nicht mehr zusammenleben, vor andern ausgesprochen habe, wo es nötig ist.»

In einem Brief an Hans Werner Henze hatte Bachmann im Januar 1963 die sich abzeichnende Trennung von Max Frisch als ‹grösste Niederlage meines Lebens›, im italienischen Original: «il piu grande fiasco della mia vita», bezeichnet.[374] Mit Begriffen wie *Trauma* ihrerseits und *Folter* seinerseits sind am Ende des Sich-auseinander-Schreibens dann Stichworte gesetzt, welche für die nun einsetzende Krisenbearbeitung textgenerative

371 IB an MF, 21.5.1963; BW IB/MF, S. 449.

372 «[…] was ist damit gemeint, Ingeborg? […] Den Wortsinn verstehe ich schon. Und vielleicht sogar mehr. Auch das Widersprüchliche» (An IB, Pfingsten 1963; BW IB/MF, S. 461; die folgenden Zitate ebd.)

373 «Ich sehe, Ingeborg, dass es Dir gar nicht gutgeht. Glaube mir als allermindestes, dass nichts, was dich verletzte, von mir als Verletzung gewollt ist.» (Ebd.)

374 IB an HWH, 4.1.1963 BW IB/HWH, S. 245, 386.

Keimzellen bilden. Für Ingeborg Bachmann und die Veränderung ihrer Lebens- und Schreibdisposition wird die retrospektive Verarbeitung der Beziehungs- und Trennungsgeschichte zu einem schweren, sowohl literarischen wie psychosomatischen Überlebenskampf. Und auch für das schriftstellerische Selbsterkundungsprogramm Max Frischs bedeutet die durchlebte Krise und ihr langes Nachwirken eine unangenehme, in Teilen bis zur Selbstdemontage reichende Bewährungsprobe.

# 9. Bachmann und Frisch im literarischen Widerspiel

## «Siamo scrittori»

Paradox genug war gerade die antibiographische Grundhaltung eines Teils der Bachmann-Forschung einhergegangen mit einer komplementären Mythenbildung, die in der Autorin das exemplarische Opfer männlicher Gewalt und Selbstherrlichkeit sah. Statt einen solchen «Opfermythos»[375] fortzuschreiben (der den beiderseitigen persönlichen Verletzungen und Krisen ohnehin nicht gerecht würde), könne, so schlägt die Salzburger Seite des Editionsteams in ihrem Nachwort vor, die Freilegung des Briefwerks zur Gänze nachgerade ein Beitrag für die «Wiederherstellung» von Ingeborg Bachmanns «Autorschaft» sein,[376] gerade dort, wo diese durch erfolgte Manöver der Aneignung und Verdeckung nicht mehr anerkannt bzw. noch nie sichtbar geworden sei.

«‹Siamo scrittori›, ein stolzes Wort Ingeborg Bachmanns aus der gemeinsamen Zeit in Rom, drückt die extravertierte Selbstgewissheit ihrer *beider* Autorschaft aus».[377] Es dürfte (neben manchem anderen) eine der Grundschwierigkeiten im Verhältnis zwischen Frisch und Bachmann gewesen sein, dass das in der selbstbewussten Berufsangabe vehement aufglühende Bedürfnis nach sozialer und literarischer Anerkennung innerhalb eines patriarchalen Machtgefüges längst nicht mit gleicher Selbstverständlichkeit für die weibliche Seite des Schriftstellerpaares galt und dass auch ein Max

375 Hans Höller, Renate Langer: «Ich bin ja auch ein Schriftsteller, um von andrem zu schweigen». [Nachwort II zu] BW IB/MF, S. 610–640.

376 Höller/Langer: «Ich bin ja auch ein Schriftsteller»; BW IB/MF, S. 628.

377 Höller/Langer: «Ich bin ja auch ein Schriftsteller»; BW IB/MF, S. 634; Hervorhebung A. H.

Frisch, der mit schweizerisch guten Umgangsformen gerne die galante Rolle spielte, mit einer Reihe von alltäglichen Verhaltensmustern diesen *gender bias* reproduzierte und für sich zu nutzen verstand. Als Frisch in *Montauk* (1975) Bachmanns «siamo scrittori» zitiert, ist der Kontext der Situation bezeichnend; es ging in der berichteten Episode nämlich darum, dass dem «Glanz» von Bachmanns äußerlicher Erscheinung, ihrem Auftreten als große Dame («eine Königstochter, die nicht erkannt worden ist») in diesem Falle ein römischer Immobilienmakler nicht hatte widerstehen können: «[...] und wir bekommen die Wohnung; Terrasse mit Blick über Rom.»[378]

Überdeckt wird von der charmanten Tönung solcher skurrilen Anekdoten die darin ernsthaft angesprochene, ganz entscheidende Dimension der Zusammengehörigkeit, nämlich die literarische Kohabitation des berühmten Schriftstellerpaars. Mit ihren literarischen Projekten hatten Ingeborg Bachmann und Max Frisch in den Jahren ihres Zusammenlebens sich in einem regelmäßigen, wenn auch nicht stets gleichermaßen intensiven Austausch befunden.

Als Frisch in der Anfangszeit ihren Rat sucht bezüglich des etwas festgefahrenen Theaterstücks *Andorra*, geht Bachmann in ihrem Antwortbrief auf die schwierige Suche nach einem passenden Werktitel ein, verwirft den von Frisch zwischenzeitlich erwogenen Untertitel «Bilder einer Legende», lobt dann Frischs neuere Vorschläge dafür, dass diese in die «richtige Richtung» gingen, und breitet ihrerseits ein paar eigene Titelvorschläge vor dem Partner aus, darunter die Varianten «Der Fall Andorra» und «Exempel, Beispiel Andorra». An Letzteres anknüpfend, wirft sie sogleich selbst wieder ein: «[...] aber man muss aufpassen, dass nicht zwei fremde Worte zusammenstossen, wie ‹Andorra-Modell›, weil es dann zu angestrengt ist» – womit erkennbar ein sprachpoetisches Bedenken der «Dichterin» sich artikuliert, das in ihren Überlegungen mindestens gleich starkes Gewicht hat wie die inhaltlich-semantische Dimension.

Das alles sind prozesshafte, unfertige Überlegungen, unmittelbar im Schreibfluss des Briefes angestellt. Auf das Eingeständnis «Ich bin unsicher» folgt dann, etwas unvermittelt, noch ein weiterer Wurf: «Andorranische Zeit».[379] Damit hat sich aus der experimentellen Reihe spontan eine

378 Frisch: Montauk. GW VI, S. 715.

379 28./29.7.1958; BW IB/MF, S. 25.

prägnante Formel herausgebildet, die zwar nicht für Frischs Bühnenstück Verwendung findet, aber stattdessen in einen fast zehn Jahre später entstehenden Erzähltext eingehen wird, den Bachmann für den *Todesarten*-Romankomplex entwirft – die im *Buch Franza* auf eine traumatische Ehekonstellation gemünzte «Jordanische Zeit».[380] Das Beispiel belegt nicht nur, wie geeignet gerade die mediale Form der Briefkorrespondenz zur Mitarbeit am Schreibprozess des Lebenspartners war; es zeigt darüber hinaus, welche Langzeitwirkung solche im Zuge des epistolaren Dialogs gefundenen Formulierungen, Sprachbilder und Einfälle haben konnten.

In der Anfangsphase ging Bachmann mit großem Enthusiasmus auf jene Themen und Problemkomplexe ein, die Max Frisch vordringlich beschäftigten. Vor (und neben) ihrer Zeit mit ihm hatte sie in Italien eher positive Erfahrungen mit einer künstlerischen Symbiose gemacht, da sie in den fünfziger Jahren mit dem Komponisten Hans Werner Henze bei Neapel einige ebenso produktive wie euphorische Phasen des engen Zusammenlebens hatte erleben können.[381] Max Frisch wiederum machte aus seiner wiederholt aufwallenden Skepsis gegenüber einem so engen, verbindlichen Zusammenleben keinen Hehl, auch wenn er die Unterstützung und Beratung der auf ganz andere literarische Tonarten gestimmten Gefährtin gerne in Anspruch nahm.

Sein «Traum vom grossen Vertrag»,[382] die gewünschte Zugehörigkeit über räumliche Distanz hinweg, sei freilich ebenso hinfällig, seit es nun Ingeborg Bachmann in seinem Leben gebe, weshalb er dann einbekennt, im Grunde «doch Sehnsucht nach dem Einfürallemal» zu hegen, «nach dem Wagnis».[383] In seinem Blickfeld steht dabei zunächst nicht so sehr die Anerkennung einer gleichrangigen schriftstellerischen Partnerin – einer Besonderheit, welche diese Beziehung *für beide* herausfordernd machte. Der Roman- und Theaterautor in Frisch tendiert offen dazu, die Geliebte vielmehr

380 Ingeborg Bachmann: Das Buch Franza. TKA II, S. 47.

381 Vgl. BW IB/HWH; Christian Bielefeldt: Hans Werner Henze und Ingeborg Bachmann: Die gemeinsamen Werke. Beobachtungen zur Intermedialität von Musik und Dichtung. Bielefeld 2003.

382 Ein Motiv, das Bachmann später in die toxische Schriftsteller-Figur des Toni Marek aufnehmen wird; vgl. Ingeborg Bachmann: Das Buch Goldmann [BG]. Hg. von Marie Luise Wandruszka. München, Berlin, Zürich 2017, S. 19.

383 MF an IB, 31.7.1958; BW IB/MF, S. 27.

als ein imaginatives Projekt aufzufassen, wie etwa der verräterische Ausruf «Ich möchte Dich anders kleiden, Ingeborg!» zu erkennen gibt.[384] War sie, wie dann im Hinblick auf den *Gantenbein*-Roman und dessen prismatisch-multiple Figurenkonzepte gemutmaßt worden ist,[385] eine Art Testfall in Sachen weiblicher Verwandlungskünste für ihn?

Die genuine «Dichterin», die Frisch in ihr durchaus sah und anerkannte, war Bachmann während des Zusammenlebens mit dem Romancier nun allerdings nicht mehr; sie hatte das Gedichte-Schreiben Ende der fünfziger Jahre auf Eis gelegt und stattdessen eine Reihe von Erzählungen in Arbeit, sodass die Zeit ihres gemeinsamen Lebensentwurfs mit Max Frisch für sie einhergeht mit ihrem fundamentalen Wechsel von der Lyrik zur Erzählliteratur. Bachmann verlegte sich mithin auf eine Gattung, in der die beiden nun zugleich Kollegen und Konkurrenten wurden. Während von ihrer Seite nach dem zweiten Gedichtband eine verstärkte Hinwendung zur erzählenden Prosa einsetzte, rückte bei ihm nach dem *Andorra*-Stück, in dessen Ausarbeitung die Partnerin einbezogen wurde, die Konzeption eines dritten großen Romans in den Vordergrund, in dem erstmals eine schillernde weibliche Hauptfigur als Ankerpunkt des Geschehens vorgesehen war: die überaus wandlungsfähige, von Männern umschwärmte «Lila» (nach deren Künstlernamen zunächst auch der Romantitel heißen sollte).

Die Arbeit an ihren Erzählungen nutzte Bachmann, um intensiv, kritisch und grundlegend über Gefühlshaushalt und Handlungsmuster konventioneller Geschlechterbeziehungen nachzudenken. *Das dreißigste Jahr* ist, im Titel an Kafkas *Prozess*-Roman ausgerichtet und zugleich als autobiographische Schwellensituation angelegt, eine narrative Zwischenbilanz, die mit zeittypischem Pathos auf den existenziellen Kipp- oder Wendepunkt einer fundamentalen Neubestimmung zielt. Mit *Ein Schritt nach Gomorrha* spielt die Autorin erstmals eine lesbische Verführungssituation durch, bei der eine verheiratete Frau ernsthaft die Liebe «mit einem Wesen von gleicher Beschaffenheit»[386] in Erwägung zieht und sich endlich die Unzulänglichkeiten ihres Ehelebens eingesteht: «eine andere Ordnung [...], die nicht

384 MF an IB, 31.7.1958; BW IB/MF, S. 26.

385 Vgl. Schütt: Biographie einer Instanz, S. 111 f.

386 Ingeborg Bachmann: Ein Schritt nach Gomorrha. DdJ, S. 123–151, hier S. 135.

die ihre war».[387] Bei *Alles* wird aus der Sicht eines Vaters aufgerollt, wie eine junge Liebe und Ehe innerlich ausgehöhlt wird durch ein Kind, das sich in großen Schritten zu einer fremden, problematischen Person entwickelt und den Eltern dann jäh durch einen tödlichen Unfall auf Klassenfahrt genommen wird. Der Protagonist beginnt daraufhin, «die Schattensprache» zu erlernen und jenen «Trauerbogen» zu «zerreißen, der von einem Mann zu einer Frau reicht».[388] Der Druck gesellschaftlicher Rollenzwänge und eine schicksalhafte Überschattung des persönlichen Glücksbestrebens halten sich in den hier geschilderten Niedergangs-Szenarien atmosphärisch die Waage. Hingegen rechnen *Jugend in einer österreichischen Stadt* und *Unter Mördern und Irren* in scharfer Sozialdiagnose mit den nazistischen und repressiven Mächten der ländlichen Provinzmilieus ab, aus denen auch Bachmann sich hatte herausarbeiten müssen.

## *Undine geht*

Einzigartig unter den für die erste Erzählsammlung vorbereiteten Prosatexten sind die um 1960 entstandenen Stücke *Ein Wildermuth* und *Undine geht.* In beiden Erzählungen haben unmittelbare Reflexe und listige Gegenentwürfe zur lebensgeschichtlichen Konstellation der Autorin auf originelle Weise Gestalt angenommen. Auch die Differenz zweier Kunstformen, sei es Musik und Sprache, sei es Erzählung und Vers, tritt nun in Bachmanns Erzählwelt mit vielsagenden Motiven symbolischer Grenzüberschreitung ans Licht. Henzes Ballett *Ondine,* bei dessen Londoner Premiere im Spätherbst 1958 Bachmann in passend gestylter Aufmachung zugegen war, akzentuierte ereignishaft eine schon früher bestehende und später auch in der Zusammenarbeit mit Henze bewusst gepflegte Affinität zu der weiblichen Sagenfigur,[389] deren prekäres Schicksal es ist, den elementaren Schutzraum der

---

387 Bachmann: Ein Schritt nach Gomorrha; DdJ, S. 137.

388 Ingeborg Bachmann: Alles. DdJ, S. 72–92, hier S. 92, 93.

389 Schon in der Anfangszeit mit Henze hatte die mythische Figur der Wasserwellen in ihrer Freundschaft eine symbolische Rolle gespielt, etwa als Henze ihr empfahl, für die Überfahrt von Neapel nach Ischia «das kleine boot ‹ondine› zu nehmen» (27.7.1953, BW IB/HWH, S. 21). Vgl. ferner Peter Petersen: Hans Werner Henze/Ingeborg Bach-

Wasserwelt gegen ein konfliktbeschwertes frauliches Eheleben unter Menschen eingetauscht zu haben. Die Bezeichnung «Undine» oder «Ondine» (wie bei Jean Giraudoux) leitet sich vom lateinischen Wort für ‹Welle› (*unda*) ab, ist folglich mythopoetisch nichts anderes als die Figuration der Wasserwellen und damit sprechende Figurenbezeichnung eines fließenden, gekurvten Energiequantums von allerdings kurzlebiger Dauer sowie ungreifbarer Konsistenz. Undines menschliche Partnerschaft scheitert naturgemäß, weil sie auf dem Boden des fremden Aggregats nicht mehr ‹sie selbst› sein, nicht mehr die ihr eigene fluide Grazie beibehalten kann. Schon in der Übergangszeit vom Spätmittelalter zur Frühneuzeit waren weibliche Elementarwesen (Feen, Elfen und Sylphen, aber auch Wassernixen) konstitutive Akteurinnen des Naturwissens und des gesellschaftlichen Imaginären gewesen.[390] Unter den Dichtern der Romantik hat E. T. A. Hoffmanns Freund Friedrich de la Motte Fouqué den Undinenstoff zu einer märchenhaften Erzählung ausgeformt, die dann von Hoffmann als Sujet für eine Opernhandlung aufgenommen wurde.

Bachmanns *Undine geht* ist der Figurenmonolog einer Wasserfrau, die darin mit theatralischer Pose den Menschen (und besonders den Männern) die Leviten liest und ihren Abschied erklärt. «Ihr Menschen! Ihr Ungeheuer!», ruft sie zu Beginn ihrer Suada aus; gemeint sind menschliche Erdenwesen generell, im Speziellen aber durchaus die männlichen Vertreter der Spezies, und dabei insbesondere solche «mit Namen Hans! Mit diesem Namen, den ich nie vergessen kann.»[391] Die Fokussierung auf einen singulären männlichen Vornamen, der in den lebensgeschichtlichen Erfahrungen der Sprecherin tiefe, verstörende Spuren hinterlassen zu haben scheint, verleiht diesem Prosastück eine von Beginn weg ziemlich grotesk und surreal wirkende Note; ein Name für alle Männer, diese Rechnung hat die archetypische Suggestivkraft eines Märchenspruchs. Der Stofftradition folgend, gibt sich die Sprecherin in ihrem Monolog als genuine Bewohnerin der Wasserwelt zu erkennen, die vorsichtig «durch die Lichtung kam», erst noch von

mann. «Undine» und «Tasso» in Ballett, Erzählung, Konzert und Gedicht. Schliengen 2014.

390 Vgl. Andreas Kraß: Meerjungfrauen. Geschichte einer unmöglichen Liebe. Frankfurt/Main 2010.

391 Bachmann: Undine geht; DdJ, S. 193; die folgenden Zitate ebd.

nahen Bäumen gedeckt, sodass, während «die Zweige sich öffneten», zugleich «die Ruten mir das Wasser von den Armen schlugen, die Blätter mir die Tropfen von den Haaren leckten», bis dann die feuchten Spuren ihrer Herkunft vollends abgestreift waren und sie in der Menschenwelt präsentabel war.

Zur Fremdheit des festen, trockenen Bodens, auf dem sie sich nun bewegt – ihre Ankunft hat deutliche Merkmale eines Auftritts auf der Theaterbühne nach choreographischem Protokoll[392] –, tritt als zweite Zumutung die Erfordernis der artikulierten menschlichen Sprache und des Gebrauchs konventioneller, angeblich auf Wahrheit und Logik verpflichteter Wörter hinzu. In der menschlichen, männlichen Wörterwelt bewegt sich Undine nur provisorisch und tentativ fort, jederzeit bereit, die Inkonsistenzen dieses Mediums einzugestehen und aufzugeben. Denn sie kündigt mit diesem Stück aus beidem, aus Erd- und Wörterwelt, ihren Abschied an und zum Dritten schließlich auch denjenigen aus der in Paarbeziehungen organisierten Männerwelt: «Ich werde nie wiederkommen, nie wieder Ja sagen und Du und Ja. All diese Worte wird es nicht mehr geben, und ich sage euch vielleicht, warum. Denn ihr kennt doch die Fragen, und sie beginnen alle mit ‹Warum›? Es gibt keine Fragen in meinem Leben. Ich liebe das Wasser, seine dichte Durchsichtigkeit, das Grün im Wasser und die sprachlosen Geschöpfe (und so sprachlos bin auch ich bald!), mein Haar unter ihnen, in ihm, dem gerechten Wasser, dem gleichgültigen Spiegel, der es mir verbietet, euch anders zu sehen. Die nasse Grenze zwischen mir und mir …».[393]

Es ist, in Anlehnung an Hugo von Hofmannsthals im Jahre 1902 geschriebenen fiktiven *Brief* des englischen Barock-Gelehrten Lord Chandos und dessen tiefgreifende Sprachkritik, auf die Ingeborg Bachmann sich bereits in ihren Frankfurter Vorlesungen dezidiert beruft,[394] in diesem Text

392 Zur textuellen und choreographischen Inszenierung des Auftritts-Moments vgl. Juliane Vogel: Aus dem Grund. Auftrittsprotokolle zwischen Racine und Nietzsche. Paderborn 2017.

393 Bachmann: Undine geht; DdJ, S. 294.

394 «Das erste Dokument, in dem Selbstbezweiflung, Sprachverzweiflung und die Verzweiflung über die fremde Übermacht der Dinge, die nicht mehr zu fassen sind, in einem Thema angeschlagen sind, ist der berühmte ‹Brief des Lord Chandos› von Hugo von Hofmannsthal.» (Bachmann: Frankfurter Vorlesungen; KS, S. 259; die folgenden Zitate ebd.)

eine neue, aus femininer und feministischer Sicht vorgetragene Kritik des begrifflich fixierenden, patriarchalen Zeichen- und Wortgebrauchs am Werk. Die «Warum»-Fragen werden dabei, indem sie auf ‹*Begründung*› abzielen, als eine Form des territorialen, machtbasierten Sprachgebrauchs attackiert, dem das Wasserwesen (und ihr Text) sich dezidiert verweigern. *Undine geht* ist Ingeborg Bachmanns aktualisierte, gendersensible Fortschreibung von Hofmannsthals *Chandos*-Brief. «Das Vertrauensverhältnis zwischen Ich und Sprache und Ding ist schwer erschüttert», hatte Bachmann zu der bei Hofmannsthal manifestierten Sprachkrisis festgestellt. Vorgezeichnet und motiviert sieht sie darin zugleich eine gattungspoetische Wandlung, die mit ihrer eigenen korrespondiert; «die unerwartete Abwendung Hofmannsthals von den reinen zaubrischen Gedichten seiner frühen Jahre – eine Abwendung vom Ästhetizismus.»

Als «Beschreibung der reinen Wasser-Existenz, jenseits alles Menschlichen»[395] (so Peter von Matt) ist in solchen Passagen wie der zitierten Exposition eine Andersheit fundamentaler Art angedeutet oder vielmehr die Schwelle dorthin, auf der sich die noch sprechende Figur befindet; ob sie im Kommen, ob sie im Gehen begriffen ist, bleibt in der liminalen Situation ihres Auftrittes unentscheidbar. In Undines Welt würde oder wird das Unebene eines topographischen Reliefs ausgeglichen von einer Wasserwaage, insofern das flüssige Element immer die ‹gerechte› Horizontale eines ebenen Wasserspiegels anstrebt. Ebenso äquidistant changieren ihre Rede und ihre Geschichte zwischen den elementaren literarischen Gattungen, vereinigen sich darin doch die Sprachformen des Gedichtes mit solchen eines theatralen Monodrams[396] und bilden damit zugleich eine starke erzählerische Gebärde aus. Indes wird eine Grundkonvention des Erzählens, nämlich die Einzelnheit und Besonderheit der jeweils zu erzählenden Geschichte, in Undines Monolog von Beginn an demonstrativ unterlaufen und infrage gestellt[397] – und zwar *gerade weil* jede von ihr erlebte Hans-Geschichte für sich eine singuläre Besonderheit in Anspruch genommen hatte. «Immer», so die Wasserfrau, sei sie bei ihrem Landgang unweigerlich auf «einen» ge-

395 Von Matt: Liebesverrat, S. 247.

396 Von Matt: Liebesverrat, S. 255.

397 Von Matt: Liebesverrat, S. 242 f.

troffen, «der Hans hieß».[398] Die «Logik» aber, die Undine in ihren Beziehungen schmerzvoll «gelernt» hat und nun ein letztes Mal vorzutragen unternimmt, um sie dadurch ad absurdum zu führen, ist diejenige eines wiederkehrenden männlichen Verhaltensmusters des immergleichen Beharrens auf besonderer Einmaligkeit. «Immer einer nur ist es, der diesen Namen trägt, den ich nicht vergessen kann, und wenn ich euch auch alle vergesse, wie ich euch ganz geliebt habe.» Ein doppeltes Skandalon: Undines Lieben im Plural und ihr Hinweis, dass gerade der singuläre Name als das kommunste, austauschbarste aller Merkmale betrachtet werden kann (wie es schon Robert Musils von Bachmann hochgeschätzter Roman *Der Mann ohne Eigenschaften* durchgespielt hatte).[399]

Aporie der Liebe: ihre immer wieder enttäuschte, untilgbare Hoffnung auf das Einmalige und Unverwechselbare. In Undines Rückblick verdichten sich die durchlebten Episoden zum als Humoreske präsentierten Paradox: «Ich habe einen Mann gekannt, der hieß Hans, und er war anders als alle anderen. Noch einen kannte ich, der war auch anders als alle anderen. Dann einen, der war ganz anders als alle anderen und er hieß Hans, ich liebte ihn.»[400] Ein sprachphilosophischer Kniff findet hier Anwendung, demzufolge der singuläre Terminus des Eigennamens die Individualität, die er seinem jeweiligen Träger verspricht, in einer Zeichenform präsentiert, die ihn sozial kommensurabel und seriell iterierbar werden lässt. *Hans* ist in vielen europäischen Sprachen einer der häufigsten Männernamen, die zahlreichen Hans-Freunde Bachmanns leisten mit diesem auffallend rekurrenten Merkmal insofern nur die Probe aufs Exempel statistischer Wahrscheinlichkeit.

Die wiederholt in zweiter Person Plural als «Ihr Ungeheuer» apostrophierten Menschen respektive Männer geraten über die persönliche, zwischenmenschliche Beziehungsdramatik hinaus, die ebenfalls der Figurentradition entsprechend miterzählt wird, auch als dominante Akteure bei der Bestimmung von «Politik», «Gesinnungen» und «Meinungen»[401] ins Visier. Und bei allen Arten der emotionalen Manipulation: «Mein Gedächtnis

398 Bachmann: Undine geht; DdJ, S. 193; die folgenden Zitate ebd.

399 Vgl. Alexander Honold: «Diese neue Eigenschaft der Trennbarkeit»: Eigennamen bei Robert Musil. In: Poetica Bd. 27, 1–2 (1995), S. 149–186.

400 Bachmann: Undine geht; DdJ, S. 198.

401 Bachmann: Undine geht; DdJ, S. 198.

ist unmenschlich. An alles habe ich denken müssen, an jeden Verrat und jede Niedrigkeit.»[402] Die Stärken der Menschen-Männer wiederum, so Undine in einem betont versöhnlichen Schwenk ihres Abschiedsworts, liegen in ihrer Fähigkeit zur Verbindung von Kraft und Geschicklichkeit. «In euren schwerfälligen Körpern ist eure Zartheit zu loben.» Etwa die der Hände, «wenn ihr zerbrechliche Dinge in die Hand nehmt» oder «euch über Motoren und Maschinen beugt, sie macht und versteht und erklärt».[403] Hier ist klar und explizit ein Tribut der Frau an die von Max Frisch beschriebene, technische Welt der *Homo-faber*-Figuren zu erkennen, in der Frischs Romanheld als phänotypische Erscheinung der fortgeschrittenen industriellen Moderne gelten kann. Auf ihn, auf den gegenwärtigen Schriftsteller-Partner, aber auch auf den früheren poetischen Gefährten kann man potenziell als persönliche Botschaft beziehen, was in den letzten Partien von Undines Suada über und an ein Du gesagt wird, dem besondere Sprachkunst zu Gebote steht. «Nie war so viel Zauber über den Gegenständen, wie wenn du geredet hast, und nie waren Worte so überlegen. Auch aufbegehren konnte die Sprache durch dich, irre werden oder mächtig werden.»[404]

Zuletzt, am Ende dieses Manifests von der anderen Seite, wird nochmals und vollständig entwaffnend die Schwelle zwischen dem Bereich des sprachlich (noch) Gestaltbaren und seinem Außerhalb thematisiert; die beiden Perspektiven vom festen Boden und vom Wasser aus nähern sich ein letztes Mal einander an, wie auch das versinkende Ich sich letztmals im Blick jenes Du lesen kann. «Nie hat jemand so von sich selber gesprochen. Beinahe wahr. Beinahe mörderisch wahr. Übers Wasser gebeugt, beinah aufgegeben. [...] Keine Lichtung wird sein. Du anders als die anderen. Ich bin unter Wasser. Bin unter Wasser. [/] Und nun geht einer oben und haßt Wasser und haßt Grün und versteht nicht, wird nie verstehen. Wie ich nie verstanden habe.»[405] Demonstrativ nimmt die Trennungsgeste jenen amphibischen Landgang, jene Landnahme des Gedichts *Strömung*, das Bachmann im Sommer 1958 aus Neapel an Max Frisch übersandt hatte, durch die Um-

402 Bachmann: Undine geht; DdJ, S. 200 f.

403 Bachmann: Undine geht; DdJ, S. 201, 202.

404 Bachmann: Undine geht; DdJ, S. 202.

405 Bachmann: Undine geht; DdJ, S. 203.

kehrung desselben Motivs zurück – oder arbeitet jedenfalls hypothetisch mit dieser Möglichkeit.

Keinesfalls aber sollte der Figurenmonolog als Plädoyer für die Restitution eines Gegenentwurfs ‹romantischer Natürlichkeit› missverstanden werden – dafür ist schon die sprachanalytische Schärfe und Experimentierlust viel zu schlagkräftig ausgeformt.[406] Dass «so» noch «niemand» «von sich selber» gesprochen habe, diese Figurenaussage trifft auch auf die Poetik des *Undine*-Textes zu; denn er wagt sich in ästhetisch neuartige Mischformen vor, die bewusst und ungeschützt ein zwiespältiges, perspektivisch gebrochenes Sehen, Sprechen und Schreiben ausstellen, auch im Duktus oft auf der Schwelle zwischen unterschiedlichen Haltungen und situativen Kontexten balancierend. Es darf freilich nicht unterschlagen werden, dass mit den allerletzten Worten sogar die vom Titel angekündigte Abschiedsgeste sich fast in ihr Gegenteil zu verkehren scheint, oder zumindest noch jemand anderen (wie schon in Goethes *Fischer*-Ballade) in diesen Abgang und den Weg ins Wasserelement involviert: «Komm. Nur einmal. / Komm».[407] Zur ungewohnten Faktur dieser Prosa gehört auch, dass sie von starken philosophischen Argumentationslinien durchzogen ist und trotz ihrer existenziellen Subjektivität zugleich auch, in einem Bogen von Hofmannsthal über Wittgenstein, eine selbstbewusste Weiterführung des Wiener sprachanalytischen Denkens leistet.

Bedenkt man die assoziative Nähe von Lyrik, Verspoetik und Rhythmik zum fließenden Aggregatzustand, so drückt sich im Abgang der Wellenfrau auch die entschiedene Abwendung vom Gedichte-Schreiben aus. Damit erweist sich *Undine geht* auch als Aufkündigung jener klischeehaften Identifizierung der Verspoetik mit dem Weiblichen, die manchmal nichts anderes als ein Ausdruck patriarchaler Herablassung war.[408] Es zeigt sich allerdings bei genauerer Betrachtung von Bachmanns Arbeiten aus dieser Zeit, dass sie

406 «Sollte Ingeborg Bachmann mit ihrer Erzählung *Undine geht* eine Antwort auf Henzes Adaption des Undine-Märchens als Ballettmusik gegeben haben wollen, so bestünde diese in dem Verweis darauf, dass um 1960 [...] ein widerspruchsloses Besingen des reinen Naturzustandes [...] nicht mehr möglich war.» (Petersen: Hans Werner Henze/Ingeborg Bachmann, S. 72.)

407 Bachmann: Undine geht; DdJ, S. 203.

408 Vgl. Seifert: «Einige Herren sagten etwas dazu», S. 105.

ihr poetisches Sensorium nicht gänzlich ablegte, als sie das Terrain der Erzählprosa betrat, sondern auch dieses stark nach verspoetischen Maßgaben zu formen verstand. So entwickelte sie für ihre Erzählwelten sukzessive eine Klangpoetik der Namensgebungen, deren Kernfigur dann auch, wie in den folgenden Kapiteln zu zeigen ist, auf die Romanprosa ihres literarischen Partners übergriff.

Den *signature code* der aquatischen Farbe Grün allerdings wird Bachmann über diese Phase hinaus beibehalten und u. a. in einem ihrer späten, besonders eindrücklichen Gedichte zu noch stärkerer Entfaltung bringen, in dem nach ihrer Pragreise in mehreren Überarbeitungsschritten entstandenen Alexandriner-Poem *Böhmen liegt am Meer.* Hierbei und ebenso in der Behandlung des kalkuliert eingesetzten Wort- und Namensmaterials zeigt sich ihre Spracharbeit in der Tat als eine poetische, dramatische und narrationsbildende Gestaltungsweise zugleich. In den Frankfurter Poetikvorlesungen war Bachmann, in etwa zur selben Zeit oder etwas früher, als die Niederschrift der *Undine*-Erzählung anzusetzen ist, ausführlich und reflektiert auf die schriftstellerische Kunst der Findung bedeutungstragender Eigennamen eingegangen – die sich zeitgleich als Schreibtechnik wie gesehen in der Handhabung des Eigennamens «Hans» für die männlichen Antagonisten Undines niederschlägt. Wie nebenbei erwähnte die Poetikdozentin in ihrer Revue magisch aufgeladener Personen- und Ortsnamen übrigens auch Shakespeares verfremdetes «Illyrien» als eines jener «Länder», die mit ihren Pendants auf den «käuflichen Karten» kaum übereinstimmen.[409]

Bachmanns Lektürebeispiele für die Vorlesung sind aus prominenten, weitläufigen Romankonfigurationen gewählt und umspannen mit Thomas Mann und Franz Kafka, James Joyce, William Faulkner und am Ende mit Marcel Proust einen essenziellen Kernbestand der modernen europäischen Romankunst. Die daran geknüpften Beobachtungen und Überlegungen semiotischer, produktions- und rezeptionsästhetischer Art sind zur damaligen Zeit höchst innovativ und auch heute noch bedenkenswert. Wie Bachmann zunächst am Beispiel des Namens *Lulu* (bei Wedekind und Alban Berg) zeigt, sind gewisse Namen mit einer Art von «Aura» versehen, die weit über den jeweiligen künstlerischen Raum einer Figur hinausgeht. «Es gibt nichts Mysteriöseres als das Leuchten von Namen und daß wir hängen an solchen

409 Bachmann: Frankfurter Vorlesungen; KS, S. 313.

Namen, und nicht einmal die Unkenntnis der Werke verhindert das triumphierende Vorhandensein von Lulu und Undine, von Emma Bovary und Anna Karenina, von Donquichotte, Rastignac, dem grünen Heinrich und Hans Castorp.»[410] Die Wucht und Überzeugungskraft solcher Namen, so Bachmann, basiere letztlich darauf, dass in ihnen ein allgemein wirksames kulturelles Konzept zum Ausdruck kommt, das nicht ‹erfunden› oder ‹konstruiert› erscheint, sondern für eine gesellschaftliche Seinsweise steht und diese figurativ verkörpert; sei es nun das unbändige Elementare, die weibliche Verführungskunst, die wahnhafte Einbildungskraft oder die Naivität junger Männer im Bildungsroman. So entfaltet sich in Namensgebungen, weit über die Literatur hinaus, die eigentümlich selbstständige Kraft einer mit bedeutungsvollen Vorbestimmungen aufgeladenen Wirklichkeit.

Indem Autoren zuweilen mit ihrer Namensgebung gleichsam traumwandlerisch ins Schwarze zu treffen vermochten, schufen sie Existenzen von mythischem Bedeutungsgrad, weit über einzelne Texte hinaus.[411] «Diese Namen sind eingebrannt in erdachte Wesen und vertreten sie zugleich, sie sind dauerhaft und so mit diesen Wesen verbunden, daß, wenn wir sie ausborgen und Kinder so nennen, diese zeitlebens mit der Anspielung herumgehen oder wie in einem Kostüm: der Name bleibt stärker an die erschaffene Gestalt gebunden als an den Lebenden.»[412] Auch für gegenwärtige Schreibende sieht Bachmann «das Namensproblem und die Namensfrage» als etwas «sehr Bewegendes» an, nicht nur im Hinblick auf Figuren, sondern auch «auf Orte, auf Straßen,» aus denen sich letztlich der «Atlas» der Literatur zusammensetzt. Mit diesen Überlegungen führt Bachmann die Chiffrenpoetik ihres Dichterfreundes Celan, der Ortsnamen und Daten stets als ‹sprechende›, faktographisch bedeutsame Indizien behandelte, auf ihre eigene Weise fort. Im Figurentableau ihrer späteren Romanentwürfe, die dem umfassenden Projekt des *Todesarten*-Zyklus und seinem in sich verwo-

410 Bachmann: Frankfurter Vorlesungen; KS, S. 312.

411 Auch Bachmanns eigene Poetik arbeitet schon seit ihrem Lyrik-Schaffen der fünfziger Jahre und ebenso in der späteren Prosazeit mit betonten mythischen Tiefengrundierungen; vgl. Bettina von Jagow: Ästhetik des Mythischen. Poetologien des Erinnerns im Werk von Ingeborg Bachmann. Köln etc. 2003.

412 Bachmann: Frankfurter Vorlesungen; KS, S. 313; die folgenden Zitate ebd.

benen Erzählprogramm zuzurechnen sind,[413] zeigen schon die auftretenden Namen wie Franza, Malina und Goldmann an, dass darin eine kritische Perspektive eingenommen wird, welche in betonter Weise u. a. die slawischen und jüdischen Schicksale innerhalb der Habsburger Geschichtslandschaft evoziert.

## *Ein Wildermuth*

Unmittelbar zur Beziehungsdynamik der Jahre mit Max Frisch wiederum gehört die Erzählung *Ein Wildermuth*, an der Bachmann im Frühjahr 1960 arbeitete. Die Entstehungszeit des Textes ist gut einzugrenzen, weil Bachmann für das Sujet dieser Gerichtsgeschichte auf den realen Fall des in Genf verhandelten Jaccoud-Mordprozesses zurückgriff, der im Januar und Februar 1960 die schweizerischen und auch die deutschen Gazetten beschäftigte. In diesem Verfahren war ein prominenter Anwalt «angeklagt und des Totschlags schuldig gesprochen» worden.[414] Ohne dass die Details der Genfer Strafsache in Bachmanns Geschichte wiederzufinden wären, sind doch drei Aspekte der dortigen Vorgänge für ihre Textarbeit anregend und relevant geworden: zunächst die mediale Prominenz der angeklagten und verurteilten Person, sodann der Umstand, dass sich die Schärfe der Justiz in diesem Fall gegen ein bedeutendes Mitglied einer ihrer eigenen Institutionen kehrt, und drittens schließlich die schwierige Wahrheitsfindung auf dem umständlichen Weg der Auswertung positivistischer Indizien.

Bachmanns *Ein Wildermuth* schildert einen fiktiven Fall: die jähe Wendung im Berufsleben des Oberlandesgerichtsrates Anton Wildermuth, den ein vermeintlicher Routinevorgang, ein Totschlagsdelikt, vollkommen außer Fassung bringt, zum Abbruch des Verfahrens veranlasst und zudem eine schwere Nervenkrankheit und Berufsunfähigkeit des renommierten Ju-

413 Zum Prinzip des zyklischen Erzählens in Bachmanns Roman- und Prosawerk seit den sechziger Jahren vgl. Jost Schneider: Die Kompositionsmethode Ingeborg Bachmanns. Erzählstil und Engagement in «Das dreißigste Jahr», «Malina» und «Simultan». Bielefeld 1999; Dirk Göttsche: *Malina* und die nachgelassenen Todesarten-Fragmente. Zur Geschichte des reflexiven und zyklischen Erzählens bei Ingeborg Bachmann. In: Andrea Stoll (Hg.): Ingeborg Bachmanns «Malina». Frankfurt/Main 1992, S. 188–209.

414 Hg.-Kommentar in Ingeborg Bachmann: Ein Wildermuth. DdJ, S. 362.

risten nach sich zieht. Der Delinquent, dessen Sache anstand, war ein Landarbeiter, welcher ebenfalls den Namen Wildermuth trug, ein gewisser Josef Wildermuth, der den eigenen Vater mit der Holzhacke erschlagen und beraubt hatte, sich am Morgen nach der Tat der Polizei stellte und zunächst auch als geständig erwies, dann aber «plötzlich zu leugnen anfing»[415] oder zumindest statt des Motivs der Habgier als eigentlichen Beweggrund einen tiefen Hass auf den eigenen Vater angab. Aus einem zunächst klar zutage liegenden Verbrechen wurde somit eine Angelegenheit komplizierter Beweisführung, wobei am Rande auch der Umstand der Namensgleichheit zwischen Richter und Angeklagtem für Irritationen sorgte. Zwar spielte diese namentliche Übereinstimmung, da keinerlei Verwandtschaftsbeziehung oder Verschwägerung zwischen den Figuren bestand, für den Verfahrensablauf eigentlich keine oder nur eine nebensächliche Rolle, doch gibt sie gleichwohl einen der treibenden Faktoren für die Eskalationsdynamik von Bachmanns Novelle ab.

Familiennamen werden bzw. wurden zu dieser Zeit von den Vätern auf die Söhne vererbt, und ebenso das in diesen Namen angelegte semantische Kapital. In Bachmanns Erzählhaltung wird dieser Umstand geschärft dargestellt; bereits der Eingangssatz der Novelle stellt das patrilineare Legat als die entscheidende Setzung innerhalb des Handlungsgefüges deutlich heraus. «‹Ein Wildermuth wählt immer die Wahrheit.› An diesen gewaltigen Satz, den er von seinem Vater, dem Lehrer Anton Wildermuth, so oft gehört hatte, dachte der Oberlandesgerichtsrat Anton Wildermuth, während er Robe und Barett ablegte.»[416] Der Jurist hatte also nicht nur den Familien-, sondern auch den Vornamen von seinem Vater als Gabe und Verfügung tradiert bekommen, begleitet von einem «gewaltigen Satz», dem Prinzip des unbedingten Wahrheitsprimats. Gerade an dieser demonstrativ strikten Vorgabe wird Bachmann nun eine namenspoetisch verkappte, matriperspektivische Umkehrung der männlichen Autoritätslinie ansetzen.

Die skizzierte Ausgangskonstellation erfüllt zwar die geforderten Funktionen einer erzählerischen Exposition, doch ist ihr logisches Gefüge zu-

415 Bachmann: Ein Wildermuth; DdJ, S. 152–192, hier S. 153.

416 Bachmann: Ein Wildermuth; DdJ, S. 152.

gleich von einem (im Sinne Roman Jakobsons)[417] genuin poetischen Verfahren der Paradigmenbildung geprägt, bei dem die demonstrative Namensgleichheit sowohl die Beziehung beider Figuren überschreibt als auch ein suggestives Band zwischen Bezeichnung und Bedeutung spannt. «Ein» Wildermuth? Der Titel könnte unterschwellig zu dem Fehlschluss verführen, es handele sich um ein Numerale, das die erzählte Figur quantitativ klar umgrenzt; an genau dieser Frage setzt dann die Dynamik der figurativen Verdopplung der Figuren und ihres rekurrenten Namens an. Jedoch auch als unbestimmter Artikel gelesen führt die Überschrift der Erzählung mit ihrer generischen Charakterisierung der Hauptfigur in eine Aporie.

Dass ein *Wildermuth* immer die *Wahrheit wählt*, ist ein durch die Alliteration poetisch befestigter Leitspruch nach Art der antiken *Akusmata*, der lautlich besonders einprägsam formulierten Maximen. Zur Semantik des Familiennamens allerdings zählt auch dessen Dechiffrierung als ‹wilder Mut› im Sinne einer ungezügelten, spontan hervorbrechenden tatkräftigen Entschlossenheit. Dieser programmatische Aspekt wiederum verbindet auf fatale Weise den Gerichtsrat mit jenem des Totschlags oder Mordes beschuldigten einfachen Landarbeiter Josef Wildermuth, der den wilden Mut seines Nachnamens ebenfalls vom eigenen Vater geerbt oder verliehen bekommen hatte, was in diesem Falle aber Ausdruck eines agonalen Verhältnisses mit gewaltsamem Ende gewesen war. Wie den Akten zu entnehmen, war der junge Wildermuth, dessen Mutter früh verstorben war, als Kind vom Vater schwer misshandelt worden und hatte seitdem den «verrohten» Vater aufs Tiefste «gehasst».[418] So stehen sich folglich in den vier männlichen Wildermuths zwei gegensätzliche, aber spiegelgleich aufeinander bezogene Formen einer jeweils vom Vater tradierten Hypothek und Bestimmung gegenüber, bei der zunehmend fraglicher wird, inwieweit die individuelle Handlungsfähigkeit unter der Schicksalskraft solcher semantischen Vorgaben noch einen eigenen Raum behaupten kann.

Das sukzessive sich entfaltende fiktionale Kriminaldrama erinnert überdies schwer an den Gewaltdurchbruch des Grafen Öderland mit der

---

417 Roman Jakobson: Linguistik und Poetik [1960]. In: Ders. Poetik. Ausgewählte Aufsätze 1921–1971. Hg. von Elmar Holenstein und Tarcisius Schelbert. Frankfurt/Main 1979, S. 83–121, bes. S. 94.

418 Bachmann: Ein Wildermuth; DdJ, S. 154.

Axt in der Hand.[419] Max Frischs «Moritat in zwölf Bildern», deren Stoff er in der ersten Nachkriegszeit zunächst als Prosaskizze notiert und später zu mehreren Dramenfassungen ausgearbeitet hatte,[420] handelt ebenfalls von einer brutalen Mordtat mithilfe eines Holzwerkzeugs, deren magisch-mimetische Faszinationskraft eine Ereigniskette von Gewalt und Aufruhr nach sich zieht. Wie später bei Bachmann steht dabei eine Justizperson im Mittelpunkt, die ihren Halt verliert. Im Drama handelt es sich dabei um einen Staatsanwalt, der das Delikt eines Bankkassierers zur Anklage bringen muss, welcher seinerseits als «brav, gewissenhaft zeit seines Lebens» gegolten hatte, dann aber «einfach so», ohne erkennbaren Grund, einen Hauswart mit der Axt erschlug.[421] «Das ist wie ein Riß in der Mauer», bemerkt Frischs Staatsanwalt zu dem unerklärlichen Fall, der eben darum eine unheimliche Verwandlung des Justizvertreters nach sich zieht und aus ihm in jähem Rollenwechsel einen verzauberten Waldgänger und die Inkorporation des legendären, mit Mord und Totschlag drohenden Grafen Öderland macht.[422]

Seit ihrer näheren Bekanntschaft mit Max Frisch war Ingeborg Bachmann diese Geschichte bekannt; sie hatte sich in ihrem dritten Brief von ihm neben dem *Stiller* auch die 1951 bei Suhrkamp erschienene Druckfassung dieses Dramas erbeten (die allerdings in Bachmanns Nachlassbibliothek nicht aufzufinden war).[423] Die Merkmale des Gewaltdelikts, die Umstände seiner gerichtlichen Behandlung und die tiefgreifende Irritation und Verwandlung einer Justizperson, die als Hauptfigur jeweils sowohl auf den Delinquenten wie auf ein mystifiziertes Alter Ego bezogen ist – all dies gehört zu den Grundzügen von Frischs Drama und tritt in bemerkenswert analoger Durchführung auch in Bachmanns Erzählung auf, wenngleich diese von einem anderen realen Justizfall angeregt worden war. Man kann so-

419 Max Frisch: Graf Öderland. Eine Moritat in zwölf Bildern. GW III, S. 5–89.

420 Nach der Anregung durch «zwei Zeitungsnotizen» (Hg.-Kommentar; GW III, S. 839) hatte Frisch im *Tagebuch 1946–1949* einen ersten Prosaentwurf notiert, später eine Reihe von insgesamt drei unterschiedlichen Dramenfassungen ausgearbeitet, für Aufführungen in Zürich 1951, Frankfurt/Main 1956 und Berlin 1961 (Hg.-Kommentar, GW III, S. 839 f.; zur Szenensynopse der drei Fassungen vgl. ebd., S. 840–842).

421 Frisch: Graf Öderland; GW III, S. 8.

422 «[...] der Graf von Öderland, / Da steht er / und hat eine Axt in der Hand» (Frisch: Graf Öderland; GW III, S. 21).

423 Vgl. Hg.-Kommentar; BW IB/MF, S. 655.

gar sagen, dass bei Bachmann die narrative Anlehnung an das ungenannte Vorbild zu einem mitreflektierten und strukturbestimmenden Element ihrer Erzählung geworden ist.

Von der Aufstellung der Figuren geht ein musterhafter Reiz aus, der durch die Kaskaden der Handlung hindurch bestimmend bleibt. Die alles durchwirkende, zwanghafte Ähnlichkeit eines einmal gefundenen Schemas wirkt in Bachmanns Repliktext als Paradigma-orientierte Gegenkraft zur erzählerischen Bemühung um dramaturgische Spannung und handlungslogische Konsekution. Im Figurenensemble der Wildermuths scheint die Namensgleichheit der krassen sozialen Divergenz beider Familiensituationen Hohn zu sprechen; und dennoch wird sie von Beobachtern zum Vehikel einer tentativen Vergleichsbildung gemacht. «Als der Oberlandesgerichtsrat Wildermuth diesen Fall zugewiesen bekam, wurde er, der Form halber, befragt, ob ein Verwandtschaftsverhältnis zwischen ihm und diesem Wildermuth vorliege. Er konnte das verneinen; selbst ein fernster Zusammenhang war ausgeschlossen, seine Familie stammte aus Kärnten, der Angeklagte aber war alemannischer Herkunft.»[424]

Es ist für Verfechter biographischer Bezüge einigermaßen leicht, den persönlichen Hintergrund dieser Bemerkung zu entschlüsseln. Denn auch Bachmanns Vater war Lehrer und kam aus der Stadt Hermagor in Kärnten, die mit dem Buchstaben H abgekürzt in der Erzählung als Wirkungsstätte des Wildermuth-Vaters firmiert. Die Stadt Graz, in der Gerichtsrat Wildermuth sein Jurastudium absolvierte, war einer der Studienorte Bachmanns. Vollends zu einem Doppelbildnis aber gerät die Analogie durch den Hinweis auf die alemannische Herkunft der Familie des Delinquenten, denn sie trifft genealogisch exakt auf Bachmanns schweizerischen Lebenspartner bzw. dessen mütterliche Familienlinie zu. Geradezu ominös werden die autofiktional entfalteten Bezüge durch den Umstand, dass die Mutter Max Frischs mit ihrem Mädchennamen «Wildermuth» geheißen hatte, diesen sprechenden Namen jedoch aus namensrechtlichen Gründen nur stillschweigend hatte an ihren Sohn weitergeben können. Ihr Vater war ein aus dem Württembergischen stammender Aquarellmaler gewesen, der es in Zürich zum Leiter der Kunstgewerbeschule gebracht hatte.[425]

424 Bachmann: Ein Wildermuth; DdJ, S. 154.

425 Vgl. Volker Hage: Max Frisch. Neuaufl., Reinbek 2011, S. 16.

*Wilder Muth*, der in Frischs Familie auf Mutterseite zu finden gewesen war, wird durch Bachmanns prominent platzierten Figurennamen aus der Latenz zurückgeholt. Wie in der Frankfurter Vorlesung ausgeführt, erweist sich in diesem Falle der Familienname mit seiner Bestimmungskraft tatsächlich «eingebrannt» in das «erdachte Wesen» der Figur und vertritt diese «zugleich».[426] Dass es sich bei der Handhabung sprechender Namen in der Novelle um alles andere als einen peripheren Aspekt handelt, wird deutlich gemacht, indem der Protagonist auch unabhängig vom aktuellen Fall in seiner Studienzeit schon einmal auf die zufällige Dopplung des eigenen Namens gestoßen war, seinerzeit in Graz mit einem Klingelschild konfrontiert, auf dem sich der gleiche Name, *sein Name*, als derjenige einer vollkommen fremden Person aufgeführt fand. Und auch in der Vorbereitung des aktuellen Falles hatte es der Gerichtsrat als Belastung empfunden, in Pressemitteilungen wiederholt einen Namen prangen und als verdächtig behandelt zu sehen, den er nicht umhinkonnte, unwillkürlich auf sich selbst zu beziehen. Mit dichterischer Zwangsläufigkeit, so wird man sagen können, ist durch die schiere Namensmagie jener Umschlagspunkt des Handlungsgeschehens in die Erzählkonstruktion eingesenkt worden, der das Momentum krisenhafter Gewalttätigkeit in einer fatalen Wendung vom einfachen Angeklagten auf den Richter und dessen aporetische Wahrheitssuche überspringen lässt.

Im täglichen Miteinander des Schriftstellerpaares Bachmann und Frisch muss die *Wildermuth*-Erzählung im Laufe des Jahres 1960 eine erhebliche Rolle gespielt haben; Max Frisch widmet der ersten Fassung des Textes auf Bitten seiner Partnerin hin im Januar 1961 ein ausführliches, mit Änderungsvorschlägen und Streichungsvermerken versehenes Lektorat, dessen Texteingriffen sie im Überarbeitungsprozess weitgehend auch Folge leistet. Die von dem Protagonisten Bachmanns durchlaufene Gewalteskalation ist dabei, anders als die oben genannten Aspekte, materiell nicht dem Genfer Gerichtsdrama entnommen, hat jedoch wie gesagt ihr identifizierbares Vorbild in Frischs Geschichte vom *Grafen Öderland*, «der zur Axt greift».[427] Ein Vorbild, zu dem gerade der mitlesende Frisch eine Verbindung ziehen musste und somit das Bestehen analoger Handlungs- und

426 Bachmann: Frankfurter Vorlesungen; KS, S. 313.

427 Frisch: Montauk; GW VI, S. 662.

Formelemente erkennen, wohl auch anerkennen sollte. Wie im *Öderland*-Stück ist auch in der *Wildermuth*-Novelle eine tief eingekerbte Schneise der Gewalttätigkeit sichtbar, durch nichts anderes als durch den poetischen Sinn märchenhaft wirksamer Worte angetrieben.

Frisch bemerkt an Bachmanns Prosa im Falle des *Wildermuth* ein «Verflattern», das er «richtig» findet und bestärkt: «kein Zurück in den epischen Vordergrund». Auch «das Wildermuth-Wildermuth»-Doppelspiel als solches hebt er als bemerkenswerten Effekt «in der Anlage» der Erzählung hervor.[428] Deutlicher oder gehaltreicher wird sein im Detail etwas philologisch und spröde gehaltener Kommentar jedoch nicht, räumt auch das Ungenügen seiner Lektüre-Antwort ein.[429] Weder die Strukturanalogie zu seinem eigenen Text noch die Namensgleichheit der Hauptfigur mit der eigenen Mutter kann Max Frisch übersehen haben; doch von beidem ist in seinen ausführlichen Bemerkungen zur Novelle und auch gelegentlich sonstiger Erwähnungen des Textes mit keiner Silbe jemals die Rede – sodass hier eine auffällige, ex post nicht mehr auszufüllende Erklärungslücke klafft. Klar jedoch ist, dass Frisch subkutan in Bachmanns Novelle sowohl als Textpartner wie auch als Ideen- und Namensgeber wirksam wird. Die Bezugnahme tritt auf Bachmanns Seite nicht als explizite Referenz, sondern mittels einer poetischen Chiffre hervor, ganz im Geiste der gewesenen und gebliebenen Lyrikerin.

Es ist nichts anderes als die enigmatische Prosodie des dreisilbigen Protagonisten-Namens selbst (Wildermuth, Öderland), in der die Korrelation beider narrativen Konzepte zu ihrem kollaborativen Ausdruck gelangt. Genau besehen handelt es sich bei den Namen Öderland und Wildermuth um prosodische Gebilde, die sich als unauffällige, aber stringente Realisationen des *Kretikus* lesen lassen, eines dreigliedrigen Versfußes der Antike, bei dem eine kurze Silbe von zwei Längen umschlossen ist. Der Effekt tritt meist durch Synkopierung ein, also durch Wegfall einer Kurzsilbe entweder zu Beginn eines jambischen oder am Ende des trochäischen Metrons. Nicht nur die Familiennamen *Öderland* und *Wildermuth* folgen dem proprietären

428 MF an IB, 7.2.1961; BW IB/MF, S. 209, 210.

429 «Ich habe meine Notizen, Ergebnis von zwei stillen Stunden, überlesen und bin sehr enttäuscht, ich bin kein Kritiker, ich müsste dir sagen können, was gross ist daran – als wüsstest Du es nicht …» (MF an IB, 7.2.1961; BW IB/MF, S. 213).

poetischen Schema des Kretikus auf dem Fuße, sondern beispielsweise auch der weibliche Vorname *Ingeborg*.

Frisch seinerseits arbeitet während dieser Zeit, 1960 bis 1962, bekanntlich intensiv an einem dritten großen Roman der männlichen Identitätsfindung, wobei im Gegensatz zu den früheren, namenspoetisch eher lapidar konzipierten Hauptfiguren «Stiller» und «Faber» nun erstmals ein ebenfalls dreisilbiger männlicher Protagonist als Textsignatur entworfen wird – gleichfalls im Versfuß des Kretikus. Die Namensgebung ist in diesem Falle sogar als betontes, reflektiertes Sprachspiel[430] im definitiven Titel des Werkes noch sichtbar geblieben: *Mein Name sei Gantenbein*. Zusammen mit den späteren Prosatexten *Blaubart* und *Montauk* hat Frisch sich mit und seit *Gantenbein* bemerkenswert intensiv mit der Bedeutung und den Folgen seiner Beziehung zu Bachmann für das eigene Leben und Schreiben auseinandergesetzt.

Bezüglich des Titelhelden, dessen Familienname «Gantenbein» seitens des westdeutschen Publikums offenbar manche Rückfragen auslöste, führt Max Frisch in seiner Nachschrift zum Roman eine pragmatische Erklärung an. «Gantenbein ist in der Schweiz ein gebräuchlicher Name, nicht allzu häufig, eigentümlich, aber nicht auffällig.»[431] «Fast alle Namen», so gibt der Autor aus dem Arbeitsprozess preis, «habe ich zuerst als vorläufig betrachtet.» Auf die erst wenige Jahre zurückliegende Frankfurter Vorlesung Ingeborg Bachmanns zur semantischen Magie literarischer Eigennamen geht Frisch an dieser Stelle indirekt ein, indem er einige ihrer Überlegungen aus der Gegensicht paraphrasiert und über die eigenen Kalamitäten bei der Namensfindung Auskunft gibt.[432] Speziell die nationale, die lokalisierende und die allegorische Bedeutungsdimension von Eigennamen werden von Frisch als wichtige literarische Funktionen reflektiert.

---

430 Vgl. Monika Albrecht: Mein Name sei Gantenbein – mein Name? Malina. Zum intertextuellen Verfahren der «imaginären Autobiographie» «Malina ». In: Andrea Stoll (Hg.): Ingeborg Bachmanns «Malina». Frankfurt/Main 1992, S. 265–287.

431 Max Frisch: Ich schreibe für Leser. Antworten auf vorgestellte Fragen [1964]. GW V, S. 323–334, hier S. 324; das folgende Zitat ebd., S. 323.

432 «Es gibt Namen, die das Fabulieren merkwürdig hemmen, Namen, die ganz falsche Verpflichtungen nach sich ziehen und die Figur verzerren, sogar absterben lassen, der Name erweist sich als Fluch oder Segen.» (Frisch: Ich schreibe für Leser. GW V, S. 323.)

Vergegenwärtigt man sich unter diesem Aspekt die prismatische Reihe der drei männlichen Hauptfiguren des Romans: Theo Gantenbein, Felix Enderlin und František Svoboda, so fällt auf, dass mit ihren klangvollen Familiennamen zugleich auch unterschiedliche regionale Sprachkulturen zum Ausdruck kommen. Im Falle Svobodas wird mehrfach betont,[433] dass es sich um einen Namen von böhmischer Herkunft handelt, während Enderlin eine «alemannische» Provenienz zugeschrieben wird.[434] Erkennt man die böhmische Nationalität als metonymische Anspielung auf die österreichische Habsburger-Tradition an, dann verkörpern Frischs Figuren im Grunde die gleiche Paarbildung wie die beiden namensgleichen Hauptfiguren (alemannisch/kärntnerisch) in Bachmanns Erzählung *Ein Wildermuth.* Bei Frisch wiederum teilen die beiden Antagonisten mit Gantenbein, der Figur des Dritten, eine poetische Gemeinsamkeit, nämlich das Metrum des Kretikus, weil ihre Namen allesamt die markante Abfolge von *lang/kurz/lang* respektive von *stark betont/nicht betont/leicht betont* aufweisen; als prosodische Signaturen sind die drei Figuren also in gewisser Weise austauschbar, weil rhythmisch gleichwertig.

Es ist bestimmt kein Zufall, dass, nach fünf Jahren der helvetisch-austriakischen Partnerschaft, Frischs Trias seiner Roman-Hauptfiguren in *Gantenbein* mit Österreich, Deutschland und der Schweiz auf einen Schlag und systematisch die deutschsprachigen Literaturgebiete insgesamt adressiert. Die arbiträre Form, in der Frischs multiple Erzählkonstruktion dabei den Schweizer Durchschnittsnamen schließlich in die spielerische Namensverfügung des Werktitels aufnimmt, wird ihrerseits ein knappes Jahrzehnt später beantwortet werden durch jene Setzung, mit der Ingeborg Bachmann der Klangfigur des Kretikus in ihrem Romanprojekt unter dem Titel *Malina* wieder Gehör verschafft.

433 Frisch: Mein Name sei Gantenbein; GW V, S. 221, 234.

434 Frisch: Mein Name sei Gantenbein; GW V, S. 235.

## Scheidungsdokumente

Die literarischen Arbeiten, die nach der Trennung des Paares entstanden, kommen sowohl auf der Seite Frischs wie bei Bachmann nicht los von der Beschäftigung mit dem ehemaligen Partner und dem Scheitern der Beziehung. Max Frisch, der fast allen seinen Partnerinnen «gröbere Verstöße gegen die Diskretion» zumutete, «hörte [...] nicht auf, über die einstige Geliebte zu schreiben»;[435] er tat dies nicht nur mittels verschlüsselter Motive im 1964 vorgelegten Roman *Gantenbein*, sondern später ausdrücklich und mit Klarnamen in der autofiktionalen Erzählung *Montauk*, die zwei Jahre nach Bachmanns Tod erschien. Ingeborg Bachmann war nach ihren langwierigen Spitalaufenthalten 1963 in Zürich und 1964 während ihres Berlinjahres in eine tiefe Depression gefallen, aus der sie eine gemeinsam mit Adolf Opel unternommene einwöchige Pragreise im Januar 1964, die im Februar/März noch eine Wiederholung fand, zumindest partiell herausführen konnte.[436] Ihre Gedichte, Entwürfe und Aufzeichnungen aus der Krankenzeit gehen in chiffrierten Hinweisen auf die traumatische Heftigkeit des erlittenen Liebesverrats ein.[437] Dabei quälte sie nicht nur die schmerzhafte Erfahrung, verlassen worden zu sein; es war vor allem die Erkenntnis, dass sie (und das sie Betreffende) als «literarisches Material»[438] benutzt worden war, die Ingeborg Bachmann fassungslos machte und ihr lange Zeit die Rückkehr ins eigene Schreiben erschwerte.

In dem *Buch Goldmann*, an dem Bachmann vor der Niederschrift von *Malina* bzw. parallel dazu gearbeitet hat, gerät die Protagonistin Fanny Goldmann an den jungen, egozentrischen Schriftsteller Marek, der sie ausnutzt, dann für eine andere verlässt und zugleich ihre Liebesbeziehung für einen Roman von «386 Seiten» auszuschlachten beginnt. «Das Buch handelte von ihr, so sagte sie sich, er hatte sie zwei Jahre gekannt und dann

435 Hans Höller, Renate Langer: «Ich bin ja auch ein Schriftsteller, um von andrem zu schweigen»; [Nachwort II zu] BW IB/MF, S. 610–640, hier S. 611.

436 Vgl. Höller/Larcati: Bachmanns Winterreise.

437 Vgl. von Matt: Liebesverrat, S. 229–268. Als literarische Zeugnisse aus der Krankheitszeit ragen heraus: Bachmann: Gloriastraße; UG, S. 54–61; Bachmann: «Male oscuro» [MO].

438 Albrecht: «Die andere Seite», S. 47. Vgl. auch Weigel: Hinterlassenschaften, S. 514 f.

nicht mehr, und es handelte aber von ihr. Sie konnte hier wiederlesen, wiederkäuen, wie sie mit ihrem Mann gelebt hatte, dann wie sie als junges Mädchen das getan und jenes unterlassen hatte, es waren lauter Dinge, die sie ihm erzählt hatte».[439] Die Situation der Frau, die sich im Text des ehemaligen Partners unfreiwillig abgeschöpft und unvorteilhaft dargestellt findet, weist durch eine Reihe struktureller Details auf Bachmanns eigene Erfahrungen zurück, bis hin zu der symbolischen Einbeziehung der Schwiegermutter-Instanz, die in diesem Fall als Stiefmutter adressiert und gegen die tendenziöse Vereinnahmung von Sohnesseite angerufen wird. «Nur sah ihr Leben hier ganz anders aus, obwohl es von ihr kam, sah es anders aus, auf S. 226 z. B. sah es aus, als hätte sie gelacht über die Stiefmutter ihres Mannes, das war aber nicht wahr gewesen, niemals».[440] Marek insistierte darauf, «einen Vertrag zu machen»; «aber da Fanny so lange brauchte, [...] begriff sie erst später, daß sie ihr Todesurteil unterschrieben hatte, als sie dem Verleger schrieb, als sie Marek schrieb».[441] Bachmanns Romanfragment *Das Buch Goldmann* macht in solchen Passagen explizit, was später in dem Roman *Malina* fast nur noch durch Aussparungen, transformierte Zitate und Traumsequenzen fassbar wird.[442] Nicht nur im Hinblick auf die selbstbestimmte Verfügung über das eigene Lebensmaterial, sondern auch als narrative Instanz schien die Geltungskraft der weiblichen Stimme durch das Werk eines schreibenden Mannes bedroht, absorbiert und beinahe zum Verschwinden gebracht.[443]

Es war Max Frischs neues Romanprojekt, das am Ende der gemeinsamen literarischen Zeit für die Beziehung zu einem Prüfstein und dann letztlich auch zur Sollbruchstelle geworden war. Frisch hatte schon im ersten Jahr ihres Zusammenseins eine Idee verfolgt, für deren Konkretisierung er Ende 1959 das besagte Entwurfsheft unter dem Titel «Der Blindgänger» anzulegen begann,[444] einem Stichwort, welches die militärische Bezeichnung

439 Bachmann: Das Buch Goldmann; BG, S. 15.

440 Bachmann: Das Buch Goldmann; BG, S. 16.

441 Bachmann: Das Buch Goldmann; BG, S. 19.

442 Albrecht: «Die andere Seite», S. 188–220.

443 Vgl. Marie Luise Wandruszka: Kommentar. In: Bachmann: Das Buch Goldmann; BG, S. 279–431, bes. S. 301, 312.

444 Schütt: Biographie einer Instanz, S. 189 f.

gefährlicher Rest-Explosivität mit der optischen Daseinsmetapher der Ahnungslosigkeit überschreibt. Zweifellos wäre *Mein Name sei Gantenbein*, Frischs ambitioniertestes erzählerisches Werk, nicht ohne die Lebenspartnerschaft mit Bachmann entstanden, zumindest nicht in gleicher Weise. Doch erwies sich das Werk tatsächlich als «Blindgänger» von gefährlicher Ambivalenz; es war aus dem Beziehungsgeflecht Bachmann/Frisch als eine existenzielle Chiffre hervorgegangen, die unvermutet zum Sprengsatz des Paares werden sollte.

Erst geraume Zeit nach der Trennung war Bachmann in der Lage, gewisse Muster des Geschehenen aufzugreifen und literarisch zu verarbeiten. Monika Albrecht hat ihre Studie, die der Bedeutung Max Frischs in Bachmanns überwiegend fragmentarisch gebliebenem *Todesarten*-Zyklus nachforscht, thesenhaft in dem Befund zugespitzt, dass der «Ursprung einer solchen gegenseitigen Bezugnahme auf die Person des jeweils anderen» in diesem Fall nirgendwo anders zu suchen war als «in der Verwendung der gemeinsamen Geschichte als ‹*Literarisches Material*› durch Max Frisch».[445] Zum Schlüssel für die Verquickung von Leben und Literatur wurde im *Gantenbein*-Roman, wie Albrecht zeigt, insbesondere die Figur der Schauspielerin Lila, welcher ihr nur scheinblinder Lebenspartner Gantenbein ungeniert bei Flirts und kleinen Alltagslügen zuschauen kann, weil mit seiner Mitwisserschaft nicht gerechnet wird.

Gantenbein seinerseits täuscht alle, sogar sich selbst, indem er als vorgeblich blinder Geschichtenerzähler im parallelen Zweitstrang der Romanhandlung eine virtuelle Affäre mit der Gelegenheitsprostituierten Camilla Huber unterhält und sich in seiner Beziehung zu Lila analog zur Figur des Gelehrten Enderlin als klandestiner Liebhaber in eine fremde Ehe eingebrochen imaginiert. Die Binnengeschichte der um eine Frau geführten Rivalität von Svoboda und Enderlin, Gantenbeins erzähltechnisch separat geschaltete Besuche bei Camilla Huber und sein mittels unlauterer Methoden geführtes Eheleben mit der Schauspielerin Lila, quasi das Dramolett im Roman, stellen drei in sich selbstständige, jedoch durch fiktionale Rochaden ineinander gespiegelte Versionen eines einzigen Grundthemas, der Untreue zwischen den Geschlechtern, dar.

445 Albrecht: «Die andere Seite», S. 47.

Auf diese Weise erscheinen gleich drei männliche Rollenmuster, die Max Frisch aus seiner in die Brüche gegangenen Partnerschaft gut vertraut waren, zu einer aus mehreren Handlungssträngen, Fiktionsebenen und Figurenmodellen komplex zusammengebauten Romankonstruktion verknüpft: diejenige des nebenbuhlerischen Eindringlings, diejenige des betrogenen Ehemanns und diejenige des für ahnungslos geltenden, wissenden Augenzeugen. In die Rolle des illegitimen Einbrechers hatte Max Frisch sich schon früher, als Madeleine Seigners Geliebter, gedrängt gesehen,[446] und auch im Zusammenleben mit Bachmann schilderte er die verlassene Wohnung gelegentlich mit einer Art von kriminalistischem Außenblick.[447] Bei Bachmanns Affären, den ihr angedichteten oder tatsächlichen, fühlte Frisch sich wiederum manches Mal in die peinliche Lage des gehörnten Ehemannes versetzt.[448] Und war zugleich teilnehmender Beobachter und Briefchronist eines von beiden mit destruktiver Verve gepflegten Beziehungsspiels um Zuwendung und Entzug, Bindungsschwüre und Liebesverrat. Die Figuration des Romans, die nicht von ungefähr mit einer verlassenen Wohnung beginnt,[449] ist somit autobiographisch grundiert und fiktional verfremdet zugleich (allerdings nicht ganz im Sinne des späteren Begriffs der *Autofiktion*). «Sowie ich beginne, eine Geschichte zu erzählen, kann es nicht die meine sein»;[450] dieses Zitat schrieb sich Bachmann nach der Lektüre für die Zusammenfassung des Romans heraus.

Gantenbein ist ein zynischer Moralist; er weiß Bescheid über die Schwächen, die Menschen sich erlauben, während sie sich unbeobachtet wähnen. Der getarnte Voyeur findet in der eitlen Schauspielerin ein ideales Gegenüber. Die Gestalt der «Lila» wurde von ihrem Autor reichlich mit Charakterzügen und Verhaltensmustern Ingeborg Bachmanns ausgestattet,

446 Schütt: Biographie einer Instanz, S. 60.

447 Vgl. MF an IB, 3.1.1959; BW IB/MF, S. 62; MF an IB, 20.6.1959; BW IB/MF, S. 91.

448 «Es geht nicht darum, mit wem Du geschlafen hast oder nicht; ich glaube nicht alle Gerüchte, und das stand dir ja auch frei. So mancher, der kein Geheimnis hat, war verlegen vor mir durch die allgemeine und von mir verschwiegene Frage, wie denn der Frisch sich dazu stellt, beispielsweise wenn die Gruppe 47 sieht, wem die Ingeborg Bachmann sich anbietet, wie sie meinten.» (MF an IB, 21.6.1963; BW IB/MF, S. 475.)

449 Vgl. Frisch: Mein Name sei Gantenbein; GW V, S. 18 f.

450 BW IB/MF, S. 437.

auf sie und Gantenbein konnten im Laufe des Schreibvorganges dann fortlaufend bezeichnende Situationen und vor allem heikle Krisenmomente aus der Beziehung zwischen Bachmann und Frisch überschrieben werden, bis hin zur Replikation einzelner getätigter Äußerungen und kommentierter Wahrnehmungen. Dass jemandem etwa buchstäblich «die Haare zu Berge» stehen konnten, wie es Frisch «bei ihr gesehen» zu haben angibt, also bei Ingeborg Bachmann,[451] mutierte im Roman zu einer «Beobachtung der Gantenbein-Figur», wie Monika Albrecht konstatiert. Sie schließt daraus, der Romancier habe mit solchen Parallelen für aufmerksame Leser bewusst die «Information» deponiert, «wer dem Autor Modell gestanden hat für seine Romanfigur Lila».[452]

Zwar sind oder waren derlei Indiskretionen eher von subtiler Art, sodass davon zuerst und verlässlich einzig die betroffenen Personen selbst wissen konnten, doch kursierten bei Außenstehenden aus dem Literaturbetrieb im Lauf der sich verschärfenden Beziehungskrise diverse Gerüchte über heimliche Affären, mitgelesene Briefe, geraubte und vernichtete Aufzeichnungen, sodass sich daraus für die Romanlektüre veritable Übersetzungshilfen ergaben. Frischs Biograph Julian Schütt schildert aus der Gegenwartsperspektive des Jahres 2025 die Abfolge der wechselseitigen Thematisierungen und Bezugnahmen als eine Art schriftstellerische Kettenreaktion. Zwar habe Bachmann die peinigenden Erinnerungen an den Expartner möglichst restlos aus ihrem Leben zu verbannen versucht, doch konnte sie Frischs Abschöpfung ihrer höchstpersönlichen Eigenheiten, Verhaltensweisen und Erlebnisse nicht mit Stillschweigen übergehen. Bachmann, so fasst es Schütt, «musste seine literarischen Verarbeitungen der gemeinsamen Zeit ihrerseits literarisch verarbeiten: in den seit Mitte der Sechzigerjahre entstandenen Nachlassfragmenten *Das Buch Franza* und *Das*

451 Albrecht stützt sich in diesem Falle auf die entsprechende Passage aus *Montauk*, in welcher Frisch autobiographisch explizit auf die Jahre mit Bachmann zurückblickt. «Ihre Reise nach Zürich. Die Verstörte am Bahnhof; ihr Gepäck, ihr Schirm, ihre Taschen. Eine Woche in Zürich als Liebespaar und aus klarer Erkenntnis der erste Abschied. Das gibt es tatsächlich: daß Haare zu Berge stehen. Ich habe es bei ihr gesehen.» (Frisch: Montauk; GW VI, S. 711.)

452 Albrecht: «Die andere Seite», S. 48. Vgl. Frisch: Mein Name sei Gantenbein; GW V, S. 312: «Aber das gibt es, ich seh's, ihr Haar steht ihr zu Berge. Hat Lila wirklich geglaubt, ich sei blind?».

*Buch Goldmann*, im Roman *Malina* (1971) und in einzelnen Erzählungen aus *Simultan* (1972).»[453]

Überdies berichtet der Biograph, Frisch habe sich – mit keinem Zeichen etwaigen Schuldbewusstseins – nach der Zusendung und Lektüre von Albrechts Studie Mitte der achtziger Jahre durchaus beeindruckt und verblüfft gezeigt ob der Fülle von motivischen und strukturellen Bezügen, die in der Spätprosa Bachmanns zu seinem eigenen Werk herausgearbeitet worden waren. «Das grenzt an Spiritismus»,[454] schrieb der Schriftsteller damals an die Literaturwissenschaftlerin zurück. Offenbar hatte er die Negativabdrücke seiner Person in Bachmanns Spätwerk kaum beachtet, wo der ihn betreffende Komplex gemäß der Argumentation Albrechts als «Leerstelle» ungenannt bleibt, durch die «gelegten Spuren» wie das Datum des «3. Juli 1958» aber desto markanter umzirkelt wird.[455] Vermutlich hatte er auch die Erinnerung an die Intensität ihres früheren, engen literarischen Zusammenspiels weitgehend verdrängt, deren Motivsubstanz in seinen Texten inzwischen längst einer weiteren, stärker autofiktionalen Art der Verarbeitung unterzogen worden war, die seine eigene Rolle als Schriftsteller unter nur geringer Schonung mit einbegriff.

---

453 Schütt: Biographie einer Instanz, S. 207.

454 Max Frisch an Monika Albrecht, 13.11.1985; zit. nach Julian Schütt: Max Frisch. Biographie einer Instanz. Berlin 2025, S. 207.

455 Albrecht: «Die andere Seite», S. 63, 71, 60.

# 10. Prismatische Männlichkeit. Max Frisch, *Mein Name sei Gantenbein* und *Montauk*

## Der fremde Herr

«Ein Mann hat eine Erfahrung gemacht, jetzt sucht er die Geschichte dazu»;[456] dieser Satz aus dem Beginn des *Gantenbein*-Romans tritt in gleichlautender oder leicht abgewandelter Formulierung annähernd ein Dutzend Mal im Laufe des Romans auf. Er wiederholt sich so auffällig wie andere notorische Leitformeln des Textes (etwa die Ansage «Ich stelle mir vor:»[457] als Eröffnungsformel neuer hypothetischer Erzählepisoden) und benennt damit ein Grundprinzip des narrativen Bauplans: Erfahrungen und Geschichten treten nur mehr fallweise, vermittelt und partiell zueinander in Beziehung, es bleibt stets eine gewisse Inkongruenz beider zueinander und erst recht gegenüber der mutmaßlichen ‹Wirklichkeit› bestehen.

Wie schon in den biographischen Narrationen *Stiller* und *Homo faber* waltet auch in Frischs *Mein Name sei Gantenbein* eine moderne, zeitgemäße Skepsis gegenüber der Suggestivkraft von Erzählungen, zumal solchen lebensgeschichtlicher Art. «Biographie» ist, wie es der Autor 1967 in einem gleichnamigen Bühnenstück fasst, «ein Spiel»,[458] in dem nach vorgegebenen Kombinationsmustern und mit bastlerischer Experimentierfreude aus dem Rohmaterial erlebter und imaginierter Handlungsepisoden ein mehr oder minder kohärent erzähltes Trajekt durch die Raum- und Zeitlandschaft gezogen wird, wobei sich die Basisfigur des subjektiven Protagonisten unterwegs in der Erprobung ganz unterschiedlicher Rollen, Maskierungen und

456 Frisch: Mein Name sei Gantenbein; GW V, S. 11.

457 Frisch: Mein Name sei Gantenbein; GW V, S. 8.

458 Max Frisch: Biographie. Ein Spiel. GW V, S. 481–578.

Perspektiven versucht. «Geschichten» werden «wie Kleider» anprobiert,[459] so lautet eine weitere dieser Erzählregeln, welche die Verbindlichkeit des biographischen Narrativs mit Skepsis und Spielfreude aus den Angeln heben, ohne dabei jedoch grundsätzlich auf die Erkundung der (eigenen oder fremden) Lebensgeschichte verzichten zu wollen.

Max Frischs Roman *Mein Name sei Gantenbein* erschien im September 1964 als dritter großer Roman des erfolgreichen Suhrkamp-Autors und wurde sogleich zum literarischen Ereignis der Saison erklärt. Die Resonanz im Kulturbetrieb und beim Publikum war enorm, binnen weniger Monate war eine sechsstellige Auflagenhöhe erreicht. Doch überwogen in der Literaturkritik die kritischen oder ratlosen Stimmen, da man sowohl die Zersplitterung in kurze Erzählfragmente wie auch die Aufspaltung in einander widersprechende Fallversionen weithin als Dokument eines erzähltechnischen oder geistigen Scheiterns las.[460] Moniert wurde der «Mangel an Integration» der «erzählerischen Elemente» (Hans Egon Holthusen),[461] eine nicht zu Ende gedachte «Widersprüchlichkeit» (Helmut Heißenbüttel),[462] eine allzu banale Auswahl von «Geschichten aus dem Alltagsklischee» (Hans Mayer);[463] konstatiert wurde – womöglich etwas schadenfroh –, «der moderne Intellektuelle» sei nun offenbar «am Ende seines Lateins» (Holthusen).[464] Allerdings meldeten sich auch positive Kritiker zu Wort, die wie Marcel Reich-Ranicki oder Reinhard Baumgart gerade die sperrigen, desillusionierenden Formaspekte als besonders innovativ und zeitgemäß begrüßten.[465] Doch beidseits machte man sich selten die Mühe, den kompositorischen Besonderheiten dieser neuen Erzählform und ihren methodischen

459 Frisch: Mein Name sei Gantenbein; GW V, S. 8, 20 et passim.

460 Vgl. Heinz Gockel: Max Frisch: Gantenbein, das offen-artistische Erzählen. Bonn 1979; Walter Schmitz (Hg.): Über Max Frisch II. Frankfurt/Main 1976.

461 Hans Egon Holthusen: Ein Mann von fünfzig Jahren. In: Albrecht Schau (Hg.): Max Frisch – Beiträge zu einer Wirkungsgeschichte. Freiburg/Breisgau 1971, S. 121–125, hier S. 124.

462 Helmut Heißenbüttel: Ein Erzähler, der sein Handwerk haßt? In: Die Welt, 3.9. 1964.

463 Hans Mayer: Mögliche Ansichten über Herrn Gantenbein. In: Die Zeit, 18.9.1964.

464 Holthusen: Ein Mann von fünfzig Jahren, S. 125.

465 Vgl. Marcel Reich-Ranicki: Plädoyer für Max Frisch: In: Die Zeit 2.10.1964; Reinhard Baumgart: Othello als Hamlet. In: Der Spiegel 36 (1964), S. 92 f.

Grundlagen genauer nachzuspüren und etwa das komplexe Verhältnis von Autor, Erzählinstanz und männlichen Protagonisten als dasjenige konstruktive Spannungsfeld in den Blick zu nehmen, welches diesen Roman durchwirkt.

Frisch selbst hatte die Richtung, in die sich der neue Roman erzähltechnisch entwickeln würde, bereits kurz nach Beginn der Arbeit daran mit einem kurzen Artikel angedeutet, der 1960 in der Zürcher *Weltwoche* erschien und mit seinem Titel *Unsere Gier nach Geschichten* einen programmatischen Kernpunkt des Projekts formuliert. «Geschichten gibt es nur von außen», erklärt Frisch. Und weiter: «Unsere Gier nach Geschichten, woher kommt sie? Man kann die Wahrheit nicht erzählen. Das ist's.»[466] Es gelte, zwischen etwas so Komplexem wie dem Begriff der Wahrheit und der künstlichen Ordnung erzählter Geschichten eine scharfe Trennlinie zu ziehen, um nicht das eine für das andere zu halten. «Alle Geschichten sind erfunden, Spiele der Einbildung, Entwürfe der Erfahrung, Bilder, wahr nur als Bilder.» Damit nimmt Frisch den früheren Diskurs um das ikonoklastische Gebot «Du sollst Dir kein Bildnis machen» wieder auf.[467] Menschen aber machen sich allerhand Bilder von sich selbst und ihren Mitmenschen, oft eben auch in der Form ausgefalteter Erzählungen. Das Drama *Andorra* hatte die fatale Macht klischeehafter Wahrnehmungsmuster und Deutungsfolien am Negativ-Stereotyp des Jüdischen demonstriert;[468] damals noch ohne eine selbstreflexive Wendung in die literarisch-handwerkliche Dimension. 1960 nun, mit der skeptischen Einrede seines Artikels, legt Frisch den Ansatz einer erkenntniskritischen Erzählreflexion vor, wie sie zu Zeiten der klassischen Moderne etwa schon der Romancier Robert Musil entwickelt

466 Max Frisch: Unsere Gier nach Geschichten. Gesammelte Werke, Bd. IV, S. 262–264, hier S. 263; das folgende Zitat ebd.

467 «Du sollst dir kein Bildnis machen, heißt es, von Gott. Es dürfte auch in diesem Sinne gelten: Gott als das Lebendige in jedem Menschen, das, was nicht erfaßbar ist. Es ist eine Versündigung, die wir, so wie sie an uns begangen wird, fast ohne Unterlaß wieder begehen – Ausgenommen wenn wir lieben.» (Max Frisch: Tagebuch 1946–1949. GW II, S. 347–755, hier: S. 374.)

468 Kritisch zur christologischen Überschreibung der Antisemitismus-Problematik in *Andorra* als «Enteignung der jüdischen Leidensgeschichte» Yahya Elsaghe: Max Frisch und das zweite Gebot. Relektüren von *Andorra* und *Homo faber*. Bielefeld 2014, S. 81.

hatte, der seinen Romanhelden Ulrich die Diagnose vorbringen lässt: «Die meisten Menschen sind im Grundverhältnis zu sich selbst Erzähler.»[469]

Vermutlich ist Frisch in der Phase der Konzeption des *Gantenbein*-Romans von Ingeborg Bachmann nachdrücklich auf Musils Roman und dessen scharfsinnige Reflexion narrativer Kontingenzprobleme aufmerksam gemacht worden. Bachmann schrieb wiederholt über Musil und sah dessen großen Roman als ein kaum zu übertreffendes Meisterwerk der Handhabung erzähltechnischen Problembewusstseins an.[470] Indem man ein mehr oder minder ungeordnetes, in vielerlei Verfransungen sich ausbreitendes Leben in die konsekutive Abfolge entlang einem linearen «Faden der Erzählung» zusammenzwirbelt,[471] so nochmals Musil, wird mit der zeitlichen Aufreihung zugleich eine Suggestion von Folgerichtigkeit geschaffen, bei der alle Ereignisse innerhalb eines kausalen Bedingungsgefüges eingeordnet sind und dadurch bedeutungshafte erzählerische Stringenz suggerieren.

Ähnlich, allerdings etwas weniger auf die Aspekte des Kausalitätsgesetzes fokussiert, beschreibt nun auch Frisch diese Art von Sinnstiftung durch elementare Geschichten – die er als literarischer Autor nicht etwa noch zu befördern, sondern kritisch zu unterlaufen die Aufgabe habe. «Jeder Mensch erfindet sich eine Geschichte, die er dann, oft unter gewaltigen Opfern, für sein Leben hält, oder eine Reihe von Geschichten, die sich mit Ortsnamen und Daten durchaus belegen lassen, so daß an ihrer Wirklichkeit nicht zu zweifeln ist. Nur der Schriftsteller glaubt nicht daran. Das ist der Unterschied. Indem ich weiß, daß jede Geschichte, wie sehr sie sich

469 Robert Musil: Der Mann ohne Eigenschaften. Hg. von Adolf Frisé. Reinbek 1978, S. 650.

470 Neben zahlreichen Erwähnungen von Musil und dessen Hauptwerk, dem Roman *Der Mann ohne Eigenschaften*, ist Bachmanns Wertschätzung substanziell dokumentiert durch den Essay *Ins tausendjährige Reich* (nach einer Zwischenüberschrift aus Musils Roman), der im Februar 1954 in der Literaturzeitschrift *Akzente* erschien, sowie durch einen im gleichen Jahr ausgestrahlten Radiobeitrag, welcher mit dem Titel von Musils Roman überschrieben ist. (Ingeborg Bachmann: Ins tausendjährige Reich. KS, 96–100; Der Mann ohne Eigenschaften. KS, 101–122.) Des Weiteren fertigte Bachmann in den fünfziger Jahren «Radiobearbeitungen» von Musils Dramen *Die Schwärmer* und *Vinzenz und die Freundin bedeutender Männer* an (Hg.-Kommentar in Bachmann: KS, S. 553).

471 Musil: Der Mann ohne Eigenschaften, S. 650.

auch belegen läßt mit Fakten, meine Erfindung ist, bin ich Schriftsteller.»[472] Tagtäglich und überall sind die Menschen, indem sie sich selbst oder ihre Mitwelt beschreiben, keine objektiven Betrachter und verlässlichen Zeugen, sondern je schon vom Fabulieren erfasst und «in Geschichten verstrickt».[473]

Die Konstruiertheit von Geschichten, ihre meist willkürliche Zurichtung eines Geschehens oder Charakters als artifizielles Phänomen sichtbar hervortreten zu lassen, betrachtet Frisch insofern als eine durchaus aufklärerische Aufgabe, als angewandte Erzählkritik. Dieser Aufklärungsarbeit indes unterzieht er sich schreibend nur gelegentlich durch explizite Stellungnahmen wie im erwähnten Zeitungsartikel. Meist, und besonders im Falle des *Gantenbein,* geht der Autor diese metanarrative Reflexion dadurch an, dass er die eigenen Geschichten gleichsam im Stadium der Blaupause oder allenfalls des Rohbaus belässt, ohne sie gänzlich zu bewohnen. In *Mein Name sei Gantenbein* tragen die dargebotenen Geschichten gleich dreifach das Signum ihrer Willkür und Fiktionalität auf der Stirn. Erstens durch den Umstand, dass die Handlungsstränge stets in der Mehrzahl auftreten und ihre Episoden untereinander voller Abweichungen und Widersprüche sind; zweitens durch die Anordnung eines experimentellen Rahmens mit denkbar unglaubwürdigen, schwer durchzuhaltenden Prämissen (etwa die Spielregel, als Schein-Blinder nicht enttarnt werden zu dürfen, oder als Pseudo-Moribunder mit der Gewissheit versehen, sich bereits im allerletzten Lebensjahr zu befinden), und drittens schließlich durch die explizite Kommentarspur einer erzählenden Ich-Instanz, die sich tentativ jeweils für kurze Abschnitte in die wechselnden Rollen der unterschiedlichen Protagonisten begibt.

«Die Schwierigkeit», so Frisch selbst im Rückblick nach der Fertigstellung, habe bei diesem Buch darin bestanden, «daß der Roman, obschon voller Geschichten», eigentlich «keine Handlung» aufweise. Begründet liege dies eben in dem hier zugrunde gelegten «Vorhaben, eine Person zu spiegeln in ihren Fiktionen».[474] Das «Übliche», nämlich «daß man sich die Geschichten zu seiner Erfahrung in der Vergangenheit sucht, also in Erinne-

472 Frisch: Unsere Gier nach Geschichten; GW IV, S. 263.

473 Wilhelm Schapp: In Geschichten verstrickt. Zum Sein von Mensch und Ding. Mit einem Vorwort von Hermann Lübbe. 5. Aufl., Frankfurt/Main 2012.

474 Frisch: Ich schreibe für Leser; GW V, S. 330.

rungen»,[475] wird im *Gantenbein* vermieden zugunsten eines eher auf Synchronie setzenden Verfahrens permanenter prismatischer Brechungen. Einen zeitlichen oder gar kalendarischen Ablauf, wie die meisten anderen Romane, habe sein Buch deshalb nicht, weil der «Ablauf» von Fiktionen nun einmal nicht chronologisch erfolge, sondern «assoziativ».[476] Ein Beispiel? «Wann das Buch-Ich einmal in Jerusalem gewesen ist, spielt keine Rolle; es ist in Jerusalem gewesen. Manchmal denkt es daran, manchmal nicht.» Diese Erläuterungen wiederum erschienen (unter dem Titel *Ich schreibe für Leser*) kurz nach der Publikation des Romans in der originellen (später auch von Ingeborg Bachmann in *Malina* aufgegriffenen) Form eines fingierten Selbst-Interviews, bei dem der Autor die ihm möglicherweise begegnenden Fragen der Literaturkritik vorwegnimmt, aber nicht aufschreibt, und dazu in seinen Antworten Stellung nimmt; noch eine weitere Drehung im Spiel mit der sich selbst decouvrierenden Fiktionalität.

In der Entstehungsgeschichte und im kompositorischen Aufbau des *Gantenbein*-Romans stellt diese durch Paratexte flankierte *metanarrative Fiktionsironie* freilich nur einen, vom Schriftsteller etwas ambitiös in den Vordergrund gerückten Aspekt dar, der keinesfalls den gesamten Problemhorizont des Werks umgreift – und dessen retrospektive Betonung vielleicht auch der gewünschten Ablenkung von den lebensgeschichtlichen Implikationen des Textes dient, die im Nachhinein zur Belastung geworden waren. Denn unzweifelhaft war die gedankliche Entwicklung und textuelle Abfassung des Romans eng mit dem auch für Max Frisch immens prägenden Lebensabschnitt des Zusammenseins mit Ingeborg Bachmann verwoben. Schon die Arbeit an diesem Projekt ragte auf vielerlei Weise in die Beziehungsdynamik des Paares hinein, und umgekehrt wird der entstandene Text in Form und Gehalt seinerseits sehr stark durch ebendiese lebensweltliche Dimension bestimmt.

Eine erste durchgeschriebene Fassung des Textes beendete Max Frisch im Frühjahr 1963 und vertraute sie Ingeborg Bachmann im Sommer zur künstlerischen Beurteilung und zu einem detaillierten Redigat an, woraufhin sie mit einer ausführlichen Liste von Kommentaren, Anregungen, Kürzungs- und Streichungsvorschlägen replizierte. Als ihr der Text im Frühjahr

475 Frisch: Ich schreibe für Leser; GW V, S. 332.

476 Frisch: Ich schreibe für Leser; GW V, S. 330; das folgende Zitat ebd.

1964 in der vom Autor daraufhin überarbeiteten Version ein zweites Mal zur Beurteilung vorgelegt wurde, befand sich Bachmann bereits in einer tiefgreifenden psychischen und physischen Krise, durchlief ein akutes Trennungstrauma und machte sich deshalb nun mit der unguten Vorgabe erneut ans Werk, dem Roman sämtliche vermuteten oder vermeintlichen Hinweise auf ihre eigene Person, die sie inzwischen als gezielte, verletzende Indiskretionen wahrnahm, austreiben zu müssen. In dieser Phase fanden umfangreiche Streichungen und Abänderungen statt. Ingeborg Bachmann hieß daraufhin zwar die eingerichtete Druckfassung unter Maßgabe der verlangten Änderungen gut, empfand aber dennoch die Publikation des Romans als schweren Schlag, den sie später ihrerseits in mehreren Anläufen literarisch zu verarbeiten suchte.

Frischs Behauptung, sein Roman weise trotz einer Fülle von angerissenen Geschichten keine eigentliche Handlung auf, trifft trotz seiner selbstkritischen Bescheidenheitsgeste die Sache insofern nicht, als dem Roman zwar die verbindliche Ordnung eines einsträngig durchgeführten, chronologischen Verlaufs abgeht, aber der Text gleichwohl von einer ganzen Reihe dramaturgischer Gelenkstellen bestimmt wird, in denen biographische Richtungsentscheidungen getroffen, berufliche Lebenspläne entwickelt oder durchkreuzt, erotische Liaisons geknüpft oder gelöst werden. Ein leichtsinniger, gefährlicher Autounfall; ein Flirt, der in eine unverhoffte Affäre mündet; die jähe Chance, plötzlich die Existenz eines anderen Menschen zu übernehmen, schließlich sogar ein mysteriöser Frauenmord im Zürcher Seequartier – zusammengenommen schafft all dies Peripetien fast im Übermaß, und inmitten dessen zerren die Anziehungs- und Abstoßungskräfte einer starken Zweierbindung am Personal.

Im Grunde handelt es sich, stärker als in den männlichen Subjektivitätsentwürfen früherer Romane Frischs, bei *Mein Name sei Gantenbein* um einen *Eheroman*, genauer: um das literarisch heikle Modell einer mindestens doppelbödigen häuslichen Romanze. Diese wird in rückblickender Erzählweise rekonstruiert, ausgehend vom Tiefpunkt der Verlassenheit. «Ich sitze in einer Wohnung: – meiner Wohnung... Lang kann's nicht her sein, seit hier gelebt worden ist; ich sehe Reste von Burgunder in einer Flasche [...]. Ich hocke auf der Lehne eines Polstersessels und spiele mit einem Korkenzieher [...], Hausgerät im Stil der Epoche. [...] Von den Personen, die hier dereinst gelebt haben, steht fest: eine männlich, eine weiblich.»[477] Die Textquelle dieser Lagebeschreibung ist inzwischen leicht aufzufinden; in Duktus, einzelnen Satzelementen und szenischen Details gleicht diese Romanpassage aufs Haar jener Situationsbeschreibung, die Frisch im Juni 1959 von der verwaisten Wohnung *Zum Langenbaum* an Bachmann geschickt hatte, nur mit vertauschter Reihenfolge bei der Nennung der Geschlechter.[478] Im Fortgang der Deskription fällt an dieser *Gantenbein*-Textstelle sogar noch das Kennwort jenes Vergleichs, den Frisch seinerzeit mit dem berühmten Untergang eines antiken Gemeinwesens hergestellt hatte: «Abgesehen von einem Wasserhahn in der Küche, der immer schon getropft hat, ist es still. Wie in Pompeji.»[479]

Im Geiste dieses retrospektiven, erkalteten Blicks gleicht die Anlage des Eheromans folglich der archäologischen Freilegung eines vielschichtigen Beziehungskonflikts. Der Text unternimmt ein in serielle Anläufe zerfallendes Fiktions-Experiment, das stets auf einem unnennbaren Unglück beruht. «[…] man kann durch die Räume schlendern […] und sich vorstellen, wie hier gelebt worden ist, bevor die heiße Asche sie verschüttet hat».[480] Verhandelt wird in dem Werk das gesellschaftliche Grundproblem der Verstetigung eines Ausnahmezustands. Der Ehemann changiert dabei in seinem Verhaltensspektrum phänotypisch zwischen der stationären Situation und einer progredierenden Entwicklungskurve. Wie lange und unter welchen Bedingungen stimmt der äußere Zivilstand mit den inneren Beweggründen überein? Das Movens des Begehrens, die Erstarrung der Konvention: Welche Wege sind es, die von der einen auf die andere Seite führen – und möglicherweise wieder zurück? Zentrales Thema des Romans ist genau dieses Experiment in seiner simplen Alltäglichkeit. «Mein Name sei Gantenbein. […] Ihr Name sei Lila.»[481] In dem Motiv «Reste von Burgunder», das diesen Farbton aufnimmt und im Roman wie eine musikalische Phrase wieder-

477 Frisch: Mein Name sei Gantenbein; GW V, S. 18 f.

478 MF an IB, 20.6.1959; BW IB/MF, S. 91.

479 Frisch: Mein Name sei Gantenbein; GW V, S. 20.

480 Frisch: Mein Name sei Gantenbein; GW V, S. 20. Der Topos der verlassenen Wohnung, aus der alles Leben entwichen ist, wiederholt sich in leichter Variation in der Mitte und gegen Ende des Romans; vgl. GW V, S. 198, 313 f.

481 Frisch: Mein Name sei Gantenbein; GW V, S. 81.

kehrt,[482] lässt sich zudem der Anklang eines anderen weiblichen Vornamens als anagrammatisches Residuum restituieren.

Die Ehe ist eine Setzung, ein klassisches *Sie*-und-*er*-Arrangement, als Bund hervorgehend aus einem immer wieder neuen Schöpfungsakt, wenngleich in diesem Falle nicht von Gott gestiftet, sondern von Gnaden eines literarischen Autors eingeführt, der die beiden Partner – wie gesehen – mit einem simplen Sprechakt ins Leben ruft. Die Ehe ist auch ein permanenter, in seinen Schwankungen zugleich überraschend stabiler Krisenherd. Für das stets gefährdete Gleichgewicht der Zweierbindung gilt in verschärftem Maße, was Gantenbein mit seiner heimlich-umsichtigen Zuvorkommenheit als unschlagbares Erfolgsrezept gegenüber der unachtsamen Partnerin erkennt (indem er die vernachlässigte Küchenarbeit möglichst unauffällig, in niederschwelliger Dosierung erledigt): «Alltag ist nur durch Wunder erträglich.»[483] Im *Gantenbein*-Roman macht sich freilich, ist die Basis-Konstellation einmal gesetzt, mit zunehmender Verve das Handlungsmodell der Komödie breit. Wenn überhaupt etwas so Konfliktbehaftetes wie das institutionalisierte Zusammenleben zwischen Frau und Mann für eine gewisse Zeit funktionieren können soll, dann müssen dafür umfassende Vorkehrungen getroffen und die unwahrscheinlichsten Voraussetzungen geschaffen werden.

Frischs Unternehmen, eine Person «in ihren Fiktionen» zu spiegeln, kommt in der Anlage des Romans durch eine konsequente Pluralisierung der Funktion des männlichen Protagonisten zur Geltung, denn dieses Erzähl-Experiment in männlicher Selbsterkundung ist auf gleich drei unterschiedliche Figuren verteilt. Die Trias von tendenziell gleichrangigen Protagonisten macht den *Gantenbein*-Roman zu einem für seine Zeit ungewöhnlichen, in seinem hypothetischen Modus auch irritierenden Text. Wiederholt haben Kommentare versucht, diese gegenüber Frischs früheren Romanen auffallende Erweiterung ins «Multi-Perspektivische» in ihren strukturellen Implikationen zu beschreiben, etwa wie folgt: «Der namenlose Ich-Erzähler löst sich in verschiedenen Identifikationsfiguren auf, die ihrerseits eigene Sinnbilder und Lebensgeschichten entwerfen, sodaß schließlich

482 Frisch: Mein Name sei Gantenbein; GW V, S. 18 f., 313.

483 Frisch: Mein Name sei Gantenbein; GW V, S. 108.

das Ich des Erzählers vielfach gespiegelt und gebrochen in Erscheinung tritt.»[484]

Allerdings ist schon die hier unterstellte Kategorie des Ich-Erzählers, welche für die beiden vorangegangenen narrativen Hauptwerke Frischs durchaus textbestimmend war (und mit welcher der Schriftsteller eine pointierte Spielart schweizerischer Rechtfertigungsprosa etabliert hatte), im Hinblick auf die fluiden perspektivischen Einstellungen und Sprechhaltungen des *Gantenbein*-Romans eher irreführend und letztlich unangemessen. In diesem Text ist zwar immer wieder die erste Person Singular außerhalb des Sprechverhaltens einer Romanfigur in Gebrauch, ohne dass es sich dabei um die tradierte Konvention einer auktorialen Erzählerinstanz handeln würde, doch bleibt die Stimme dieser Ich-Figur schwer zu fassen und wird tatsächlich nur in den von ihr generierten Dritt-Personen manifest. Nach Frischs Selbstaussage ist dieses narrative Subjekt für sich genommen nur ein «weißer Fleck» und wird erst «umrissen durch die Summe der Fiktionen, die dieser Person möglich sind».[485] Deshalb kann und soll dieses «ich» nicht als eigene Figur gerechnet, sondern eher als Ausgangswinkel einer dreifachen prismatischen Brechung verstanden werden, die zu den namentlich gekennzeichneten drei männlichen Hauptfiguren Gantenbein, Enderlin und Svoboda führt – einem Trio, dessen Reihenbildung unter prosodischen und namenssymbolischen Aspekten weiter oben schon erläutert worden ist. Das (klein geschriebene) «ich», das von sich sagt: «ich möchte nicht das Ich sein, das meine Geschichten erlebt»,[486] tritt demnach eine fortwährende Flucht in die fingierte Welt der eigenen literarischen Figuren an. Und erschafft sich zunächst ein Leben als Gantenbein, der seinerseits von dem Momentum einer existenziellen Weichenstellung erfasst worden ist.

Theo Gantenbein ist im Roman der Verursacher eines mittelschweren Autounfalls, wie ihn Max Frisch seit der beherzten Kultivierung seiner Schwäche für immer stärker motorisierte Wagen selbst das eine oder andere Mal

484 Frederick A. Lubich: Max Frisch: *Stiller, Homo faber* und *Mein Name sei Gantenbein*. 3. Aufl. München 1996, S. 82.

485 Frisch: Ich schreibe für Leser; GW V, S. 325.

486 Frisch: Mein Name sei Gantenbein; GW V, S. 66.

durchlebte.[487] Der Autor gibt sogar einen derartigen Verkehrsunfall als eine der narrativen Keimzellen des Romans preis – «nicht das erste Mal […], daß ich so einen Anfang von Schleudern spürte».[488] Die blutende Stirn, Indiz eines glimpflichen Verlaufs, wird unter der Imaginationskraft des Schriftstellers zum Ausgangspunkt für eine sehr viel gravierendere Wendung der Dinge. Frisch, und dann auch das erzählende Ich seines Romans, lässt die Gantenbein-Figur in das zunächst bizarr anmutende, dann unerwartet ernsthafte Züge annehmende Planspiel einer plötzlichen, verletzungsbedingten Erblindung eintreten. «Am Abend spät, als ich mit zwei neuen Rädern langsam weiterfahren konnte, stellte ich mir vor: ein Mann hat einen Verkehrsunfall wegen Glatteis, Scherben in den Augen, und eines Tages wird ihm der Verband abgenommen, und er sieht, daß er sieht, aber er sagt es nicht, ein Mann, der fortan den Blinden spielt. […] So war das, glaube ich, mit der Idee. Oder so hätte es sein können.»[489]

Im Roman präsentiert die Erzählinstanz diese Idee in genau demselben Tonfall, eingeleitet unter der stereotyp wiederkehrenden Grundformel. «Ich stelle mir vor: [/] Ein Mann hat einen Unfall, […] Schnittwunden im Gesicht, es besteht keine Lebensgefahr, nur die Gefahr, daß er sein Augenlicht verliert.»[490] Jener Augenblick, als der Verband gelöst wird und der Patient sein intaktes Augenlicht verschweigt, ist im aristotelischen Sinne ein dramaturgischer Wendepunkt, doch wird für den plötzlichen Entschluss zur Vorspiegelung von Blindheit kein Beweggrund angegeben, keine nähere Erklärung vorgebracht – er ist schlichtweg auf einmal einfach da, dieser Grundeinfall. Umso ergiebiger scheinen sich aus erzählerischer Sicht die Folgen des spontan ergriffenen vorgeblichen Blindenstandes abzuzeichnen.

487 Seinem Freund und Verleger Siegfried Unseld, seinerseits ein passionierter Lenker schneller Fahrzeuge, berichtete Max Frisch brieflich am 1. März 1960 den Hergang jenes Unfalls von Mitte Februar am Steuer eines geliehenen Sportwagens, der ihm als Modell für die entsprechende Romanszene diente. Frisch war «mit dem Porsche innerorts (Lengnau, Kanton Bern) auf Glatteis ins Schleudern» geraten, «sodass es mitten auf dem Dorfplatz mich um 180 Grad drehte, zum Glück ohne Kinder zu töten und ohne Gegenverkehr» (MF an Siegfried Unseld, 1.3.1960; Deutsches Literaturarchiv, Suhrkamp-Nachlass, zit. nach BW IB/MF, S. 942.)

488 Frisch: Ich schreibe für Leser; GW V, S. 324.

489 Frisch: Ich schreibe für Leser; GW V, S. 324.

490 Frisch: Mein Name sei Gantenbein; GW V, S. 21.

«Sein Leben fortan, indem er den Blinden spielt auch unter vier Augen, sein Umgang mit Menschen, die nicht wissen, daß er sie sieht, seine gesellschaftlichen Möglichkeiten, seine beruflichen Möglichkeiten dadurch, daß er nie sagt, was er sieht, ein Leben als Spiel, seine Freiheit kraft eines Geheimnisses usw. [/] Sein Name sei Gantenbein.»[491]

Die Gabe des *Sehens*, die Fähigkeit, die Welt mit den eigenen Augen anschauen zu können, stellt etwas so Fundamentales dar, dass Gantenbeins Erwartung, mit seiner allgemein akzeptierten Blindheit verbinde sich ein persönlicher Freiheitsgewinn, zunächst ziemlich kontraintuitiv anmutet. Zudem galt auch schon für das ethische Bewusstsein der sechziger Jahre des vergangenen Jahrhunderts die moralische Maxime, dass körperliche Beeinträchtigungen nichts sind, womit man ‹spielt›, worüber man sich durch eine inszenierte ironische Doppelbödigkeit lustig machen dürfte. Gantenbein sitzt nach seinem Unfall im Landgasthof, könnte «tot sein» und noch dazu «schuldig am Tod von elf Kindern»,[492] oder eben blind. Wie es sich lebt mit einem solch schweren Verlust an Wahrnehmungsfähigkeit, das ‹sieht› man nur, wenn man tatsächlich in die Innenwelt der Figur übertritt, und genau dies bewerkstelligt der Erzählvorgang, indem er für einige Partien Gantenbein zum grammatischen Träger der Ich-Perspektive werden lässt, ohne ihn deshalb mit der verbindlichen Identität eines Subjekts auszustatten. «Ich probiere Geschichten an wie Kleider!»[493] Das heißt, Geschichten fungieren als Vehikel zur Übernahme von Fremdperspektiven und ermöglichen es, in andere Personenrollen zu schlüpfen wie in eine zweite Haut. Das wichtigste literarische Arbeitsmittel hierzu ist ein beweglicher, variabler Ich-Begriff; ein stellvertretendes Personalpronomen, das ohne große Umstände von einer Person zur nächsten weiterwandern kann.[494]

In literaturgeschichtlicher Hinsicht bedeutet dies: Mit *Mein Name sei Gantenbein* kehrt Max Frisch sich entschieden von jener Tradition des psy-

491 Frisch: Mein Name sei Gantenbein; GW V, S. 21.

492 Frisch: Mein Name sei Gantenbein; GW V, S. 22.

493 Frisch: Mein Name sei Gantenbein; GW V, S. 22.

494 Hierzu gehört auch die auf den metatextuellen Kommunikationsrahmen abzielende Beobachtung Elsaghes, dass sich in *Mein Name sei Gantenbein* «Possessiv-» und «Personalpronomen des Erzähler-‹Ichs› von dem Ich des realen Autors nicht mehr scharf abgrenzen» lassen (Elsaghe: Max Frisch und das zweite Gebot. S. 56).

chologischen Erzählens ab, die seit Henry James mit der Betonung figurenbasierter *Point-of-view*-Darstellungen verbunden war, bei denen die erzählerische Vermittlung von Handlungsumständen sich bewusst auf die Sichtweise eines subjektiven Perzeptors bezog. Eine solche perspektivische Einschränkung sollte einerseits die Wahrnehmungsweise und die Bewusstseinsvorgänge des ausgeleuchteten Subjekts möglichst anschaulich ausgestalten (als mimetische Mitschrift innerpsychischer Vorgänge) und andererseits dazu beitragen, den Erzählakt als Geschehnis intratextuell plausibel zu machen, da er sich schlichtweg aus der Zeugenschaft der wahrnehmenden Person ergab. Es ist diese in der realistischen Erzählwelt des 19. Jahrhunderts fest etablierte Basisfiktion des *Augenzeugen*, die in Max Frischs Roman einer gründlichen Entzauberung unterzogen wird. «Ein Blinder ist kein Zeuge»,[495] wird in der Beweisaufnahme des Mordfalls Camilla Huber gegen Gantenbein eingewandt; doch wäre bzw. ist auch jede andere Figur in gleicher Weise suspekt, weil über ihre ‹wahre› Sicht der Dinge und die Zuverlässigkeit ihrer Aussagen sich von außen stets nur mutmaßen lässt. Und trotzdem kann eben jede und jeder zu einem erzählenden Ich werden, ohne dass dabei optische, kognitive oder moralische Einschränkungen eine nennenswerte Rolle spielen würden – weil erzählerisches Wissen nun einmal ohnehin ‹da ist› und ungehindert in alle der hypothetisch durchgespielten Fiktionen diffundieren kann. Insofern ist *jede* Figur, oder auch *keine*, blind und jegliche erzählerische Perspektivierung in gleicher Weise fiktiv, weil das ‹Mit-fremden-Augen-Sehen› für literarische Darstellungsmodi stets eine bloße Metapher bleibt, für das Sprachspiel des Erzählens nicht beweisfester als die Attitüde der Kleideranprobe.

Gantenbeins vorgebliche Blindheit ist aber nicht lediglich ein Statement erzähltechnischer Modernität, das wirkungsvoll die Obsession des 19. Jahrhunderts für Augenzeugenschaft untergräbt. In der Hauptsache dient die «Blindnis», wie sie mit manierierter Begrifflichkeit in der Erstausgabe des Romans an etlichen Stellen genannt wird,[496] innerhalb der Romanhandlung dem Manne als strategische Volte eines vehementen, gelegentlich ins Komödiantische übersteigerten Ehekriegs. Denn Gantenbein kann als

495 Frisch: Mein Name sei Gantenbein; GW V, S. 275.

496 Vgl. Max Frisch: Mein Name sei Gantenbein [FG]. 7. Aufl. Frankfurt/Main 1979, S. 75; für die Textfassung der Werkausgabe gelegentlich zu «Blindheit» normalisiert.

vermeintlich Sehunfähiger nun ungehindert tun, wovon viele Eheleute sorgengeplagt nur träumen: Unablässig observiert er seine Partnerin, während diese sich unbeobachtet glaubt. Der Roman erzeugt zwischen Schauspielerin und Voyeur sein eigenes Beobachter-Paradoxon (das in einer Nebenepisode mittels heimlicher Tonbandaufzeichnung um die akustische Dimension erweitert wird).[497]

Gantenbein hintergeht Lila, indem er ihr die Möglichkeit vorspiegelt, ihn vor seinen Augen gefahrlos belügen und betrügen zu können: sowohl in kleinen Alltagsdingen wie auch bei einer gar nicht so heimlichen Liebesaffäre. Lila braucht ihre häusliche Nachlässigkeit vor dem blinden Partner keinesfalls zu verstecken; am Flughafen wird sie ungeniert von einem fremden Mann eskortiert, bis sie den Begrüßungskuss Gantenbeins entgegennimmt. Außerdem gewährt sie ihm als Blindem freizügig selbst solche intimen Anblicke, die sie einem sehenden Partner schamvoll vorenthalten würde. Dabei ist Lila als Schauspielerin durchaus gewohnt, sich öffentlich zu zeigen und durch starrende Blicke begehrt zu werden; ihre Neigung zur Exhibition trifft in Gantenbeins heimlichem Voyeurismus auf ein Komplementärstück in Idealbesetzung. Das «private eye», den in klischeehaften Filmen zur Überwachung weiblicher Untreue engagierten Privatdetektiv, kann dieser Ehemann sich sparen, denn er ist selbst ein solches ‹Privatauge›, das unbemerkt der eigenen Schaulust frönt.

Im hypothetischen Eheleben als Blinder besteht Gantenbeins beharrlich gespielte Rolle darin, «daß er glaubt»,[498] und niemals auch nur das geringste Misstrauen hegen muss. Über die kleinen Fehler und größeren Betrugsmanöver seiner Partnerin sieht er im buchstäblichsten Sinne hinweg, da er gar nichts sieht bzw. nur «mit zur Blindheit überredeten Augen»,[499] um eine von Paul Celan in der Beschäftigung mit Friedrich Hölderlin geprägte Formulierung aufzugreifen. Wenn sie ihre geheimen Abenteuer haben kann und er seine noch geheimere Mitwisserschaft, so ist für Diskretionsspielräume auf beiden Seiten gesorgt – solange die Rahmenbedingungen des Experiments intakt bleiben. «Wenn Lila wüßte, daß ich sehe, sie würde zweifeln

---

497 «Ich habe ein Tonbandgerät gekauft, um eure Gespräche aufzunehmen, Gespräche ohne mich.» (Frisch: Mein Name sei Gantenbein; GW V, S. 266.)

498 Frisch: Mein Name sei Gantenbein; GW V, S. 84.

499 Vgl. das folgende Kapitel: Triangulationen von Orten und Zufällen.

an meiner Liebe».[500] Tatsächlich beendet die Beichte Gantenbeins in einer spät im Text durchgespielten Variante unverzüglich die langjährige Beziehung, denn *zwei Schauspieler* verträgt die Ehe nicht.

Treibende, motivierende Kraft hinter dieser Erfindung war in lebensweltlicher Hinsicht unzweifelhaft Max Frischs notorische Eifersucht. Der Briefwechsel mit Ingeborg Bachmann war seit den ersten längeren Trennungsphasen des Paars von heftigen Eifersuchtsanwandlungen Frischs durchzogen. Wortreich beklagte er sein Alleinsein und ihre in seiner Abwesenheit besonders erblühende Geselligkeit und befürchtete Arges, wenn sie in seinem Beisein mit unbekannten Gesprächspartnern muntere Telefonate führte. Ingeborg Bachmanns schon erwähnte Gepflogenheit, ihre Lebenskreise, Freundschaften und Kontakte diskret gegeneinander abzuschotten, mag zu Frischs diesbezüglicher Skepsis und Gereiztheit erheblich beigetragen haben. Allerdings war sein Misstrauen so überbordend und kreativ, dass es selbst die Anlässe für potenzielle Seitensprünge der Partnerin schuf, etwa mit seinem Zureden zu ihrer gemeinsam mit Enzensberger unternommenen Autofahrt nach Rom im Juni 1959. Später äußerte Max Frisch brieflich seine quälende Angst, durch die weithin bekannten, nur ihm selbst verborgenen Affären seiner Partnerin längst zum Gespött des gemeinsamen Bekanntenkreises geworden zu sein; als einziger Blinder, der das Offensichtliche weder weiß noch erkennt. Einerseits glaubte Frisch sich in der Position des Betrogenen, andererseits kehrte er demonstrativ die eigenen Möglichkeiten einer anderweitigen Liebschaft hervor. Das allein schon ergibt zwei komplementäre Handlungsoptionen, plus die dritte des mitlaufenden Beobachters, welche er auch im Briefverkehr mit besonderer Hingabe übernimmt.

Damit liegt eine psychodynamische Trias von Positionen vor, die Frisch noch während des häuslichen Beziehungsdramas in die Anlage der Konfiguration seines entstehenden Romans transponiert. Der strategische Zugewinn liegt dabei einerseits in der Möglichkeit, eigene, leidenserfüllte Verhaltensmuster von sich wegstellen zu können, andererseits in der Aufwertung des erotischen Handlungspotenzials. In der Person des international renommierten, in antiker Kunstgeschichte bewanderten Gelehrten Enderlin, dessen Spezialinteressen auf den Darstellungen des trügerischen

500 Frisch: Mein Name sei Gantenbein; GW V, S. 103 f.

Götterboten Hermes liegen, bringt der *Gantenbein*-Roman die Figur des experimentellen Verführers ins Spiel. Dieser lernt durch gelenkten Zufall als «fremde[r] Herr»[501] in einer Hotelbar die Frau des arrivierten Geschäftsmannes Svoboda kennen und versteht es, sie mit gewandten Manövern zu seiner Geliebten zu machen, indem man einen vorgeblichen gemeinsamen Opernbesuch versäumt (wie es am ersten Abend Frischs und Bachmanns in Paris der Fall gewesen war).

Sowohl in der Enderlin-Figur wie auch in jener des *in absentia* übergangenen Svoboda stecken erhebliche Elemente aus Max Frischs eigenem Verhaltensrepertoire. Die fiktiven Akteure sind gleichberechtigte Subjekte dieser Geschichte, durchlaufen und bekunden höchstpersönlich ihre Rollenmöglichkeiten in dem magischen Dreieck; sei es als Verführer, «den Lila sehr lieb hat»,[502] oder als entthronter Ehemann, mit dem Lila in besseren Zeiten «die Geschichte mit der griechischen Schlange» erlebt hatte[503] und der nun seinen Nebenbuhler zu einem Treffen herausfordert.[504] Die umworbene Frau wiederum ist niemand anderes als die Schauspielerin Lila, in konkurrierenden Erzählentwürfen noch (oder schon) ins Eheleben mit Gantenbein verstrickt – wobei eine stringente Zeitreihe oder kausale Aufeinanderfolge bei diesen prismatischen Gedankenspielen nicht behaftbar ist.

Die Konstellationen aus dem Briefverkehr liefern somit die Blaupause der Figurenaufstellung des Romans. Eine private, lebensgeschichtliche Entschlüsselung von konkreten Textelementen und biographischen Fakten ist zwar nicht zwingend erforderlich, aber durchaus möglich. «Lila war damals

501 Frisch: Mein Name sei Gantenbein; GW V, S. 68.

502 Frisch: Mein Name sei Gantenbein; GW V, S. 225; eine Formulierung, die Frisch im Briefwechsel des Sommers 1962 auf Bachmanns zeitweiligen Geliebten Paolo Chiarini bezog (vgl. den nachfolgenden Abschnitt zu *Montauk*).

503 Frisch: Mein Name sei Gantenbein; GW V, S. 243. Es handelt sich um ein Erinnerungsmotiv zwischen Frisch und Bachmann, das aus der gemeinsamen Griechenlandreise stammt (vgl. MF an IB, 15. 5. 1963; BW IB/MF, S. 446).

504 «Svoboda will Enderlin sehen und sprechen!» (Frisch: Mein Name sei Gantenbein; GW V, S. 246.) «Also gut […], ich werde antreten.» (Ebd.) Auch die Formulierung des Antretens wurde von Frisch zunächst auf Ingeborg Bachmanns zeitweiligen Geliebten Paolo Chiarini gemünzt. «Der Mann, den Du sehr lieb hast und der, so nehme ich an, dich sehr lieb hat, hat nun anzutreten» (MF an IB, 6. 5. 1962 [nicht abgesandt]; BW IB/MF, S. 259).

einunddreißig, [...] Gantenbein auch kein Jüngling mehr»,[505] heißt es über die Anfänge der Beziehung; es ist das Alter, in dem Ingeborg Bachmann sich im Mai 1958 befand. Und weiter: «Die Welt hält es für einen schlichten Wahnsinn, als wir, um zu heiraten, im Blitzlicht stehen [...]; man gibt dieser Ehe (ich sehe es an ihren Glückwunschmienen) einen knappen Sommer bestenfalls».[506] Aus dem je schon angespannten Paarverhältnis zwischen der mit Verve auftretenden Dichterin und dem skeptischen Schreibtischmann wird die krasse Asymmetrie des Blinden mit der Schauspielerin. *Ein* Element des dramaturgischen Kalküls aber hatte wohl schon *vor* der Arbeit am Roman eingesetzt. Denn manchmal will es scheinen, dass Frischs gelegentliche Flirtversuche, und sogar noch die Aufnahme der Liebesbeziehung zu einer neuen, weit jüngeren Partnerin (deren Beginn im Roman kaum chiffriert miterzählt wird),[507] ebenfalls Züge eines liebesstrategischen Rollenspiels haben, indem sie von dem bangen Wunsch getrieben sind, der stets befürchteten Verletzung durch die Untreue des Gegenübers proaktiv zuvorzukommen. Wenn schon nicht ein beiderseitiges Glück, so lasse sich, befindet der Roman-Ehemann Svoboda, durch den Versuch, sich parallel und anderweitig «zu verlieben», wenigstens ein «Gleichgewicht der Eifersucht» herstellen.[508]

Der Roman eröffnet überdies noch ein weiteres, literarisch subtileres *remedium amoris*, den Wechsel in die Komödienform. Die Figur des Scheinblinden ist per se schon ein Motor zur Erzeugung brisanter und belustigender Situationen; allein schon die permanente Gefahr, sich zu verraten, leistet einen enorm starken, szenischen Handlungsvortrieb. Wenn Gantenbein die Rolle des hilflosen Blinden überzeugend ausfüllen will, dann muss er volle Aschenbecher und laufende Wasserhähne im Haushalt ebenso konsequent ignorieren wie rote Fußgängerampeln beim Stadtspaziergang –

505 Frisch: Mein Name sei Gantenbein; GW V, S. 301 f.

506 Frisch: Mein Name sei Gantenbein; GW V, S. 81.

507 «*Via appia antica.* [/] Sie könnte meine Tochter sein, und es hat keinen Sinn, daß wir einander wiedersehen. Ich möchte es, ich bin getroffen, aber es hat keinen Sinn. Wir stehen auf einem römischen Grabhügel, Nachmittag, eigentlich erwartet man uns in der Stadt.» (Frisch: Mein Name sei Gantenbein; GW V, S. 137.) Die Szenerie dieser Episode geht auf einen Ausflug zurück, den Max Frisch mit Marianne Oellers unternahm (vgl. Hartwig: Wer war Ingeborg Bachmann?, S. 208 f.).

508 Frisch: Mein Name sei Gantenbein; GW V, S. 237.

auch wenn ihm der Verzicht auf die optischen Informationen enorm schwerfällt. Dass er gleich beim ersten seiner Versuche in der Blindenrolle der kessen Maniküre und Gelegenheitsprostituierten Camilla Huber vor ihren schicken Sportwagen läuft und dabei ums Haar überfahren worden wäre, gerät zum Beginn einer wundersamen Freundschaft, die im Seelenhaushalt Gantenbeins ein heiteres Gegenstück zum diplomatisch sehr anstrengenden Beziehungshaushalt mit Lila ergibt. Auch bei Frau Huber, die er nun regelmäßig zur Handpflege aufsucht, übersieht Gantenbein nonchalant etwaige Restspuren ihres Nebenerwerbs, und sie hört sich dafür neugierig und gemütsvoll die von ihm als Gedankenexperimente ersonnenen Geschichten an.

Die Stunden bei Camilla Huber in der Feldeggstraße im Zürcher Seefeld sind Gantenbeins liebste Erzählsituation, in der er sich als Fremdgänger seines eigenen Eheromans von dessen Lasten und Tücken erleichtern kann, und mit deren Fabulierfreude auch seine männlichen Komplementärfiguren durch immer neue Episoden an Kontur gewinnen. Beneidenswerte Existenzen sind diese ihrerseits fremden Herren allerdings beide nicht. Enderlin, der einen Ruf an die amerikanische Spitzenuniversität Harvard erlangte und mit seinen Forschungen zur antiken Hermesgestalt hohe Anerkennung erfuhr (einige mythologisch ausgefeilte Hermes-Szenen sind der redaktionellen Straffung des Typoskripts zum Opfer gefallen), wird an dieser entscheidenden Karrierestufe plötzlich von einem unbegreiflichen Zögern erfasst. Eigentlich müsste er nach der mit Lila verbrachten Nacht seinen Flug nach Amerika antreten, «*Flight number seven-o-five*»;[509] wie schon im *Homo faber* hallen die *boarding announcements* als staunenswertes Leitmotiv des transatlantischen Zeitalters durch den Text. Enderlin fliegt, oder er bleibt zurück, die Figur wird mit schizoider Gewalt in eine Fallunterscheidung aufgegliedert, denn nur das Erzählen kann schließlich an mehreren Orten gleichzeitig zugegen sein.[510]

509 Frisch: Mein Name sei Gantenbein; GW V, S. 125.

510 «Der nämlich bleibt, stellt sich vor, er wäre geflogen, und der nämlich fliegt, stellt sich vor, er wäre geblieben» (Frisch: Mein Name sei Gantenbein; GW V, S. 130).

Trotz seiner hoffnungsvollen Lage ist Enderlin, die Semantik des «alemannisch»[511] klingenden Familiennamens deutet es an, von letalen Vorahnungen erfüllt; in geselliger Runde verstummt er, sondert sich ab, ist bei Lichte betrachtet schon auf der ersten Seite des Romans zu einem jähen, rätselhaften Tod verurteilt, spätabends am Steuer bei laufendem Motor vornüber zusammengesunken. In einer der Erzählvarianten bekommt Enderlin einen Notizzettel seines Arztes Burri in die Finger, auf dem er sein medizinisches Todesurteil zu lesen glaubt; dies geschieht aufgrund einer fatalen Verwechslung, denn eigentlich war ein anderer Patient von der Notiz auf dem Zettel betroffen, dem laut darauf festgehaltenem Befund eine unheilbare Krankheit nur noch ein einziges Jahr an Lebensfrist gewährte. Enderlin aber ging – weil jede Form der Verletzung des Schriftgeheimnisses unabsehbare Folgen nach sich ziehen kann – mit einer vermeintlich letalen Diagnose davon, nachdem er heimlich die nicht an ihn adressierte Botschaft las. Ab dem Verstreichen der Jahresfrist genießt er dann für eine Weile das unfassbare Glück eines Verschonten – welches aber, wie die Wahrheit aller Fiktionen, einzig im Auge des Betrachters liegt.

Svoboda wiederum, «ein baumlanger Böhme»,[512] hatte nach dem erlittenen Ehebruch das Weite gesucht; er war aufs Geratewohl in den italienischen Süden gereist und von dort wie verwandelt zurückgekehrt. Svoboda und Enderlin machen sich jeweils allerhand Gedanken über den anderen, seit «Svob» den Namen seines Rivalen kennt. Wie Enderlin sich vorstellt, «gehört» Svoboda «zu den Männern, die von Frauen, wenn sie einen Kosenamen brauchen, vorzugsweise als Bär bezeichnet werden».[513] So pflegte in guten Zeiten Ingeborg Bachmann ihren Max ebenfalls zu nennen, zumindest in der brieflichen Anrufung dieses mittelgroßen Bären. Im Falle des verlassenen Roman-Ehemannes, dem biographischen Muster nah und fern zugleich, scheut die ansonsten geschmeidige Erzählhaltung merklich davor zurück, dem übergangenen Ex das «ich» anzubieten, außer *modo negativo:* «Ich möchte nicht Svoboda sein.»[514]

511 Frisch: Mein Name sei Gantenbein; GW V, S. 235.

512 Frisch: Mein Name sei Gantenbein; GW V, S. 234.

513 Frisch: Mein Name sei Gantenbein; GW V, S. 230.

514 Frisch: Mein Name sei Gantenbein; GW V, S. 240.

Um Lila, die umworbene Schauspielerin herum, formiert sich somit ein alemannisch-böhmisches Duo, in dem die interkulturelle Paarbeziehung der österreichischen Dichterin und des Schweizer Schriftstellers ein dialektal fein abgetöntes Widerspiel erhält. Die Frau im Zentrum der Romankonfiguration wiederum ist ihrerseits gleichfalls durch den auffälligen Eigennamen charakterisiert, nämlich als das Produkt des Farbeffekts einer optischen Projektion, die sich dem Blick durch die Blindenbrille verdankt. Denn kaum hatte Gantenbein im Optikergeschäft die dunkelste aller Sonnenbrillen aufgesetzt, war das «Fräulein in Weiß» «grau wie Asche» geworden, «lila-grau», und die «vollen weichen Lippen» waren dem Beobachter plötzlich «violett wie reife Pflaumen» erschienen.[515] Auch Zürich ist ansonsten eigentlich «eine blaue Stadt», «nur meine Brille macht sie aschgrau, [...] aschgrau mit einem Stich ins Lila.»[516] Nach dem Zusammenprall mit Camilla Hubers flottem *Karmann*-Cabrio fallen den abgetönten Augen Gantenbeins die «lila» leuchtenden «Helme der Polizei», die «weißlila Sicherheitslinie» auf der Straße und die «lila Handschuhhände»[517] seiner Unfallbekanntschaft schon nur mehr als Bestätigung der neuerlangten *lila* Weltsicht in den Blick. Die Damen Ca*milla* und *Lila* verbindet neben diesem Farbfilter auch eine entsprechende Klangfärbung, welche die beiden Frauengestalten ähnlich volatil und variabel behandelt wie ihre männlichen Komplementärfiguren.

Für sein *infraviolettes* Experiment wählte Frisch den literaturgeschichtlich selten in solcher Reinform auftretenden Erzähltyp der hypothetischen Fiktionalität, nach dem Modus des ‹was wäre wenn..› bzw.: ‹gesetzt, dass...›. Weil in der Versuchsanordnung letztlich keiner der Handlungsstränge faktographisch angelegt ist, also innerhalb der Basisfiktion *nicht* die Wiedergabe eines tatsächlichen Geschehens suggeriert wird, kann die im Text obwaltende Erfinderlaune selbst zu schwersten Kalibern greifen und neben Unfällen, unheilbaren Krankheiten oder einer irrtümlich publizierten Todesanzeige schließlich auch noch vom spielerisch eingesetzten Kriminalmotiv eines mysteriösen Mordfalles Gebrauch machen – insofern, als das beschauliche Zürcher Seefeld-Wohnviertel eines Tages von der Unglücksmeldung aufgeschreckt ist, dass Gantenbeins heimliche Vertraute und Ge-

515 Frisch: Mein Name sei Gantenbein; GW V, S. 27.

516 Frisch: Mein Name sei Gantenbein; GW V, S. 28.

517 Frisch: Mein Name sei Gantenbein; GW V, S. 31.

schichten-Abnehmerin Camilla Huber mit einer «Vorhangkordel»[518] erdrosselt tot aufgefunden wurde. In Tatverdacht gerät nicht Gantenbein, sondern ein anderer regelmäßiger Kunde, der Camilla ihr sportliches *Karmann*-Cabrio «geschenkt hat».[519] Eine solche Vorhangkordel allerdings war aufmerksamen Zeitgenossen als skurriles Tötungsinstrument aus Dürrenmatts *Physikern* von 1961 gut bekannt;[520] mit dem Zitat geht ein ironischer Gruß an den Schweizer Schriftstellerkollegen, mit dem Frisch über Jahrzehnte eine rivalisierende Freundschaft verband.[521] Auch diese autorschaftliche Konkurrenz und Koexistenz wollte schließlich gepflegt sein.

Die Figurentrias um den blinden Beobachter Gantenbein, den verlassenen Kraftmenschen Svoboda und den melancholischen Verführer Enderlin nimmt in ihren perspektivischen Brechungen je unterschiedliche Charakterzüge und Verhaltensweisen eines komplexen männlichen Subjekts auf, das anhand dieser Verkörperungen Aufschluss über seine widerstreitenden emotionalen Zustände gewinnt. Im prismatischen Spiel männlicher Rollen werden durch den gemeinsamen Bezug auf das Lila denkbar unterschiedliche Tönungen diesseits des farblichen Extremwerts gebündelt und eingefangen.

Am markantesten allerdings tritt die Kongruenz der drei verschiedenen szenischen Handlungsfelder, also von Gantenbeins Eheleben mit Lila, seiner für Camilla begonnenen Blindenkomödie und der Rivalität zwischen Svoboda und Enderlin, genau dann hervor, als der Schriftsteller die heikle Kernzone des Briefwechsels mit Ingeborg Bachmann in die Dramaturgie des Ro-

518 Frisch: Mein Name sei Gantenbein; GW V, S. 275.

519 Frisch: Mein Name sei Gantenbein; GW V, S. 275.

520 Friedrich Dürrenmatt: Die Physiker. Eine Komödie in zwei Akten. Neufassung 1980. Die Stücke. Zürich 2015, S. 821–899. Während im ersten Akt der Irrenhaus-Komödie Patient Ernesti, genannt Einstein, seine Pflegerin Schwester Irene «mit der Schnur der Stehlampe» (S. 830) erdrosselt, haben zuvor Patient Beutler, genannt Newton und später im zweiten Akt Patient Möbius ihre jeweiligen Pflegerinnen, Schwester Dorothea und Schwester Monika «mit der Vorhangkordel» (S. 832, S. 867) ums Leben gebracht.

521 Im Juni 1959 berichtet Frisch als Rekonvaleszent aus Männedorf der in Rom weilenden Partnerin, dass Dürrenmatt ihn besucht und auch «zu sich eingeladen» habe, «aber seine Potenz würde mich zermalmen.» (20.6.1959; BW IB/MF, S. 92.)

mans implementiert. Denn als die größte Anfechtung ihres Liebesverhältnisses überhaupt muss im Nachhinein die schwere Verletzung des Schriftgeheimnisses gelten, die von beiden Beteiligten gegen vertrauliche Briefe und Aufzeichnungen des Partners begangen worden war. «Einmal habe ich getan, was man nicht tun darf: ich habe Briefe gelesen, die nicht an mich gerichtet sind, Briefe von einem Mann; sie erwägen die Ehe. Ich schäme mich und schweige.»[522] Das Geständnis, welches Max Frisch in der autofiktionalen Erzählung *Montauk* unter dem doppelten Schutz von Maskerade und Zeitabstand einem großen Literaturpublikum zu unterbreiten wagt, hatte er in verklausulierter Form schon dem *Gantenbein*-Roman anvertraut.

Es handelte sich bei den erwähnten Schriftstücken um Sendungen aus dem Briefverkehr Ingeborg Bachmanns mit Hans Magnus Enzensberger, der sich in vergleichsweise jungen Jahren schon als Lyriker und politischer Essayist einen Namen gemacht hatte und mit Bachmann während seines Rom-Stipendiums im Sommer 1959 eine Liebesaffäre eingegangen war, von der Frisch wenig später Kenntnis erhielt. Enzensberger, der 1957 und 1961 für längere Zeiträume in Norwegen lebte, liefert eine ‹nordische› Geographiekomponente für die Figuration des Romans, indem ab einem gewissen Punkt des Geschehens im Schriftverkehr Lilas geheimnisvolle Briefe mit dänischen Postwertzeichen aufzutauchen beginnen. Während Gantenbein sich das Eheleben in «ihrem gemeinsamen Alter» als eine Idylle im Stile von «Philemon und Baucis» ausmalt, frei nach Goethes *Faust II*, bringt er zugleich als Störelement das Requisit einer «Schublade mit einem antiken Schloß» ins Spiel, in dem seine Baucis besonders vertrauliche Briefschaften aufbewahrt; als eines Morgens «diese Schublade offensteht», kämpft «Philemon» (Gantenbein) tapfer gegen die Versuchung zur Ehe-Spionage an.[523]

Da er sich allerdings dann doch immer intensiver zu fragen beginnt, «warum so viele Briefe mit dänischen Marken kommen»,[524] beschließt der eifersüchtige Ehemann, einige dieser Briefe abzufangen. «Es ist eine pure Fopperei, als Philemon die dänischen Briefe, die trotz allem nicht ausbleiben, einmal eine Woche lang einfach nicht aushändigt. Ich weiß nicht, was er sich davon verspricht. Eine pure Fopperei. Vielleicht will er mir nur zei-

522 Frisch: Montauk; GW VI, S. 716.

523 Frisch: Mein Name sei Gantenbein; GW V, S. 174.

524 Frisch: Mein Name sei Gantenbein; GW V, S. 177.

gen, wie übermütig er jetzt dieser Sache gegenübersteht. Er fragt: Was gibt's Neues? und Baucis köpft das Ei oder gießt Tee ein, ohne auch nur zu fragen: Habe ich keine Post? Nach einer Woche ist es Philemon, der unruhig wird; nämlich nun sind es schon drei Briefe, die er in seiner Brusttasche trägt».[525]

Reuig geworden, und vor allem die Entdeckung seiner Missetat fürchtend, erwägt der Ehemann, die drei Briefe beiläufig und mit einem entschuldigenden Wort über das Versäumnis auf den Morgentisch zu legen. «Stattdessen kommt ein Eilbrief, eingeschrieben, vom Boten überbracht, so daß Baucis ihn persönlich in Empfang nimmt. Sie liest, ohne deswegen den Toast zu vergessen, und fragt mit keinem Wort, ob er Briefe, mindestens drei, unterschlagen habe.»[526] Offenkundig war der unterbrochene Briefkanal aufgrund ausbleibender Baucis-Antworten von der Gegenseite bemerkt und mit einem energischen Extravorstoß beantwortet worden. Nun endlich wird dem Störer bewusst, wie sehr gerade dieser ihn ausschließende Briefverkehr auf gut und pünktlich gepflegter Gegenseitigkeit beruht, auf jener Responsivität, die in der Schriftsteller-Ehe Frischs und Bachmanns von Ersterem so schmerzlich vermisst worden war. «Warum verdutzt es ihn, daß seine Baucis, wie aus dem dänischen Alarm zu schließen ist, offenbar auch ihrerseits mindestens zwei Mal in der Woche schreibt? Es verdutzt ihn tatsächlich. Hat er denn gemeint, ein Däne könne Pingpong spielen mit Bällen, die nicht zurückkommen?»[527] Noch längst nicht zum letzten Mal wiederholt Max Frisch hier sein geliebtes Pingpong-Bälle-Bild eines funktionierenden responsiven Briefaustauschs.

Mit der Delegation solcher Details aus dem eigenen epistolaren Liebesleben in die Romanhandlung hält Frisch im Zweifel eher dem eleganten Spracheinfall die Treue als der damaligen emotionalen Verbundenheit. Bälle, die zurückkommen, um die Kette des hin und her laufenden Briefverkehrs in Gang zu erhalten, gibt es gemäß Frischs selbstbestrafender Korrekturphantasie besonders für Absender dänischer Postwertzeichen – eine Art von existenzontologischem Ausland, das seit der Romantik, wenn nicht schon seit Shakespeares *Hamlet,* mit geheimnisvoll gefährlicher Alterität

525 Frisch: Mein Name sei Gantenbein; GW V, S. 176.

526 Frisch: Mein Name sei Gantenbein; GW V, S. 177.

527 Frisch: Mein Name sei Gantenbein; GW V, S. 177.

aufgeladen ist. Nach Ausbleiben weiterer Briefe sinnt der Ehemann, inzwischen rasend vor Eifersucht, auf stärkere Maßnahmen, an welchen der Erzähler «Philemon nicht mehr hindern» kann,[528] und erbricht schließlich gewaltsam die Schublade ihres Sekretärs.

Der moralische Tiefpunkt in Gantenbeins Ehekomödie schafft nun zugleich eine den Listen des Schriftgotts Hermes angemessene Wendung innerhalb des Männlichkeits-basierten Beziehungsromans; eine analytische Volte, mit der Frisch symbolisch die Verletzung des Briefgeheimnisses als Selbstverrat bedauert und einbekennt. In aller Eile seine Briefbeute durchstöbernd, wird das vorwärtsdrängende Auge des Lesers durch die schnörkelhafte Handschrift und ein Übermaß «an persönlichen Buchstaben» jenes fremden Herrn unliebsam aufgehalten; «vieles ist in der Hast des Einbruchs überhaupt nicht zu lesen».[529] Und als dies dann doch gelingt, schlägt die narzisstische Eifersucht jäh um in eine nicht minder narzisstische Selbstbeschädigung. «Was er sucht, ist solches: *Schreib mir, wohin ich Dir schreiben kann, damit Du keine Schwierigkeiten hast.* Das kommt der Wunde schon näher. *Damit Du keine Schwierigkeiten hast,* Fortsetzung auf dem nächsten Blatt, *wenn Svoboda nicht will, daß wir einander schreiben* ... Wieso Svoboda? Das würde heißen, daß das seine eigenen Briefe sind. Nun ja, sage ich, das merkst du erst jetzt? Es ist seltsam, wie fremd uns bisweilen die eigene Handschrift sein kann, vor allem wenn man nicht drauf gefaßt ist, wenn man eine Schublade aufbricht, um einer schlafenden Frau auf die Schliche zu kommen, und dabei nur sich selbst auf die Schliche kommt.»[530]

## Lilas abgeblendete Teilhaberschaft

Was aber die Bedeutung des *Gantenbein*-Romans für Ingeborg Bachmann anbelangt, verhält es sich keineswegs so (wie von einigen Rezensionen als Entlastungsbefund judiziert),[531] dass nach der Auswertung des Briefwechsels das Bild einer einseitigen literarischen Ausbeutung des Liebesverhältnisses durch den indiskreten Max Frisch, die zu einer nachhaltigen Trauma-

528 Frisch: Mein Name sei Gantenbein; GW V, S. 190.

529 Frisch: Mein Name sei Gantenbein; GW V, S. 190.

530 Frisch: Mein Name sei Gantenbein; GW V, S. 191.

531 Vgl. Paul Jandl: Das Höllentor einer Liebe. In: Neue Zürcher Zeitung, 15.11.2022.

tisierung Ingeborg Bachmanns geführt habe, vollständig zu revidieren wäre. Ganz im Gegenteil lässt sich die ungeheure Wucht, mit welcher Frischs *Gantenbein* Ingeborg Bachmann traf, auf Basis dieser Dokumente sogar noch viel eindrücklicher nachvollziehen.

Die tiefe Verletzung lag eben nicht allein in dem Umstand, dass sie in dem Roman Schlüsselszenen aus ihrer beider Beziehungsleben zu einer Ehekomödie spielerischer Trugmanöver und Eitelkeiten verarbeitet fand und sich selbst dadurch zu bloßem «Material» verwertet und erniedrigt sah. Als gefährlich und schadenbringend erwies sich vor allem der Zeitfaktor, der für eine unglückliche Verflechtung des Fortgangs der Buchentstehung mit der Eskalation der Trennungsgeschichte sorgte. Den Vorwurf der Ausschlachtung, den Bachmann ab Mitte der sechziger Jahre in ihrem fragmentarisch gebliebenen Werk *Das Buch Goldmann* anhand des Verhältnisses von Fanny Goldmann zu ihrem Liebhaber, dem Autor Toni Marek, darlegt und in eine umfassende Kritik an den Verwertungsmechanismen des Literaturbetriebs münden lässt,[532] hatte sie gegenüber Max Frisch erst in einem ziemlich fortgeschrittenen Stadium der Textkonstitution vorgebracht.

Wie sich anhand der Korrespondenz nun im Detail verfolgen lässt, hatte Bachmann die Entwurfsfassungen des Romans mehrfach und überaus sorgfältig durchgearbeitet und das Buch trotz der sich abzeichnenden Trennung lange Zeit noch als ihrer beider gemeinsame Angelegenheit betrachtet. Wie bei anderen laufenden Arbeiten Max Frischs, ob es nun um öffentliche Reden, um Theaterstücke oder Prosatexte ging, nahm Bachmann wie selbstverständlich sich der Aufgabe an, den Entstehungsweg des neuen Werks zu begleiten und den Partner möglichst mit kritischen Rückmeldungen und konstruktiven Vorschlägen zu unterstützen.

Wiederholt bekommt Frisch von Bachmann die hohe Wertschätzung mitgeteilt, die sie gerade für diesen Roman hegt, in dem sie sogleich ein Werk von außerordentlichen Anlagen erkennt, und durchaus auch eine Frucht ihrer gemeinsamen Zeit. Selbst dann noch, als sie um den Jahres-

532 Der Skeptiker Malina sieht die Entwicklung als geradezu zeit- und branchentypisch an: «Sie werden ein Schriftsteller Ihrer Zeit werden, dem kein Blick ins eigene Schlafzimmer, kein Blick auf Schwächen der anderen fremd ist, Sie werden Briefe abdrucken, erpressen, Sie werden Ihre Freunde bloßstellen und die werden kuschen.» (Bachmann: Das Buch Goldmann; BG, S. 163.)

wechsel von 1962/63 widerstrebend die unumkehrbare Schärfe des Trennungsvorgangs – den Schmerz, schlichtweg verlassen worden zu sein – endlich zu realisieren beginnt, bezeugen ihre Kommentare unverbrüchlich den epochalen Rang von Frischs Roman. Ein langer Brief, den Bachmann in der Nacht von Silvester zum Neujahr niederschreibt, trägt wahrlich den Januskopf der kalendarischen Zeitschwelle in sich. In ein- und demselben Schreiben entfahren Ingeborg Bachmann so erbarmungswürdige Sätze wie «Es gibt nur noch die Trennung» oder «Es ist mir das Herz gebrochen»,[533] und zugleich bringt sie die Kraft auf, angelegentlich ihre Mitwirkungsbereitschaft für die weitere redaktionelle Arbeit am *Gantenbein*-Roman anzubieten.

«Wir können einander treffen im Frühling, wenn ich heraus bin aus den Spitälern und aus alldem, für zwei drei Tage, wir werden dann das Buch durchsprechen und arbeiten.»[534] In demonstrativ professioneller Haltung bekräftigt sie, dass sie für ein solches Arbeitsgespräch gerüstet sein wird: «[...] selbstverständlich werde ich, wie ich es versprochen habe, in den nächsten Tagen und Wochen die Anmerkungen schreiben zu dem Buch.» «Selbstverständlich» war dies unter den gegebenen Umständen keineswegs. Somit lässt sich spekulieren, worin genau ihre Motive gelegen haben könnten für diese beharrliche Auffassung, bei *Gantenbein* noch ‹mit zuständig› zu sein. Ist das Angebot ein Köder, um ihn, bei seiner Schriftsteller-Eitelkeit gepackt, doch noch zu halten? Eine Opfergeste gar, deren Großmut das Gegenüber in die Position des Zerknirschten manövrieren soll? Oder befürchtet die verlassene Geliebte hier bereits ein Ringen um publizistische Bloßstellungen, die sie anders als durch konstruktive Mitsprache nicht mehr abwehren kann?

Den Schmerz der Trennung würde dieses letzte, noble Kooperationsangebot indes nicht lindern können, es trug vielmehr im weiteren Verlauf ihres Austauschs über den Roman eher noch zur Vertiefung der entstandenen Entfremdung bei. Deutlich wird jedenfalls, dass Bachmann von dem aus gemeinsamen Jahren hervorgegangenen Werk immer noch eine unerschütterlich hohe Meinung besaß. «Ich bin sehr froh, dass ich Dich immer zu diesem Buch ermuntert habe und Dir gesagt habe, auf welchen Rang es zugeht,

533 IB an MF, 31.12.1962/1.1.1963; BW IB/MF, S. 351, 352.

534 IB an MF, 31.12.1962/1.1.1963; BW IB/MF, S. 352; das nachfolgende Zitat ebd.

und darum wird es mir auch leicht fallen, die kritischen Anmerkungen, die Sekundäres betreffen, Dir sehr offen zu sagen. Es wird wirklich ein epochales Buch werden, ein ganz grosses, und Du musst Dir jede erdenkliche Mühe geben, um das Ziel zu erreichen, das sich das Buch vorwirft.»[535]

Ihre Bereitschaft, an der Redaktion des Textes mitzuwirken, bekundete Ingeborg Bachmann, indem sie das ihr vom Autor übergebene Konvolut der Erstfassung, das von ihr so genannte «Uetikoner Exemplar», im Frühjahr 1963 intensiv durcharbeitete und dazu der besseren Übersicht halber unter der Überschrift «Anordnung des Buches» ein ausführliches Handlungsszenar zum Inhalt des Romans anfertigte, das im Original sechs großformatige Blätter umfasst[536] und im Rahmen der Briefausgabe dokumentiert ist.[537] Der Text ist dabei in fünf Hefte eingeteilt, wie dies auch in der etwas später von Frisch an Siegfried Unseld übersandten «ersten Verlagsfassung»[538] der Fall ist. Leider haben sich weder Bachmanns Leseexemplar noch die Textstufen der folgenden Überarbeitungsvorgänge im Detail erhalten, auch das als Druckvorlage verwendete Typoskript ist nur partiell überliefert. Dennoch wird aus Bachmanns ausführlichem Szenar sowie aus dem fortgesetzten brieflichen Austausch über ihre Änderungsvorschläge bzw. Streichungswünsche immerhin deutlich, dass eine größere Menge der von Bachmann vorgetragenen Einwände vom Verfasser teils in Form von Korrekturen bei der Textüberarbeitung, teils auch auf dem Wege erheblicher Kürzungen berücksichtigt worden ist.

Die ‹Bruchstelle›, auf welche die belastete Verständigung über das Romantyposkript zwischen dem in Trennung lebenden Paar zulief, lag indes weder in einzelnen Beanstandungen noch in deren Summe. Was den Weg der Buchpublikation und das dazu gegenläufige Zerreißen des Beziehungsnetzes unglücklich und mit fatalen Folgen ineinander verkettete, war genau diese negative Koinzidenz zweier Entwicklungslinien eines simultanen Zeitablaufs. Während Bachmann Ende April 1963 ihren ausführlichen «Brief zu dem Buch» in Aussicht stellt,[539] teilt Max Frisch (auf diesen folgenreichen

535 IB an MF, 31.12.1962/1.1.1963; BW IB/MF, S. 352 f.

536 BW IB/MF, S. 869.

537 BW IB/MF, S. 433–444.

538 BW IB/MF, S. 869.

539 IB an MF, 23.4.1963; BW IB/MF, S. 446.

Schritt wurde oben schon hingewiesen) endlich seiner Mutter, die zu Ingeborg Bachmann ein herzliches Verhältnis geknüpft hatte, aus seiner Sicht das Faktum mit, «dass wir uns haben trennen müssen».[540] In diesem Manöver sieht Bachmann, über die Maßen niedergeschmettert, «indirekt» auch eine verspätete «Antwort an mich, auf die ich siebeneinhalb Monate lang gewartet habe».[541] Ein Rückweg war nun endgültig ausgeschlossen.

Ihren «vorbereiteten Brief»[542] vom 3. Mai, der neun konkrete, detaillierte Änderungswünsche sowie weitere Kommentare zum Buch auf zusätzlichen Blättern enthält, legte Bachmann erst nach dieser Zäsur dem späteren Schreiben vom 25. Mai bei, in dem sie Frisch über ihre Ansprüche bezüglich der Auflösung des gemeinsam genutzten Hausrats in Kenntnis setzte. Damit rückt die Lektüre und redaktionelle Behandlung des *Gantenbein*-Romans mitten in die Kernzone des persönlichen Konflikts; gerade sie, sie am allermeisten, wird dadurch zu einer Art von mitlaufendem Scheidungsdokument.

In ihrem Briefkommentar, der auf der im April 1963 abgeschlossenen Durcharbeitung des Typoskripts basiert, beanstandet Ingeborg Bachmann eine Reihe von Charakteristika, Eigenschaften und Handlungen der Figur Lila – beispielsweise das Lieblingsgetränk Bloody Mary, die Gepflogenheit des Schachspielens, eine Episode mit einem umgeworfenen Gartenstuhl –, die nach Auffassung Bachmanns «wie ein Wegzeiger» auf ihre Person deuten und sie der literarischen Öffentlichkeit gegenüber als lebensechtes Modell der weiblichen Protagonistin bloßstellen.[543] Zudem verlangt sie bei Schriftstücken und Notizen, «die sich namentlich mit mir beschäftigen, mich erwähnen»,[544] deren Rückgabe oder umgehende Vernichtung, weil sie die weitere quellenbasierte Verwendung vertraulicher Geschehnisse aus ihrer Liebesbeziehung ein für alle Mal unterbinden will. Überdies zieht sie von jenem Zeitpunkt an, welchen sie retrospektiv als Beginn von Frischs Vertrauensbruch durch die Liaison mit Marianne Oellers diagnostiziert, einen klaren Schlussstrich, der dem nun ehemaligen Lebenspartner die The-

540 MF an IB, 15.5.1963; BW IB/MF, S. 447.

541 IB an MF, 21.5.1963; BW IB/MF, S. 448.

542 IB an MF, 25.5.1963; BW IB/MF, S. 453.

543 IB an MF, 3.5.1963 [Beilage 1] in IB, 25.5.1963; BW IB/MF, S. 459.

544 IB an MF, 3.5.1963 [Beilage 1] in IB, 25.5.1963; BW IB/MF, S. 460.

matisierung nachfolgender Ereignisse und Entwicklungen untersagt. «Alles, was vom August an geschehen ist, bezw. vom 19. September an [...] und was mich betrifft, bitte und verlange ich ausdrücklich, nicht anzutasten».[545] Sich derart advokatorisch und geschäftsmäßig zu äußern, war bis dato in mancherlei Situationen eher Max Frisch vorbehalten gewesen.

Zu verhindern war die Ausnutzung der Lila-Figur als Schlüssel zur biographischen Deutung des Romans damit freilich nicht; schon deshalb, weil Bachmann nun einmal zu dessen konzeptioneller Grundanlage gehörte, und weil zudem tatsächlich ein anhaltendes öffentliches Interesse am Beziehungsleben des Schriftstellerpaars bestand. In seiner passagenweise etwas ratlosen Antwort gibt Max Frisch ausdrücklich den letztgenannten Punkt zu bedenken: «[...] das Hermetische, das man als Paar hat, plötzlich ist es löchrig, und die Welt verheimlicht nicht länger, was sie lang gewusst hat. [...] wir sind halt ein berühmtes Paar gewesen, leider, ohne unser Zutun.»[546] Damit hatte Frisch zumindest einen Teil des Problems treffend beschrieben, gerade weil der Nachsatz des geäußerten Bedauerns über die öffentlichen Umstände angesichts des repräsentativen Auftretens beider nicht ganz aufrichtig wirkt.

Der *Gantenbein*, dazumal noch unter dem Arbeitstitel *Lila oder Ich bin blind*, sog diese heikle Dynamik von Selbstdarstellung, Maskerade und Verdacht materialhungrig in sich auf. Und gab sie, gleichsam als verkapptes Drehbuch des Zerwürfnisses, in einem bemerkenswerten Rückstoßeffekt dann wiederum an das Endspiel des gewesenen Liebespaares zurück. Die von Frisch minutiös beschriebenen Strategien des Liebeswerbens und Liebesverrats drängten sich nun förmlich als Interpretationsmuster auf, um die Auflösung des realen Beziehungslebens besonders hässlich geraten zu lassen. Der Bruch des Briefgeheimnisses, den die Romanfigur Gantenbein einbekennt, nur um die Schriftzüge des vermeintlichen dänischen Nebenbuhlers dann gegebenenfalls als die eigenen zu erkennen,[547] dringt retroaktiv in ihre Beziehungssphäre ein, als Max Frisch im Sommer «sehr lange Briefe an Enzensberger» erwähnt, in welchen Ingeborg Bachmann jenem die Heirat

545 IB an MF, 3.5.1963 [Beilage 1] in IB, 25.5.1963; BW IB/MF, S. 460.

546 MF an IB, 2.6.1963; BW IB/MF, S. 462.

547 «Das würde heißen, daß das seine eignen Briefe sind.» (Frisch: Mein Name sei Gantenbein; GW V, S. 191.)

vorgeschlagen habe.[548] Bachmann ihrerseits bekennt in einem verzögert abgesandten Brief ein, sie habe Frischs während seines Spitalaufenthalt geführtes Tagebuch mit einer Reihe von negativen Bemerkungen über sie aus einem verschlossenen Schrank entwendet, gelesen und anschließend verbrannt. Wie bizarr, dass diese beiden schweren Grenzüberschreitungen längst in der Dramaturgie der Romanhandlung beschrieben sind, als sie ins Reale einbrechen und dort die letzten Reste der gemeinsamen «Liebeszeit» in «Zerfetzung» enden zu lassen drohen.[549]

Fast unvermeidlich gewann die Auseinandersetzung um den Roman an Heftigkeit; einmal, weil ihm so deutlich ihrer beider Geschichte als Paar eingeschrieben war – und sie sich zusammen mit dem Buch *post festum* sogar noch fortschrieb; und zum zweiten, weil sich Bachmann trotz allem kaum von der Vorstellung lösen konnte, dieses Schreibprojekt einvernehmlich und in gemeinsamer Arbeit zu seinem guten Ende zu bringen. Mehrfach, u. a. im Juli 1963, wiederholte sie Frisch gegenüber ihren «Wunsch», «das Manuskript mit Dir, ehe es hinausgeht, zu besprechen».[550] Anstelle einer solchen Besprechung bot der Verfasser des Romans ihr, als Antwort auf eine erneute Liste an Änderungswünschen und Beanstandungen, zumindest ein Versprechen an. In einem Brief vom 5. Dezember 1963 beschwor er sie, «nicht Messer» zu sehen, «wo keine sind», und gab die ausdrückliche Zusicherung: «[…] ich verspreche Dir, dass, bevor das Manuskript an den Verlag geht, alles geändert oder gestrichen wird, was Du persönlich beanstandest.»[551] Doch selbst noch an diesem Punkt redeten bzw. schrieben die beiden systematisch aneinander vorbei.

Einer der letzten ausführlichen Briefe Ingeborg Bachmanns an Max Frisch von ihrem zeitweiligen Wohnort in Berlin-Grunewald aus, wo sie während der zweiten Hälfte ihres Stipendienjahres weilte, galt Ende 1963 unter anderem der Entflechtung, Auflösung und Übergabe der beiden Haushalte in Rom und in Uetikon, aus denen sie nur wenige Möbel und Besitztümer, darunter Schallplatten mit Symphonik von Bruckner und Schubert, zur Rückgabe auflistete. Des Weiteren erläutert Bachmann, die in-

548 MF an IB, 21.6.1963; BW IB/MF, S. 473.

549 MF an IB, 21.6.1963; BW IB/MF, S. 471.

550 IB an MF, 20.7.1963, BW IB/MF, S. 482.

551 MF an IB, 5.12.1963; BW IB/MF, S. 511.

zwischen trotz ihrer Krankheit die Lektüre der zweiten Textfassung des Romans beendet und das Typoskript mit ihren Randbemerkungen versehen hatte, ihre gravierenden Bedenken gegen den damals noch vorgesehenen Titel sowie gegen die Darstellung einiger Szenen, in denen sie allzu private, verletzende Details aus der Bruchphase ihrer Beziehung verwendet fand.

Ein paar Wochen früher bereits hatte sie dem Autor mitgeteilt, besagte Romanfassung enthalte «einige Sätze und kleine wenig belangvolle Szenen, die ich nicht für möglich gehalten hätte, da ich Dich ausdrücklich bat, was von bestimmten Daten an vorgefallen ist, vom August an, nicht zu berühren.»[552] Es ging dabei mutmaßlich um Passagen, welche das aus Frischs neuer Liaison geschöpfte Szenario eines Treuebruchs,[553] aber auch die Frage einer vermuteten Schwangerschaft thematisieren.[554] Auf die Folgen ihrer Trennung anspielend, bemerkt Bachmann: «Das Aeusserliche der Sache braucht Dich darum nicht zu kümmern, wenn Du Dich jeder Aeusserung enthältst, so wie ich mich immer jeder enthalten werde. Was sollte da zu befürchten sein.» Dann allerdings folgen Sätze, die eine andere, entschieden in die Zukunft gerichtete Tonlage anstimmen, wie sie kurz darauf auch in den Prag-Gedichten, besonders in den wundervollen Alexandriner-Versen von *Böhmen liegt am Meer*, zu finden sein würde. Sätze, die mit verzweifeltem Selbstbehauptungswillen sich anschicken, einen literarisch produktiven Raum jenseits privater Verletzungen endlich wieder einzunehmen. «Aber solang ich mir Stärke und Schweigen zutraue, ist nichts verloren. Alles and-

---

552 IB an MF, 24.11.1963; BW IB/MF, S. 507.

553 Die Anspielungen auf den Beginn der Liebe zu Marianne Oellers sind in der *Gantenbein*-Druckfassung erhalten geblieben und dort, besonders in der «*Via-appia-antica*»-Szene auf eine Weise chiffriert, welche (in Kenntnis des auf dem Ausflug im September 1962 angebahnten Verhältnisses) wie die fast buchhalterische Eintragung einer neuen Eroberung wirken muss (Frisch: Mein Name sei Gantenbein; GW V, S. 137).

554 BW IB/MF, Kommentar, 908 f. Im Nachlass Adolf Opels hat sich ein mit Ingeborg Bachmanns Lesespuren versehenes Exemplar des Romans erhalten, in dem einschlägige Passagen angestrichen sowie summarisch anhand von Seitenzahlen annotiert sind. Vgl. auch Michael Hansel: Die ‹fiktionalisierte› Bachmann oder: Wie kommt die Bachmann ins Buch. In: Ders., Kerstin Putz (Hg.): Ingeborg Bachmann. Eine Hommage. Wien 2022, S. 263–273.

re wird mich kalt lassen und nie berühren. Ich bin ja auch ein Schriftsteller, um von andrem zu schweigen».[555]

## Ein Nachspiel: *Montauk*

Manche der in *Mein Name sei Gantenbein* gelegten Fährten waren zu ihrer Zeit so privat, dass sie dem Publikum enigmatisch bleiben mussten. Wie ausgiebig der Schriftsteller sich aus dem Bestand an Erlebnissen, Situationen und Bemerkungen des Beziehungslebens mit Ingeborg Bachmann für den Roman bediente,[556] kann in seinen Umrissen letztlich erst seit der Veröffentlichung des Bachmann-Briefwechsels einigermaßen ermessen werden. Da steht in *Gantenbein* etwa folgende kurze Passage: «‹Ich habe jemand sehr lieb›, sagt sie.»[557] Es ist ein Satz, mit dem Lila, hier als die Noch-Ehefrau des Herrn Svoboda, diesem ein sich anbahnendes Verhältnis zu einem neuen Liebhaber gesteht. Durch den Vergleich mit der Briefkorrespondenz entpuppt sich der Satz in genau dieser ungewöhnlich schlichten Diktion als ein Schlüsselmotiv, das in einer der großen Beziehungskrisen zwischen Bachmann und Frisch seine bedeutsame Rolle spielte, als Bachmann ihm ihr Liebesverhältnis zu dem italienischen Germanisten Paolo Chiarini gestand.[558]

555 IB an MF, 24.12.1963; BW IB/MF, S. 523.

556 Vgl. Albrecht: «Die andere Seite», S. 43–52.

557 Frisch: Mein Name sei Gantenbein; GW V, S. 225.

558 Frisch geht in seinem Brief vom 5. und 6. Mai 1962 auf ein kurz zuvor mit Bachmann geführtes Gespräch ein, in dem sie ihm mit genau diesen Worten Auskunft über ihre anderweitige Liebesbeziehung gegeben habe. «[...] ich hörte, dass es einen Menschen gibt, den Du sehr lieb hast» (5./6.5.1962; BW IB/MF, S. 252). Frisch wiederholt die prägnante Wendung (die dem italienischen *ti voglio bene* nahekommt) im gleichen Brief mehrmals (ebd.), und kommt in einem weiteren, nicht abgesandten Schreiben vom 6. Mai nochmals auf die jedes Mal wortgleich notierte Formulierung zurück (6.5.1962; BW IB/MF, S. 259). Der am Samstag, den 5. Mai, begonnene Brief mündet in die Feststellung, wenn Ingeborgs neues «Erblühen» nach ihrem «Hinwelken» zuvor an seiner Seite nun «zu verstehen [sei] aus der Nachricht, dass Du einen anderen Menschen sehr lieb hast», dann sei die Erkenntnis dieses Zusammenhangs «für mich wie ein Todesurteil» (MF an IB, 5./6.5.1962; BW IB/MF, S. 253).

Sie löste damit eine vehemente, kaum je wieder völlig abklingende Eifersuchtsattacke Frischs aus, der sich sogleich in imaginäre Szenarien des sportlichen oder militärischen Wettkampfs hineinsteigerte und von der Obsession der Bedrohung durch den Nebenbuhler kaum mehr loskam. Aufgrund der Altersdifferenz (die für Frisch schon mit Mitte vierzig ein großes Thema war) und der vielen Kollegen-Kontakte Bachmanns sowie offenkundig getrieben von dem Grundgefühl, dass von vielbegehrten Frauen stets irgendein erotischer Tiefschlag zu befürchten sei, hegte Max Frisch eine panische Angst vor dem Verlassenwerden. Nichts bestürzte ihn mehr als die Vorstellung, allein zurückzubleiben und in einem Beziehungsduell als der Verlierer respektive die hintergangene, bloßgestellte Figur dazustehen.

Gleichzeitig aber erwies sich des Schriftstellers aspektreiche Obsession mit dem nahenden Alter und der stets drohenden Beziehungsniederlage in literarischer Hinsicht als ein sprudelnder Quell dramaturgisch ergiebiger Gefühlsregungen, Handlungsmuster und Figurenkonzeptionen. In *Gantenbein* besetzen die prismatisch gebrochenen männlichen Rollenmodelle außer der Perspektive des Beobachters auch noch sowohl die Seite des Liebhabers wie die des Betrogenen; sie sind dabei einer Wechseldynamik unterworfen, bei der jede dieser Positionen sich jederzeit in ihr Gegenteil verkehren kann, weil sie allesamt nichts anderes als virtuelle Optionen sind, in den hypothetischen Schleifen eines immergleich sich erneuernden Spiels.

Die gut zehn Jahre nach *Gantenbein* entstandene Erzählung *Montauk* (1975) führt mit einer seltsamen Bruchlosigkeit (bedenkt man das inzwischen Vorgefallene) die von *Gantenbein* ins Werk gesetzten Motivkonstellationen fort. Wenn mit Simone de Beauvoirs Blick auf das «zweite Geschlecht» und dann vor allem durch die Arbeits- und Lebenspartnerschaft mit Ingeborg Bachmann die weibliche Seite für Frisch bedeutungsvoller, aber auch geheimnishaltiger geworden war, so lag es in der Konsequenz eines Denkens in partnerschaftlich gleichgestellter Dynamik, nun auch den männlichen Part nicht mehr als selbstverständlich vorauszusetzen, sondern *Maskulinität* als ein ‹gemachtes› Phänomen zu betrachten und zu hinterfragen, und dabei ein ganzes Konglomerat von spezifischen Sozialisationsformen und Rollenmustern auseinanderzunehmen. Weniger konziliant gestimmt, macht Sigrid Weigel in dieser Hinsicht an *Montauk* einen weiteren, neben der Thematik erotischer Treuebrüche und Rivalitäten nicht minder vehementen *bias* des von Frisch entworfenen Bachmann-Bildes aus (der sich dann in der Konstellation mit Marianne Oellers zu wiederholen droht): «jenes über das Individuelle hinausgehende Drama eines Künstlerpaares, in dem die Frau intellektuell überlegen ist».[559]

Im Gespräch mit einer US-Studentin Anfang der siebziger Jahre, so wird in der Erzählung berichtet, erlebte der Schriftsteller anhand eines kurzen Wortwechsels, dass sich im Hinblick auf sein eigenes Figurenarsenal früherer Werke die Lektürerichtung nun entschieden zu drehen begann. «Eine amerikanische Studentin aus Yale stellt nicht die üblichen Fragen der Sekundär-Literatur; sie fragt: Will Stiller denn wirklich, daß Julika erlöst werde, oder geht es ihm in erster Linie darum, ihr Erlöser zu sein?»[560] Bemerkenswert an dem kleinen anekdotischen Splitter aus den Diskurs-Verschiebungen der Post-68er-Zeit ist auch, dass darin der literarische Autor, ausgewiesen durch sein früheres Werk und dessen Relevanz für den Lektürekanon an einer amerikanischen Top-Universität, scheinbar ungefiltert und ohne weitere Problematisierung dieses Umstands in einem Erzähltext selbst als handelnde Figur auftritt.

Protagonist der Erzählung *Montauk* ist eine Figur, die im Text wiederholt als «*Max*»[561] angesprochen und wechselweise unter den Pronomen «er» oder «ich» geführt wird; ein männlicher Schweizer Schriftsteller gesetzten Alters, der mit einer deutlich jüngeren (exakt: *halb* so alten) Freundin auf ein Liebesabenteuer-Wochenende an die Atlantikküste von Long Island zu dem elitären Ferienort Montauk fährt und währenddessen (genauer: in eingestreuten Passagen der Reflexion) über seine Lebenssituation und insbesondere über mehrere seiner vorangegangenen Liebesbeziehungen zu Frauen nachdenkt. Ein berühmter Mann aus Europa, eine junge, als attraktiv beschriebene amerikanische Geliebte; mit wenigen Strichen skizziert die Erzählung ein Arrangement, das scheinbar alle Mechanismen einer *Weekender*-Romanze bedient.

Das Singuläre des Moments wird einerseits bestimmt durch die Knappheit der Zeit («Sein Flug ist für Dienstag gebucht»[562]), andererseits durch die scheinbar unkomplizierte Schönheit der Frau, die, voranschreitend, ih-

559 Weigel: Hinterlassenschaften, S. 338.

560 Frisch: Montauk; GW VI, S. 628.

561 Frisch: Montauk; GW VI, S. 696 u. ö.

562 Frisch: Montauk; GW VI, S. 623.

rem Partner und Betrachter ein ebenso verlockendes wie sportliches Schauspiel bietet: «Ihre Bluejeans sind bis zu den Waden gekrempelt; ihr kleines Gesäß in der knappen Hose, die sie ohne Gürtel trägt, und in der Seitentasche steckt ein Kamm.»[563] Selbst im Kleinen zeigt sich der Vorgang der Vertextung als beständiges Kompromisshandeln; frönt der Protagonist ungeniert seiner Schaulust, so korrigiert dies der Erzähler durch die förmliche Wortwahl «Gesäß» anstelle handfesterer Vokabeln, sodass die entwaffnend offen beschriebene Episode dann doch eine zensierende Abmilderung erhält. Überhaupt entwickelt sich die klischeehaft erzählte Situation bald zu einem imaginativen Vehikel, das auf schmalem Raum in überraschend weiträumige Bewegungsrichtungen aufbricht. «Warum grad dieses Wochenende?»[564] Entsprechend den verknappenden, exemplarischen Darstellungsmöglichkeiten von Literatur dient die Episode dazu, weit größer gefasste Problemkreise an einem illustrativen Beispiel darzulegen.

Ein subjektiver, privat-menschlicher Gegenstand, mit erzählerischer Kompositionskunst ausgestaltet und der Betrachtung eines Publikums offeriert: Hierin sucht Frisch gezielt an die frühneuzeitliche Schreib- und Denkhaltung Michel de Montaignes anzuknüpfen, aus dessen Sammlung seiner *Essais* Frisch den Anfang der Vorrede seinem eigenen Text als Motto voranstellt. «Das ist ein aufrichtiges Buch, Leser, es warnt dich schon beim Eintritt, dass ich mir darin kein anderes Ende vorgesetzt habe als ein häusliches und privates».[565] Im Fokus auf private, persönliche Dinge stimmt Frischs Prosa mit dem gewählten Leitspruch überein. Was aber geschieht mit der Versicherung der Aufrichtigkeit, wenn sie zugleich als kunstsinniges, gelehrtes Zitat kenntlich gemacht wird? Die Signifikanten «Montauk» und «Montaigne» geraten als geographische und geistige Referenzen auf den Startseiten des Textes in eine Art von zwanglosem, vielleicht unbeabsichtigtem Namensspiel, das es nahelegt, auch diesem Text trotz seiner Authentifizierungsstrategien einen gewissen ästhetischen Eigensinn zuzubilligen.

---

563 Frisch: Montauk; GW VI, S. 622.

564 Frisch: Montauk; GW VI, S. 671.

565 Frisch: Montauk; GW VI, S. 619 (Versalien getilgt).

*Montauk*, im Untertitel bedachtsam als «Erzählung» ausgewiesen, ist für Frisch der Eintritt in die Gattung der *Autofiktion.*[566] Der erst seit den neunziger Jahren gebräuchliche Terminus richtet sich auf Texte, die eigentlich dem Bereich des Fiktionalen zuzurechnen sind, aber unverkennbar auch mit expliziter autobiographischer Selbstbezüglichkeit arbeiten, und in welchen auf der Handlungsebene zudem der Umstand thematisch wird, dass hier von professionell Schreibenden Texte mit literarischem Anspruch verfertigt werden, deren Genese sich mitlaufend am Doppelspiel von Schreib- und Lektürevorgang mitverfolgen lässt. Dabei entsteht das Sprachspiel einer Schwellensituation, die weder nach der Seite des autobiographischen Klartextes noch nach derjenigen der verfremdenden Fiktion eindeutig aufzulösen ist. Mit der Transformation in einen autofiktionalen Darstellungsmodus gerät Frisch in die Nachbarschaft von deutlich jüngeren Schriftsteller-Kollegen wie Hubert Fichte, Peter Handke, Rolf Dieter Brinkmann oder Hans Christoph Buch, die in den frühen siebziger Jahren den Erlebnis- und Gedankenertrag ihrer Reisen, Gastaufenthalte oder ethnographischen Studien vorzugsweise in der Ich-Form und mit einem chronikalen Habitus niederschreiben.

Ein Stück Ethnographie steckt wohl auch in diesem Erzählunternehmen. «Montauk» ist «ein indianischer Name»,[567] geht also auf eine autochthone Ortsbezeichnung für die «nördliche Spitze von Long Island» zurück; als touristische Destination führt das weit ins Meer vorgeschobene Reiseziel wiederum den Namen «Montauk Beach»,[568] der in die hybride, längst amerikanisierte Gegenwart weist. Ein ausgeprägtes Interesse für das daran ablesbare koloniale Geschehen scheint bei dem Wochenend-Reisepaar der Erzählung nicht erkennbar zu sein, wie eine postkoloniale Nachschrift aus der Perspektive einer Gegenwartsautorin bemerkt.[569] Von der englischen Kolonialzeit her, so recherchierte die Schweizer Schriftstellerin Dorothee Elmiger, deren Protagonistin knapp fünfzig Jahre später auf den Spuren von Frischs Novelle in die Hamptons fährt und mit ihrem Begleiter

566 Hanspeter Affolter: «Viele Anspielungen gehen ohnehin verloren.» Autofiktion und Intertextualität in Max Frischs *Montauk*. Zürich 2019, S. 13–18, 32–34.

567 Frisch: Montauk; GW VI, S. 622; das folgende Zitat ebd.

568 Frisch: Montauk; GW VI, S. 692.

569 Dorothee Elmiger: Aus der Zuckerfabrik. München 2020, S. 147.

dort stilecht im «Albatross Motel» übernachtet, sind ethnographische Berichte über die «Montauk Indians» überliefert, die deren Priestern ein versiertes Wissen im Umgang mit allerhand toxischen Substanzen zuschreiben.[570] Bei Frisch, der in den fünfziger Jahren mit seinem Hörspiel *Rip van Winkle* auf eine amerikanische Kolonialmythe aus der Ablösungsphase der niederländischen Ansiedlung rund um den Hauptort *New Amsterdam* zurückgegriffen hatte,[571] bleiben während der Montauk-Exkursionen solche geheimnisvollen Tiefenschichten des Ortes und seiner Magie zunächst unberührt. Eher ist diese Erzählung durchweht von der Lust, selbst ein noch unbeschriebenes Terrain zu erobern.

Neuland betritt der Autor mit seiner Novelle sogar in mehrfacher Weise; außer dem besagten Aspekt des Gattungsexperiments, bei dem der Montaigne-Vorspruch mit seinem Bekenntnis zur Aufrichtigkeit einen irreführenden oder zumindest ambivalenten Wegzeiger aufstellt, ist auch die Tatsache von erheblichem Belang, dass Frisch nun erstmals ein Erzählgeschehen, zumindest was die Zeitebene der Haupthandlung anbelangt, vollständig auf der transatlantischen Weltseite, in Amerika, angesiedelt hat. Bedingt durch diese beiden Umstände geht der Text zudem wiederholt und mit Klarnamen auf einige Protagonisten der zeitgenössischen nordamerikanischen Literaturszene ein, erwähnt Bücher von und Zusammenkünfte mit Philipp Roth oder Donald Barthelme auf amerikanischer Seite; im Gegenzug werden auch Namen aus Frischs neuem Berliner Netzwerk erwähnt, etwa die Kontakte zu Jurek Becker oder Oswald Wiener; als Lektüre tritt am Rande Peter Handkes von Frisch sehr positiv kommentiertes Mutterbuch *Wunschloses Unglück* auf. Die Ontologie des Figurenspektrums – und das ist neu – verbleibt nicht im Rahmen einer fiktionalen Welt, sondern sie gibt ein abgewandeltes, nur partiell chiffriertes Abbild jener Wirklichkeit, wie sie

570 Elmiger: Aus der Zuckerfabrik, S. 152, 151.

571 Der Rip-van-Winkle-Stoff hat in der deutschen Literaturgeschichte bereits vor Max Frisch eine mehrstufige Rezeption erfahren; vgl. hierzu Alexander Honold: Absenz, Latenz, Dissidenz: Das Rip van Winkle-Syndrom. In: Deutsche Vierteljahrsschrift für Literaturwissenschaft und Geistesgeschichte (DVjs), 92. Jg. (2018), Heft 2: Nostos und Gewalt. Heimkehr in der Prosa des 19. und 20. Jahrhunderts, S. 245–269. Zur Bedeutung amerikanischer und anderer interkultureller Szenarien in Max Frischs Romanen der fünfziger Jahre vgl. Melanie Rohner: Farbbekenntnisse. Postkoloniale Perspektiven auf Max Frischs «Stiller» und «Homo faber». Bielefeld 2015.

sich im aktuellen Radius um das Schriftsteller-Ego herum darstellt. Eine *terra incognita* eigener Art bildet schließlich der zeitgenössische Feminismus, den Frisch hier erstmals und ernsthaft als gesellschaftliches Makrophänomen mit erheblichen kulturellen Folgen in Betracht zieht.

Die größte Verschiebung des vorgängigen literarischen Koordinatensystems, welcher sich der Text und sein Autor mit ihren mal treuherzigen, mal fintenreichen Manövern aussetzen, liegt wohl darin, dass Frisch in diesem Erzählwerk mit großen Ambitionen auf die Befunde, Sprachregelungen und Forderungen der zeitgenössischen Frauenbewegung eingeht. «*Woman's Liberation:* / er sei mit Entschiedenheit dafür, sagt er, nichts sei dringlicher in unserer Gesellschaft.»[572] Kein Lippenbekenntnis, wiewohl es im Gespräch mit der jungen amerikanischen Verlagsmitarbeiterin wahrscheinlich auch die ‹richtige› Antwort gewesen sein dürfte; vielleicht jedoch trug eine solche Befürwortung damals schon den schalen Beigeschmack des gönnerhaft Paternalistischen. Aber Frisch geht es um Selbsterforschung, er legt sein eigenes Dossier auf den Tisch. Die autobiographischen Rückblenden sind angetrieben von dem demonstrativ schonungslos angezettelten Vorhaben, die eigene männliche Voreingenommenheit, die machtgestützte, zurechtgebogene Weltsicht aus der Perspektive des Patriarchats in möglichst vielen ihrer Aspekte zu einem kritikwürdigen Gegenstand zu machen.

Das ist riskant, wie just das Beispiel eines der US-Kollegen zeigt, mit dessen kollegialer Gabe einer der Ausgangsimpulse von Frischs Text verbunden ist. «*My life as a man* / heißt das neue Buch, das Philip Roth gestern ins Hotel gebracht hat. Wieso würde ich mich scheuen vor dem deutschen Titel: Mein Leben als Mann? Ich möchte wissen, was ich, schreibend unter Kunstzwang, erfahre über mein Leben als Mann.»[573] Auch Frisch schreibt nun genau ein solches Buch, die Bilanz seines Lebens als Mann, die für ihn weitgehend, aber nicht ganz, mit der Überprüfung seines Verhältnisses zu

572 Frisch: Montauk; GW VI, S. 676. Diese Bemerkung findet sich ausgerechnet in demjenigen Abschnitt, der die längeren erzählenden Ausführungen zu Ingeborg Bachmann einleitet.

573 Frisch: Montauk; GW VI, S. 633. Die im Original in Kapitälchen gesetzten Textteile aus *Montauk* werden der besseren Lesbarkeit halber hier durchgängig durch Kursivsetzung wiedergegeben, ohne dass dies in den folgenden Zitatnachweisen jeweils eigens vermerkt wird.

Frauen und mit der retrospektiven Nachzeichnung seiner Ehen und eheähnlichen Liebesbeziehungen einhergeht. Entstanden ist, in die Novellenform der Gegenwartshandlung eingeschachtelt, ein Rückblick auf vier, fünf intime Beziehungen, dessen summarischer Bogen als männliches Renommiergehabe verstanden werden könnte und der trotz unterschiedlicher Lebensphasen und Konstellationen gleichwohl von seriellen Figurationen und Mustern durchzogen ist.

In einem Fall allerdings behandelt der Text die dargestellte Person moralisch und auch stilistisch als eine Besonderheit. In keinen anderen Passagen weist das Manuskript so gravierende und zahlreiche Abänderungen auf. «Die Abschnitte über Ingeborg Bachmann wurden sehr oft umgeschrieben, [...] oft innerhalb der gleichen Fassung mehrmals mit Abwandlungen dargestellt».[574] Wenn innerhalb der Erzählung von Ingeborg Bachmann die Rede ist, meist im Stile eines *Memoirs*, steht im Hintergrund stets das Wissen um ihr tieftrauriges Ende in Rom und, mit ihrem eigenen Werkkonzept ausgedrückt, die «schrecklichste aller Todesarten».[575] Den vollständigen Namen der Gefährtin führt der Ich-Erzähler im Kontext einer akademischen Situation in Harvard ein, als «eine amerikanische Germanistin» ihn nach einer Lesung anspricht, die über «das Werk und die Person» seiner ehemaligen Lebenspartnerin arbeitet und «sehr dankbar für meine Hilfe» ist.[576]

Einem Jugendfreund und Gönner, der in *Montauk* ausführlich gewürdigt wird, hatte Frisch die Dichterin und promovierte Philosophin an seiner Seite 1959 nicht ohne gewisse Anspannung vorgestellt, um dann nachträglich stolz dessen Verwunderung festzuhalten, «wie der Frisch zu solch einer Gefährtin gekommen sei».[577] Mit der Ausarbeitung dieser Szene, so kommentiert Weigel kritisch, habe Frisch die Bekundung seines eigenen «Ressentiments gegenüber einer belesenen, philosophisch gebildeten Frau und Dichterin» notdürftig kaschiert und auf die Figur seines frühen Förderers

574 Ruth Vogel: «Dies ist ein aufrichtiges Buch, Leser, und was verschweigt es und warum?» Max Frisch, *Montauk:* Einblick in die Typoskripte. In: editio 16 (2002), S. 117–134, hier S. 128.

575 Frisch: Montauk; GW VI, S. 682.

576 Frisch: Montauk; GW VI, S. 660.

577 Frisch: Montauk; GW VI, S. 649.

verschoben.[578] Die Insinuation, dass später Bachmanns Verlangen nach «Freiheit» von ihm, ihrem Partner, mit dem fatalen Hang zur «Eifersucht» bezahlt worden sei,[579] kann gleichfalls als verschobener Ausdruck einer solchen männlichen Bedrohungsangst verstanden werden; aus ihr spricht zudem eine emotional aufgewühlte Einschätzung, die aus den Jahren zunehmender Spannungen hervorging, im Rückblick aber längst nicht mehr als adäquate Beschreibung der Beziehungsdynamik gelten kann.

Wie Ortsschilder oder Schriftzüge eines Epitaphs sind dem Erzähltext an etlichen Stellen einzelne Sätze, Titelformulierungen und Gedichtzeilen Ingeborg Bachmanns einmontiert: *Die Wahrheit ist dem Menschen zumutbar,*[580] oder: *Der gute Gott von Manhattan.*[581] Die Reminiszenz an Bachmanns Hörspieltitel leitet eine mehrteilige Schilderung und Rekapitulation ihrer gemeinsamen Lebensjahre ein; deren Fortsetzung stellt Frisch zwei Strophen aus Bachmanns Gedicht *Tage in Weiß* voran, mündend in die Verse: «*In diesen Tagen schmerzt mich nicht, / dass ich vergessen kann / und mich erinnern muss*».[582] Eine Crux, bestehend aus progredierendem Verdrängungsvorgang und erschreckender Unvergänglichkeit, die der Verfasser auch auf sich selbst und die eigene Lage zu beziehen hat. Der männliche Partner, der robuster aus der Trennung hervorgegangen war, bewegt sich im Nachhinein und bei der Anfertigung seines Rückblicks in einem Widerstreit zwischen Selbstanklage und Selbstamnestierung.

Dies wiederum schafft eine zweischneidige Redesituation, deren Ambivalenz durch einen klaren Trend der textgenetischen Weiterbearbeitung dann allerdings beinahe aufgelöst wird, wie der Blick in die Vorstufen zeigt. «Der Autor streicht aus den Seiten über Ingeborg Bachmann häufig Schuldzuweisungen heraus und präsentiert in der Endfassung eine kürzere Version der Beziehungsschelte.»[583] So variantenreich Frisch die Stationen mit der ehemaligen Partnerin auch verteilt, so sehr er die Episoden szenisch gegenwärtig werden lässt – am Ende gilt: «Ingeborg ist tot. Zuletzt gesprochen

578 Weigel: Hinterlassenschaften, S. 338.

579 Frisch: Montauk; GW VI, S. 715.

580 Frisch: Montauk; GW VI, S. 632.

581 Frisch: Montauk; GW VI, S. 676.

582 Frisch: Montauk; GW VI, S. 710.

583 Vogel: «Dies ist ein aufrichtiges Buch», S. 128.

haben wir uns 1963 in einem römischen Café vormittags; ich höre, daß sie in jener Wohnung, *Haus zum Langenbaum*, mein Tagebuch gefunden hat in einer verschlossenen Schublade; sie hat es gelesen und verbrannt. Das Ende haben wir nicht gut bestanden, beide nicht.»[584]

Sieht man von solchen durchschlagenden Bekenntnissen ab, so sortieren sich die Liebesangelegenheiten scheinbar fast so zwanglos wie in den Blättern eines Albums. Die erste Ehe des Schriftstellers, vergleichsweise konventionell geführt, aus der drei Kinder hervorgingen; sodann die gegenwärtige, eigentlich schon auf Trennung eingestellte Ehe mit Marianne Frisch, geborene Oellers, die zum Gegenstand geballter Indiskretionen wird; und dazwischen, wie gesagt in memorialem, von Pietät bestimmtem Ton, befindet sich die in mehreren Teilen erzählte Geschichte der Beziehung zu Ingeborg Bachmann. Die Liste zeigt auch, dass vermutlich gleich drei Schreibanlässe zusammenkamen, die das Projekt der Selbsterzählung des Mannes motiviert haben; an schicksalhaft erster Stelle war da Ingeborg Bachmanns Unfalltod in Rom im Oktober 1973;[585] sodann, etwas früher im gleichen Jahr, die Aufdeckung einer Liebesbeziehung, die Marianne Frisch bei früheren New-York-Aufenthalten des Paares mit dem amerikanischen Schriftsteller Donald Barthelme eingegangen war[586] und die im Juli 1973 den Entschluss zur «Trennung» herbeiführte;[587] und dann schließlich im Mai 1974 die aktuelle Liebesaffäre des Autors, der sich eingangs des Textes im Küstenstreifen vor New York an einem Parkplatz, welcher «*Overlook*» verhieß, auf durchaus emblematische Weise mit der jungen Geliebten ein wenig im Dickicht zu verheddern droht: «eine Ermessensfrage, ob man weitergehen soll».[588]

Die Exkursion in ein unbekanntes, raues Gelände, das mit seinen fremd klingenden Namen fast auf Schritt und Tritt an eine präkoloniale Vergangenheit gemahnt; das aus zwei vollen Terminkalendern ‹geraubte› Wochenende mit der Liebesaffäre kurz vor dem Rückflug, nach dem wenige Tage später der zu feiernde 63. Geburtstag ansteht; die herandrängenden,

584 Frisch: Montauk; GW VI, S. 717.
585 Frisch: Montauk; GW VI, S. 717.
586 Hierzu ausführlich Affolter: Autofiktion und Intertextualität, S. 122–131.
587 Frisch: Montauk; GW VI, S. 653.
588 Frisch: Montauk; GW VI, S. 623.

sich überlagernden Erinnerungsstücke, durch rituelle Praktiken wie das gemeinsame Autofahren, die Choreographie der Mahlzeiten oder die Strandspaziergänge ausgelöst – all dies schafft proto-erzählerisches Material herbei, dem, wie der Protagonist schon während des erlebenden Vollzugs beschließt, baldmöglichst eine Formgebung, eine literarische Ausgestaltung zuteilwerden soll. «Ich möchte dieses Wochenende beschreiben können, ohne etwas zu erfinden, diese dünne Gegenwart – das hat er aber schon gestern gedacht in der Boutique; den Namen der Ortschaft hat er vergessen.»[589]

Übertrampelt und überschrieben wird das vorhandene Terrain, werden die Namensspuren der früheren Bewohner permanent durch den Autor und die Geschichte seines Figurenpaars in der Gegenwart. Ein Gestus, den Elmiger bei ihrer Nachreise und Nachschrift mit kritischer Überspitzung kommentiert: «Der Schriftsteller macht die Insel urbar.»[590] Der vergessene Name, er lautet «Amagannsett»,[591] fällt dem Schreibenden an späterer Stelle wieder ein, was die dem Schauplatz verliehene Bedeutung eines dort begonnenen Werkprojekts nochmals stärker hervorhebt.[592] Die Korrektur unterstreicht aber auch die begangene Fehlleistung und macht den weggeblendeten Namen als indigene Bezeichnung identifizierbar, womit eingeräumt wird, dass die erzählte Geschichte und das Schreibprojekt symbolisch auf anderem, autochthonem Grund basieren und zumindest indirekt auch mit der kolonialen Landnahme und den ihr nachfolgenden Formen kultureller Überschreibung in Beziehung stehen. Vorauseilend ergeht die Versicherung: «Lynn wird kein Name für eine Schuld.»[593] Dieser Satz ist sprachpragmatisch eine Art umgedrehter, negierter Taufakt, der – in Kenntnis des Bachmann-Briefwechsels – ein Echo auf Frischs damalige Namensgebung für den misslungenen gemeinsamen Start in Rom abgibt, wo Frisch durch

589 Frisch: Montauk; GW VI, S. 708.

590 Elmiger: Aus der Zuckerfabrik, S. 155.

591 Frisch: Montauk; GW VI, S. 719.

592 Anhand des Umstandes, dass Frisch in Montauk auch zuvor angefertigte Passagen des *Berliner Journals* einsetzt, gelangt Affolter zu dem Schluss, es handele sich bei der Lokalisierung der Textgenese in Amagannsett um eine bewusst gestiftete, in die Komposition eingearbeitete Selbstinszenierung von Verfasserschaft (Affolter: Autofiktion und Intertextualität, S. 18).

593 Frisch: Montauk; GW VI, S. 742.

die subjektive Einfärbung einer klerikal vorgeprägten Ortsnamens-Semantik einbekannt hatte: «Rom wird für mich der Name einer Schuld. Im Winter dachte ich, Rom sei der Name unseres Sommers.»[594]

In *Montauk* bringt es die lockere Form des aus kurzen Textabschnitten mit kleinen Zwischenbemerkungen aufgebauten Textes mit sich, dass darin permanent zeitliche Sprünge und perspektivische Wechsel stattfinden; keine der Beziehungen, keine der Lebensstationen wird ‹der Reihe nach› erzählt, sodass sich desto stärker musterhafte Ähnlichkeiten ausprägen und übereinanderzuschieben beginnen. Die Nahtstellen werden überwiegend nicht durch Überleitungen geglättet, sondern bewusst auf Kontrast und assoziative Übersprungs-Verbindungen hin getrimmt. Etwa in folgendem Abschnittwechsel: «Lynn wird 31. / Vor wenigen Wochen habe ich meine Tochter besucht».[595] Die harte Fügung insinuiert, dass bei der Lektüre assoziativ eine zunächst rhetorische, dann auch biographische Verbindung zwischen den beiden Zeilen geknüpft wird und dadurch das ungefähr gleiche Alter von Tochter und Geliebter als semantische Besonderheit hervorsticht, ohne dass dies eigens gesagt werden müsste.

Eine erhebliche Rolle spielt bei Frischs Leben als Mann selbstverständlich auch der berufliche Lebensweg; die Erinnerung an das Architekturstudium und die eigene Bautätigkeit, in der Frisch trotz ihres episodischen Charakters eine profilierte städtebauliche Handschrift bewiesen hat. Und dann natürlich vor allem die Bilanz der literarischen Erfolge, das Leben als ziemlich berühmte, für kanonische Werke und literarische Bestseller international gefeierte Schriftsteller-Persönlichkeit. «*How do you feel about renown?*»[596] Frisch bricht dem Selbstlob nonchalant die Spitze, indem er einräumt, er habe viel lieber «berühmt werden» wollen als Torwart, und preisgibt, am deutschen Zoll Bewunderung eingeheimst zu haben für das Stück vom *Besuch der alten Dame.*[597] Da war er wieder, der Konkurrent mit der Vorhangkordel.

Sind Frauen und Partnerinnen eine der Grundkräfte, die das Autor-Ego für seine unablässige Produktivität als steten Quell vorbehaltloser Um-

---

594 MF an IB, 16.–17.7.1959; BW IB/MF, S. 150.

595 Frisch: Montauk; GW VI, S. 652.

596 Frisch: Montauk; GW VI, S. 655.

597 Frisch: Montauk; GW VI, S. 656.

sorgung und Anerkennung benötigt und zur Verfügung gehabt zu haben scheint (auf die aktuelle Geliebte münzt ihr Partner die vielsagende Formel «Undine und ein wenig Nurse»;[598]), so gelten zwei spezifische autobiographische Exkurse den weiteren existenziellen Formen der Abhängigkeit, auf die Frisch nur mit ambivalenter Dankbarkeit zu sprechen kommen kann. In der Entwurfsfassung gar bekundete er, zweimal in seinem Leben «einer Person hörig» geworden zu sein;[599] nur mit Bezug auf Ingeborg Bachmann aber hat sich die Vokabel auch bis in die Endfassung hinein erhalten. Im anderen Fall dürfte ein vermögender Zürcher Jugendfreund gemeint gewesen sein, sodass die beiden Binnenerzählungen allegorisch den Gravitationskräften des Standes und des Leistungsstrebens zuzuordnen sind.

Da ist zum einen die ins Rahmengeschehen eingelegte, erzählerische Rekapitulation der über Jahrzehnte gepflegten Jugendfreundschaft zu dem Zürcher Großbürgersohn Werner Coninx,[600] den Frisch als hochbegabten, im reichen Zürichberg-Milieu verwurzelten Förderer, Begleiter und Konkurrenten schildert, der mit all seinen immensen Anlagen, Potenzialen und Plänen dann letztlich doch von der Unerbittlichkeit seiner Selbststrenge in goldene Fesseln gelegt worden war. Coninx hatte Max Frisch vier Jahre lang komplett das Studium bezahlt, und er hatte ihm als junger Mensch wichtige geistige Kostbarkeiten erschlossen, etwa die Philosophie Nietzsches und das ekstatische Hochland des Engadin. «Er weiß es und ich weiß es, was er für mich getan hat.»[601] Für Frisch blieb, selbst als er mit seiner literarischen Arbeit reüssierte und seinerseits begütert war, in diesem Verhältnis eine unabweisbare, nicht zu tilgende «Dankesschuld» zurück, die bei den späteren Treffen durch die aufdringliche Strahlkraft des ehemals Geförderten («mein Geltungsdrang [...] war das erste, was ihn an mir enttäuschte»[602]) eine zunehmend bittere Note bekam.

Ein zweites großes, biographisch höchst ergiebiges Thema ist «*Money*», die Rolle, welche die Abhängigkeit vom Geld im Leben eines Menschen spielt. Zeitweilig hatte der Autor sogar erwogen, seinen Lebensrückblick

598 Frisch: Montauk; GW VI, S. 635.

599 Zit. nach Vogel: «Dies ist ein aufrichtiges Buch», S. 129.

600 Vgl. Schütt: Biographie eines Aufstiegs, S. 76 f. u. ö.

601 Frisch: Montauk; GW VI, S. 636; das folgende Zitat ebd.

602 Frisch: Montauk; GW VI, S. 637.

thematisch ganz als eine «finanzielle Autobiographie» anzulegen.[603] In Frischs Herkunftsfamilie musste wegen der Vorliebe des Vaters für große, hochmögende Gesten von den anderen Familienmitgliedern beizeiten das rigide Haushalten eingeübt werden. «Er versteht sich nicht aufs Sparen, so müssen wir es lernen.»[604] In diese Passage rückt Frisch eine Aufstellung aus der akribisch geführten Buchhaltung seiner beruflichen Anfangszeiten ein.[605] Über Jahre des schmalen, langen Aufstiegs hin erarbeitete sich der junge Journalist und Autor eine halbwegs stabile Einkommenssituation, die von Austerität im Konsum und einer harten Kontrolle der Ausgabenseite begleitet war, bis er irgendwann auf die Erfolgsspur des gut bis sehr gut verkaufenden Erfolgsliteraten einbiegen konnte. «Ich brauche nicht zu rechnen, das ist das Neue.»[606]

Selbst noch als vermögender Mann musste Frisch bei Ausgaben für schöne, teure Gegenstände «die frühe Prägung» in sich «überwinden», die in dem Satz bestand: «Das Billige tut's für mich auch!»[607] Das Verhältnis zum Geld, so erwägt Frisch, wäre durchaus ein Aspekt von so fundamentaler Aussagekraft, dass an ihm entlang eine ganze Biographie nachgezeichnet und beurteilt werden könnte. In der Geld-Beziehung drückt sich die Klassenzugehörigkeit aus, darin kommen habituelle und moralische Maßregeln zum Zuge, die einerseits dem Erwerbsstreben und dem Sicherheitsbedürfnis zuarbeiten, freilich auch den hedonistischen Anreizen andererseits, wenn es später darum geht, großspurige Luxusausgaben zu tätigen und beispielsweise in einem schnittigen Modell der Marke *Jaguar* zu posieren. Nicht das Finanzielle allein erweist sich hier als ausschlaggebend, von Belang ist auch die schon früh an anderen Menschen bewunderte Fähigkeit, auf großem

603 Volker Hage, Max Frisch: «Ich bin auf Erfahrungen sehr angewiesen.» Max Frisch im Gespräch mit Volker Hage. In: Volker Hage (Hg.): Max Frisch. Sein Leben in Bildern und Texten. Frankfurt/Main 2011, S. 212–244, hier S. 227.

604 Frisch: Montauk; GW VI, S. 730.

605 Frisch: Montauk; GW VI, S. 732. Allerdings konnte Affolter (Autofiktion und Intertextualität, S. 36–39) nachweisen, dass Frisch die entsprechende Seite aus dem Haushaltsbuch nicht einfach reproduziert, sondern dabei auch substanziell umarrangiert hat, sodass beispielsweise auch zu anderen Zeiten erzieltes Autorenhonorar einfloss, nicht aber dessen Herkunft aus einem deutschen NS-Verlag sichtbar wird.

606 Frisch: Montauk; GW VI, S. 735.

607 Frisch: Montauk; GW VI, S. 735 f.

Fuße zu leben. «*Max, you are a fortunate man*», versicherte ihm seine Begleiterin Lynn, als er ihr die Geschichte erzählte, dass ihm und seiner damaligen Gefährtin Marianne in New York 1963 einmal das «Gast-Appartement der Marlene Dietrich» zur Verfügung stand.[608]

In die Erwägungen seiner eigenen, gelernten Buchhaltung bezieht Frisch auch die ganz anderen Finanzwelten der ersten Ehefrau und der späteren Lebenspartnerin mit ein; «Gertrud Constanze v. Meyenburg» war «Tochter aus großbürgerlichem Haus», deren Ehelichung im Freundeskreis des jungen Mannes den «Verdacht» erweckt hatte, «daß ich Geld heirate».[609] Ingeborg Bachmann hingegen war durchaus «Verzicht gewohnt», während sie dazu tendierte, erzielte Einnahmen sofort und mit vollen Händen wieder auszugeben. «Wenn sie rechnet, dann rechnet sie mit Wundern.»[610]

Max Frisch seinerseits rechnet immer, auch wenn er sich im Freundeskreis und in seinen Beziehungen finanziell überaus großzügig zeigt. Er rechnet selbst in solchen Fragen genau, die ganz oder teilweise außerhalb der buchhalterischen Logik liegen. Etwa dann, wenn es um die negative Seite des eigenen Fortpflanzungsverhaltens geht. «Vier Abtreibungen bei drei Frauen, die ich geliebt habe»; die «Rolle des Mannes dabei, der dann den Arzt bezahlt».[611]

Gerade in Krisen des Beziehungslebens ist dieser Mann am Ende auf die Geste des Bezahlens programmiert. Zum Abschluss des Strandwochenendes mit der jungen amerikanischen Geliebten geht es darum, möglichst diskret die Rechnung des Motels zu begleichen, von welcher der Schriftsteller weiß oder ahnt, dass sie «fast das Doppelte ihres Wochenlohnes» beträgt.[612] Und mit provokativer Vulgarität schickt der Protagonist als Erzähler des peinlichen Vorgangs noch eine oberpeinliche Vokabel hinterher, nämlich: «Männergeld», die sich in diesem Kontext als sarkastische Spitze gegen die eigene Geschlechterrolle verstehen lässt.

608 Frisch: Montauk; GW VI, S. 726.

609 Frisch: Montauk; GW VI, S. 733.

610 Frisch: Montauk; GW VI, S. 737.

611 Frisch: Montauk; GW VI, S. 688.

612 Frisch: Montauk; GW VI, S. 719; das folgende Zitat ebd.

Wiederholt zeichnet sich in der retrospektiven Aufarbeitung der großen Liebesbeziehungen aufseiten des Mannes ein advokatorischer Gestus durch, der es darauf anlegt, erfahrene Kränkungen oder erlittene Treuebrüche als bilanztechnische Schieflagen aufzunehmen und ihre Begradigung einzufordern. «Was in Rom gewesen ist, sagt sie.»[613] Der Eintrag von Ingeborg Bachmanns Fehlverhalten. «Er fragt nicht: Wo bist Du gewesen?»[614] Das Fehlverhalten von Marianne Frisch-Oellers, noch ein Eintrag ins Buch. «Es ist sein Fehler: ein Mann, der es nicht merkt, daß die Frau aus einem anderen Bett kommt, ist kein zärtlicher Mann.»[615] Dieser «er» bemerkte während der amerikanischen Monate 1972 von dem sich abspaltenden Liebespaar nur dies: «Man trifft sich nicht mehr zu viert»;[616] eine Situation, die mit ihm und Marianne, anfangs noch durch die jeweiligen Partner begleitet, in Rom 1962 ebenfalls so ähnlich abgelaufen war. Die Rolle des mutmaßlich Blinden, sie hat seitdem mehrfach die Seiten gewechselt. Und, das erscheint ihm besonders ungerecht: «Er merkt, wie wenig er seine Frau zu überzeugen vermag, was immer das Thema sei; sie weiß die ganze Zeit, daß er die ganze Zeit in Unkenntnis seiner Lage lebt, und wie soll sie noch glauben können, daß er nicht in allen Dingen sich ebenso irrt?»[617] Scheinbar streng gegen sich selbst, den schuldhaft Unwissenden, häuft der Erzähler hier im Gegenteil implizit Schuldindiz um Schuldindiz auf das Haupt der untreuen Ehefrau, die zum Treuebruch obendrein noch die Schwächung ihres Ehepartners im alltäglichen Zusammenleben in Kauf nahm und ihn auch darüber in falschem Glauben beließ.

Nicht von ungefähr bilden agonale Spiele, bei denen nur eine von zwei Seiten gewinnen kann, in *Montauk* gleichfalls ein durchgängiges Leitmotiv, mit dem die Erzählung das Kräftemessen im Liebeskampf der Geschlechter zum Ausdruck bringt. Eine Reminiszenz an die Überfahrt auf dem Ozeandampfer zwei Jahre zuvor, bei der Rückkehr von einem längeren New-York-Aufenthalt, hält die manische Gewohnheit des Schriftsteller-Passagiers fest, die Reisezeit mit Schachspielen gegen sich selbst zu verbringen. Seine

613 Frisch: Montauk; GW VI, S. 713.
614 Frisch: Montauk; GW VI, S. 698.
615 Frisch: Montauk; GW VI, S. 698 f.
616 Frisch: Montauk; GW VI, S. 699.
617 Frisch: Montauk; GW VI, S. 699.

Ehefrau (Marianne) beteiligt sich nicht an dem Spiel, was der Ich-Erzähler der Szene im Nachhinein als Ausdruck des längst bestehenden, lediglich ihm noch verborgenen Bruches interpretiert. «Auf dem Schiff nach Europa (der Kurs wird dieses Jahr eingestellt) spiele ich Schach viele Stunden am Tag. Du bist lieber allein auf Deck, vom Steward in Decken gepackt und allein in deinen Gedanken, oder wenn es auf Deck zu windig ist, lieber allein an der Bar. Ich spiele Schach gegen mich selbst; meistens verliere ich, das heißt, ich identifiziere mich mit der verlierenden Farbe, wenn es plötzlich zum Matt kommt, ohne Diskussion. Wenn ich mich auf die andere Seite des kleinen grünen Tisches setze, bevor die Entscheidung auf dem Brett gefallen ist, so bin wieder ich es, der verliert. Was ja einerlei ist! Ich habe nur nicht wissen können, woher das kommt.»[618]

In einer *Double-bind*-Situation, die der männliche Protagonist weder als über den Rivalen obsiegender Streiter noch als leidendes Opfer bestehen können wird, weil ihm aus langen Erfahrungen die Absurdität beider Rollenmuster längst bekannt ist, bleibt ihm nur jener kleine Aufschub unterwegs, die Seiten nach Belieben wechseln zu können, weil es «ja einerlei» ist. In *Mein Name sei Gantenbein* hatte Frisch eine multiple männliche Hauptfigur entworfen, die je nach imaginierter Situation die Rolle des betrogenen Ehemannes, die des draufgängerischen Liebhabers oder die des scheinblinden, in Wirklichkeit bestens informierten Augenzeugen zu spielen vermochte.

Die verspätete Einsicht, dass sich auch das Schachspiel gegen sich selbst in dieser Weise emblematisch lesen lässt als die aporetische Pattsituation zweier gleichermaßen hilfloser und unbrauchbarer Männerrollen, verdankt sich im Grunde also einer Übertragung des *Gantenbein*-Szenarios auf die Situation mit Marianne Frisch-Oellers und dem abwesenden Dritten. «*My Greatest Fear: Repetition.*»[619] Als Autor und als Figur von unzähligen Grundaufstellungen beziehungsdynamischer Eifersucht hat sich «Max», der Erzähler, selbst dazu verurteilt, mehrfache, nahezu wortgleiche Wiederholungen des *Gantenbein*-Syndroms zu durchlaufen. «Svoboda überlegt, wann er's hätte merken können. Wozu? Natürlich hätte er es merken können. Täglich! Es ist lustig zu sehen, was man alles gemerkt hat, angefangen mit

618 Frisch: Montauk; GW VI, S. 725.

619 Frisch: Montauk; GW VI, S. 628.

der Tatsache, daß Lila, als er von London zurückkam, einfach schöner war, jünger».[620]

Das Zusammenleben mit Ingeborg Bachmann, in dem Max Frisch immer wieder eine asymmetrische Kommunikationssituation beklagt hatte, bei der sie alle ihre Freunde und Beziehungen diskret gegeneinander abschirmte und die von ihm gespielten «Bälle» nicht zurückspielte, gab demnach nicht nur für die Liebesverwirrungen des *Gantenbein*-Romanexperiments eine Art von Blaupause ab, sondern auch für die späteren autofiktionalen Selbstdeutungen des Autors in *Montauk*, die das Verhalten mangelnder oder erwarteter Responsivität als entscheidenden Faktor in den erotischen Beziehungsmustern herausarbeiten.

Mit Lynn, während des regnerischen Wochenendes auf Long Island, kehrt der Protagonist Max zurück an jene Tischtennisplatte, die Jahrzehnte zuvor die Romanfigur Walter Faber bei ihrem amerikanischen Aufenthalt dazu genutzt hatte, um auf der Schiffsreise heimwärts eine Liebesbeziehung zu einer jungen Frau anzubahnen, die seine Tochter sein konnte. «Unser Pingpong ging besser, als meinerseits erwartet; ich hatte seit Jahrzehnten nicht mehr gespielt. Nur ihr ‹service› war gerissener, sie schnitt. Früher hatte ich auch schneiden können, aber es fehlte mir die Übung; daher war ich zu langsam. Sie schnitt, wo sie nur konnte, aber nicht immer mit Erfolg; ich wehrte mich. Pingpong ist eine Frage des Selbstvertrauens, nichts weiter. Ich war nicht so alt, wie das Mädchen meinte, und so hopp-hopp, wie sie's offenbar erwartet hatte, ging es dann doch nicht; langsam merkte ich, wie ihre Bälle zu nehmen sind. Sicher langweilte ich sie.»[621]

In Montauk, mit Lynn, wiederholt sich die nahezu gleiche Dramaturgie, bei der ein deutlich älterer Mann als Partner im Pingpong gegen die jüngere Frau in einem doppelschichtigen Duell (der Geschlechter und der Generationen) zu bestehen versucht; durch Willenskraft, durch Erfahrung und auch durch eine Form von ‹narrativer› Kompetenz, die darin besteht, Zeitverläufe und Handlungsbögen mit gewisser Routine lesen und antizipieren zu können. «Der Pingpong-Tisch ist an diesem Abend frei. Lynn muß dann ihre Zotteljacke doch ausziehen, später sogar die Ärmel ihrer Bluse krempeln; es zahlt sich aus, daß zu Hause, jenseits des Atlantik, ein Ping-

620 Frisch: Mein Name sei Gantenbein; GW V, S. 229.

621 Max Frisch: Homo faber. GW IV, S. 73.

pong-Tisch steht. Lynn ist flinker, schneidet aber die Bälle nicht und ärgert sich, wenn sie einen geschnittenen Ball nicht erwischt; ihr Ärger hilft ihm. Zugleich freut es sie, daß es wirklich ein Match wird. Das Tick-Tack in dem kahlen Raum tönt lustig. Was ihm zu Hause nur selten gelingt, jetzt aber fast immer: die kommenden Bälle, die langen, erst in ihrer sinkenden Flugbahn zu nehmen, meist unter Tischhöhe.»[622]

Die Spielbeschreibung, die noch einige Zeilen weitergeht, erinnert ein wenig an die journalistischen Anfänge des Schriftstellers im Metier der Sportberichterstattung. Indes ist nahezu jedes Detail symbolisch überformt, wie etwa der Umstand zeigt, dass Lynn mit ihrem Schläger die Bälle ‹straight› nimmt, also auf das Schneiden verzichtet, das sie als ärgerliche Manipulation empfindet. An der früheren Spielpartnerin des Homo faber war hingegen genau diese Raffinesse des Spiels mit *Effet* (‹Drall›, ‹Drehimpuls›) bewundernd hervorgehoben worden; Indiz dafür, dass es sich bei der jungen Frau von damals eben um eine Europäerin mit durchaus geistesverwandten Strategiefähigkeiten handelte.

Das sportliche Intermezzo erzeugt einen freundlichen, entspannten Blick auf das durchgängig agonale *setting*, in dem der Erzähler und Protagonist seine Beziehungen und Karrierestationen nachkonstruiert; doch sind auch hier die strukturellen Analogien zum fatalen Wettstreit mit der literarisch eigenständigen Partnerin Ingeborg Bachmann unverkennbar.[623] Die Handlungsmechanismen von Sieg oder Niederlage, Angriff und Verteidigung erweisen sich von einer rhythmischen, kinetischen Ästhetik her betrachtet als letztlich austauschbare, notwendig und unauflöslich ineinander verkrallte Halbheiten, die stets um Vorherrschaft ringen und dabei doch nicht voneinander ablösbar sind. Diesen agonalen Grundton, mit dem das Geschlechterverhältnis in eine Art von fatalistischem Naturgeschehen rückt, gilt es auch zu bedenken im Hinblick auf jene Passagen, in welchen Max Frisch sich demonstrativ und mit ungewöhnlicher Schärfe selbst auf die Anklagebank setzt. «Zwei Mal, in Montreal und in Chicago, die öffentliche Frage: Stimmt es, Herr Frisch, daß Sie die Frauen hassen?»[624] Nur selten wird das dem Feminismus zugeschriebene Kritikpotenzial in derart unbe-

622 Frisch: Montauk; GW VI, S. 697 f.

623 Vgl. Albrecht: «Die andere Seite», S. 47.

624 Frisch: Montauk; GW VI, S. 661.

darfter Erscheinungsform karikiert und als Bezichtigungsmodus lächerlich gemacht.

Das Verhältnis zu Frauen aber wird durch die neuen emanzipatorischen Bewegungen gleich in doppelter Weise von der Angst grundiert, mit vorgerücktem Alter so langsam den Anschluss verpasst zu haben. Im Falle von «Marianne, Jahrgang 1939, stud. phil.»[625] glaubt der Partner als Hauptproblem den Vorwurf vernommen zu haben, er habe «ihre Selbstverwirklichung» zu wenig unterstützt.[626] Mehr denn je quälte Frisch sich mit dem Bewusstsein des eigenen Alters; «der Altersunterschied zu seiner zweiten Frau», so legen es die zahllosen Erwähnungen des Themas nahe, blieb «für ihn stets ein wunder Punkt».[627] Unter den radikal zusammengestrichenen Passagen von *Montauk* findet sich, bei der Episode eines Stühlekaufs für die Wohnung in Berlin, die bittere Einsicht: «Unter Leuten, die man schon seit Jahren kennt, scheint sie zu vergessen, dass die Leute sich fragen, wie sie es macht mit diesem Mann, die junge Frau.»[628] Eine nochmals jüngere Partnerin hingegen entlockt dem erzählenden Protagonisten in *Montauk* die kühne Behauptung: «Er kennt sein Alter; er ist entschlossen, es endlich anzunehmen.»[629]

Das gegenwärtige Zusammenleben mit der Ehefrau in Berlin oder im Tessin war anscheinend zunehmend von Streit und von Gefühlsausbrüchen durchzogen, bei welchen der Mann Phasen heftigen Kontrollverlustes durchlebte. «Neuerdings haben wir ein Kennwort dafür: Anfälle. Jedesmal ein Schrecken für sie, ich weiß, und vollkommen unverständlich. Dabei kommt es zu keiner körperlichen Bedrohung des Partners; sie irrt sich, wenn sie das fürchtet [...]. Wenn Tätlichkeit, dann wäre es Tätlichkeit gegen mich selbst».[630] Wie der Blick in die früheren Textstufen zeigt, ist das Schuldbewusstsein des männlichen Subjekts darin stellenweise sehr viel deutlicher ausgeprägt. «Angesichts dieser kritischen Blicke», welche die Mitwelt auf das ungleiche Paar wirft, «lehnt der Erzähler sich nicht etwa

625 Frisch: Montauk; GW VI, S. 686.
626 Frisch: Montauk; GW VI, S. 700.
627 Affolter: Autofiktion und Intertextualität, S. 114.
628 Zit. nach Vogel: «Dies ist ein aufrichtiges Buch», S. 131.
629 Frisch: Montauk; GW VI, S. 663.
630 Frisch: Montauk; GW VI, S. 634.

auf, sondern bekennt sich als schuldig. Tiefe, ständige und bohrende Schuldgefühle finden sich auf vielen Seiten der Vorfassungen zu *Montauk*, sie verschwinden weitgehend aus der gedruckten Fassung.»[631]

Es ist wiederholt darauf hingewiesen worden, Frisch habe mit dem Motto aus dem Vorwort von Michel de Montaignes *Essais*, die 1580 gesammelt erschienen waren, deren Charakterisierung als «aufrichtiges Buch» übernommen und damit ein programmatisches Bekenntnis zu authentischer, autobiographisch fundierter Wahrheitsbekundung abgelegt, somit also, nüchterner formuliert, dem Publikum «einen faktualen Text in Aussicht» gestellt.[632] In eigener Sache gesprochen, betreibt Frischs semifiktionale Konfession ein problematisches Doppelspiel. Einmal schon dadurch, dass die Erzählhaltung die Personalität von Er- und Ich-Form nach Belieben (oder nach Temperierung) mischt, sodass der Erzähler von den Anfällen des Ehemannes M. F. so distanziert wie vom Verhalten einer dritten Person berichten kann. Eine neutrale Sicht ergibt dies dennoch nicht, weil zugleich Rechtfertigungsgründe und Beschwichtigungsparolen ausgegeben werden, die auf das Innere der Figur, auf die intentionale Dimension des männlichen Akteurs rekurrieren, um dessen potenzielle Gewalttätigkeit von vornherein auszuschließen oder doch wenigstens auf die bloße Selbstgefährdung einzugrenzen. Überdies spiegelt sich in der dualen pronominalen Anlage der Hauptfigur der Umstand, dass Frisch als Autor und Kompositeur des Ganzen ohnehin über die Macht verfügt, sämtliche Situationen und Regungen zwischen den Figuren zuallererst auf die Welt zu bringen, sie als Faktengrundlage sprachlich zu erzeugen, worauf dann in einem zweiten Schritt die perspektivische Kommentierung und Bewertung der Vorgänge aufbaut.

«Ich dachte, das sei das letzte Buch.»[633] Da drängt es jemanden, reinen Tisch zu machen, in einem großen Geständnisakt aufzuwarten mit dem gesamten Register der Verfehlungen, Versäumnisse und der eigenen Schuld. Das geht zurück bis zu jener ersten großen Liebe, der jüdischen Verlobten aus Deutschland, die sich als Studentin in Zürich nur noch provisorisch vor

631 Vogel: «Dies ist ein aufrichtiges Buch», S. 131.

632 Affolter: Autofiktion und Intertextualität, S. 13. Vgl. auch Andreas Kilcher: Max Frisch. Frankfurt/Main 2011, S. 111.

633 Zit. nach Volker Hage: Max Frisch. Reinbek 1983, S. 126.

dem langen Arm der nazistischen Pogrome in Sicherheit befand. «Die jüdische Braut aus Berlin [...] heißt nicht *Hanna*, sondern Käte»,[634] bekundet der Ich-Erzähler in *Montauk*, anspielend auf den Autor des *Homo faber* und die darin literarisch transfigurierte autobiographische Konstellation. Vielleicht hatte ‹er›, der männliche Part, sie damals zu halbherzig aufs Standesamt einbestellt, sodass sie ihrerseits den Eheantrag als bloßen Gnadenakt abzulehnen genötigt war und schließlich am Basler Bahnhof über die Grenze zurück ins gefährliche Nazideutschland verabschiedet wurde. «Jugendliebe unter einem Überdruck von Gewissen.» Noch auf dem Bahnsteig habe Frisch sie eindringlich beschworen, nicht in jenes Deutschland zurückzukehren, vergebens.[635]

Den jungen Mann, wohlmeinend unerfahren in heilloser Zeit, trifft laut dieser Version keine Schuld, trotz aller Drastik der geschichtlichen Lage. «Unser Liebestun ist anfängerhaft [...], während in Nürnberg die Rassegesetze verkündet werden.»[636] Nach einem wiederkehrenden Muster schrammt diese Rechtfertigungsprosa, bei aller rhetorischen Strenge gegen sich selbst, mithilfe einer volatilen autofiktionalen Hauptfigur immer wieder knapp und hart an einem wirklichen Einbekenntnis eigener Verantwortlichkeit vorbei. Die Hitlerdiktatur und der nur indirekt angesprochene Abgrund des Holocaust stehen dabei als traumatische Chiffre eines kollektiven Versagens in einem geschichtlich weit aufgespannten Raum, der einerseits ätiologisch bis in die Frühphase der europäischen Kolonialexpansion zurückreicht und auf der anderen Seite zeitsymptomatisch bis an die unmittelbare Gegenwart und ihre neuen Verbrechensregime heranführt. Man konnte zwar noch hören, so notiert Frisch, «wie Neruda liest» (der chilenische Dichter, der wenige Wochen nach dem Militärputsch unter unnatürlichen Umständen ums Leben kam), muss nun aber feststellen: «Jetzt ist es zu spät für meinen Chile-Besuch.»[637]

Wenn dann schließlich noch, wie bei dem späteren Film über Frischs *Montauk*-Abenteuer[638] oder bei den postkolonial fokussierten Aufzeichnun-

634 Frisch: Montauk; GW VI, S. 727; das folgende Zitat ebd.

635 Zu dieser Episode vgl. Schütt: Biographie eines Aufstiegs, S. 216 f., 226 f.

636 Frisch: Montauk; GW VI, S. 727 f.

637 Frisch: Montauk; GW VI, S. 724.

638 Volker Schlöndorff: Return to Montauk; 2017.

gen Dorothee Elmigers, frühere und nachfolgende Erkundungen der indianischen Landspitze auf der langen Insel «übereinander zu liegen kommen», können «gespenstische Überlagerungen und Abweichungen zum Vorschein treten»,[639] so findet Elmigers Erzählerin heraus. «Vor allem: Der schaurige Irrtum des Paars, es sei alleine hier.»[640]

Im Motto aus der Vorrede zu den Essais des Michel de Montaigne hatte der Verfasser von *Montauk* trotz der konzisen Knappheit des Originals mehrere Auslassungen vorgenommen. Eine davon betrifft Montaignes Idealvorstellung ursprünglicher Aufrichtigkeit, die er mit einer exotischen Imagination der vom Kolonialismus bedrängten und versklavten außereuropäischen Naturvölker in Verbindung bringt. «Hätte ich unter jenen Völkern mein Dasein verbracht, von denen man sagt, daß sie noch in der süßen Freiheit der ersten Naturgesetze leben, würde ich mich, das versichere ich dir, am liebsten rundum unverhüllt abgebildet haben, rundum nackt.»[641]

Frischs Novelle *Montauk* weiß den Punkt ihres unerhörten Ereignisses gut zu verbergen. Der gesamte Bericht, den sie materialiter transportiert, könnte der Form nach als gutachterliche Stellungnahme in einem anlaufenden Scheidungsprozess oder bei retrospektiven Auseinandersetzungen Verwendung finden und dabei entlastend zugunsten des männlichen Parts sprechen. Zum Ersten, weil er sich der Form nach, also erzähllogisch, auf einer übergeordneten Ebene gegenüber den involvierten Personen bewegt. Zum Zweiten, weil der unbedingte Wille zur radikal kritischen Selbstprüfung im Schreibakt durchaus authentisch war, wie die Schärfe mancher gestrichenen Entwurfspassagen belegt. Und zum Dritten, weil eine Magie des ungebrochenen Liebeszaubers die Gegenwartssituation des Wochenendausflugs in das ehemalige indigene Siedlungsgebiet umgibt und alle bitteren Reminiszenzen überstrahlt. Zur Erinnerung nochmals die Schutzklausel, unter der die Erzählung sich stellt: «Lynn wird kein Name für eine Schuld.»[642]

639 Elmiger: Aus der Zuckerfabrik, S. 155.

640 Elmiger: Aus der Zuckerfabrik, S. 156.

641 Michel de Montaigne: Essais [1580]. Übersetzt von Hans Stilett. Darmstadt 2004, S. 5.

642 Frisch: Montauk; GW VI, S. 742.

Trotz der subtilen Doppelanlage der Konstruktion ist diese nicht gegen Kritik gefeit; vielmehr gehört selbst dies noch zur Gesamtanlage der Erzählung, dass darin die doppelte Fürsprache des männlichen Parts samt und sonders Material liefert, welches sich bei der Aufdeckung solcher manipulativen Techniken noch als nützlich erweisen kann. Ist «*Max, you are wrong*» oder «*Max, you are a liar*» der schlimmere Satz?[643] Und was, wenn der Text womöglich in beidem recht hat, was er die junge amerikanische Freundin scherzhaft gegen ihren Begleiter vorbringen lässt? «Es kommt vor, daß beide etwas nicht wissen, zum Beispiel wann die letzten Indianer auf dieser Insel gelebt haben.»[644]

643 Frisch: Montauk; GW VI, S. 723, S. 651.

644 Frisch: Montauk; GW VI, S. 723 f.

# IV. Sprachen der Erinnerung

# 11. Triangulation von Orten und Zufällen

## Orte und Tage: Tübingen, Sils Maria, Zürich

In die erste Abteilung des Gedichtbandes *Die Niemandsrose* (1963) hatte Paul Celan zwei Gedichte aufgenommen, die in ihrem situativen Arrangement jeweils eine starke Orts- und Zeitreferenz aufweisen; zum einen ist dies das Gedicht *Zürich, Zum Storchen*, das auf die Zürcher Verabredung mit Nelly Sachs am Himmelfahrtstag des Mai 1960 zurückgeht, zum anderen *Tübingen, Jänner*, ein Gedicht, das sich auf einen Kurzbesuch bei Walter Jens Anfang des Jahres 1961 bezieht, als Celan eine Verteidigung gegen die ihn immer noch verfolgenden Plagiatsgerüchte aufzubauen versuchte.

Bei beiden Gedichten sind die Überschriften als Orts- und Zeittafeln lesbar, die zu den jeweils entfalteten Episoden, Situationen und Textspuren in einem emblematischen Verhältnis stehen, wie es im Aufbau eines klassischen Emblems durch das Zusammenspiel von *Motto, Pictura* und *Subscriptio* gegeben ist. Hier der Beginn des auf Tübingen bezogenen Gedichts.

> Zur Blindheit über-
> redete Augen.
> Ihre – ‹ein
> Rätsel ist Rein-
> entsprungenes› –, ihre
> Erinnerung an
> schwimmende Hölderlintürme, möwen-
> umschwirrt.[645]

645 Paul Celan: Tübingen, Jänner, v. 1–8. Die Gedichte. NKG, S. 137.

Tübingen, für das Celan ein besonderes «Faible» hegte,[646] war für ihn zuerst und vor allem der Hölderlin-Ort, wo der Dichter am Neckar seine jugendliche Studienzeit und später die dreieinhalb Jahrzehnte der zweiten Lebenshälfte verbracht hatte. In wörtlichen Zitatstücken etwa aus der um 1800 entstandenen *Rhein*-Hymne und durch die Umrisse des berühmten kleinen Turms wird der für Celans Poetik so maßgebliche Dichter evoziert. Als ein in sich selbst zurückgefallener *poeta vates* hatte der Tübinger Dichter «Zur Blindheit über-/redete Augen» (v. 1–2) und wirft für den nachgeborenen Besucher die Frage nach der epochalen Differenz poetischen Sprechens auf. Denn «käme ein Mensch zur Welt, heute» (v. 14), dann «dürfte» dieser «nur lallen und lallen» (v. 19 f.), wie Büchners Woyzeck «immer-, immer-/zuzu» (v. 21 f.). Das Gedicht birgt Celans «Erinnerung an / schwimmende Hölderlintürme» (v. 6 f.), weil sich das Bild des sanft aufragenden Rundturmes, die Tübinger Dichterchiffre par excellence, im Wellenspiel des Neckars als mehrfach gedoppeltes Abbild wiederholt. Denkwürdig, nicht zuletzt vor dem Hintergrund des *Gantenbein*-Romans, ist auch die eigenwillige, auf Hölderlins *Rhein*-Hymne bezogene Formulierung von den *zur Blindheit überredeten Augen.*[647] Dem Fluss ist diese Blindheit eigen in seiner permanent vorwärtsdrängenden Arbeit an der erosiven Formung des Landschaftsprofils.

Celan verstärkt zudem in seiner Wiedergabe der Hölderlin'schen enigmatischen Gnome «Ein Rätsel ist Reinentsprungenes»[648] durch den zusätzlichen Zeilenbruch die Fließdynamik des quasi über die Zeilenklippe fallenden Katarakts, und er stellt dabei durch die Trennung «Rein-/ entsprungenes» mit hartem Enjambement die bei Hölderlin noch ins Kompositum eingebundene lautgleiche Verwendung des Flussnamens frei. In den häufig und forciert eingesetzten Zeilenbrechungen, welche die Wörter mutwillig auseinanderreißen, und ebenso in den Reduplikationen, die das

646 Vgl. Barbara Wiedemann: «Ein Faible für Tübingen». Paul Celan in Württemberg – Deutschland und Paul Celan. Tübingen 2013.

647 Die im Gedicht mehrfach alludierte Hölderlin-Hymne *Der Rhein* beschreibt den Fluss als einen seiner Zukunftsrichtung gegenüber unwissenden (‹blinden›) Heros: «Die Blindesten aber / Sind Göttersöhne» (Friedrich Hölderlin: Der Rhein, v. 40 f. Sämtliche Werke und Briefe. 3 Bde. Hg. von Michael Knaupp. München 1992. Bd. I, S. 342–348, hier S. 343). Vgl. Anja Lemke: Konstellation ohne Sterne. Zur poetischen und geschichtlichen Zäsur bei Martin Heidegger und Paul Celan. München 2002, S. 322.

648 Hölderlin: Der Rhein, v. 46; SWB I, S. 343.

für den späten Hölderlin verbürgte sprachgestörte Lallen als poetischen Gestus mit der Zwischenstation Büchners in die Gegenwart überführen, plädiert das Gedicht seinerseits für die bildnerische, graphisch-rhythmische Arbeit am sprachlichen Material. Jenes «Augen-Stottern vor vermeintlich Überdeutlichem», das Celan Ingeborg Bachmann als geistige Haltung für ihre Frankfurter Poetik-Vorlesungen empfohlen hatte, wird mit diesen Hinweisen auf Hölderlins Turmjahre für eine veristische Trümmersprache der Gegenwart fruchtbar gemacht; wie damals schon mit Celans Zusatz: «Ich bin durchaus für das Artikulierte.»[649]

Celans Bekanntschaft mit Max Frisch war günstigerweise nicht durch Bachmann vermittelt, sondern durch eine halb zufällige Begegnung in dem mit Nietzsche verbundenen Engadiner Bergort Sils Maria gestiftet worden, als Celan eigentlich auf ein längeres Zusammentreffen mit Theodor W. Adorno eingestellt gewesen war, das dann nicht zustande kam. Auch wenn das erste Gespräch mit Frisch damals kurz war, verlief es doch zumindest «einen Augenblick lang wohl so, wie er und ich es uns erhofft hatten.»[650] Auch über Ingeborg Bachmann sprachen die beiden sich aus, und dabei klagte nun Celan über ihre mangelnde telefonische Erreichbarkeit.[651] Er versuchte den angeschlagenen Frisch zu unterstützen, indem er Bachmann eine Reise nach Sils vorschlug, welche diese denn auch unternahm und dadurch ein neuerliches Zusammenwohnen des Paares ermöglichte. Ein erstaunliches Dokument triangulärer Fürsorge: «Vorigen Mittwoch war Max Frisch noch einmal in Sils gewesen, wir gingen eine Stunde (oder länger) auf der Chasté spazieren, es war, glaub ich, ein gutes Gespräch. Ob Du ihm nicht helfen könntest, indem Du – er sprach davon – ins Engadin hinaufgingst?»[652]

Bald aber trübte sich die Lage, vor allem im Kontext der späteren, vom Dichter als schmählich empfundenen *Sprachgitter*-Rezension durch Günter Blöcker, gegen die Celan heftig aufbegehrte, wofür er – vergebens allerdings – auch um die Schützenhilfe von Max Frisch und Ingeborg Bachmann warb. Blöcker hatte, wie zu früherer Stelle schon erwähnt, in einer Besprechung für den Berliner *Tagesspiegel* vom 11. Oktober 1959 Celans

649 PC an IB, 10.8.1959; BW IB/PC, S. 119.

650 PC an IB, 20.7.1959; BW IB/PC, S. 112.

651 Vgl. PC an IB, 11.7.1959; BW IB/PC, S. 113.

652 PC an IB, 26.7.1959; BW IB/PC, S. 114.

Gedichte «als graphische Gebilde» tituliert und ihnen eine Entfernung vom «Kommunikationscharakter der Sprache» nachgesagt, für die er die «Herkunft» des Dichters vom Rande der deutschen Sprache mitverantwortlich sah.[653] Celans Empörung gegen die als offen antisemitisch empfundene Kritik verschaffte sich in mehreren Aktionen Geltung; er schrieb Blöckers Artikel auf der eigenen Schreibmaschine ab und verschickte ihn, zusammen mit seiner an die Zeitung gerichteten Entgegnung, an Max Frisch (um damit auch an Ingeborg Bachmann zu gelangen). Das Gedicht *Wolfsbohne*, am 21. Oktober von Hand niedergeschrieben, stellt eine «dichterische Form»[654] der Antwort auf die erlittene Schmähung dar. Darin heißt es, im Gedenken an den Tod beider Elternteile in nazistischer Lagerhaft:

> (Weit, in Michailowka, in
> Gaissin, in
> der Ukraine, wo
> sie mir Vater und Mutter erschlugen: was
> blühte dort, was
> blüht dort? Welche
> Blume, Mutter,
> tat dir dort weh
> mit ihrem Namen?
>
> Mutter, dir,
> die du *Wolfsbohne* sagtest, nicht:
> Lupine.
>
> Gestern
> kam einer von ihnen und
> tötete dich
> zum andern Mal in
> meinem Gedicht.
>
> Mutter. [...])[655]

653 Zit. nach Badiou: Paul Celan. Bildbiographie, S. 220. Vgl. auch das Kapitel: Herzzeiten und Neigungswinkel.

654 Badiou: Paul Celan. Bildbiographie, S. 220.

655 Paul Celan: Wolfsbohne, v. 8–24. Die Gedichte. NKG, S. 419 f.

Frisch jedoch teilt, bei aller Sympathie, die Empörung des Dichters nicht, sondern macht ihn auf das Zwiespältige aufmerksam, das in der argumentativen Verbindung gekränkten Werkstolzes mit dem erlittenen NS-Trauma liegen konnte. Der Antwortbrief, für den Frisch vier Anläufe nehmen musste, um diesen Entwurf dann doch nicht abzuschicken, fragt, ob Celan auch dann noch «zu einer Freundschaft bereit» sei, wenn Frisch «auf diese Blöcker-Kritik» nun «nicht so reagiere», wie der von dem Angriff tief Verstörte es erwarte?[656] Denn Frisch hatte massive Bedenken im Hinblick auf die von Celan zur Abwehr der negativen Rezension eingesetzte «Nennung der Todeslager». Diese Verbindung zu ziehen, so erklärt Frisch, sei ihm «in diesem Zusammenhang [...] nicht geheuer». Damit nämlich zwinge der Kritisierte seinen um Beistand angerufenen Kollegen, «zu glauben, dass Ihre Empörung über die Kritik von Blöcker vollkommen frei ist von allen anderen Regungen, die eine solche Kritik in einem Verfasser auslösen kann.»[657]

Mit einem gewissen Rigorismus mahnt Frisch bei seinem Dichterkollegen eine Differenzierung zwischen Beweggründen aus politischer Verfolgung und solchen der persönlichen Eitelkeit bzw. des sensiblen Dichterstolzes an. Frisch rückt damit den Hinweis auf Celans traumatisches Familienschicksal und die Erinnerung an den Holocaust in den Rang einer quasi-sakralen Dimension, die nicht zu Zwecken der alltäglichen Selbstverteidigung in den Niederungen publizistischer Literaturkämpfe benutzt (und dadurch gewissermaßen profaniert) werden dürfe. «Denn wäre in Ihnen, mit Bezug auf diese Kritik, auch nur ein Funke gekränkter Eitelkeit, so wäre ja die Nennung der Todeslager, scheint mir, unerlaubt, ungeheuerlich.»[658]

Nach Ansicht Frischs war es somit an Celan, jeglichen Verdacht zu meiden, er suche aus den geschichtlichen Tatsachen seiner eigenen Verfolgung und der Auslöschung seiner Familie durch den NS-Terror womöglich im nachkriegsdeutschen Literaturbetrieb taktische Vorteile zu ziehen oder verlange gar, von ästhetischen Einwänden pauschal verschont zu bleiben. Bei seinem Versuch, sich in die Lage des massiv unter Druck geratenen fremden Dichterfreundes hineinzuversetzen, geht Max Frisch erkennbar von seinem eigenen narzisstischen Grundgefühl im Umgang mit missliebi-

656 MF an PC, 3.11.1959; BW IB/PC, S. 167.

657 MF an PC, 3.11.1959; BW IB/PC, S. 169.

658 Ebd.

gem Presseecho aus. «Meistens» sei es ja «nicht allzu schwer», so erklärt er, einen Kritiker «mit seinen eigenen Unstimmigkeiten zu schlagen, aber was habe ich davon? Mein Scharfsinn wird der Complice meiner Selbstgerechtigkeit, das ist alles.»[659]

Durchaus möglich, dass Frisch beim Sezieren derartiger psychischer Abwehrmechanismen recht hatte, selbst hinsichtlich Celans aktueller Krisensituation. Aber entkräftete dies schon Celans Vorwurf, der Kritiker habe mit seiner Anspielung auf Celans vermeintlich sprachferne «Herkunft» antisemitisches Ressentiment bedient? Durfte und musste Celan nicht dennoch, wie er es in seinem Leserbrief an den Berliner *Tagesspiegel* auch getan hatte, öffentlich darauf hinweisen, dass seine Dichtung genau von den Ungeheuerlichkeiten der Todeslager her begründet war und sich unter dieser leitenden Bestimmung seitdem weiter entfaltet hatte? Besonders anhand der in Celans Replik zitathaft einmontierten Kritiker-Passagen hatte der Dichter deutlich zu machen versucht, warum er diese als Verhöhnung seiner eigenen Arbeit mit konkreten topographischen Erinnerungs-Chiffren empfand: «Auschwitz, Treblinka, Theresienstadt, Mauthausen, die Morde, die Vergasungen: wo das Gedicht sich darauf besinnt, da handelt es sich um *kontrapunktische Exerzitien auf dem Notenpapier.*»[660]

Neuerlich ansetzend, sandte Max Frisch dem bedrängten Kollegen dann einen etwas kürzeren Antwortbrief, in dem er sein Argument in der Sache gleichbleibend, im Ton aber etwas moderater vortrug. «Wenn Sie aus einer Kritik, wie der von Blöcker, ein politisches Phänomen machen, so stimmt das zum Teil, glaube ich, zum anderen Teil aber nicht, und ein Problem fälscht das andere.»[661] Frisch weiß, dass auch diese Antwort, weil sie letztlich genau so abschlägig ausfällt wie der noch schärfere Entwurf, und im Ergebnis die erbetene öffentliche Fürsprache verweigert, «das Ende einer Freundschaft» bedeuten kann, noch «bevor sie begonnen hat».

Trotz dieses frühen Risses und der tiefen Enttäuschung Celans bleibt zwischen Frisch und ihm ein freundschaftlich-kollegialer Kontakt bestehen, beide senden einander Widmungsexemplare ihrer jüngsten Werke. Durch

---

659 MF an PC, 3. 11. 1959; BW IB/PC, S. 169.

660 PC an MF, 23. 5. 1959, Beilage 1: Paul Celan an die Feuilleton-Redaktion des *Tagesspiegel*, Berlin; BW IB/PC, S. 166.

661 MF an PC, 6. 11. 1959; BW IB/PC, S. 171; das folgende Zitat ebd.

das von langer Hand geplante Treffen Celans mit Nelly Sachs erneuerte sich auch der persönliche Kontakt mit Bachmann und Frisch. Celan ist bei dem Paar in Uetikon zu Gast und schreibt im Anschluss dankend und verbindlich an Frisch: «Vieles, ich weiß, wollte nicht ins Wort, ließ sich nicht greifen. Vielleicht war aber gerade *das* unser beider Gewinn». Es gebe hier etwas, was in ihrer beider Verbindung «mitspielt» oder sogar «uns allen – so oder so – mitspielt». Celan nennt es versuchsweise «objektive Dämonie» und gebraucht daneben das Wort «Zufall» als «ein anderes Hilfswort dafür». «Mit all dem haben wir wohl Berührung, wenn wir schreiben.»[662]

Der *Zufall*, diese gefundene, vorgefundene Koinzidenz, die zwischen Personen, Orten und Daten eintreten kann, ist eines der wichtigsten Ausdrucksmittel für Celans poetische Chiffrenbildung. Er spielt mit, wenn Erinnerungsspuren in ihre sprachgestalterische Ausformung oder Sicherung vorwärtsdrängen. Es ist bemerkenswert, wie viel Celan von sich selbst in diesem Schreiben preisgibt, gegenüber einem Kollegen, mit dem ihn nur ein recht sporadischer Kontakt, und eben auch die Liebe zu Ingeborg Bachmann, verbindet. Gemeinsam waren Ingeborg Bachmann und Max Frisch im Frühsommer 1960 in Zürich mit Paul Celan zusammengetroffen, der seinerseits dort ein langes Gespräch mit der aus Stockholm angereisten Nelly Sachs führte – eine Begegnung in wechselnden Konstellationen, die in einer ganzen Reihe von Texten ihren Niederschlag fand.[663]

Die in Berlin in einem großbürgerlichen, assimilierten Milieu aufgewachsene Dichterin hatte unter den Repressionen der NS-Jahre begonnen, sich stärker mit ihrem Judentum auseinanderzusetzen, und im Frühjahr 1940 gerade noch rechtzeitig nach Schweden fliehen können. Inzwischen in Stockholm und auch in der schwedischen Sprache einigermaßen heimisch geworden, hatte Sachs in den fünfziger Jahren mit dem in Paris schicksalsverwandt lebenden Paul Celan eine Korrespondenz angeknüpft. Anders als im Falle des von der deutschen Literaturkritik wiederholt mit ausgrenzenden Ressentiments bedachten Celan war Nelly Sachs vom westdeutschen Kulturbetrieb unter dem nicht minder klischeehaften Etikett der jüdischen

662 PC an MF, 29. 5. 1960; BW IB/PC, S. 172 f.

663 Vgl. Birgit R. Erdle: Bachmann und Celan treffen Nelly Sachs. Spuren des Ereignisses in den Texten. In: Bernhard Böschenstein, Sigrid Weigel (Hg.): Ingeborg Bachmann und Paul Celan. Poetische Korrespondenzen. Frankfurt/Main 1997, S. 85–115.

Dichterin vereinnahmt worden und lief Gefahr, immer mehr als «Objekt [...] eines deutschen Versöhnungsbegehrens»[664] herhalten zu müssen. In diesem ambivalenten Kontext stehen auch etliche ehrenvolle Akademie-Mitgliedschaften (Darmstadt, Hamburg) und Preisverleihungen: 1959 die «Ehrengabe» des Kulturkreises der deutschen Wirtschaft, 1960 der Annette-von-Droste-Hülshoff-Preis, 1965 der Friedenspreis des Deutschen Buchhandels und 1966 der Literaturnobelpreis; von der Stadt Dortmund wurde 1961 ein namentlicher «Nelly-Sachs-Preis» ins Leben gerufen.

Zur Entgegennahme des Droste-Preises in Meersburg reiste Nelly Sachs erstmals seit ihrer Emigration wieder in deutsches Staatsgebiet ein; um dies so schonend wie möglich zu bewerkstelligen, hatten sich ihr Laudator Hans Rudolf Hilty und Ingeborg Bachmann eine Anreise von der Schweiz her und die fast unmerkliche Grenzüberquerung mittels einer Schiffsfahrt über den Bodensee ausgedacht.[665] In Zürich empfing Bachmann am Mittwoch, dem 25. Mai, zunächst Paul Celan, dessen Frau Gisèle und Sohn Eric, «selbdritt» aus Paris angelangt;[666] sodann Nelly Sachs, die das überwältigende Willkommens-Aufgebot in ihren Aufzeichnungen als «unvergeßlich» rühmt und auch ein anschließendes Abendessen in der Kronenhalle mit dem hinzugekommenen Max Frisch als «in herrlichster Harmonie» empfundenes Ereignis beschreibt.[667] Untergebracht war Nelly Sachs, die eine Übernachtung auf deutschem Boden vermeiden wollte, im Zürcher *Hotel Zum Storchen*, dessen Inschrift auf Deutsch und ebenso mit dem französischen Schriftzug *Hôtel de la cigogne* am Ufer der Limmat prangte.

Die vielen, dicht gedrängten Gespräche jener Tage sind auch in Paul Celans Agenda stichwortartig zusammengefasst; so etwa «das mir und Ingbg. angetragene Du», ferner ein Gespräch am feiertäglichen Donnerstag mit Nelly Sachs «allein» im Hotel, bei dem es unter anderem um ihre divergenten Haltungen zu jüdischen Glaubensfragen ging. Für den Abend verzeichnet Celans Terminkalender um «$21^{30}$» ein Treffen mit «Ingeborg (Kirchgasse)» und die

664 Weigel: Hinterlassenschaften, S. 475.

665 Ruth Dinesen: Nelly Sachs. Eine Biographie. Frankfurt/Main 1991, S. 242.

666 So in den Aufzeichnungen Paul Celans von dieser Reise; zit. nach Badiou: Paul Celan. Bildbiographie, S. 241.

667 Nelly Sachs: Briefe. Hg. von Ruth Dinesen und Helmut Müssener. Frankfurt/Main 1984, S. 247.

ernüchternde Notiz: «Konturloses, darum noch unglücklicher machendes Gespräch.» Und fast wie eine Vorwegnahme künftiger literarischer Dramaturgien liest sich sodann der finale Zusatz: «Um ein Uhr nachts, Anruf von M. F., er habe soeben einen leichten Unfall gehabt.»[668]

Die Handlungslinien waren, wie sonst wohl nur selten im Leben dieser vier literarischen Persönlichkeiten, in jenen Zürcher Tagen ungeheuer eng miteinander verknüpft. Freilich geben die dürren Aufzeichnungen allenfalls andeutungsweise eine Vorstellung von den Geschehnissen, und fotografisch scheinen die Zusammenkünfte damals gar nicht festgehalten worden zu sein.

Somit rückt ein Gedicht Paul Celans, das er vier Tage später in Paris niederschrieb und im August 1960 von der *Neuen Zürcher Zeitung* publizieren ließ, in die Rolle einer poetischen Zeugenschaft. In Celans *Storchen*-Gedicht (hier wieder nur zwei kleine Ausschnitte daraus) verbindet sich die Charakteristik einer Orts- und Zeittafel mit einer emblematisch ausgearbeiteten Situation.

ZÜRICH, ZUM STORCHEN
*Für Nelly Sachs*
Vom Zuviel war die Rede, vom
Zuwenig. Von Du
und Aber-Du, von
der Trübung durch Helles, von
Jüdischem, von
deinem Gott.

Da-
von.
Am Tag einer Himmelfahrt, das
Münster stand drüben, es kam
Mit einigem Gold übers Wasser.[669]

Der Name des bekannten, noblen Zürcher Altstadthotels *Zum Storchen* hat selbst schon die emblematische Qualität eines Firmenschildes, über dessen Bildhaftigkeit das Gedicht reflektiert. Es entsteht ein situiertes poetisches

668 Zit. nach Badiou: Paul Celan. Bildbiographie, S. 241.

669 Paul Celan: Zürich, Zum Storchen, v. 1–11. Die Gedichte. NKG, S. 130 f., hier S. 130.

Arrangement, das ähnlich wie im *Tübingen*-Gedicht aus der Adressierung eines geographischen Orts, der Markierung eines bestimmten Zeitpunkts und einer kollaborativen Form der literarischen Zueignung, eines *Du*-Gesprächs, zusammengesetzt ist. Diese Technik der figurierten Triangulation setzt sich sodann auch auf der Ebene der dialogischen Rede und des verhandelten Themenkomplexes fort. Die Lage des Treffpunktes und die Gesprächssituation der beiden Beteiligten werden in wenigen Strichen eindringlich genug skizziert.

Resümiert wird ein Religionsgespräch unter jüdischen exilierten Dichtern, ausgerechnet am Feiertag von Christi Himmelfahrt (an dem der Auferstandene sich «davon» macht). Wenn in dem beschriebenen Augenblick das Zürcher Großmünster mit seinem prangenden Gold «übers Wasser» herüberscheint, ist damit die Frage der Transzendenz in eine topographische Versuchsanordnung übersetzt, mehr noch: in den Vorgang der Übersetzung, des wörtlichen ‹Übersetzens› selbst.

Auch Nelly Sachs hatte Celan anlässlich des Treffens das Manuskript eines Gedichts überreicht, das mit den folgenden Versen beginnt:

> Du
> in der Nacht
> mit dem Verlernen der Welt Beschäftigte
> von weit weit her
> dein Finger die Eisgrotte bemalte
> mit der singenden Landkarte eines verborgenen Meeres[670]

Das angebotene «Du» ist in der von Celan aufbewahrten Handschrift bekräftigt durch den Zusatz: «Dieses Gedicht ist Dein Gedicht, Du bist gemeint.»[671] Celan hat sich in seiner Aufzeichnung darüber dezidiert als «mit dem Verlernen der Welt Beschäftigte*r*» exzerpiert und angesprochen gefühlt, somit in angepasster, männlicher Flexion.[672] Dieser Zueignung steht nicht entgegen, dass Sachs das Gedicht auch ihrer lange Zeit pflegebedürfti-

670 Nelly Sachs: Du / in der Nacht, v. 1–6. Werke Bd. II: Gedichte 1951–1970. Hg. von Ariane Huml und Matthias Weichelt. Berlin 2010, S. 122.

671 Zit. nach Sachs: Werke Bd. II: Gedichte 1951–1970, Hg.-Kommentar, S. 317.

672 Zit. nach Badiou: Paul Celan. Bildbiographie, S. 241.

gen Mutter als «Sterbegedicht» gewidmet hat;[673] eine weitere, spätere Zueignung ging im Februar 1961 an Ingeborg Bachmann und trägt die Unterschrift «Meiner geliebten Schwester – Freundin / Ingeborg von ihrer / Li».[674] Die Dichterin knüpfte «mit dem Celan und Bachmann gleichzeitig angetragenen Du und dem beiden gleichermaßen gewidmeten Du-Gedicht» gleichsam einen «imaginären Bund», der «die Unterschiede im Herkommen vergessen» machen sollte[675] oder zumindest durch ein aus ihrer Diaspora gewobenes poetisches Band zu überwinden suchte.

In Zürich, der Banken- und Theologenstadt, war es indes auch um die bewegenden Fragen nach den letzten Dingen gegangen. Konnte denn, nach all dem Geschehenen und im Lichte aufgeklärter Wissenschaft, noch ein jüdisches Gottvertrauen gelebt werden? Nelly Sachs bejahte dies, während Paul Celan auf seinem Zweifel und seiner trostlosen Trauer beharrte. Am Ende des *Storchen*-Gedichts aber steht Nelly Sachs' entwaffnende Wendung, just aus dem unausgeräumten und wohl auch unausräumbaren Zweifel heraus einen Fortbestand des Glaubens abzuleiten. «Wir / wissen ja nicht, [...] was / gilt.»[676]

## Wege und Spuren: Berlin

Die Tradition des christlichen Himmelfahrtstages zog, dogmatisch verstanden, gegenüber dem jüdischen religiösen Denken eine scharfe Grenzlinie, ebenso wie es die festliche Inszenierung der Weihnachtstage tat. Etliche Jahre später, bei einem Aufenthalt in einer Gastunterkunft der Westberliner Akademie der Künste am Tiergarten, hat Celan in einem weiteren durch seine topographische Bindung herausragenden Gedicht (aufgenommen in den postumen Band *Schneepart*) die situative Diskrepanz zwischen dem adventlich gestimmten Weihnachtsmarkt und jenen Mörderspuren herauszu-

673 Badiou: Paul Celan. Bildbiographie, S. 241.

674 Nelly Sachs an Ingeborg Bachmann, 5.6.1960. Ingeborg Bachmann, Marie Luise Kaschnitz, Hilde Domin, Nelly Sachs: «über Grenzen sprechend». Die Briefwechsel [BW IB/MLK/HD/NS]. Hg. von Barbara Agnese. München, Berlin, Zürich 2023, S. 92.

675 Weigel: Hinterlassenschaften, S. 477.

676 Celan: Zürich, Zum Storchen, v. 22–23, 26–27; NKG, S. 131.

arbeiten versucht, deren Verbrechensgeschichte sich durch das gleiche Berliner Planquadrat zieht.

> DU LIEGST im großen Gelausche,
> umbuscht, umflockt.
>
> Geh du zur Spree, geh zur Havel,
> geh zu den Fleischerhaken,
> zu den roten Äppelstaken
> aus Schweden –
>
> Es kommt der Tisch mit den Gaben,
> er biegt um ein Eden –
>
> Der Mann ward zum Sieb, die Frau
> mußte schwimmen, die Sau,
> für sich, für keinen, für jeden –
>
> Der Landwehrkanal wird nicht rauschen.
> Nichts
> stockt.[677]

Während seines Berlinaufenthaltes im ‹lauschigen› Park des Hansaviertels bei der Akademie der Künste war Celan im Dezember 1967 mit Bekannten die Orte abgegangen, wo im Januar 1919 von rechtsnationalistischen Marineoffizieren die Morde an den kommunistischen Politikern Rosa Luxemburg und Karl Liebknecht verübt worden waren und die Täter Luxemburgs Leiche in den Landwehrkanal geworfen hatten.[678] Ebenso hatte er die NS-Hinrichtungsstätte im Gefängnis Plötzensee besucht, wo u. a. an den Widerstandskämpfern der «Roten Kapelle» und des «20. Juli» 1944 Todesur-

---

677 Paul Celan: Du liegst. Die Gedichte. NKG, S. 485 f.

678 Die Gänge Celans durch den Berliner Tiergarten sind in Begleitung seines Schweizer Bekannten Walter Georgi am 19. und 22.12. sowie in der Gesellschaft des Literaturwissenschaftlers Peter Szondi am 17. und 21.12.1967 erfolgt (vgl. Hg.-Kommentar; NKG, S. 1134). Das Gedicht lässt zudem die Lektüre der von Elisabeth Hannover-Drück und Heinrich Hannover herausgegebenen Dokumentation *Der Mord an Rosa Luxemburg und Karl Liebknecht* (Frankfurt/Main 1967) erkennen (vgl. ebd.).

teile mittels Strang und Fleischerhaken vollstreckt worden waren.[679] Für die auch in diesem Gedicht erkennbare harte Fügung ist sowohl die Handhabung des Versbruchs wie auch die provokante, makabre Reimbildung (Fleischerhaken/Äppelstaken) konstitutiv, ebenso die dezidiert eingesetzten semantischen Zufallsfunde etwa des schwedischen Apfelgestecks oder des Hotelnamens «Eden» im Berliner Tiergarten (an diesem Schauplatz waren Liebknecht und Luxemburg vor ihrer Ermordung gefangen gehalten und malträtiert worden). Auf engstem Raum wird damit, verstärkt noch durch die Wendung vom «Tisch mit den Gaben» (v. 7), eine «Verknüpfung von Mord und Hinrichtung mit Weihnachtsbescherung» hergestellt.[680] Das Gedicht endet sogar mit einem Zeilensprung, durch den sich die dabei ausgesagte Proposition («nichts stockt») formästhetisch bereits im Moment ihrer Äußerung ‹ins Stocken gebracht›, somit performativ dementiert sieht. Fließen und Stockung als die zwei basalen Energien des Gedichts treten dadurch in ihrer paradoxen Grundspannung hervor.

In einer einflussreichen Interpretation dieses Gedichts hat Peter Szondi die persönlichen und situativen Umstände von Celans Berlinaufenthalt während der Entstehung des Gedichts eindringlich geschildert, um dann zu betonen, dass sich eine Lektüre und Deutung des poetischen Artefakts darin keineswegs erschöpfen darf. «Wie sehr auch diese Verknüpfung ihre Vorbedingung in der Koinzidenz von Celans Berliner Tagen mit der Weihnachtszeit hat, sie muß diese ihre empirische Prämisse hinter sich gelassen, eine eigene Begründung sich gegeben haben», insistiert Szondi. Er sieht bei Celan vielmehr «eine Motivation» am Werk, «welche nicht durch die realen Begebenheiten jenes Berlinaufenthaltes bedingt ist, sondern durch eine nicht auf subjektive Zufälligkeiten reduzierte Wirklichkeit.»[681] Gemeint ist, ohne dass Szondi dies zu explizieren unternimmt, die Wirklichkeit einer geschichtlichen Todesspur, die sich vom nahezu unbehinderten Terror rechtsnationalistischer Kräfte seit Beginn der Weimarer Republik über die Etablierung der Hitler-Diktatur bis zu den furchtbarsten Menschheitsverbrechen der Todeslager und Vernichtungsstätten zieht. Die Erscheinungsformen

679 Vgl. Peter Szondi: Eden. In: Ders.: Schriften Bd. II. Hg. von Jean Bollack et al. Frankfurt/Main 1978, S. 390–398, hier S. 393.

680 Szondi: Eden, S. 396.

681 Ebd.

bloß «empirischer», historischer oder topographischer «Koinzidenz», so Szondi in seiner poetologisch akzentuierten Lektüre des Gedichts, werden durch die Verse Celans verwandelt in ein «Sprachgewebe» von eigener Geltungskraft.[682] Dieses Beharren des Interpreten auf der poetisch souveränen Gestaltungskraft seines Dichters ist nach wie vor eine valable Lektüreauffassung und letztlich sogar die Voraussetzung für jede dem Kunstcharakter der Dichtung sich annähernde Interpretation.

Indes lässt sich, sofern man Celans Gedicht in einen noch weiter gefassten intertextuellen Bezugsraum stellt, die bei Szondi etwas nachlässig behandelte Kategorie des Zufälligen aus ihrer dort lediglich vorkünstlerischen Stellung herauslösen, sobald man auch sie als eine bewusst eingesetzte Funktion innerhalb der literarischen Kompositionsweise bestimmt. Denn ‹Koinzidenzen›, also die Effekte des Zusammentretens von semantischen Qualitäten unterschiedlicher Art (Orte, Zeiten, Daten; Farben, Texturen oder Temperaturwerte, dingliche Formen und vieles mehr), stehen, ebenso wie die von Walter Benjamin denkerisch akzentuierte historiographische Arbeit mit Konstellationen (Sternbildern etwa), seit den Experimentalzeiten der literarischen Moderne in einem produktiven Spannungsverhältnis zu regelgeleiteten künstlerischen Gestaltungsvorgängen, die ihrerseits (besonders prononciert im Surrealismus) je auch dem Zufall abgewonnen oder mit dem Zufall zumindest im Bunde sind.

Wenn Zufall sich im geometrischen Sinne als eine Figur graphischer Koinzidenz beschreiben lässt, dann bildet der Topos *Berlin* den äußersten Punkt einer Dreiecksspitze, an dem sich die Lebens- und Schreiblinien Paul Celans mit denjenigen Ingeborg Bachmanns in einer letztmaligen gemeinsamen Referenz auf deutsche Schreckensorte berühren. Denn die Berliner Zufälle Celans, sie sind ihrerseits auch im Bunde mit jenen Zufällen, welche drei Jahre vor der Entstehung seines aus der Topographie des Berliner Tiergartens heraus modellierten Gedichts in einem höchst komplexen Prosabeitrag Ingeborg Bachmanns thematisiert worden waren. Zu den Anregungen und grundierenden Impulsen von Celans vielfach kommentiertem Gedicht *Du liegst* gehört auch der unter der einprägsamen Formel «Ein Ort für Zufälle» erschienene Berlintext, den Bachmann als ihre Dankesrede zur Verleihung

682 Szondi: Eden, S. 397 f.

des Georg-Büchner-Preises am 17. Oktober 1964 vor der Deutschen Akademie für Sprache und Dichtung in Darmstadt hielt. Damals unter der Überschrift «Deutsche Zufälle», stellte sich Bachmanns Rede bewusst und ausdrücklich in die Nachfolge von Celan und dessen einschlägiger Büchnerpreis-Dankesrede von 1960, die 1961 unter dem Titel *Meridian* als Einzeldruck bei S. Fischer in Frankfurt/Main erschienen war. Bachmann überließ ihren Beitrag später zur Publikation dem neu gegründeten Berliner Verlag Klaus Wagenbach für dessen Reihe der *Quarthefte*, wobei Günter Grass, um die Ausgabe etwas stattlicher werden zu lassen, eine Reihe von eigens angefertigten Zeichnungen beisteuerte. *Ein Ort für Zufälle* erschien im März 1965 und war ein schmaler, aber wichtiger Band;[683] zwischen den Erzählungen von *Das dreißigste Jahr* (1961) und dem 1971 erschienenen Roman *Malina* war dies Ingeborg Bachmanns «einzige selbständige literarische Veröffentlichung».[684]

Bachmann hatte zu diesem Zeitpunkt zwei Jahre schwerster Krisen, langer Spitalaufenthalte und starker Medikamenteneinnahme hinter sich; ein Umstand, der auch das Thema und die Form ihres Textes bestimmt. *Ein Ort für Zufälle* ist eng bezogen auf Bachmanns Situation als Stipendiatin in der geteilten Stadt Berlin. Ihr in assoziativen Verknüpfungen durch die Stadt schweifender Text verbindet topographische Sondierungen an ihrem temporären Arbeits- und Lebensort mit der radikalen Exposition eigener Krankheitserfahrungen. Den Begriff «Zufälle», der implizit jene bezeichnende briefliche Wendung Paul Celans gegenüber Max Frisch aufnimmt, erläutert die Autorin bei der Rede öffentlich als «ein merkwürdiges Wort, mit dem Büchner die Lenzsche Krankheit behaftet».[685] Diese Krankheit war der Figur, und wohl auch ihrem Autor, im Wortsinne ‹zugefallen›. Mit ihren Andeutungen nimmt Bachmann nicht nur das Leiden des Helden Büchners, sondern auch Celans an gleichem Ort ein paar Jahre zuvor vorgetrage-

683 Zur historisch kontextualisierenden Erschließung vgl. Christian Däufel: Ingeborg Bachmanns ‹Ein Ort für Zufälle›. Ein interpretierender Kommentar. Berlin, Boston 2013, S. 62–102.

684 Hans Höller: Vorwort zu Ingeborg Bachmann: Ein Ort für Zufälle. Hg. von Martina Wörgötter. Salzburger Bachmann Edition. München, Berlin, Zürich 2025, S. 7–12, hier S. 7.

685 Bachmann: Ein Ort für Zufälle; OZ, S. 35.

ne *Meridian*-Rede als Prätext in den Blick, erst recht mit der anschließenden Erläuterung: «Der Wahnsinn kann auch von außen kommen, auf die einzelnen zu», er trete damit gewissermaßen «den Rückweg an».[686]

Anhand der textgenetischen Rekonstruktion des Schreibprozesses, die Monika Albrecht und Dirk Göttsche im Rahmen ihrer Kritischen Ausgabe des *Todesarten*-Komplexes vorgenommen haben,[687] deren Stufenmodell auch in den beiden ausführlichen Kommentaren zu Bachmanns *Ein Ort für Zufälle* zugrunde gelegt wird,[688] lässt sich erkennen, dass Bachmanns Arbeit an der Rede in der gedrängten Vorbereitungszeit, die ihr nach der Rückkehr von einer fast zweimonatigen Afrikareise ab Mitte Juni bis zum Termin der Preisverleihung im Oktober noch blieb, nacheinander mehrere Gestaltungsideen und Schreibphasen durchlief. Zunächst folgte sie dem Hinweis des Akademie-Präsidenten Hans W. Eppelsheimer,[689] einen Bezug zum Namensgeber Georg Büchner, dessen Werk und seiner politischen Ästhetik herzustellen; in einer zweiten Arbeitsphase kommen stärker persönlich-existenzielle Aspekte, auch Materialien aus der Berliner Krankheitszeit und den afrikanischen Reiseaufzeichnungen ins Spiel. Die Engführung von Motiven des Wüstenbuches und der Berliner Stadtlandschaft nimmt in dieser Phase geradezu kontrapunktische Züge an, während sich Bachmann anschließend in einem dritten Arbeitsschritt entschieden zu haben scheint, den Wüstenkomplex bis auf einige wenige Anklänge wieder auszuklammern, um stattdessen noch viel intensiver das Berliner Stadtbild mit seinen Straßennamen und Ortsbezügen, aber auch mit den Diskurs-Versatzstücken von Reklameschildern, Markenbezeichnungen und Werbeformeln in den Text einfließen zu lassen. Nach dem Anlass der Preisverleihung geht Bachmann schließlich den gesamten Text redaktionell und inhaltlich nochmals gründlich durch und bereitet ihn für die Drucklegung im darauffolgenden Frühjahr vor.

686 Bachmann: Ein Ort für Zufälle; OZ, S. 35. Vgl. Bernhard Böschenstein: Die Büchnerpreisreden von Paul Celan und Ingeborg Bachmann. In: Ders., Sigrid Weigel (Hg.): Ingeborg Bachmann und Paul Celan. Poetische Korrespondenzen. Frankfurt/Main 1997, S. 260–269.

687 Hg.-Kommentar in Ingeborg Bachmann: Todesarten-Projekt; TKA I, S. 549–551.

688 Däufel: Ingeborg Bachmanns ‹Ein Ort für Zufälle›, S. 64 f.; Wörgötter, Hg.-Kommentar in Bachmann: Ein Ort für Zufälle; OZ, S. 52 f.

689 Vgl. Däufel: Ingeborg Bachmanns ‹Ein Ort für Zufälle›, S. 63.

Der Schreibprozess folgt also grosso modo einer zunehmenden Fokussierung auf Berlin als den Modellfall einer erinnerungstopographischen Narration,[690] die sich in meta-realistischer Schreibweise mit der Erkundung von krisenhafter Körpersymptomatik verbindet.[691] Nirgends in Deutschland, so erlebte es Bachmann, war das geschichtliche Stadtbild deutlicher von Wundmalen, Brach- und Trümmerflächen, Rissen und arbiträren Grenzlinien durchzogen als in Berlin, dessen Stadtraum sich dem Blick und der Suchbewegung als ein weit hingebreitetes, zerfurchtes Einschlagsgebiet von gewaltförmigen Zufällen darbot. Dem hohen ästhetischen Verfremdungsgrad[692] in den Berlin-Bezügen entsprechend wurde in der zeitgeschichtlichen Rezeption ihres Beitrages zwar von manchen die «lyrische» Intensität des Textes hervorgehoben, eine Minderheit unter den journalistischen Stimmen empfand und kritisierte ihn hingegen als «Kränkung der geläufigen Symbolik», die in Westberlin einen unantastbaren politischen Vorposten des freien Westens sah.[693]

Bachmanns Einlassungen in diese versehrte Welt sind aber sowohl von Nachkriegs-Larmoyanz als auch vom «iron-curtain»-Pathos der politischen Konfrontation weit entfernt, wie ihre dem Anlass zugeeignete Vorrede betont. «Die Beschädigung von Berlin, deren geschichtliche Voraussetzungen bekannt sind, erlaubt weder Mystifizierung noch eignet sie sich zum Symbol. Was sie erzwingt, ist jedoch eine Einstellung auf Krankheit, auf eine Konsequenz von variablen Krankheitsbildern, die wiederum Krankheit hervorruft.»[694] Damit sind die Zeichen für die darauffolgende Erkundung der bis ans Zerreißen führenden existenziellen Krankheitsschübe gesetzt, die eine Verfasserin dazu «nötigen» konnte, im Sinne von Büchners Lenz-Figur buchstäblich «auf dem Kopf zu gehen».[695]

---

690 Vgl. Elke Schlinsog: Berliner Zufälle. Ingeborg Bachmanns «Todesarten»-Projekt. Würzburg 2005.

691 Vgl. Weigel: Hinterlassenschaften; Kapitel «Symptomkörper und entstellte Topographie», S. 373–383.

692 Vgl. Andreas Hapkemeyer: Ingeborg Bachmann. Entwicklungslinien in Werk und Leben. Wien 1990, S. 118.

693 Vgl. Däufel: Ingeborg Bachmanns ‹Ein Ort für Zufälle›, S. 7.

694 Bachmann: Ein Ort für Zufälle; OZ, S. 36.

695 Bachmann: Ein Ort für Zufälle; OZ, S. 35, 36.

Indem Bachmann zum enigmatischen Auftakt des Textes als phänotypischen Ort in der geteilten Stadt Berlin ausgerechnet ein Krankenhaus heraushebt («ist tagsüber, ist auch nachts, wird benutzt, sind Menschen drin, sind Bäume drum»),[696] nimmt sie den politischen Begriff der «Teilung» als einen medizinisch verstandenen auf, «postoperative Schmerzen nicht ausgeschlossen»,[697] und durchquert in einer so sprunghaften wie assoziativen Verkettung[698] einerseits die westliche Stadtlandschaft und andererseits ein tief traumatisiertes Seelen- und Körperbefinden. Die Ereignisse dieses Textes geschehen außen und innen zugleich. Krankheit ist dabei als ein allgemeines Phänomen erfasst, als ein «andauernder Zustand struktureller Gewalt».[699] Wiedererkennbar sind in ihrem Beitrag sowohl die Parklandschaft um die Akademie («alle Türen und Fenster aus Glas»[700]) wie auch die historischen Schauplätze rechtsnationaler Attentate und nazistischen Terrors: «Am Knie der Koenigsallee fallen, jetzt ganz gedämpft, die Schüsse auf Rathenau. In Plötzensee wird gehenkt.»[701]

Das Stadtbild Berlins ist hier evoziert als eine Studie in landschaftsräumlicher *Gleichzeitigkeit.* Diese «Gleichzeitigkeit» als Erkenntniskategorie scheint Ingeborg Bachmann aus der Philosophie Ernst Blochs aufgenommen zu haben, der in seinem von ihr erwähnten Band *Erbschaft dieser Zeit* das Berlin der Zwischenkriegszeit als «außerordentlich ‹gleichzeitig›» charakterisiert hatte.[702] In einer Formation der Gleichzeitigkeit befinden sich

696 Bachmann: Ein Ort für Zufälle; OZ, S. 17.

697 Bachmann: Ein Ort für Zufälle; OZ, S. 35.

698 Kurt Bartsch: «Frühe Dunkelhaft» und Revolte. Zu geschichtlicher Erfahrung und utopischen Grenzüberschreitungen in erzählender Prosa von Ingeborg Bachmann. Graz 1982, S. 84. Vgl. ders.: Ein Ort für Zufälle. Bachmanns Büchnerpreisrede als poetischer Text gelesen. In: Modern Austrian Literature 18, 3/4 (1985), S. 135–145.

699 Schlingsog: Berliner Zufälle, S. 221.

700 Bachmann: Ein Ort für Zufälle; OZ, S. 22.

701 Bachmann: Ein Ort für Zufälle; OZ, S. 28.

702 Ernst Bloch: Erbschaft dieser Zeit [1935]. Erweiterte Ausgabe, Werkausgabe Bd. IV. Frankfurt/Main 1985, S. 212. Zwar habe diese «Gleichzeitigkeit Berlins, trotz der gewaltigen Vorgeschrittenheit und gleichsam Unfertigkeit ihres Kapitalismus, *unmittelbar gesehen*, noch keine Wahrheit». Doch ließen sich hier, so der marxistische Philosoph in seiner Mitte der dreißiger Jahre erschienenen Schrift, «*mittelbar und von echter*

für Bachmann nun die historisch weit zurückliegenden, unterschiedlichen Spuren von politischer Gewalt zu einer bemerkenswert nahen topographischen Konfiguration verdichtet und herangerückt. Der Schauplatz von Rathenaus Ermordung, nur wenige Gehminuten von Ingeborg Bachmanns Wohnung in der Koenigsallee 35 entfernt, verhält sich *simultan* zu dem gepflegten Park, in dessen Grün der schicke Glasbau der Westberliner Akademie der Künste eingebettet liegt, simultan aber auch zu den Henkershaken des NS-Todesgefängnisses von Plötzensee. In solchen topographisch präzisen Erinnerungsspuren nimmt Bachmann die Celan'sche Poetik der Realchiffren auf und spielt sie ihm, erweitert um zusätzliche Spuren und Hinweise, wieder zurück, sodass Celans Tiergartengedicht *Du liegst* auch als zufallende, zutreffende Replik des Freundes auf Ingeborg Bachmanns Berliner Essay gelesen werden kann.

Indes zeigen sich diese geschichtstiefen, trauervollen Landmarken bei Ingeborg Bachmann nicht als stillgestellte Requisiten, sondern sie wirken auf irritierende Weise ins Vibrieren gebracht. Die ganze Stadtlandschaft scheint auf eine von den Krankenhaus-Szenen des Beginns folgenreich präludierte Weise ins Wanken geraten, verrutscht und verrückt zu sein. Das harte Wort von der *Teilung* gerät im Laufe der Stadterkundung zu einem scharfen Skalpell, das einzelne Stücke aus dem Stadtraum herauslöst und auf ein gestörtes Eigenleben schickt. *Cut & paste*, das wird hier zum Erzähl- und Schreibprinzip. Wenn schon die Flugzeuge bedrohlich tief in den Nahbereich zoomen und «eine Handbreit über der Seifenschale», knapp «an dem Haken mit dem Waschlappen vorbei», ihr «Fahrwerk» ausklappen,[703] dann gilt auch für andere Details und Bestandteile des Stadtlebens ein gefährlicher Modus der objektiven Bestürzung. In Bachmanns Berlinjahr lag die feierliche Eröffnung der (nach Entwürfen Hans Scharouns) hart an den Mauerstreifen am Potsdamer Platz herangebauten Philharmonie erst kurz zurück, doch sticht aus dem Lauf ihrer Prosa viel stärker ein anderes Stichwort heraus, das vom Gegenteil philharmonischen Wohlklangs handelt. «Es

*Gleichzeitigkeit her gesehen*, Züge des Übergangs [...] besonders aktiv erkennen und betonen.» (Ebd., S. 213.)

703 Bachmann: Ein Ort für Zufälle; OZ, S. 18.

muß eine ‹Disharmonie› sein, in der ganzen Stadt sickert etwas durch, alle wollen ‹Disharmonie› gelesen oder gehört haben».[704]

In der Frontstadt pflanzt man die Bäume (und setzt die Projekte) «alle in den Sand, Bäume aus Wüstenerfahrung.»[705] Auch um die Häuser und Straßen steht es schlimm, schon weil der Westen für manche Bewohner des Umlands nun plötzlich im (geographischen) Osten des (politischen) Ostens liegt: «Potsdam ist mit allen Häusern in die Häuser von Tegel verrutscht».[706] In dieser Bemerkung ist wohl auch noch der aus Tegeler Gefängnishaft entlassene Franz Biberkopf von Alfred Döblins Großstadtroman *Berlin Alexanderplatz* (1929) mit seinem Schicksal als Kriegsneurotiker präsent;[707] schon er hatte beim endlosen Durchstreifen der immer schneller getakteten Stadt angstvoll die Dächer auf sich herabstürzen sehen.

«Die Straßen heben sich um fünfundvierzig Grad. Die Autos, die auf den Horizont zu unterwegs sind, rollen natürlich zurück, die Radfahrer verlieren den Halt, sie rutschen am schnellsten auf einen zu».[708] Ingeborg Bachmann pflegte in ihrem Berlinjahr mit anderen Stipendiaten und Kollegen am Rande des Grunewalds wilde Fahrradtouren zu unternehmen. Der bedenklich angehobene Straßenwinkel von 45 Grad allerdings stellt innerhalb des Textes keineswegs eine (ihrer Bildlichkeit im Interpretationsvorgang zu entkleidende) Metapher dar,[709] war doch die mit genau diesem Nei-

704 Bachmann: Ein Ort für Zufälle; OZ, S. 21.

705 Bachmann: Ein Ort für Zufälle; OZ, S. 21.

706 Bachmann: Ein Ort für Zufälle; OZ, S. 22.

707 Däufel: Ingeborg Bachmanns ‹Ein Ort für Zufälle›, S. 312.

708 Bachmann: Ein Ort für Zufälle; OZ, S. 22.

709 Christian Däufel schlägt vor, den Neigungswinkel «als Anspielung auf das Jahr 1945 [zu] lesen» (Däufel: Ingeborg Bachmanns ‹Ein Ort für Zufälle›, S. 306), und der Kommentar Martina Wörgötters schließt sich dem nahezu wortgleich an (Martina Wörgötter: Kommentar. In: Ingeborg Bachmann: Ein Ort für Zufälle. Hg. von Martina Wörgötter. Salzburger Bachmann Edition. München, Berlin, Zürich 2025, S. 37–162, hier S. 152). Damit würde dann allerdings eine für die Entwicklung von Bachmanns Schreibweise untypische Metaphorisierung einer chronikalen Chiffre vorliegen; demgegenüber wird hier (und möglichst durchgehend) eine topographische Lesart bevorzugt, derzufolge in dem 45-Grad-Winkel ein direkter örtlicher Bezug auf die Avus-Nordkurve gegeben ist, zumal im Kontext der Passage auch vom nahe gelegenen Funkturm-Restaurant die Rede ist, dessen Fenster den Blick auf die Avus-Nordkurve ermöglichen.

gungswinkel versehene Nordkurve der sogenannten *Avus*-Rennstrecke mit ihrem steilen Pistenbogen jahrzehntelang der ganze Stolz des sportbegeisterten Berlin gewesen.[710] Von den Panoramafenstern im «Funkturmrestaurant»[711] aus, wo Bachmanns Beschreibung verweilt, ist jedenfalls die spektakuläre, um knapp 45 Grad angehobene Bahnkurve gut zu sehen. Manche der schnellen Boliden rasten freilich in allzu hohem Tempo über den Kurvenrand hinaus ins tödliche Aus, deshalb wurde die Steilkurve im Laufe der sechziger Jahre zurückgebaut, während zu Zeiten von Bachmanns Berlinporträt definitiv noch «über die *Avus* das Autorennen geht».[712]

Bachmanns Art, Berliner Motive und Wahrzeichen poetisch ‹steil› zu stellen, hat gleichfalls etwas Verrücktes oder besser: Verrückendes, das an surrealistische Techniken erinnert. Wenn beispielsweise an der berühmten Fernbahn-Station *Zoologischer Garten* «niemand» glaubt, «am wenigsten die Neuangekommenen, daß die Tiere alle wirklich am Bahnhof Zoo wohnen», so muss auch diese Beschilderung in ihrer Signifikanz endlich wörtlich genommen werden. Die Wirklichkeit wird hierbei, wiederum im Sinne Blochs, durch kalkulierte Verfremdung ihrer Textur erst lesbar und sichtbar gemacht, «durch Unkenntlichkeit das Dargestellte zur Kenntlichkeit verändernd».[713] Im Falle von Bachmanns Berlin-Zoo bedeutet dies: «Niemand ist gefaßt auf das Kamel.»[714] Mithilfe der losgelösten, ‹freigelassenen› Kamel- und Wüstenmotive gelingt es Bachmann, den geschichtlichen Stadtraum

---

710 Nach ihrer Eröffnung 1921 gehörte die *Berliner Automobil-Verkehrs- und Übungsstraße (Avus)* zu den ersten Hochgeschwindigkeits- und Rennstrecken Deutschlands; sie führte auf geradliniger Strecke von Berlin-Westend bis zum Nikolassee, wo sich die Kehre mit der Südkurve befand. Zur Steigerung der Geschwindigkeit wurde in der Nazizeit 1937 die alte Nordkurve durch eine mit großer Zuschauertribüne versehene, bis zum Winkel von 43,6 ° aufgeschrägte Steilkurve aus gemauerten Ziegelsteinen ersetzt, die es aufgrund des riskanten Fahrabschnitts und der wiederholten Unglücksfälle im engen, überhöhten Radius zu makabrer Berühmtheit brachte. Die vom Nervenkitzel der Steilkurve lebenden Automobilsport-Rennen wurden 1967 eingestellt. (Vgl. Ulrich Kubisch, Gert Rietner: Die Avus im Rückspiegel. Rennen, Rekorde, Rückstaus. Berlin 1987.)

711 Bachmann: Ein Ort für Zufälle; OZ, S. 22.

712 Bachmann: Ein Ort für Zufälle; OZ, S. 24.

713 Ernst Bloch: Entfremdung, Verfremdung. In: Literarische Aufsätze. Werkausgabe Bd. IX. Frankfurt/Main 1985, S. 277–284, hier S. 282.

714 Bachmann: Ein Ort für Zufälle; OZ, S. 30.

Berlin mit dem fremden Raum jener kurz zuvor erworbenen Reiseerfahrungen ihrer großen Wüstenreise nach Ägypten und dem Sudan zu verknüpfen.[715] Indiz dieser Überschreibungstechnik ist, dass schon die Rückseite des Darmstädter Einladungsschreibens vom Mai 1964 Skizzen aus dem Werkkontext des Wüstenbuchs enthält.[716]

Wie eine tropische Oase in der Steinstadt kommen in Bachmanns Mehrfachbelichtung Berlins die zoologischen Gehege und Anlagen zur Geltung; sie fungieren als ein heterotopischer Binnenraum, in dem überdies eine seltsame Choreographie der Geschlechtertrennung gilt. «Die Männer gehen alle ins Aquarium, die Frauen ins Affenhaus.» Die Frauen «besuchen ihre besonderen Affen» und «geben nur ihrem Affen den Zucker»,[717] was dann eben keine bloße Redewendung mehr ist. Die Anlagen liegen realiter nur wenige Schritte voneinander entfernt, das Aquarium etwas näher an dem zur Budapester Straße hin gelegenen Ausgang des Elefantentors. Gleichwohl suggeriert Bachmanns Text, dass zwischen den von beiden Geschlechtern angeblich getrennt besuchten Sehenswürdigkeiten ein größerer, topographisch markanter Abstand bestehe. «Vor Torschluß erst treffen die Männer und Frauen zusammen, in dem Treibhaus, auf der Brücke, über einem angedeuteten Fluß.»[718] Ein Teil des in der Nachkriegszeit erweiterten Zoogeländes, auf dem sich u. a. die Gehege der Strauße und der Kängurus befinden, liegt tatsächlich von der Hauptanlage räumlich getrennt auf der anderen, nordöstlichen Uferseite des Landwehrkanals, welcher den Tiergarten durchströmt. Indem Bachmann die den Kanal überquerende Lichtensteinbrücke zum Ort einer fast zauberhaft zustande kommenden Begegnung macht, gestaltet sie eine vom Wasserlauf und seinen Ufern bestimmte Szenerie, wie ihr damaliger Geliebter Paul Celan sie modellhaft ein paar Jahre zuvor in einem Brief an Ingeborg Bachmann mit den Orten Köln und Paris und deren beiden Flüssen entworfen hatte (vgl. *Köln, Am Hof*). Die Frage, was wo bzw. wer bei wem liegt, wird allerdings mit dieser und jeder folgenden Überschreibung der Topographie umso schwieriger zu beantworten sein.

715 Vgl. Bachmann: Wüstenbuch; TKA I, S. 237–284.

716 Hg.-Kommentar in Bachmann: Ein Ort für Zufälle; OZ, S. 117.

717 Bachmann: Ein Ort für Zufälle; OZ, S. 30 f.

718 Bachmann: Ein Ort für Zufälle; OZ, S. 31.

Wo bei Bachmann sich über dösenden Krokodilen eine Szene der *aufgehobenen Teilung*, der Berührung zwischen den Getrennten zumindest andeutet, wird Paul Celan in *Du liegst* illusionslos die noch offene Mordspur aus dem Januar 1919 und den Ort der Beseitigung des kommunistischen Führungsduos Rosa Luxemburg und Karl Liebknecht markieren. Die von Bachmann beschriebene Szene auf der «Brücke, über einem angedeuteten Fluß», bezeichnet genau jene Stelle am Tiergarten-Ufer, wo Rosa Luxemburg erschossen und ihre Leiche ins Wasser geworfen worden war. Von den Morden an Liebknecht und Luxemburg und ihren Tatorten im Tiergarten handeln, vermutlich auch von Bachmanns Zoo-Beschreibungen aufgerührt, die letzten Verse von Celans Gedicht:

> Der Mann ward zum Sieb, die Frau
> mußte schwimmen, die Sau,
> für sich, für keinen, für jeden –
>
> Der Landwehrkanal wird nicht rauschen.
> Nichts
>         stockt.[719]

«Konsequenz, das Konsequente ist in fast allen Fällen etwas Furchtbares», hatte Bachmann in ihren Darmstädter Einleitungsworten gesagt, dies womöglich an die Adresse des ferngerückten befreundeten Dichters gerichtet; «und das Erleichternde, das Lösende, Lebbare, das kommt inkonsequent einher.»[720]

Die letzte Botschaft, die Ingeborg Bachmann von dem immer stärker in seelische Bedrängnis geratenen Pariser Freund erreichte, bestand in der Nachricht seines selbstgesetzten Todes in der Seine im April 1970. Daraufhin fügte sie dem eigentlich schon fertiggestellten Manuskript ihres Romans *Malina* mehrere Texteinschübe hinzu, die u. a. von einem alptraumhaft imaginierten «Abtransport» per «Lastwagen» handeln und damit auf das Trauma der Deportation verweisen.

Bei der Überquerung der Donau tritt jemand an die Ich-Figur heran, er soll «eine Nachricht überbringen», diese gelte aber nur der «Prinzessin von

719 Celan: Du liegst, v. 9–14; NKG, S. 486.

720 Bachmann: Ein Ort für Zufälle; OZ, S. 35.

Kagran» höchstpersönlich; damit ist der letzte Kassiber eines poetischen Codes formuliert, dessen Motive auf der gemeinsamen Vertrautheit mit der Geschichtslandschaft Habsburgs beruhen. «Ich fahre ihn an: Sprechen Sie diesen Namen nicht aus, niemals. Sagen Sie mir nichts! Aber er zeigt mir ein vertrocknetes Blatt, und da weiß ich, daß er wahr gesprochen hat. Mein Leben ist zu Ende, denn er ist auf dem Transport im Fluß ertrunken, er war mein Leben. Ich habe ihn mehr geliebt als mein Leben.»[721] Diese Äußerung, in der Bachmann den traurigen Suizid ihres Dichterfreundes mit dem Schreckens-Trauma der Deportationen durch ihr Vermögen einer weniger historischen als vielmehr ästhetischen Empathie in einen zutiefst berührenden Zusammenhang bringt, hat der Celan-Kenner Wolfgang Emmerich «einen der großen Sätze der deutschen Literatur seit 1945» genannt. «Ein von den Schrecken der Epoche gezeichnetes Menschenleben wird in einem einzigen kurzen lakonischen Satz zusammengefaßt.»[722]

## «eines schönen Tags [...] begnadigt»: *Böhmen liegt am Meer*

Bei einer Veranstaltung der *Österreichischen Gesellschaft für Literatur* am 10. Mai 1965 trug Ingeborg Bachmann ihren (mittlerweile bei Klaus Wagenbach gedruckten) Essay *Ein Ort für Zufälle* nochmals vor, und im Anschluss daran las sie das Gedicht *Böhmen liegt am Meer*, das nach der für ihre seelische Kräftigung so entscheidenden Pragreise mit Adolf Opel im Januar 1964 entstanden war. An versteckter Stelle hatte sie diesem besonderen Gedicht in ihrem Berlin-Text einen kleinen Wegzeiger errichtet, indem dort von dem Stadtteil Rixdorf nach alter Bezeichnung des im 18. Jahrhundert von protestantischen Flüchtlingen besiedelten Quartiers noch als «dem Böhmischen Dorf» die Rede ist.[723] Wiederholt, und auch in ihrem letzten Brief an Max Frisch, bezeichnete Bachmann das Gedicht *Böhmen liegt am Meer*, das ihr sehr wichtig war, als ihr «letztes Gedicht»,[724] worin Wert-

721 Bachmann: Malina; W III, S. 195.

722 Wolfgang Emmerich: Begegnung und Verfehlung. Paul Celan – Ingeborg Bachmann. In: Sinn und Form 48/2 (1996), S. 278–294, hier S. 283.

723 Bachmann: Ein Ort für Zufälle; OZ, S. 26.

724 IB, 9.4.1972; BW IB/MF, S. 570; das folgende Zitat ebd.

schätzung und Vermächtnisbildung gleichermaßen zum Ausdruck kommen. Auf die «chronologische Reihenfolge» der für eine amerikanische Anthologie ausgewählten und übersandten Gedichte bat sie Frisch ausdrücklich achtzugeben, «damit es einen Weg zeigt», so die Verfasserin lapidar. Der Weg hat, dieser brieflichen Liste zufolge, die Stationen: *Alle Tage, Enigma, Eine Art Verlust, Ihr Worte, Böhmen liegt am Meer.* Thomas Bernhard, ein freundschaftlicher Bewunderer Ingeborg Bachmanns,[725] hat in seinem Roman *Auslöschung* das «sogenannte *böhmische*» Gedicht durch das Alter Ego des Protagonisten Franz-Josef Murau als «eines der besten, gleichzeitig schönsten Gedichte unserer Literatur» gewürdigt und unter dem Figurennamen Maria auch die Dichterin selbst in liebenswürdiger Weise mit porträtiert.[726]

Zusammen mit dem von gleichem Geist erfüllten, der Kollegin Nelly Sachs gewidmeten Gedicht *Ihr Worte* unternimmt *Böhmen liegt am Meer* eine sinnliche Exploration von fremd gewordenen Sprachlandschaften, die zugleich als gefährdete Erfahrungsräume kenntlich sind. Doch während das Böhmen-Gedicht in persönlicher und gesellschaftlicher Hinsicht (und trotz seiner ‹Letztstellung›) einen räumlich wohlbegründeten Neuanfang formuliert, nimmt *Ihr Worte* (mit dessen Zueignung Bachmann gleichsam Paul Celans Gedichtwidmung an Nelly Sachs wiederholt) die Perspektive einer radikalen Sprachkritik ein. Hier wird ein Abbruch sichtbar, welcher den Aufbruch in ein noch unnennbares Exil impliziert.

IHR WORTE

*Für Nelly Sachs, die Freundin, die Dichterin, in Verehrung*

Ihr Worte, auf, mir nach!,
und sind wir auch schon weiter,
zu weit gegangen, geht's noch einmal
weiter, zu keinem Ende geht's.

Es hellt nicht auf.

725 Vgl. Joachim Hoell: Mythenreiche Vorstellungswelt und ererbter Alptraum. Ingeborg Bachmann und Thomas Bernhard. Berlin 2000.

726 Thomas Bernhard: Auslöschung, Ein Zerfall. Frankfurt/Main 1986, S. 481.

Das Wort
wird doch nur
andre Worte nach sich ziehn,
Satz den Satz.
So möchte Welt,
endgültig,
sich aufdrängen,
schon gesagt sein.
Sagt sie nicht.[727]

Dieses Gedicht, 1961 in einem Nelly Sachs zu deren siebzigstem Geburtstag gewidmeten Band publiziert, stellt in gewisser Weise einen Abschluss der von den beiden großen Gedichtsammlungen Bachmanns aus den fünfziger Jahren entfalteten Kritik am Zeitalter der instrumentellen Vernunft und der nachkriegsgeschichtlichen Fortschrittseuphorie dar. Es wirft einen Blick zurück auf jene Art von engagierter Literatur, wie sie von Bachmann selbst mit besonderer politischer Prägnanz etwa in *Freies Geleit* (1957) und der darin angesichts der atomaren Aufrüstungsgefahr eingenommenen ökopazifistischen Perspektive artikuliert worden war. Nun freilich erfolgt die Aufbietung und Versammlung ihrer Sprachregister unter dem Vorzeichen der unguten Ahnung, die gesellschaftliche Entwicklung könne in manchen falschen Weichenstellungen bereits «zu weit gegangen» (v. 3) sein. Den Worten als rebellische Anführerin voranschreitend, könnte eine poetische Instanz (wie etwa die bewusst in Schweden verbliebene Dichterin Nelly Sachs) vielleicht den alternativen Weg in ein neues Fremdland aufzeigen; dorthin, wo ein Stück Welt als noch ungesagtes zu finden wäre.

In einem der gleichen Arbeitsphase zugehörigen Gedichtentwurf, der ebenfalls mit der Widmung «Für Nelly Sachs» versehen ist, hat Bachmann unter dem Titel *Mundarten* die geschichtlich symptomale Qualität von Sprache noch expliziter reflektiert.

727 Ingeborg Bachmann: Ihr Worte, v. 1–14. W I, S. 162.

An ihrer Mundart wird man sie erkennen,
die Schläger und die Geschlagenen,
die Verfolger und die Verfolgten,
auch die Törichten und die Weisen,
Mundart, die nicht den heimatlichen Klang ablegt.[728]

Die Spannungslinien zwischen Mundart, Standardsprache und Diaspora liegen als sprachliche Markierungen kultureller, räumlicher Divergenz eigentümlich quer zu den abgründigen Verbrechen, von denen die Zeitgeschichte zutiefst gezeichnet ist und die ein ungebrochenes Verständnis von Heimatlichkeit ebenso verunmöglichen wie einen rein instrumentellen Sprachgebrauch.

Dem in der Beschäftigung mit Nelly Sachs erreichten kritischen Schwellenpunkt der Sprachskepsis antwortet das aus der Prager Reise gewonnene «böhmische Gedicht» Bachmanns mit dem Entwurf einer sonderbar märchenhaften, stellenweise von utopischer Kraft bewegten neuen Ortsfindung. Bachmanns langjähriges und bedrängendes Thema der Suche nach einem eigenen Ort galt schon in Zürich sowohl einer ungestörten, unbedrückten Wohnsituation wie auch einem kulturell und produktionsästhetisch gut gegründeten Ort des eigenen Schreibens. All dies wird in ihrem *Böhmen*-Gedicht nochmals aufgenommen und in eine singuläre topographische Konstellation transformiert. Dabei ist der imaginierte Schauplatz einerseits mit gewissen Zügen poetischer Magie aufgeladen, gibt aber andererseits auch deutlich die biographische und geographische Fundierung des lyrischen Sprechens zu erkennen, insofern das Gedicht trotz seiner utopischen Qualität mit Bestimmtheit auf die Referenzgrößen *Böhmen* und *Prag* verweist.

*Böhmen liegt am Meer* bildet den bedeutendsten Bestandteil eines als solchen zwar undeklariert gebliebenen, aber textgeschichtlich und sachlich durchaus zusammengehörigen lyrischen Zyklus aus dem Jahr 1964, der mit einem Gedichtentwurf *Auf der Reise nach Prag* (später als *Enigma* betitelt) anhebt und insgesamt sieben Einzeltexte umfasst, darunter auch die explizit topographisch adressierten Gedichte *Prag Jänner 64*, *Wenzelsplatz* und *Jüdischer Friedhof*. Die Reihe dieser Gedichte wurde erstmals in einer Publikati-

728 Ingeborg Bachmann: Mundarten. K7669/N208, Bachmann-Nachlass Österreichische Nationalbibliothek; zit. nach Weigel: Hinterlassenschaften, S. 480.

on 2016 von Hans Höller und Arturo Larcati als solche sichtbar gemacht und in ihrem entstehungsgeschichtlichen Kontext kommentiert.[729] Es sind Dokumente eines aus tiefer Krankheit und Verletzung heraus einsetzenden, mühsamen Versuchs, wieder Kräfte zu gewinnen. Der Ansatz zur Heilung wird dabei mehrfach dem besonderen Flair der böhmischen Landschaft und Tradition zugeschrieben, wie es etwa auch die Eingangszeilen von *Prag Jänner 64* ungeschminkt bekunden:

> Seit jener Nacht
> gehe und spreche ich wieder,
> böhmisch klingt es,
> als wär ich wieder zuhause,
>
> wo zwischen der Moldau, der Donau
> und meinem Kindheitsfluß
> alles einen Begriff von mir hat.[730]

Das Verfahren, mit dem es Gedichten wie diesem gelingt, verschiedene landschaftliche Situationen zusammenzudenken, ist dasjenige einer geographischen «téléscopage»;[731] aus der Entferntheit zusammengerückt, bilden Prag, Wien und Kärnten ein ineinander montiertes, gemeinsames Landschaftsmodell, dessen Textur von drei Signatur-Flüssen Bachmanns, «der Moldau, der Donau» und dem «Kindheitsfluß», «metonymisch»[732] unterzeichnet wird.

Zollt das Gedicht *Böhmen liegt am Meer* mit seiner wunderbaren, aus Shakespeares *Winter's Tale*[733] entlehnten Titelformel einer frühneuzeitli-

---

729 Hans Höller, Arturo Larcati: Ingeborg Bachmanns Winterreise nach Prag. Die Geschichte von «Böhmen liegt am Meer». München, Berlin, Zürich 2016.

730 Ingeborg Bachmann: Prag Jänner 64, v. 1–7. W I, S. 169.

731 Weigel: Hinterlassenschaften, S. 358.

732 Ebd.

733 In Szene III des dritten Aufzugs schreibt die Anweisung vor: «Bohemia. A desert country near the Sea». «Böhmen, eine wüste Gegend am Meer.» (William Shakespeare: The Winter's Tale, III/3. Sämtliche Werke. Englisch – Deutsch. Hg. von Achim Apell. Frankfurt/Main 2010, S. 916. Vgl. Shakespeare: Das Wintermärchen, III/3. Sämtliche Dramen. Bd. I: Komödien. Aus dem Englischen von August Wilhelm Schlegel, Dorothea Tieck und Wolf Graf Baudissin. Mit einem Vorwort von Wolfgang Clemen und Anmerkungen von Werner Habicht. Düsseldorf 1996, S. 1026.)

chen Geographie der Verzauberung Tribut, so erweist sich die poetische Ausgestaltung in ihrer Verspoetik ebenfalls als eine Reminiszenz der großen europäischen Literaturtraditionen von der Renaissance über die Barockzeit bis in die Frühklassik.

Böhmen liegt am Meer

Sind hierorts Häuser grün, tret ich noch in ein Haus.
Sind hier die Brücken heil, geh ich auf gutem Grund.
Ist Liebesmüh in alle Zeit verloren, verlier ich sie hier gern.

Bin ich's nicht, ist es einer, der ist so gut wie ich.

Grenzt hier ein Wort an mich, so laß ich's grenzen.
Liegt Böhmen noch am Meer, glaub ich den Meeren wieder.
Und glaub ich noch ans Meer, so hoffe ich auf Land.

Bin ich's, so ist's ein jeder, der ist soviel wie ich.
Ich will nichts mehr für mich. Ich will zugrunde gehn.

Zugrund – das heißt zum Meer, dort find ich Böhmen wieder.
Zugrund gerichtet, wach ich ruhig auf.
Von Grund auf weiß ich jetzt, und ich bin unverloren.

Kommt her ihr Böhmen alle, Seefahrer, Hafenhuren und Schiffe
unverankert. Wollt ihr nicht böhmisch sein, Illyrer, Veroneser,
und Venezianer alle. Spielt die Komödien, die lachen machen

Und die zum Weinen sind. Und irrt euch hundertmal,
wie ich mich irrte und Proben nie bestand,
doch hab ich sie bestanden, ein um das andre Mal.
Wie Böhmen sie bestand und eines schönen Tags
ans Meer begnadigt wurde und jetzt am Wasser liegt.

Ich grenz noch an ein Wort und an ein andres Land,
ich grenz, wie wenig auch, an alles immer mehr,

ein Böhme, ein Vagant, der nichts hat, den nichts hält,
begabt nur noch, vom Meer, das strittig ist, Land meiner Wahl zu sehen.[734]

---

734 Ingeborg Bachmann: Böhmen liegt am Meer. W I, S. 167 f.; vgl. LuG, S. 96–117.

Erstmals abgedruckt (allerdings in miserablem Layout) wurde das Gedicht in der Nr. 15 der von Hans Magnus Enzensberger begründeten Zeitschrift *Kursbuch*, die im November 1968 erschien – nur wenige Monate nachdem sowjetische Panzer dem Experiment des Prager Frühlings, einer demokratischen Öffnung des Sozialismus, ein gewaltsames Ende bereitet hatten. Prag wurde in der westdeutschen und internationalen Linken zum Fanal; hieraus entsprang der Impuls und die Verpflichtung, in der Frage einer reformsozialistischen Demokratisierung nicht mehr zurückzuweichen und sich somit in ‹beiden Hälften› Europas zugleich aus linksliberaler, emanzipatorischer Perspektive für gesellschaftliche Veränderungen starkzumachen. Für den zunächst in die Bundesrepublik, später nach Amerika und England übersiedelten Uwe Johnson stellte der Prager August 1968 ebenso ein epochales Geschichtszeichen dar wie etwa für den DDR-Lyriker Rainer Kunze, der aufgrund seiner regimekritischen Haltung Mitte der siebziger Jahre zur Ausreise in den Westen gedrängt wurde.

Ingeborg Bachmanns Böhmen-Gedicht liegt solchen Entwicklungen um etliche Jahre voraus; doch stellen auch in ihrem mythogeographischen Kosmos die Stadt und die Landschaft an der Moldau ein seltsames, mitten in Europa liegendes und zugleich eigentümlich exzentrisches Gebilde dar. Das hat zunächst sehr persönliche Gründe, die in ihrer Krankheit und Krisensituation zu finden sind; ihrem Reisebegleiter Adolf Opel, mit dem sie spontan die von ihr als Befreiungstat empfundene Fahrt von Berlin nach Prag unternommen hatte, stattet die Dichterin Dank ab mit einer verschlüsselten Widmung, die allerdings nur in einer Entwurfsstufe zu finden ist. «To the only begetter des Namen sag ich nicht, / doch sprech ich Böhmen aus, so wird es Böhmen geben».[735] Ein Böhmen der Literatur, wie es in Shakespeares *Winter's Tale* als märchenhaftes Anderland beschworen wird? Ironisch und selbstbewusst bezieht sich Bachmann immer wieder auf Shakespeare, von dem in mehreren Paraphrasen diverse Komödientitel anklingen, und spricht zugleich in einer intimen Widmung von ihrem privaten Gefährten: «dem einzigen, der mich n[a]ch Böhmen begleitet hat / und der nicht ertrank obwohl ich ihn hielt».[736]

735 Höller/Larcati: Ingeborg Bachmanns Winterreise nach Prag, S. 98.

736 Höller/Larcati: Ingeborg Bachmanns Winterreise nach Prag, S. 99.

Die Leitbegriffe «Grenze» und «Grund» sind in *Böhmen liegt am Meer* als «absolute Metaphern» entschlüsselbar, welchen «das Moment der ‹uneigentlichen Benennung› fehlt».[737] Die Grenze grenzt, wie der Grund gründet; beides zusammen schafft einen von Diversität erfüllten Textraum historisch weit zurückreichender Vielstimmigkeit. Im biographischen und kulturellen Kontext Ingeborg Bachmanns steht das «Böhmen» dieses Gedichts metonymisch für jene vielsprachige, kulturell weitläufige Dimension des Traditionsraumes Habsburg, der im Wien des ersten Nachkriegsjahrzehnts und seiner vielen Geflüchteten noch zu erahnen gewesen war und auch die Kindheit der Autorin im mehrsprachigen Südkärntner Grenzgebiet schon mitgeprägt hatte.

Und doch gehört diese literarische, fast privatsprachliche Chiffre des Landes *Böhmen* nicht ihr alleine an. Auch Paul Celan bezeichnete sich rückblickend, in Anbetracht jenes dreijährigen Aufenthaltes, den seine Mutter in Aussig an der Elbe verbracht hatte und dessen regionalen Sprachstand sie in einzelnen Vokabeln wie der «Wolfsbohne» an den Sohn weitergegeben zu haben schien, als «einigermaßen angeböhmt».[738] Die Muttersprache im Wortsinne, das war für Celan das Böhmische und damit auch: ein Phantasieland Shakespeares und die Sprachwelt Kafkas. An Nina Cassian schrieb Celan in einem nicht abgesandten Briefentwurf: «Quant à ma langue, la fidélité que je lui garde me vient de ma mère, qui, elle, l'avait cueillie en Bohème – but this is a Winter's Tale, this is ‹Bohemia›».[739] Und im Hinblick auf Kafka bekennt er gegenüber Klaus Wagenbach: «Sie wissen: auch ich bin ‹böhmisch fixiert›, mehrfach sogar, bei mir fings mit Lubenz und Aussig an der Elbe an, wo meine Mutter ein paar für mich nachzugebärenden Ka(f)kanier entscheidende Fluchtjahre verlebt hat. [...] Bohemia –: ein Land aus dem ‹Wintermärchen›.»[740]

---

737 Weigel: Hinterlassenschaften, S. 361.

738 Paul Celan an Franz Wurm, 29.4.1968. Paul Celan – Franz Wurm: Briefwechsel [BW PC/FW]. Hg. von Barbara Wiedemann und Franz Wurm. Frankfurt/Main 1995, S. 142. Zur von der Mutter übernommenen Wortwahl der Pflanzenbezeichnung «Wolfsbohne» statt «Lupine» und dem mit diesem Namen betitelten Gedicht vgl. den Hg.-Kommentar in Celan: NKG, S. 1072.

739 PC an Nina Cassian, 24.4.1962; zit. nach NKG, S. 838.

740 PC an Klaus Wagenbach, 9.6.1962; zit. nach NKG, S. 838 f.

In Ingeborg Bachmanns Böhmen-Gedicht aber melden sich nicht nur solche literarischen Reminiszenzen zu Wort, es spricht hieraus eine akute, existenzielle Dringlichkeit. Um ‹Fassung› bemüht sich die Dichterin, indem sie einzelne Versgruppen und Zeilen des Gedichts immer wieder umarbeitet und ihnen eine Gestalt von immer größerer Binnenspannung verleiht. Da ist etwa, als Krisensymptom durchaus noch erkennbar, jener aus Verzweiflung und Depression heraus gefasste Suizidgedanke, den im Mittelteil die Halbzeile formuliert: «Ich will zugrunde gehn.» (v. 9) Doch steht die Wendung nun in einem Kontext, von dem ihr letaler Sinn gleichsam entgiftet wird durch die Topik des Flusses, auf den sie hydrographisch verweist. Es scheint die Vermutung naheliegend, dass Bachmann hier auch eine intertextuelle Verbindung knüpft zu dem berühmten *Lied von der Moldau* Bertolt Brechts, in dem es heißt:

> Am Grunde der Moldau wandern die Steine
> Es liegen drei Kaiser begraben in Prag.
> Das Große bleibt groß nicht und klein nicht das Kleine,
> Die Nacht hat zwölf Stunden, dann kommt schon der Tag.[741]

Brecht hatte das Gedicht 1943 im kalifornischen Exil geschrieben und als Einlage für sein *Schweyk*-Stück vorgesehen. Der sanfte daktylische Grundrhythmus lässt die Strömungsenergie des Wassers erahnen, das weich, aber bestimmt über die Steine des Flussgrundes ebenso hinweggeht wie über die ehemaligen Herrschergestalten. Durch weite Ozeane vom Prager Schauplatz getrennt, teilt der Dichter dem Bild des Flusslaufs etwas von der maritimen Weite des Exilortes mit, und auch die Zuversicht einer unaufhaltsamen künftigen Wendung der Dinge.

Wenn das lyrische Ich in Bachmanns Böhmen-Gedicht vom Grunde spricht (bzw. vom zugrunde, zum Grunde Gehen), dann ist darin auch noch ein Fortspielen des mit Celan entwickelten Motivdialogs zu sehen, bei dem das ‹Gründen› eine philosophische und existenzielle Tiefendimension impliziert. Weiterführend aber ist im Gedicht mit solcher Spracharbeit auch eine Dialektik von Elementarräumen angelegt, die Wasser und Festland in

741 Bertolt Brecht: Es wechseln die Zeiten, v. 5–8. Große kommentierte Berliner und Frankfurter Ausgabe. Hg. von Werner Hecht et al. Berlin, Frankfurt/Main 1993. Bd. XV, S. 92.

einer wechselseitigen Bestärkung miteinander verbunden sieht. Im Geiste von Thomas Morus' *Utopia* proklamiert das Böhmen-Gedicht eine neue Grundlegung durch den maritimen Boden des die Erde bedeckenden Wasserspiegels.[742]

Lange und variantenreich hat Bachmann an der Ausgestaltung dieser Komplementärbeziehung von fließendem Wasser und festem Land gearbeitet; in diesen Passagen zeigt sich, wie das Gedicht aus einem Experiment mit reziproken Begründungsfiguren hervorgegangen ist. Im ersten Ansatz verläuft das Argument folgendermaßen: «Liegt Böhmen noch am Meer, glaub ich den Meeren wieder. / Glaub ich dem Land, so glaub ich noch ans Meer».[743] Der gedankliche Weg des Konditionalgefüges verläuft also vom Festland zum Meer hin, als dem eigentlichen Beweisziel. Der zweite Ansatz macht daraus: «So glaub ich auch dem Land, glaub ich noch ans Meer».[744] Hier deutet sich mit «handschriftlichen Umstellungszeichen»[745] im Typoskript auch eine Umkehrung der Beweisführung an, denn erst die Evidenz des Meeres schafft nun auch jene des festen Landes (und Grunds). Und daraus wiederum wird anschließend die nochmals einfacher gefasste Formel: «Und glaub ich noch ans Meer, so glaub ich auch ans Land.»[746]

Die logischen Konditionalgefüge und die partiell strenge Rhythmisierung zielen in enger Verflechtung auf einen Formgewinn ab, der letztlich die Wiedergewinnung der poetischen Souveränität ermöglichen soll, sodass aus ihren Versen – «böhmisch klingt es» – endlich wieder die Dichterin zu hören ist, «als wär ich wieder zuhause.»[747] Es ist bemerkenswert, wie sich in der Entwicklung des Gedichts ein unbedingter Gestaltungswille betätigen und verwirklichen kann, der auch in der Arbeit am Detail, an den beispielhaft gezeigten minimalen Änderungen und Umstellungen ablesbar ist. Dass Bachmann hier auf ähnliche Weise mit musikalischen Wiederholungs- und Variationseffekten arbeitet, wie Celan sie in seiner *Todesfuge* eingesetzt hat-

742 Höller/Larcati: Ingeborg Bachmanns Winterreise nach Prag, S. 92.

743 Bachmann: Böhmen liegt am Meer; LuG, S. 100.

744 Höller/Larcati: Ingeborg Bachmanns Winterreise nach Prag, S. 101; Bachmann: Böhmen liegt am Meer; LuG, S. 101.

745 Höller/Larcati: Ingeborg Bachmanns Winterreise nach Prag, S. 101.

746 Höller/Larcati: Ingeborg Bachmanns Winterreise nach Prag, S. 102; Bachmann: Böhmen liegt am Meer; LuG, S. 105.

747 Bachmann: Prag Jänner 64; W I, S. 169.

te, ist gleichfalls eine genauere Betrachtung wert. Besonders verblüffend indes sind zwei Grundeigenschaften dieses Gedichts: seine formalen Anleihen an der Versform des barocken Alexandriners und sein schon angedeutetes argumentationslogisches Konditionalgefüge. Beide Aspekte gehören, als Form- und Inhaltsseite des Gedichteten, zusammen.

In der deutschen Barocklyrik war der vorwiegend in romanischen Ländern verbreitete *Alexandriner* u. a. von Gryphius und Opitz aufgegriffen und meist zur kontrastiven Darstellung irdischer und metaphysischer Zeitlichkeit eingesetzt worden; das Erdentreiben erscheint dabei eingebunden in ein kosmisches Räderwerk, die Gegensätze zwischen vergänglichem Leben und ewigem Geist können in den zwei metrischen Hälften der Verse formstreng nebeneinandergerückt und zugleich voneinander abgesetzt werden. In einer Analyse, die Peter Horst Neumann dem «böhmischen Manifest» Bachmanns gewidmet hat, würdigt er den traditionsbewussten «hohen Stil» als Mittel zur Verbindung des Nüchternen mit dem Enthusiastischen. Von den 24 Versen des Gedichts, so der Befund, sind 17 «als Alexandriner zu lesen», in «14 Versen endet der Satz mit der Zeile».[748] Gerade die formbetonte Struktur des sechshebig-jambischen Verses mit ihrer Mittelzäsur «begünstigt Antithesen auf engem Raum», was dem folgernden Duktus der Verse durchaus entgegenkommt. Das argumentative Gefüge ist dasjenige eines fast stereotyp wiederkehrenden Schemas von Bedingungssatz und Folgerung, oder, mit Aristoteles' Poetik gesprochen, von Bindung und Lösung.

In diesem durchgehaltenen Konditionalgefüge kann *Böhmen liegt am Meer*, seinem utopischen Gestus entsprechend, als eine Art *poetischer Algorithmus* gelten, der genaue Handlungsanweisungen an klare Voraussetzungen knüpft.

748 Peter Horst Neumann: Ingeborg Bachmanns Böhmisches Manifest. In: Christine Koschel, Inge von Weidenbaum (Hg.): Kein objektives Urteil – nur ein lebendiges. Texte zum Werk von Ingeborg Bachmann. München, Zürich 1989, S. 382–388, hier S. 384; das folgende Zitat ebd. Ferner Fabrizio Cambi: Ein Ich zwischen Scheitern und Annäherung ans Wort. *Böhmen liegt am Meer* (1964–66). In: Primus-Heinz Kucher, Luigi Reitani (Hg.): «In die Mulde meiner Stummheit leg ein Wort ...». Interpretationen zur Lyrik Ingeborg Bachmanns. Wien, Köln, Weimar 2000, S. 243–252.

Sind hierorts Häuser grün, tret ich noch in ein Haus.
Sind hier die Brücken heil, geh ich auf gutem Grund.
Ist Liebesmüh in alle Zeit verloren, verlier ich sie hier gern. (v. 1–3)

In einer Sequenz von semantischen *wenn/dann*-Schritten wird die böhmische Navigation so lange eingestellt und nachjustiert, bis tatsächlich eine Berührung mit dem Meeresufer erreicht ist. Diese Konditionalstruktur gehört bereits zur Grundidee des Gedichts und wird von Textstufe zu Textstufe weiter geschärft und ausgebaut.

Das Ich schließt gleichsam einen Pakt mit dem *Böhmen*-Topos, indem es spezifische Voraussetzungen für dessen Geltung benennt: die grünen Häuser (in einer Vorstufe auch als «Prager Häuser» identifiziert), die intakten Brücken, die Berührung durch ein ‹angrenzendes› Wort und die Lage am Meer. Letztere ist gegeben, wenn man sich an Shakespeares *Wintermärchen* hält, und dann gilt als weitere Konditionalbestimmung ebenfalls mit Shakespeare-Anklang die sprichwörtliche Verlorenheit aller Liebesmüh, wie letztlich auch die Liebe selbst, nach Prosper Merimées und Georges Bizets *Carmen*, «enfant de bohème»,[749] mithin also wörtlich genommen eben ein ‹Kind aus Böhmen› ist. *Böhmen* avancierte schon seit der Romantik zu einem vielstrapazierten Marker für Formen kultureller Devianz, hat aber im Unterschied zu dem damit vor allem im 19. Jahrhundert partiell konnotierten antiziganistischen Vokabular als geographische Raumbezeichnung nichts Herabsetzendes. Künstlerische Subkultur-Vorstellungen und klischeehafte *gitano*-Romantik klingen in der figural umgedeuteten böhmischen Nationalität jedenfalls schon seit dem frühen 19. Jahrhundert an und können motivgeschichtlich sogar bis ins spanische Barockzeitalter zurückverfolgt werden.[750]

749 Georges Bizet, Prosper Mérimée: Carmen. Opéra-comique en quatre actes/Oper in vier Akten. Textbuch französisch–deutsch. Libretto von Henri Meilhac und Ludovic Halévy nach der Novelle von Prosper Mérimée. Übersetzt und hg. von Henning Mehnert. Stuttgart 1997, S. 34.

750 Zu den diskursiven Konstruktionen ethnischer und kulturgeographischer Alterität, die sich seit der frühen Neuzeit, verstärkt dann um 1800 als ziganistische und antiziganistische Figurationen ausformten, vgl. Klaus-Michael Bogdal: Europa erfindet die Zigeuner. Eine Geschichte von Faszination und Verachtung. Berlin 2011, bes. S. 177–210;

Die Worte und den Gesang aus Bizets berühmter Arie «L'amour est un oiseau rebelle», einer in südländischem Rhythmus vorgetragenen *Habanera*, dürften auch der Dichterin und Verehrerin von Maria Callas bei ihren eigenen böhmischen Liedern als eine kulturelle Resonanzschicht mit durch den Kopf gegangen sein.

L'amour est un oiseau rebelle
Que nul ne peut apprivoiser,
Et c'est bien en vain qu'on l'appelle
S'il lui convient de refuser. [...]

L'amour est enfant de Bohème,
Il n'a jamais, jamais, connu de loi;
Si tu ne m'aimes pas, je t'aime;
Si je t'aime,
Prends garde à toi ...[751]

So poetisch und phantasievoll diese Bestimmungen je für sich genommen anmuten, in ihrem Zusammenschluss schaffen sie bei Ingeborg Bachmann ein Bedingungsgefüge, dessen algorithmische Verkettung eine glückhafte Verortung des lyrischen Ichs im evozierten Imaginationsraum des Böhmischen ermöglicht, und zwar durch ein schrittweise enger sich zusammenziehendes Netz von *Liebeslinien.*

Die liebende Zugewandtheit als Grundhaltung verbindet sich anhand des hervorgehobenen Farbwerts *grün* mit Bachmanns «mythe personnel»[752] des Wasserwesens Undine und ruft zugleich kulturgeographische Vorstel-

---

zum bereits bei Cervantes etablierten, wirkungsstarken Topos der «schönen Zigeunerin» ebd., S. 87–104.

751 Bizet/Mérimée: Carmen, S. 34, 36. Vgl. zu Merimées *Carmen* auch Bogdal: Europa erfindet die Zigeuner, S. 248–252. Die deutsche Übersetzung verstärkt die Klischeebildung; sie ist nicht frei von einer heute vorwiegend als antiziganistisch gelesenen Begrifflichkeit. «Die Liebe ist ein widerspenstiger Vogel, / den keiner zähmen kann, / und man ruft ihn vergebens, / wenn es ihm nicht zu kommen beliebt. [...] Die Liebe ist ein Zigeunerkind. / Sie hat niemals, niemals Gesetze gekannt; / wenn du mich nicht liebst, liebe ich dich; / wenn ich dich liebe, / nimm dich in acht!»(Bizet/Mérimée: Carmen, S. 35, 37.)

752 Hg.-Kommentar in Bachmann: LuG, S. 121.

lungen jenes Dreiländerraumes um das südliche Kärnten auf, wo die deutsche, die italienische und die slowenische Sprache aufeinandertreffen.[753] «Ich habe meine Jugend in Kärnten verbracht, im Süden, an der Grenze, in einem Tal, das zwei Namen hat – einen deutschen und einen slowenischen. Und das Haus, in dem seit Generationen meine Vorfahren wohnten – Österreicher und Windische – trägt noch heute einen fremdklingenden Namen. So ist nahe der Grenze noch einmal die Grenze: die Grenze der Sprache – und ich war hüben und drüben zu Hause, mit den Geschichten von guten und bösen Geistern zweier und dreier Länder; denn über den Bergen, eine Wegstunde weit, liegt schon Italien.»[754] Auch das mundartliche österreichische Deutsch wird zunehmend als ein Raum der Diglossie in Absetzung vom Standarddeutschen und seiner geschichtlichen Schuld-Belastung gesehen.[755] Immer wieder, besonders in dem Roman *Malina*, bezieht Bachmann sich auf das jahrhundertealte multikulturelle Gefüge der Habsburger Donaumonarchie,[756] auf ein *Haus Österreich* in seiner historisch weit zurückreichenden Vielsprachigkeit: «Ich muß gelebt haben in diesem Haus zu verschiedenen Zeiten, denn ich erinnere mich sofort, in den Gassen von Prag und im Hafen von Triest, ich träume auf böhmisch, auf windisch, auf bosnisch».[757]

«Deutsch, das ist doch schon im Verschwinden», muss später, in Bachmanns Erzählung *Simultan* von 1968, die für internationale Organisationen tätige, weltweit eingesetzte Simultandolmetscherin Nadja von ihrem unsensiblen Reisebegleiter hören.[758] Als navigierende Sprachbeobachtung stellt *Simultan* eine in beide Zeitrichtungen betretbare, werkgeschichtliche Brücke zwischen dem maritimen Böhmen der Pragreise-Gedichte und den späteren

753 Vgl. Hg.-Kommentar in Bachmann: LuG, S. 127.

754 Ingeborg Bachmann: Biographisches. W IV, S. 301–302, hier S. 301. Vgl. die Entwurfs-Ansätze dieser biographischen Skizze in Bachmann: KS, S. 7–9.

755 Bettina Bannasch: Von vorletzten Dingen. Schreiben nach «Malina»: Ingeborg Bachmanns «Simultan»-Erzählungen. Würzburg 1997, S. 130–137.

756 Gudrun Brokoph-Mauch: Österreich als Fiktion und Geschichte in der Prosa Ingeborg Bachmanns. In: Modern Austrian Literature 30, 3/4 (1997), S. 185–199.

757 Bachmann: Malina. W III, S. 99.

758 Ingeborg Bachmann: Simultan. W II, S. 284–317, hier S. 291.

*Todesarten*-Romantexten dar.[759] *Simultan* beginnt mit dem Ausruf «Bože moj!» und endet mit dem Wunsch «Auguri»;[760] beide Sprachhandlungen richten sich glaubenslos an jene göttliche Instanz, welche auch für die vielen Sprachen auf Erden verantwortlich sein muss. Die Geschichte selbst handelt u. a. davon, dass die innerhalb der Erzählung permanent zwischen Englisch, Russisch, Französisch und Italienisch pendelnde, polyglotte weibliche Hauptfigur in manchen alltäglichen Situationen buchstäblich nicht mehr «weiß [...], wie ich es sagen soll».[761] Als Produkt und Akteurin eines «neuen globalen Kontexts»,[762] der sich mehr als ein halbes Jahrhundert später allerdings in viel geringerer linguistischer Diversität zeigen wird, ist die wandlungsfähige Übersetzerin gleichsam von allen ihr nahestehenden Sprachwelten zugleich umschlossen und würde von ihnen am liebsten «simultanen» Gebrauch machen, wie Bachmann es in ihrer *Libretto*-Studie als Vorteil der musikdramatischen Stimmführungen beschrieben hatte.[763] Die unvermeidliche Frage, «ob es einmal eine einzige Sprache geben» werde, beantwortet *Simultan* mit einem entschiedenen Plädoyer für die interlingualen Zwischenräume.[764]

Bachmanns Arbeiten der sechziger Jahre werfen auf vielerlei Weise die eminent dringlichen Fragen nach der Zukunft der literarischen Formen und

759 Bettina Bannasch: Von vorletzten Dingen. Schreiben nach «Malina»: Ingeborg Bachmanns «Simultan»-Erzählungen. Würzburg 1997.

760 Bachmann: Simultan. W II, S. 284, 317.

761 Bachmann: Simultan. W II, S. 291.

762 Sara Lennox: Bachmanns «Wienerinnen» im Zeitalter der Globalisierung. Simultan und Zygmunt Baumans Flüchtige Moderne. In: Barbara Agnese, Robert Pichl (Hg.): Topographien einer Künstlerpersönlichkeit. Neue Annäherungen an das Werk Ingeborg Bachmanns. Würzburg 2009, S. 189–198, hier S. 190.

763 In der «Gleichzeitigkeit von Texten» liegt für Bachmann aus schriftstellerischer Sicht der besondere Zauber der Libretto- und Opernform, denn diese verfügt über die «Möglichkeit vom Duett bis zu Ensembles die Personen nicht hinterein-, sondern übereinanderzulegen» (Bachmann: Notizen zum Libretto (‹Der junge Lord›); KS, S. 413).

764 «She does not, however, really live in the various language worlds, but in the space between them» (Gisela Brinker-Gabler: Living and Lost in Language. Translation and Interpretation in Ingeborg Bachmann's «Simultan». In: Gisela Brinker-Gabler, Markus Zisselsberger (Hg.): If We Had the Word. Ingeborg Bachmann. Views and Reviews. Riverside CA 2004, S: 187–207, hier S. 195).

auch nach der Zukunft der sprachlich-kulturellen Vielstimmigkeit auf.[765] Nach jenen gut fünfzehn Jahren, die Ingeborg Bachmann in mehr oder minder engen Liebesverbindungen mit Paul Celan und Max Frisch und auch mit den unterschiedlichen Literaturwelten dieser beiden Lebens- und Arbeitspartner verbracht hatte, sind in ihren Schreibprozessen der sechziger Jahre wieder neue formpoetische Navigationen zwischen Gedichten und Prosa, zwischen Land- und Meer, zwischen Stadträumen und Wüstenzonen zu beobachten, die von einem immensen Interesse an sprachlichen Fremd- und zugleich Selbstbegegnungen getrieben sind. So auch in dem Gedicht *Exil* von 1964.

> Ich mit der deutschen Sprache
> dieser Wolke um mich
> die ich halte als Haus
> treibe durch alle Sprachen[766]

Jenes Geflecht vielsprachiger Linien, wie es für Bachmann im Rückblick auf ihre ‹späthabsburgische› Kindheit lesbar wurde, führt mit seinen verzweigten Strängen weit heraus aus der Nachkriegs-Enge nationalkultureller Beschränkungen. Dem schriftdeutschen Standard des von westdeutschen Verlagen bestimmten Literaturbetriebs der sechziger Jahre setzt Bachmann bewusst ein multiregionales Sprachgefühl entgegen, das sich durch vielerlei Kontaktzonen in unterschiedlichsten Formen entfalten konnte, und in dem ihre Schriftpartner nicht nur in Österreich und Deutschland, sondern auch in der Schweiz, in Frankreich, in Schweden und Italien, in Afrika und Amerika und an vielen Orten der Erde zu finden waren.

Ohne Zweifel ist *Böhmen liegt am Meer* ein spätes, formvollendetes Gedicht, aus einer Arbeitsphase jenseits der gattungspoetisch als solche ausgewiesenen ‹Dichterin›. In Vorbereitung auf ein Filmporträt im Sommer 1973 notierte Bachmann: «[...] ich glaube nicht einmal, daß ich es geschrieben

765 Vgl. Giulia Radaelli: Literarische Mehrsprachigkeit. Sprachwechsel bei Elias Canetti und Ingeborg Bachmann. Berlin 2011.

766 Ingeborg Bachmann: Exil, v. 10–13. W I, S. 153.

habe».[767] Da sie mit bewusstem Entschluss «aufgehört» habe, «Gedichte zu schreiben», stellt sie ihren Anteil am Sprachgeschehen dieses Gedichts weit in den Hintergrund und eignet es einem kollektiven Besitztum zu. «[...] wenn ich es könnte, würde ich meinen Namen wegnehmen und darunter schreiben ‹Dichter unbekannt›. Es ist für alle und es ist geschrieben von jemand, der nicht existiert.»

Eine zarte Keimzelle für das literarische Vermächtnis des *Böhmen*-Gedichts aber, wie dessen Textgenese zeigt, ist in der Idee des *liebenden Angrenzens* zu sehen. Es ist ein früher Entwurf zu dem Gedicht erhalten, der unter dem Titel *Grüne Häuser in Prag* auch die folgenden Zeilen aufweist: «so grenze ich / an Dich».[768] Das «Angrenzen», mit dem Ingeborg Bachmann die lyrische Subjektivität des Gedichts in den Resonanzkörper eines mehrstimmigen Sprachraums, einer dialogischen, beziehungsreichen Landessprache überführt, erweist sich dabei als äußerste und zugleich innigste Form eines Liebesgedichts. Denn *grenzen an*, das bedeutet, geographisch und zwischenmenschlich genommen, letztlich nichts anderes als *liegen bei.*

767 Aufzeichnung Ingeborg Bachmanns, Rom, Juni 1973; K8279/N2356, Bachmann-Nachlass Österreichische Nationalbibliothek; zit. nach Weigel: Hinterlassenschaften, S. 319; die folgenden Zitate ebd.

768 Bachmann: Böhmen liegt am Meer; LuG, S. 97.

# Siglen- und Literaturverzeichnis

# Siglen der benutzten Werkausgaben von Ingeborg Bachmann, Paul Celan und Max Frisch

| | |
|---|---|
| *AGB* | Ingeborg Bachmann: Anrufung des Großen Bären. Gedichte. Hg. von Luigi Reitani. Salzburger Bachmann Edition. München, Berlin, Zürich 2022. |
| *BG* | Ingeborg Bachmann: Das Buch Goldmann. Hg. von Marie Luise Wandruszka. Salzburger Bachmann Edition. München, Berlin, Zürich 2017. |
| *BW IB/HME* | Ingeborg Bachmann – Hans Magnus Enzensberger: «schreib alles was wahr ist auf». Der Briefwechsel. Hg. von Hubert Lengauer. Salzburger Bachmann Edition. München, Berlin, Zürich 2018. |
| *BW IB/HWH* | Ingeborg Bachmann, Hans Werner Henze: Briefe einer Freundschaft. Hg. von Hans Höller. München 2004. |
| *BW IB/MF* | Ingeborg Bachmann, Max Frisch: «Wir haben es nicht gut gemacht.» Der Briefwechsel. Mit Briefen von Verwandten, Freunden und Bekannten. Hg. von Hans Höller, Renate Langer, Thomas Strässle und Barbara Wiedemann. Koordination: Barbara Wiedemann. Salzburger Bachmann Edition. München, Berlin, Zürich 2022. |
| *BW IB/MLK/HD/NS* | Ingeborg Bachmann, Marie Luise Kaschnitz, Hilde Domin, Nelly Sachs: «über Grenzen sprechend». Die Briefwechsel. Hg. von Barbara Agnese. Salzburger Bachmann Edition. München, Berlin, Zürich 2023. |
| *BW IB/PC* | Ingeborg Bachmann, Paul Celan: Herzzeit. Der Briefwechsel. Hg. und kommentiert von Bertrand Badiou, Hans Höller, Andrea Stoll und Barbara Wiedemann. Frankfurt/Main 2008. |
| *BW PC/FW* | Paul Celan – Franz Wurm: Briefwechsel. Hg. von Barbara Wiedemann und Franz Wurm. Frankfurt/Main 1995. |
| *BW PC/GL* | Paul Celan – Gisèle Celan-Lestrange: Briefwechsel. Mit einer Auswahl an Briefen Paul Celans an seinen Sohn Eric. Hg. von Bertrand Badiou in Verbindung mit Eric Celan. Übers. von Eugen Helmlé und Barbara Wiedemann. Frankfurt/Main 2001. |

| | |
|---|---|
| *BW PC/KuND* | Paul Celan, Klaus und Nani Demus: Briefwechsel. Hg. und kommentiert von Joachim Seng. Frankfurt/Main 2009. |
| *DdJ* | Ingeborg Bachmann: Das dreißigste Jahr. Erzählungen. Hg. von Rita Svandrlik. Salzburger Bachmann Edition. München, Berlin, Zürich 2020. |
| *DgZ* | Ingeborg Bachmann: Die gestundete Zeit. Gedichte. Hg. von Irene Fußl. Salzburger Bachmann Edition. München, Berlin, Zürich 2023. |
| *FG* | Max Frisch: Mein Name sei Gantenbein. 7. Aufl. Frankfurt/Main 1979. |
| *GW* | Max Frisch: Gesammelte Werke in zeitlicher Folge. Hg. von Hans Mayer unter Mitwirkung von Walter Schmitz. Frankfurt/Main 1998. |
| *KG* | Paul Celan: Die Gedichte. Kommentierte Gesamtausgabe in einem Band. Hg. und kommentiert von Barbara Wiedemann. Frankfurt/Main 2003. |
| *KS* | Ingeborg Bachmann: Kritische Schriften. Hg. von Monika Albrecht und Dirk Göttsche. München, Zürich 2005. |
| *LuG* | Ingeborg Bachmann: Letzte, unveröffentlichte Gedichte, Entwürfe und Fassungen. Edition und Kommentar von Hans Höller. Frankfurt/Main 1998. |
| *MO* | Ingeborg Bachmann: «Male oscuro». Aufzeichnungen aus der Zeit der Krankheit. Traumnotate, Briefe, Brief- und Redeentwürfe. Hg. von Isolde Schiffermüller und Gabriella Pelloni. Salzburger Bachmann Edition. München, Berlin, Zürich 2017. |
| *M/WTA* | Paul Celan: Der Meridian. Endfassung – Entwürfe – Materialien. Hg. von Bernhard Böschenstein und Heino Schmull. Paul Celan: Werke. Tübinger Ausgabe. Frankfurt/Main 1999. |
| *NKG* | Paul Celan: Die Gedichte. Neue kommentierte Gesamtausgabe in einem Band. Hg. und kommentiert von Barbara Wiedemann. Frankfurt/Main 2020. |
| *OZ* | Ingeborg Bachmann: Ein Ort für Zufälle. Hg. von Martina Wörgötter. Salzburger Bachmann Edition. München, Berlin, Zürich 2025. |
| *SG* | Ingeborg Bachmann: Sämtliche Gedichte. München 1998. |
| *TKA* | Ingeborg Bachmann: Todesarten-Projekt. Kritische Ausgabe. 4 Bände in 5 Bänden. Unter Leitung von Robert Pichl hg. von Monika Albrecht und Dirk Göttsche. München, Zürich 1995. |
| *UG* | Ingeborg Bachmann: «Ich weiß keine bessere Welt». Unveröffentlichte Gedichte. Hg. von Isolde Moser, Heinz Bachmann und Christian Moser. München 2000. |

| | |
|---|---|
| *W* | Ingeborg Bachmann: Werke. Hg. von Christine Koschel, Inge von Weidenbaum, Clemens Münster. 4 Bände, München 1978. |
| *WsB* | Paul Celan: Werke in sieben Bänden. Hg. von Beda Allemann und Stefan Reichert. Frankfurt/Main 2000. |

# Literaturverzeichnis


Adorno, Theodor W.: Kulturkritik und Gesellschaft. In: Gesammelte Schriften. Hg. von Rolf Tiedemann. Bd. 10/1: Kulturkritik und Gesellschaft I. Frankfurt/Main 1977, S. 11–30.

Affolter, Hanspeter: «Viele Anspielungen gehen ohnehin verloren.» Autofiktion und Intertextualität in Max Frischs *Montauk*. Zürich 2019.

Albrecht, Monika: «Die andere Seite». Zur Bedeutung von Werk und Person Max Frischs in Ingeborg Bachmanns «Todesarten». Würzburg 1989.

Albrecht, Monika: Mein Name sei Gantenbein – mein Name? Malina. Zum intertextuellen Verfahren der «imaginären Autobiographie» «Malina». In: Andrea Stoll (Hg.): Ingeborg Bachmanns «Malina». Frankfurt/Main 1992, S. 265–287.

Albrecht, Monika: «Bitte aber keine Geschichten». Ingeborg Bachmann als Kritikerin Max Frischs in ihrem Todesarten-Projekt. In: Text und Kritik 6 (1995), S. 136–152.

Albrecht, Monika/Göttsche, Dirk (Hg.): Bachmann-Handbuch. Leben – Werk – Wirkung. 2., erweiterte Aufl., Berlin 2020.

Albrecht, Monika/Göttsche, Dirk: Das *Todesarten*-Projekt im Überblick. In: Monika Albrecht, Dirk Göttsche (Hg.): Bachmann-Handbuch. Leben – Werk – Wirkung. 2., erweiterte Aufl., Berlin 2020, S. 126–129.

Amstutz, Nathalie: Autorschaftsfiguren. Inszenierung und Reflexion von Autorschaft bei Musil, Bachmann und Mayröcker. Köln, Weimar, Wien 2004.

Arndt, Susan/Naguschewski, Dirk/Stockhammer, Robert (Hg.): Exophonie. Anderssprachigkeit (in) der Literatur. Berlin 2007.

Bachmann, Heinz: Ingeborg Bachmann, meine Schwester. Erinnerungen und Bilder. München, Zürich 2023.

Badiou, Bertrand: Paul Celan. Bildbiographie. Berlin 2023.

Bakhtin, Mikhail Mikhailovich: Art and Answerability: Early Philosophical Essays. Edited by Michael Holquist and Vadim Liapunov; translated and notes by Vadim Liapunov. Austin TX 1990.

Bannasch, Bettina: Von vorletzten Dingen. Schreiben nach «Malina»: Ingeborg Bachmanns «Simultan»-Erzählungen. Würzburg 1997.

Bartsch, Kurt: «Ein nach vorn geöffnetes Reich von unbekannten Grenzen». Zur Bedeutung Musils für Ingeborg Bachmanns Literaturauffassung. In: Uwe Baur, Elisabeth Castex (Hg.): Robert Musil. Untersuchungen. Königstein/Ts. 1980, S. 162–169.

Bartsch, Kurt: «Frühe Dunkelhaft» und Revolte. Zu geschichtlicher Erfahrung und utopischen Grenzüberschreitungen in erzählender Prosa von Ingeborg Bachmann. Graz 1982.

Bartsch, Kurt: Ein Ort für Zufälle. Bachmanns Büchnerpreisrede als poetischer Text gelesen. In: Modern Austrian Literature 3/4 (1985), S. 135–145.

Bartsch, Kurt: Ingeborg Bachmann [1988]. 2. Aufl. Stuttgart 1997.

Baumgart, Reinhard: Othello als Hamlet. In: Der Spiegel 36 (1964), S. 92 f.

Baumgart, Reinhard: Ich war dabei – wirklich? In: Toni Richter (Hg.): Die Gruppe 47 in Bildern und Texten. Köln 1997, S. 72.

Baumgart, Reinhard: Damals. Ein Leben in Deutschland 1929–2003. München 2007.

Benn, Gottfried: Probleme der Lyrik [1951]. Sämtliche Werke. Stuttgarter Ausgabe. 7 Bände in 8 Teilen. Hg. von Gerhard Schuster (Band I–V) und Holger Hof (Band VI, VII/1 und VII/2). Stuttgart 1986–2003. Bd. VI: Prosa 4. Stuttgart 2001, S. 9–44.

Bernhard, Thomas: Auslöschung, Ein Zerfall. Frankfurt/Main 1986.

Bielefeldt, Christian: Hans Werner Henze und Ingeborg Bachmann: Die gemeinsamen Werke. Bielefeld 2015.

Bizet, Georges/Mérimée, Prosper: Carmen. Opéra-comique en quatre actes/Oper in vier Akten. Textbuch französisch–deutsch. Libretto von Henri Meilhac und Ludovic Halévy nach der Novelle von Prosper Mérimée. Übersetzt und hg. von Henning Mehnert. Stuttgart 1997.

Bloch, Ernst: Erbschaft dieser Zeit [1935]. Erweiterte Ausgabe, Werkausgabe Bd. IV. Frankfurt/Main 1985.

Bloch, Ernst: Entfremdung, Verfremdung. In: Literarische Aufsätze. Werkausgabe Bd. IX. Frankfurt/Main 1985, S. 277–284.

Böschenstein, Bernhard: Die Büchnerpreisreden von Paul Celan und Ingeborg Bachmann. In: Ders., Sigrid Weigel (Hg.): Ingeborg Bachmann und Paul Celan. Poetische Korrespondenzen. Frankfurt/Main 1997, S. 260–269.

Böschenstein, Bernhard/Weigel, Sigrid (Hg.): Ingeborg Bachmann und Paul Celan. Poetische Korrespondenzen. Frankfurt/Main 1997.

Böttiger, Helmut: Die Gruppe 47. Als die deutsche Literatur Geschichte schrieb. München 2012.

Bogdal, Klaus-Michael: Europa erfindet die Zigeuner. Eine Geschichte von Faszination und Verachtung. Berlin 2011.

Bourdieu, Pierre: Künstlerische Konzeption und intellektuelles Kräftefeld [1967]. In: Ders.: Zur Soziologie der symbolischen Formen. Übers. von Wolfgang Fietkau. 2. Aufl., Frankfurt/Main 1983, S. 75–124.

Brecht, Bertolt: Große kommentierte Berliner und Frankfurter Ausgabe. Hg. von Werner Hecht et al. Berlin, Frankfurt/Main 1993.

Briegleb, Klaus: Ingeborg Bachmann. Paul Celan. Ihr (Nicht-)Ort in der Gruppe 47 (1952–1964/65). Eine Skizze. In: Bernhard Böschenstein, Sigrid Weigel (Hg.): Ingeborg Bachmann und Paul Celan. Poetische Korrespondenzen. Frankfurt/Main 1997, S. 29–84.

Brinker-Gabler, Gisela: Living and Lost in Language. Translation and Interpretation in Ingeborg Bachmann's «Simultan». In: Gisela Brinker-Gabler, Markus Zisselsberger (Hg.): If We Had the Word. Ingeborg Bachmann. Views and Reviews. Riverside CA 2004, S. 187–207.

Brokoph-Mauch, Gudrun: Österreich als Fiktion und Geschichte in der Prosa Ingeborg Bachmanns. In: Modern Austrian Literature 30/3–4 (1997), S. 185–199.

Büchner, Georg: Lenz. Sämtliche Werke und Briefe. Hg. von Ariane Martin. Stuttgart 2012, S. 153–182.

Burdorf, Dieter: [Rezension zu:] Bachmann/Frisch: «Wir haben es nicht gut gemacht.» Der Briefwechsel. In: Arbitrium 42/1 (2024), S. 106–114.

Burdorf, Dieter: Dieses unruhige Ich. Ingeborg Bachmann. Biographie. München 2026.

Burget, Céline: «Roma non risponde». Formen von Responsivität im Briefwechsel zwischen Ingeborg Bachmann und Max Frisch. In: Brigid Grigg, Jessica Martensen, Henrike Ribbe, Anna Seethaler (Hg.): Bin ich's oder bin ich's nicht? Ingeborg Bachmann Echos. Bildbruch. Beobachtungen an Metaphern. Ausgabe 8 (2026), im Erscheinen.

Caduff, Corina: «dadim dadam» – Figuren der Musik in der Literatur Ingeborg Bachmanns. Köln, Weimar, Wien 1998.

Caduff, Corina: Erinnerung an Frankreich – Paris – Hôtel de la Paix: Die Paris-Gedichte «im Geheimnis der Begegnung». In: Bernhard Böschenstein, Sigrid Weigel (Hg.): Ingeborg Bachmann und Paul Celan. Poetische Korrespondenzen. Frankfurt/Main 1997, S. 151–166.

Cambi, Fabrizio: Ein Ich zwischen Scheitern und Annäherung ans Wort. *Böhmen liegt am Meer* (1964–66). In: Primus-Heinz Kucher, Luigi Reitani (Hg.): «In die Mulde meiner Stummheit leg ein Wort …». Interpretationen zur Lyrik Ingeborg Bachmanns. Wien, Köln, Weimar 2000, S. 243–252.

Claussen, Detlev: Nach Auschwitz. Ein Essay über die Aktualität Adornos. In: Dan Diner (Hg.): Zivilisationsbruch. Denken nach Auschwitz. Frankfurt/Main 1988, S. 54–68.

Däufel, Christian: Ingeborg Bachmanns ‹Ein Ort für Zufälle›. Ein interpretierender Kommentar. Berlin, Boston 2013.

Degner, Uta: Ingeborg Bachmann. Spiegelungen eines Lebens. Darmstadt 2023.

Degner, Uta/Honold, Alexander (Hg.): In Beziehungsnetzen. Berlin 2026 (im Erscheinen).

Dinesen, Ruth: Nelly Sachs. Eine Biographie. Frankfurt/Main 1991.

Dürrenmatt, Friedrich: Die Physiker. Eine Komödie in zwei Akten. Neufassung 1980. Die Stücke. Zürich 2015, S. 821–899.

Eisenreich, Brigitta: Celans Kreidestern. Ein Bericht. Mit Briefen und anderen unveröffentlichten Dokumenten. Berlin 2010.

Elmiger, Dorothee: Aus der Zuckerfabrik. München 2020.

Elsaghe, Yahya: Max Frisch und das zweite Gebot. Relektüren von *Andorra* und *Homo faber*. Bielefeld 2014.

Emmerich, Wolfgang: Begegnung und Verfehlung. Paul Celan – Ingeborg Bachmann. In: Sinn und Form 48/2 (1996), S. 278–294.

Erdle, Birgit R.: Bachmann und Celan treffen Nelly Sachs. Spuren des Ereignisses in den Texten. In: Bernhard Böschenstein, Sigrid Weigel (Hg.): Ingeborg Bachmann und Paul Celan. Poetische Korrespondenzen. Frankfurt/Main 1997, S. 85–115.

Gockel, Heinz: Max Frisch: Gantenbein, das offen-artistische Erzählen. Bonn 1979.

Goethe, Johann Wolfgang: West-Östlicher Divan. Hg. von Henrik Birus. Johann Wolfgang Goethe: Sämtliche Werke, Briefe, Tagebücher und Gespräche. Bd. III/1,2. Frankfurt/Main 1994.

Göttsche, Dirk: Malina und die nachgelassenen Todesarten-Fragmente. Zur Geschichte des reflexiven und zyklischen Erzählens bei Ingeborg Bachmann. In: Andrea Stoll (Hg.): Ingeborg Bachmanns «Malina». Frankfurt/Main 1992, S. 188–209.

Göttsche, Dirk: Klassische Moderne. In: Monika Albrecht, Dirk Göttsche (Hg.): Bachmann-Handbuch. Leben – Werk – Wirkung. 2., erweiterte Aufl., Berlin 2020, S. 326–339.

Goßens, Peter/Patka, Marcus G. (Hg.): «Displaced». Paul Celan in Wien 1947–1948. Frankfurt/Main 2001.

Goßens, Peter: Das Frühwerk bis zu *Der Sand aus den Urnen* (1938–1950). In: Markus May, Peter Goßens und Jürgen Lehmann (Hg.): Celan-Handbuch. Leben – Werk – Wirkung. Stuttgart 2008, S. 39–54.

Haas, Helmuth de: Mohn und Gedächtnis. Über die Gedichte von Paul Celan. In: Neue Literarische Welt 13 (1953), S. 12.

Hage, Volker: Max Frisch. Reinbek 1983.

Hage, Volker: Max Frisch. Neuauflage Reinbek 2011.

Hage, Volker/Frisch, Max: «Ich bin auf Erfahrungen sehr angewiesen.» Max Frisch im Gespräch mit Volker Hage. In: Volker Hage (Hg.): Max Frisch. Sein Leben in Bildern und Texten. Frankfurt/Main 2011, S. 212–244.

Hansel, Michael: Die ‹fiktionalisierte› Bachmann oder: Wie kommt die Bachmann ins Buch. In: Ders., Kerstin Putz (Hg.): Ingeborg Bachmann. Eine Hommage. Wien 2022, S. 263–273.

Hapkemeyer, Andreas: Ingeborg Bachmann. Entwicklungslinien in Werk und Leben. Wien 1990.

Hartwig, Ina: Wer war Ingeborg Bachmann? Eine Biographie in Bruchstücken. Frankfurt/Main 2017.

Heißenbüttel, Helmut: Ein Erzähler, der sein Handwerk haßt? In: Die Welt, 3.9.1964.

Hemecker, Wilhelm/Mittermayer, Manfred (Hg.): Mythos Bachmann. Zwischen Inszenierung und Selbstinszenierung. (Profile 18.) Wien 2011.

Henze, Hans Werner: «Wenn die Sprache versagt.» Hans Werner Henze im Gespräch mit Regina Aster. In: Profil Nr. 26, 23.6.1986, S. 50–51.

Henze, Hans Werner: Reiselieder mit böhmischen Quinten. Autobiographische Mitteilungen 1926–1995. Frankfurt/Main 1996.

Hilberg, Raul: Die Vernichtung der europäischen Juden [1961, 1982]. 3 Bde. Übersetzt von Christian Seeger, Harry Maor, Walle Bengs und Wilfried Szepan. Frankfurt/Main 1990.

Hölderlin, Friedrich: Sämtliche Werke und Briefe. 3 Bde. Hg. von Michael Knaupp. München 1992.

Hoell, Joachim: Mythenreiche Vorstellungswelt und ererbter Alptraum. Ingeborg Bachmann und Thomas Bernhard. Berlin 2000.

Hoell, Joachim: Ingeborg Bachmann. Ein Portrait. München 2001, 2. Aufl. 2004.

Höller, Hans: Ingeborg Bachmann. Das Werk. Von den frühesten Gedichten bis zum «Todesarten»-Zyklus. Frankfurt/Main 1993.

Höller, Hans: Ingeborg Bachmann. Reinbek 1999.

Höller, Hans: Die gestundete Zeit. In: Monika Albrecht, Dirk Göttsche (Hg.): Bachmann-Handbuch. Leben – Werk – Wirkung. 2., erweiterte Aufl., Berlin 2020, S. 70–83.

Höller, Hans: Vorwort zu Ingeborg Bachmann: Ein Ort für Zufälle. Hg. von Martina Wörgötter. Salzburger Bachmann Edition. München, Berlin, Zürich 2025, S. 7–12.

Höller, Hans/Stoll, Andrea: Das Briefgeheimnis der Gedichte. Poetologisches Nachwort. In: Ingeborg Bachmann, Paul Celan: Herzzeit. Der Briefwechsel. Hg. und kommentiert von Bertrand Badiou, Hans Höller, Andrea Stoll und Barbara Wiedemann. Frankfurt/Main 2008, S. 224–243.

Höller, Hans/Langer, Renate: «Ich bin ja auch ein Schriftsteller, um von andrem zu schweigen». [Nachwort II zu] Ingeborg Bachmann, Max Frisch: «Wir haben es nicht gut gemacht.» Der Briefwechsel. Hg. von Hans Höller, Renate Langer, Thomas Strässle und Barbara Wiedemann. Salzburger Bachmann Edition. München, Berlin, Zürich 2022, S. 610–640.

Holthusen, Hans Egon: Ein Mann von fünfzig Jahren. In: Albrecht Schau (Hg.): Max Frisch – Beiträge zu einer Wirkungsgeschichte. Freiburg/Breisgau 1971, S. 121–125.

Homann, Renate: Theorie der Lyrik. Heautonome Autopoiesis als Paradigma der Moderne. Frankfurt/Main 1999.

Honold, Alexander: «Diese neue Eigenschaft der Trennbarkeit»: Eigennamen bei Robert Musil. In: Poetica Bd. 27, 1–2 (1995), S. 149–186.

Honold, Alexander: Die Zeit schreiben. Jahreszeiten, Uhren und Kalender als Taktgeber der Literatur. Basel 2013.

Honold, Alexander: Absenz, Latenz, Dissidenz: Das Rip van Winkle-Syndrom. In: Deutsche Vierteljahrsschrift für Literaturwissenschaft und Geistesgeschichte (DVjs), 92. Jg. (2018), Heft 2: Nostos und Gewalt. Heimkehr in der Prosa des 19. und 20. Jahrhunderts. S. 245–269.

Honold, Alexander: «Kommt her ihr Böhmen alle». Hugo von Hofmannsthal bei Ingeborg Bachmann. In: Hofmannsthal Jahrbuch 32 (2024), S. 313–352.

Jagow, Bettina von: Ästhetik des Mythischen. Poetologien des Erinnerns im Werk von Ingeborg Bachmann. Köln etc. 2003.

Jakobson, Roman: Linguistik und Poetik [1960]. In: Ders.: Poetik. Ausgewählte Aufsätze 1921–1971. Hg. von Elmar Holenstein und Tarcisius Schelbert. Frankfurt/Main 1979, S. 83–121.

Jandl, Paul: Das Höllentor einer Liebe. In: Neue Zürcher Zeitung, 15.11.2022.

Japp, Uwe: Beziehungssinn. Ein Konzept der Literaturgeschichte. Frankfurt/Main 1980.

Kiedaisch, Petra (Hg.): Lyrik nach Auschwitz? Adorno und die Dichter. Stuttgart 1995.

Koschorke, Albrecht: Körperströme und Schriftverkehr: Mediologie des 18. Jahrhunderts. 2., durchges. Aufl. München 2003.

Kraß, Andreas: Meerjungfrauen. Geschichte einer unmöglichen Liebe. Frankfurt/Main 2010.

Kubisch, Ulrich/Rietner, Gert: Die Avus im Rückspiegel. Rennen, Rekorde, Rückstaus. Berlin 1987.

Laermann, Klaus: «Nach Auschwitz ein Gedicht zu schreiben, ist barbarisch». Überlegungen zu einem Darstellungsverbot. In: Manuel Köppen (Hg.): Kunst und Literatur nach Auschwitz. Berlin 1993, S. 11–15.

Langer, Renate: Schmerzensfrau und Immaculata. Bruchlinien im Bachmann-Bild. In: Wilhelm Hemecker, Manfred Mittermayer (Hg.): Mythos Bachmann. Zwischen Inszenierung und Selbstinszenierung. (Profile 18.). Wien 2011, S. 54–71.

Larcati, Arturo: Zum Konflikt von Kunst und Leben in den Liedern auf der Flucht. Die Antwort auf Francesco Petrarca. In: Ders.: Ingeborg Bachmanns Poetik. Darmstadt 2006, S. 150–169.

Larcati, Arturo: Die Idee und die Aporie der Innovation. Das Problem der Richtung in den Frankfurter Vorlesungen. In: Ders.: Ingeborg Bachmanns Poetik. Darmstadt 2006, S. 202–219.

Lasker-Schüler, Else: Gottfried Benn. Gedichte 1902–1943. München 1986.

Lemke, Anja: Konstellation ohne Sterne. Zur poetischen und geschichtlichen Zäsur bei Martin Heidegger und Paul Celan. München 2002.

Lennox, Sara: Bachmanns «Wienerinnen» im Zeitalter der Globalisierung. *Simultan* und Zygmunt Baumans *Flüchtige Moderne.* In: Barbara Agnese, Robert Pichl (Hg.): Topographien einer Künstlerpersönlichkeit. Neue Annäherungen an das Werk Ingeborg Bachmanns. Würzburg 2009, S. 189–198.

Lubich, Frederick A.: Max Frisch: *Stiller, Homo faber* und *Mein Name sei Gantenbein.* 3. Aufl. München 1996.

Mayer, Hans: Mögliche Ansichten über Herrn Gantenbein. In: Die Zeit, 18.9.1964.

Meyer-Kalkus, Reinhart: Das Gedicht. In: Frankfurter Allgemeine Zeitung, 12.2.2014.

Montaigne, Michel de: Essais [1580]. Übersetzt von Hans Stilett. Darmstadt 2004.

Musil, Robert: Der Mann ohne Eigenschaften. Hg. von Adolf Frisé. Reinbek 1978.

Neumann, Peter Horst: Ingeborg Bachmanns Böhmisches Manifest. In: Christine Koschel, Inge von Weidenbaum (Hg.): Kein objektives Urteil – nur ein lebendiges. Texte zum Werk von Ingeborg Bachmann. München, Zürich 1989, S. 382–388.

Neumann, Peter Horst: Ingeborg Bachmanns Fragment *Das Gedicht an den Leser* – eine Antwort auf die *Sprachgitter*-Gedichte Paul Celans. In: Bernhard Böschenstein, Sigrid Weigel (Hg.): Ingeborg Bachmann und Paul Celan. Poetische Korrespondenzen. Frankfurt/Main 1997, S. 167–175.

Petersen, Peter: Hans Werner Henze/Ingeborg Bachmann. «Undine» und «Tasso» in Ballett, Erzählung, Konzert und Gedicht. Schliengen 2014.

Petrarca, Francesco: Trionfi/Triumphe. Das lyrische Werk. Italienisch und deutsch. Aus dem Italienischen von Karl Förster und Hans Grote. Hg. und mit einem Nachwort von Hans Grote. Düsseldorf, Zürich 2002.

Radaelli, Giulia: Literarische Mehrsprachigkeit. Sprachwechsel bei Elias Canetti und Ingeborg Bachmann. Berlin 2011.

Reich-Ranicki, Marcel: Plädoyer für Max Frisch. In: Die Zeit, 2. 10. 1964.

Reitani, Luigi: Kommentar. In: Ingeborg Bachmann: Anrufung des Großen Bären. Gedichte. Hg. von Luigi Reitani. Salzburger Bachmann Edition. München, Berlin, Zürich 2022, S. 93–290.

Revesz, Eva B.: Viennese Noir: The Third Man in Ingeborg Bachmann's *Malina.* In: Journal of Austrian Studies 46/3 (2013), S. 109–132.

Rohner, Melanie: Farbbekenntnisse. Postkoloniale Perspektiven auf Max Frischs «Stiller» und «Homo faber». Bielefeld 2015.

Sachs, Nelly: Briefe. Hg. von Ruth Dinesen und Helmut Müssener. Frankfurt/Main 1984.

Sachs, Nelly: Werke Bd. II: Gedichte 1951–1970. Hg. von Ariane Huml und Matthias Weichelt. Berlin 2010.

Schapp, Wilhelm: In Geschichten verstrickt. Zum Sein von Mensch und Ding. Mit einem Vorwort von Hermann Lübbe. 5. Aufl., Frankfurt/Main 2012.

Schlinsog, Elke: Berliner Zufälle. Ingeborg Bachmanns «Todesarten»-Projekt. Würzburg 2005.

Schlöndorff, Volker: *Return to Montauk.* Drehbuch: Colm Tóibín, Volker Schlöndorff. Deutschland, Frankreich, Irland 2017, 106 min.

Schmitz, Walter (Hg.): Über Max Frisch II. Frankfurt/Main 1976.

Schneider, Jost: Die Kompositionsmethode Ingeborg Bachmanns. Erzählstil und Engagement in «Das dreißigste Jahr», «Malina» und «Simultan». Bielefeld 1999.

Schütt, Julian: Max Frisch. Biographie eines Aufstiegs. 1911–1954. Berlin 2011.

Schütt, Julian: Max Frisch. Biographie einer Instanz. 1955–1991. Berlin 2025.

Schütz, Erhard: Nach dem Entkommen, vor dem Ankommen. In: Elena Agazzi, Erhard Schütz (Hg.): Handbuch Nachkriegskultur. Literatur, Sachbuch und Film in Deutschland (1945–1962). Berlin, Boston 2013, S. 1–140.

Schutte, Jürgen (Hg.): Dichter und Richter. Die Gruppe 47 und die deutsche Nachkriegsliteratur. Ausstellung der Akademie der Künste 1988. Katalog. Berlin 1988.

Shakespeare, William: Sämtliche Dramen. Bd. I: Komödien. Aus dem Englischen von August Wilhelm Schlegel, Dorothea Tieck und Wolf Graf Baudissin. Mit einem Vorwort von Wolfgang Clemen und Anmerkungen von Werner Habicht. Düsseldorf 1996.

Shakespeare, William: Sämtliche Werke. Englisch – Deutsch. Hg. von Achim Apell. Frankfurt/Main 2010.

Simons, Oliver/Wagner, Elisabeth (Hg.): Bachmanns Medien. Berlin 2008.

Sparr, Thomas: Todesfuge. Biographie eines Gedichts. München 2020.

Stokowski, Margarete: Nur über ihre Leiche. In: Der Spiegel, Nr. 42; 14.10.2023, S. 122–123.

Stoll, Andrea: Erinnerung als ästhetische Kategorie des Widerstandes im Werk Ingeborg Bachmanns. Frankfurt/Main 1991.

Stoll, Andrea: Ingeborg Bachmann. Der dunkle Glanz der Freiheit. Biografie. München 2013.

Strässle, Thomas/Wiedemann, Barbara: Gegenseitiges Verhängnis. [Nachwort I zu] Ingeborg Bachmann, Max Frisch: «Wir haben es nicht gut gemacht.» Der Briefwechsel. Hg. von Hans Höller, Renate Langer, Thomas Strässle und Barbara Wiedemann. Salzburger Bachmann Edition. München, Berlin, Zürich 2022, S. 585–609.

Szondi, Peter: Schriften Bd. II. Hg. von Jean Bollack et al. Frankfurt/Main 1978.

Trotta, Margarete von: Ingeborg Bachmann – Reise in die Wüste. Drehbuch Margarethe von Trotta. Schweiz, Österreich, Deutschland, Luxemburg 2023, 110 min.

Vogel, Juliane: Aus dem Grund. Auftrittsprotokolle zwischen Racine und Nietzsche. Paderborn 2017.

Vogel, Ruth: «Dies ist ein aufrichtiges Buch, Leser, und was verschweigt es und warum?» Max Frisch, *Montauk:* Einblick in die Typoskripte. In: editio 16 (2002), S. 117–134.

Von Matt, Peter: Liebesverrat. Die Treulosen in der Literatur. München 1991.

Waldenfels, Bernhard: Antwortregister. Berlin 2007.

Walser, Martin: Leben und Schreiben. Tagebücher 1951–1962. Reinbek 2005.

Wandruszka, Marie Luise: Kommentar. In: Ingeborg Bachmann: Das Buch Goldmann. Hg. von Marie Luise Wandruszka. Salzburger Bachmann Edition. München, Berlin, Zürich 2017, S. 279–431.

Wegmann, Nikolaus: Diskurse der Empfindsamkeit. Zur Geschichte eines Gefühls in der Literatur des 18. Jahrhunderts. Stuttgart 1988.

Weigel, Sigrid: «Sie sagten sich Helles und Dunkles». Ingeborg Bachmanns literarischer Dialog mit Paul Celan. In: Text + Kritik: Ingeborg Bachmann. München 1995.

Weigel, Sigrid: Ingeborg Bachmann. Hinterlassenschaften unter Wahrung des Briefgeheimnisses. Wien 1999.

Weigel, Sigrid/Böschenstein, Bernhard: Paul Celan – Ingeborg Bachmann. Zur Rekonstruktion einer Konstellation. In: Dies. (Hg.): Ingeborg Bachmann – Paul Celan. Poetische Korrespondenzen. Frankfurt/Main 1997, S. 7–16.

Werner, Uta: Textgräber: Paul Celans geologische Lyrik. München 1998.

Werner, Uta: «Kluftrose» – Geologische Sprachschichten in Paul Celans Gedichten. In: Gegenworte. Hefte für den Disput über Wissen. Hg. von der Berlin-Brandenburgischen Akademie der Wissenschaften. Nr. 9 (2002), S. 58–61.

Wiedemann, Barbara (Hg.): Paul Celan – Die Goll-Affäre. Dokumente zu einer ‹Infamie›. Zusammengestellt, herausgegeben und kommentiert von Barbara Wiedemann. Frankfurt/Main 2000.

Wiedemann, Barbara: Der Blick von Paris nach Osten. In: Peter Goßens, Marcus Patka (Hg.): «Displaced». Paul Celan in Wien 1947–1948. Frankfurt/Main 2001, S. 139–153.

Wiedemann, Barbara: «Ein Faible für Tübingen». Paul Celan in Württemberg – Deutschland und Paul Celan. Tübingen 2013.

Wiedemann, Barbara/Badiou, Bertrand: «Laß uns die Worte finden». Zum Briefwechsel zwischen Ingeborg Bachmann und Paul Celan. In: Ingeborg Bachmann, Paul Celan: Herzzeit. Der Briefwechsel. Hg. und kommentiert von Bertrand Badiou, Hans Höller, Andrea Stoll und Barbara Wiedemann. Frankfurt/Main 2008, S. 215–223.

Wöhrle, Peter: Sprechen, Staunen, Schweigen. Ingeborg Bachmann und Max Frisch im Vergleich. Würzburg 2011.

Wörgötter, Martina: Kommentar. In: Ingeborg Bachmann: Ein Ort für Zufälle. Hg. von Martina Wörgötter. Salzburger Bachmann Edition. München, Berlin, Zürich 2025, S. 37–162.

# Danksagung

Für die Arbeit an diesem Buch bildeten ein Seminar über den Briefwechsel von Ingeborg Bachmann und Max Frisch und die Diskussionen mit den Studierenden am Deutschen Seminar der Universität Basel den Ausgangsimpuls – weil da etwas sich auftat, mit dem nicht so schnell fertig zu werden war. Gespräche und schriftlicher Austausch mit Uta Degner, Dieter Burdorf und anderen haben mir ermöglicht, auf dem Kontinent Bachmann in den letzten Jahren ein wenig Orientierung zu gewinnen. Die Durchsicht und Korrektur des Skripts haben, wiederum in Basel, Anna Chatzinikolaou, Jonas Bissig und Elena Gotti mit Sorgfalt und Spürsinn besorgt; Céline Burget, Shira Miron und Constantin Sinn haben den Text auf seine Plausibilität hin abgeklopft und mir wichtige Hinweise, Rückfragen und Einwände mitgeteilt – selbstverständlich ohne für noch bestehende Ungereimtheiten mitverantwortlich zu sein. Susanne Franzkeit vom Schwabe Verlag war freundlicherweise bereit, meinen Text umgehend ins Programm aufzunehmen, und mit der Hilfe der Lektorin Constanze Lehmann und der Projektmanagerin Makbule Rüschendorf wurde das Skript in gewohnt zuverlässiger Weise in ein einladend aufgemachtes Buch verwandelt. Für den Verlagsprospekt und das Buchcover stellten Heinz Bachmann und Matthias Moser (Familienarchiv Bachmann) sowie Tobias Amslinger (Max Frisch-Archiv der ETH Zürich) die Bildvorlagen zur Verfügung. Viele weitere zugewandte Mitmenschen haben im Laufe der Arbeit aufmunternde Worte, interessierte Nachfragen oder hilfreiche Lesefunde spendiert.

Ihnen allen und ihrer Unterstützung sage ich herzlich Dank.

Basel, im November 2025

*Alexander Honold*

Das Signet des Schwabe Verlags ist die Druckermarke der 1488 in Basel gegründeten Offizin Petri, des Ursprungs des heutigen Verlagshauses. Das Signet verweist auf die Anfänge des Buchdrucks und stammt aus dem Umkreis von Hans Holbein. Es illustriert die Bibelstelle Jeremia 23,29: «Ist mein Wort nicht wie Feuer, spricht der Herr, und wie ein Hammer, der Felsen zerschmeisst?»